2025
고시넷

충청남도교육청
교육공무직원 소양평가
최신 기출유형 모의고사 9회

교육공무직원 직무능력검사

gosinet
(주)고시넷

정오표 확인 방법

고시넷은 오류 없는 책을 만들기 위해 최선을 다합니다. 그러나 편집 과정에서 미처 잡지 못한 실수가 뒤늦게 나오는 경우가 있습니다. 고시넷은 이런 잘못을 바로잡기 위해 정오표를 실시간으로 제공합니다. 감사하는 마음으로 끝까지 책임을 다하겠습니다.

고시넷 홈페이지 접속 > 고시넷 출판-커뮤니티 > 정오표

www.gosinet.co.kr

모바일폰에서 QR코드로 실시간 정오표를 확인할 수 있습니다.

학습 질의 안내

학습과 교재선택 관련 문의를 받습니다. 적절한 교재선택에 관한 조언이나 고시넷 교재 학습 중 의문 사항은 아래 주소로 메일을 주시면 성실히 답변드리겠습니다.

이메일주소 **qna@gosinet.co.kr**

책 속의 책 정답과 해설

1

채용안내 & 채용직렬 소개

충청남도교육청 교육공무직원의 채용 절차 및 최근 채용직렬 등을 쉽고 빠르게 확인할 수 있도록 구성하였습니다.

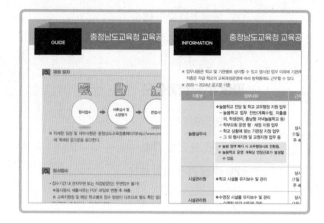

2

충청남도교육청 교육공무직원 소양평가 기출 유형분석

충청남도교육청 교육공무직원 소양평가의 최근 기출문제 유형을 분석하여 최신 출제 경향을 한눈에 파악할 수 있도록 하였습니다.

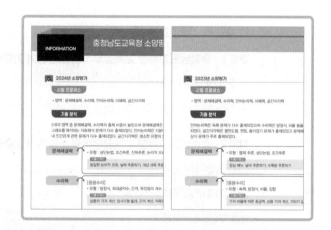

3

충청남도교육청 소양평가 기출문제복원 수록

충청남도교육청 교육공무직원 소양평가의 최신기출 50문항을 복원하고 1회분으로 수록하여 최신 출제의 경향성을 문제풀이 경험을 통해 자연스레 익힐 수 있도록 구성하였습니다.

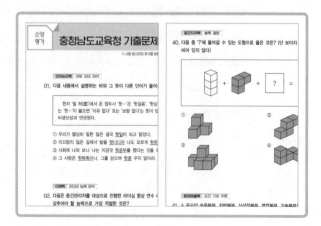

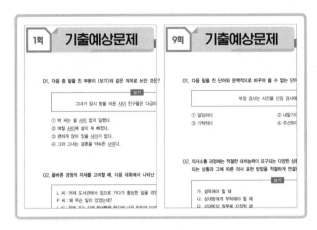

 4

기출예상문제로 실전 연습

총 9회의 기출예상문제로 자신의 실력을 점검하고 완벽한 실전 준비가 가능하도록 구성하였습니다.

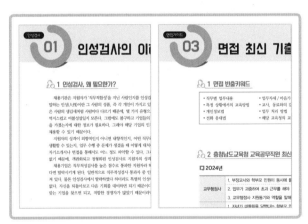

 5

인성검사 & 면접가이드

최근 채용 시험에서 점점 중시되고 있는 인성검사와 면접 질문들을 수록하여 마무리까지 완벽하게 대비할 수 있도록 하였습니다.

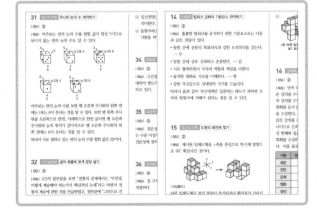

6

상세한 해설과 오답풀이가 수록된 정답과 해설

기출문제복원과 기출예상문제의 상세한 해설을 수록하였고 오답풀이 및 보충 사항들을 수록하여 문제풀이 과정에서의 학습 효과가 극대화될 수 있도록 구성하였습니다.

충청남도교육청 교육공무직원 채용안내

채용 절차

원서접수 → 서류심사 및 소양평가 → 면접시험 → 최종합격

※ 자세한 일정 및 세부사항은 충청남도교육청홈페이지(http://www.cne.go.kr) 또는 각 시·군 교육지원청 홈페이지에 게재된 공고문을 참고한다.

원서접수

• 접수기간 내 전자우편 또는 직접방문(단, 우편접수 불가)
  ※응시원서, 제출서류는 PDF 파일로 변환 후 제출
  ※ 교육지원청 및 해당 학교별로 접수 방법이 다르므로 별도 확인 필요
• 응시연령 : 18세 이상 ~ 만 60세 미만
• 거주지 제한 : 채용시험 공고일 전일부터 면접시험일까지 계속하여 본인 주민등록상 주소지 또는 국내 거소 신고가 해당 충청남도 시·군으로 되어 있는 사람이어야 한다.
• 충청남도교육청 교육공무직원 취업규칙 제11조(채용시 결격사유)에 의해 취업이 제한되는 사람이 아니어야 한다.

시험 방법

1차	소양평가	인성검사(50%), 직무능력검사(50%)
	서류심사	기본 점수 80점+경력 점수 10점+자격증 점수 10점
2차	면접시험	1차 시험 합격자에 한하여 응시

서류심사

- 일반 기준 : 『기본 점수 80점 + 경력 점수 10점 + 자격증 점수 10점』을 합산하여 총 100점 만점
- 기본 점수 : 연령 · 주소지의 응시자격을 갖춘 사람에 대하여 기본 점수 80점 부여
- 경력 점수(10점)

해당 직종	1개월 이상 ~ 6개월 미만	6개월 이상 ~ 1년 미만	1년 이상 ~ 1년 6개월 미만	1년 6개월 이상 ~ 2년 미만	2년 이상
조리실무사	2점	4점	6점	8점	10점

※ 충청남도 내 유 · 초 · 중 · 고 · 특수 · 각종학교 및 교육행정기관에서 교육공무직 조리사(조리실무사)로 주 15시간 이상, 1개월 이상 연속하여 근무한 경력만 인정함(단, 사립유치원 제외).
  단, 원서접수 마감일 전일까지 근무한 경력만 인정

- 직무관련 자격증 점수(10점)

해당 직종	1개 취득	2개 취득	3개 취득	4개 취득	5개 이상
조리실무사	2점	4점	6점	8점	10점

※ 직무관련 자격증은 『국가기술자격법』에 따른 조리(한식, 중식, 양식, 일식, 복어)기능사(산업기사 포함) 및 조리 기능장 자격증임. 단, 원서접수 마감일 전일까지 취득한 자격증만 인정

소양평가시험

인성검사(200문항, 40분)

- 응시자가 응답한 결과에 따라 근면성, 책임감, 사교감, 적극성, 리더십, 준법성, 배려심, 심리안정도(침착성, 감정, 정서)로 구분하여 점수를 산출하고 산출된 점수를 집단 평균을 중심으로 표준편차 단위로 표준점수화하여 최종점수를 산정한다.

직무능력검사(50문항, 50분)

- 5개 영역(문제해결력, 수리력, 언어논리력, 이해력, 공간지각력)의 50개 문항에 대한 평가 결과를 채점하여 점수를 산정한다.

면접시험

- 제1차 시험 합격자에 한하여 응시할 수 있다.
- 교육공무직원으로의 자세, 응시직종 관련 지식과 응용 능력, 의사 발표의 정확성과 논리성 등으로 평정한다.

신분 및 처우

정년	만 60세
수습기간	채용일로부터 3개월(※ 수습기간 평가를 통하여 기준 점수 미달시에는 수습기간 종료일에 근로계약이 해지됩니다)
근로시간	직종별로 상이하며, 주당 근로시간 내에서 학교(기관) 여건에 따라 근무시간 변경 가능
보수 및 근로조건	매년 충청남도교육청 교육공무직원 취업규칙 및 단체협약, 충청남도교육청의 보수 지침 등을 적용
근무지	충청남도교육감이 지정하는 기관(학교)

합격자 결정

[1차 시험] 서류 및 소양평가	• 소양평가 직종의 경우 과목별(인성, 직무) 40% 이상 득점자 중 고득점자 순으로 채용 예정인원의 1.5배수를 합격자로 결정(소수점 이하 인원 절상) • 서류심사 직종의 경우 서류전형 평가항목의 고득점자 순으로 채용 예정인원의 1.5배수를 합격자로 결정(소수점 이하 인원 절상) • 단, 직종별 채용 예정인원이 2명 이하인 경우 3배수, 3~4명인 경우 2배수로 합격자를 결정하며, 동점자 발생 시 1차 시험 합격 예정인원을 초과하여도 모두 합격 처리(모든 직종 적용)
[2차 시험] 면접시험	• 1차 시험 합격자에 한하여 면접시험을 실시 • 2차 면접시험의 평정점수에 따라 다음의 순서로 최종합격자를 결정 • 고득점자 순으로 선발 예정 인원만 합격처리 • 동점자가 있을 때는 ① 취업지원대상자, ② 1차 시험 고득점자, ③ 주민등록상 생년월일이 빠른자 순으로 합격처리 • 최종합격자는 자격 여부 조회 결과 적격 판정을 받은 사람이어야 함.
채용 취소	합격자 통지 및 채용 후라도 채용신체검사, 면허증 · 자격증 · 경력증명서 등 제출서류 검증, 범죄 경력 조회 등을 통하여 결격사유가 발견될 경우 합격 또는 채용이 취소됨.
추가 합격자 결정	최종 합격자의 채용포기, 합격 취소, 채용 후 즉시 퇴직 등의 사유로 결원을 보충할 필요가 있을 경우 최종 합격자 발표일로부터 6개월 이내에 불합격 기준에 해당하지 아니하는 사람 중에서 면접시험 성적순으로 추가 합격자를 결정 ※「지방공무원 임용령」 제50조의3 제4항 준용

충청남도교육청 교육공무직원 채용직렬

※ 업무내용은 학교 및 기관별로 상이할 수 있고 명시된 업무 이외에 기관(학교)장이 지정한 업무를 포함하며, 방학중 비근무 직종은 각급 학교의 교육과정운영에 따라 방학중에도 근무할 수 있다.

※ 2020 ~ 2024년 공고문 기준

직종명	업무내용	근무형태	자격 요건
늘봄실무사	❖늘봄학교 전담 및 학교 교무행정 지원 업무 – 늘봄학교 업무 전반(계획수립, 지출품의, 학생관리, 충남형 저녁늘봄학교 등) – 학부모회 운영 행·재정 지원 업무 – 학교 상황에 맞는 기관장 지정 업무 – 그 외 행사지원 및 교원지원 업무 등 ※ 늘봄 정책 폐지 시 교무행정사로 전환됨. ※ 늘봄학교 운영 계획상 연장근로가 발생할 수 있음.	상시근무 (1일 8시간, 주 40시간)	정보관리기술사, 컴퓨터시스템응용기술사, 정보처리기사, 전자계산기조직응용기사, 정보보안기사, 사무자동화산업기사, 정보처리산업기사, 전자계산기제어산업기사, 정보보안산업기사, 정보기기운용기능사, 정보처리기능사, 컴퓨터활용능력(1급, 2급), 워드프로세서(2012.1.1. 이전 취득은 1급만 인정) 중 1개 이상 소지자
시설관리원	❖학교 시설물 유지보수 및 관리	상시근무 (1일 8시간, 주 40시간)	없음.
시설관리원 (수영장)	❖수영장 시설물 유지보수 및 관리 – 수영장 야간 보일러 관리 (근무시간 : 03:00~12:00)	상시근무 (1일 8시간, 주 40시간)	없음.
교무행정사	❖학교 교무행정 지원 업무 – 공문서 기안 및 각종 통계 관리 – 에듀파인 품의, 학습준비물 관리 – 학교상황에 맞는 학교장 지정 업무 – 그 외 행사지원 및 교육지원업무 등	상시근무 (1일 8시간, 주 40시간)	정보관리기술사, 컴퓨터시스템응용기술사, 정보처리기사, 전자계산기조직응용기사, 정보보안기사, 사무자동화산업기사, 정보처리산업기사, 전자계산기제어산업기사, 정보보안산업기사, 정보기기운용기능사, 정보처리기능사, 컴퓨터활용능력(1급, 2급), 워드프로세서 중 1개 이상

교육복지사	❖교육복지우선사업 업무 – 교육복지우선지원사업 운영 · 지원 업무 – 교육복지지원센터 운영 · 지원 업무 – 교육복지안전망구축사업 운영 및 지원 업무 – 교육취약계층 학생의 지원을 위해 필요한 업무 – 지역사회 교육복지 자원의 발굴과 활용 업무 – 교육 · 문화 · 복지 등 지역사회 기관 연계 · 협력 업무	상시근무 (1일 8시간, 주 40시간)	교육청 및 교육지원청(교육지원센터) 근무자, 학교 근무자 가. 교육 · 문화 · 복지 분야에서 3년 이상(학교 근무자 2년 이상)의 아동 · 청소년을 대상으로 상임 근무 경험이 있는 자 나. 관련 학과(사회복지학, 교육학, 청소년학, 상담학, 평생교육학) 전공자로서 관련자격증(사회복지사, 학교 사회복지사, 청소년상담사, 청소년지도사, 평생교육사)을 소지한 자 ※ '가'와 '나' 두 가지 요건을 모두 충족하여야 함
방과후학교 운영실무원 (특수)	❖특수학교 방과후학교(돌봄) 운영 업무 – 오후 · 종일반 방과후 프로그램(돌봄) 운영 업무 – 방과후 프로그램(돌봄) 연간 · 월간 · 주간 운영계획 수립 – 참여 학생 출결관리, 생활지도, 안전지도, 귀가지도 등 – 그 외 특수학교 방과후학교 운영과 관련된 업무 등	상시근무 (1일 8시간, 주 40시간)	보육교사 또는 이와 같은 수준 이상의 자격 요건(유치원 · 특수 · 초중등 교사 자격증 등) 소지자
임상심리사	❖학생 심리치료 등 관련 업무 – 심리평가 : 다양한 문제 영역에 대한 심리검사 실시 및 해석, 심리검사 결과 활용 – 상담수행 및 사례 관리 : 내담자 사례 관찰, 상담 수행 및 사례 관리, 학생정신건강관리 사업 지원(학생정서 · 행동특성검사 등) – 상담 프로그램 개발 및 운영 : 상담 관련 교육 및 프로그램 개발 운영 – 그 외 Wee센터 관련 업무 등	상시근무 (1일 8시간, 주 40시간)	❖정신보건 임상심리사 2급 이상(보건복지부) ❖임상심리사 2급 이상(한국산업인력관리공단) ❖청소년상담사 3급 이상 자격증 소지자 ❖전문상담교사 교원자격증 2급 이상 소지자 ※ 위의 자격증 4개 중 1개 이상 소지자 지원 가능

조리실무사	❖학교 급식실 조리 · 배식 · 위생 업무 – 급식품의 조리 및 배식, 검수지원 – 급식기구 세척 · 소독 – 급식실 내 · 외부 청소 및 소독 – 그 외 영양(교)사 지시사항 이행 및 업무 협조 등	방학중 비근무 (1일 8시간, 주 40시간)	없음.
초등돌봄전담사	❖학교 초등 돌봄교실 지원 업무 – 학생 출결관리, 생활 · 안전 · 귀가지도 – 돌봄교실 관리, 연 · 월 · 주간 운영계획 작성 – 프로그램 관리, 개인활동 관리 – 급 · 간식 준비, 제공, 사후처리 – 그 외 돌봄교실 관련 업무 등	방학중 비근무 (1일 5시간, 주 25시간)	유 · 초 · 중등 교사자격증 또는 보육교사 2급 이상 자격증
언어재활사	– 특수교육대상자 순회 언어치료 지원 및 진단평가 업무 – 특수교육지원센터 치료 지원 업무 지원	상시근무 (1일 8시간, 주 40시간)	언어재활사 국가공인자격증 소지자
특수교육실무원	❖특수교육대상 학생 지원업무 – 학습자료 및 학용품 준비, 이동보조, 등 · 하교 지도, 급식 및 방과후 활동 등 교내 · 외 활동 지원 – 용변 및 식사지도 등 신변처리, 보조기 착용, 착 · 탈의, 건강보호 및 안전생활 지원 – 적응행동 촉진 및 부적응 행동관리 지원, 또래와의 관계 형성 지원, 행동지도를 위한 프로그램 관리 – 그 외 특수교육대상 학생 지원에 관한 업무 등	방학중 비근무 (1일 8시간, 주 40시간)	고등학교를 졸업한 자 또는 이와 같은 수준 이상의 학력이 있다고 인정된 자
환경실무원	❖기관 내 화장실 등 청소 및 주변환경 정리 – 화장실 등(지하실, 계단 포함) 청소 – 기관 건물 주변 환경 정리 – 잡초제거, 조경관리	상시근무 (1일 8시간, 주 40시간)	채용일 기준 만 50세 이상 만 65세 미만

👩 2024년 소양평가

시험 프로세스

• 영역 : 문제해결력, 수리력, 언어논리력, 이해력, 공간지각력   • 문항 수 : 50문항   • 시간 : 50분

기출 분석

5개의 영역 중 문제해결력, 수리력의 출제 비중이 높았으며 문제해결력은 명제와 조건추론이 출제되었다. 수리력은 표와 그래프를 해석하는 자료해석 문제가 다수 출제되었다. 언어논리력은 지문이 짧은 독해 문제가 출제되었고, 이해력은 직장 내 인간관계 관련 문제가 다수 출제되었다. 공간지각력은 생소한 유형의 도형 문제들이 출제되었다.

문제해결력

• 유형 : 삼단논법, 조건추론, 진위추론, 논리적 오류

기출키워드

동일한 논리적 오류, 날짜 추론하기, 개강 과목 추론하기, 순위 추론

수리력

[응용수리]
• 유형 : 방정식, 최대공약수, 간격, 꼭짓점의 개수

기출키워드

상품의 가격 계산, 정사각형 둘레, 간격 계산, 직육면체 만나는 면

[자료해석]
• 유형 : 그래프, 표의 수치 해석

기출키워드

하교시간 통계, 나라별 음식물쓰레기 배출 통계, 이사 통계, 방과후와 돌봄 통계

언어논리력

• 유형 : 사자성어, 내용 이해 및 일치, 동일한 의미, 작품의 서술 방식

기출키워드

상황에 맞지 않게 고친 단어 찾기, 은유법, 에너지절약, 5G 의료기술, 캘리그라피의 의미

이해력

• 유형 : 직장 내 인간관계, 직업윤리, 팀워크

기출키워드

팀워크 저해 요인, 올바른 조직문화, 공감적 경청, 삼림보호 관련 직업

공간지각력

• 유형 : 도형 찾기, 도형 결합, 전개도, 조각 맞추기

기출키워드

도형의 규칙, 회전한 도형의 모양, 꼭짓점의 개수, 결합해서 나올 수 없는 모양

2023년 소양평가

시험 프로세스

• 영역 : 문제해결력, 수리력, 언어논리력, 이해력, 공간지각력   • 문항 수 : 50문항   • 시간 : 50분

기출 분석

언어논리력은 독해 문제가 다수 출제되었으며 수리력은 방정식, 비율 등을 활용하는 계산 문제와 도표 해석 문제가 출제되었다. 공간지각력은 평면도형, 펀칭, 종이접기 문제가 출제되었고 문제해결력은 명제와 조건 추론 문제, 이해력은 예절 상식 문제가 주로 출제되었다.

문제해결력

• 유형 : 명제 추론, 삼단논법, 조건추론

기출키워드
점심 메뉴, 날씨 추론하기, 수확량 추론하기

수리력

[응용수리]
• 유형 : 속력, 방정식, 비율, 집합

기출키워드
가격 비율에 따른 총금액, 상품 가격 계산, 거리가 같아지는 속력 찾기

[자료해석]
• 유형 : 그래프, 표의 수치 해석

기출키워드
흡연자 비율 증감, 지원자 통계

언어논리력

• 유형 : 세부내용 이해, 표준어 맞춤법, 문장 삽입 및 순서배열, 작품 특징 파악

기출키워드
상황에 맞게 고친 단어 찾기, 객관적 상관물

이해력

• 유형 : 일반적인 상식 문제

기출키워드
전화 예절

공간지각력

• 유형 : 그림 조각 맞추기, 펀칭, 종이접기, 평면도형

기출키워드
필요한 도형의 개수, 접어서 나올 수 없는 모양

66 **영역별 기출 키워드**

문제해결력 명제 · 조건 · 진위 추론, 조건 기반 선정, 사례 분석, 자료 분석

수리력 최대공약수, 경우의 수, 평균, 도표 · 그래프 해석, 수치 계산

언어논리력 어휘 의미, 표준어 맞춤법, 세부내용 파악, 문장 배열, 내용 추론

이해력 리더십, 상황에 따른 의사표현법, 샌드위치 화법, 갈등상황 이해, 고객 불만 대처법

공간지각력 블록 개수 · 결합, 전개도, 투상도, 도형 비교, 그림 조각 배열, 회전체 파악

파트 1

2024
충청남도
교육청
기출문제복원

문제해결력

수리력

언어논리력

이해력

공간지각력

◎ 시험 응시자의 후기를 바탕으로 복원한 문제입니다.

언어논리력 | 어휘 의미 파악

01. 다음 내용에서 설명하는 바와 그 뜻이 다른 단어가 들어간 것은?

> 한자 '빌 허(虛)'에서 온 접두사 '헛–'은 '헛걸음', '헛심', '헛소리'와 같이 쓰인다. 사전에서는 '헛–'이 붙으면 '이유 없다' 또는 '보람 없다'는 뜻이 덧붙는다고 정리되어 있는데, 비능률, 비생산성과 연관된다.

① 우리가 열심히 일한 일은 결국 헛일이 되고 말았다.
② 미끄럽지 않은 길에서 발을 헛디디자 나도 모르게 헛웃음이 나왔다.
③ 사회에 나와 보니 나는 지금껏 헛공부를 했다는 것을 깨달았다.
④ 그 사람은 헛똑똑이니, 그를 믿으며 헛꿈 꾸지 말아라.

이해력 | 리더의 능력 파악

02. 다음은 중간관리자를 대상으로 진행한 리더십 향상 연수 내용이다. 이 글에서 강조하는 리더가 갖추어야 할 능력으로 가장 적절한 것은?

> 중간 관리자와 직원, 이와 더불어 리더라면 반드시 가지고 있어야 할 역량이다. 목표달성을 위해 주도적으로 방향을 설정하고 끈기 있게 노력하는지, 스트레스가 많은 상황에서도 절제되고 효과적으로 업무를 이끌어 갈 수 있는지 등과 관련된 요건이다. 이와 함께 업무 진행 시 스스로 기준을 높이 설정하고 이를 달성하기 위한 결단력은 성과 창출을 위한 중요한 능력이다. 이러한 능력을 검증하기 위해 조직의 신사업을 주도적으로 이끌어 봤는지, 새로운 프로젝트를 제안하고 이행해 봤는지, 자기계발을 위한 목표를 설정하고 이를 위해 적극적으로 실천했는지 등을 통해 평가한다.

① 변화관리 및 진취적 추진능력　　② 리더십과 인간관계능력
③ 상황판단 및 문제해결능력　　④ 조직기획과 관리능력

공간지각력 | 블록 개수 파악

03. 다음 평면도에 제시된 숫자는 각 부분에 쌓여 있는 쌓기나무 개수이다. 이 평면도가 나올 수 있는 도형의 3층에 있는 블록의 개수는?

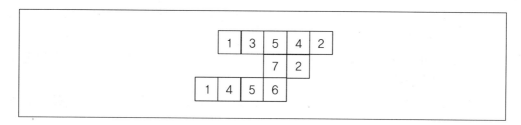

① 5개　　　　　　　　　　　② 6개

③ 7개　　　　　　　　　　　④ 8개

문제해결력 | 조건 기반 추론

04. 다음은 기숙사 방 4개를 나란히 사용하고 있는 학생 4인에 대한 정보이다. 이를 통해 유추할 수 있는 학생의 집이 있는 지역명을 바르게 연결한 것은?

- 학생 4인이 집을 두고 있는 지역은 각각 종로, 잠실, 왕십리, 송파 중 하나이다.
- 방 4개는 일렬로 배치되어 있으며 맨 왼쪽 방이 첫 번째 방이다.
- C는 잠실에 집을 둔 학생의 왼쪽에 있다.
- B는 D의 옆방에 있다.
- B는 세 번째 방에 살고 있지 않다.
- 송파에 집을 둔 학생은 C와 방 1개를 사이에 두고 있다.
- 종로에 집을 둔 학생은 두 번째 방에 살고 있지 않다.
- 두 번째 방에 살고 있는 학생은 C이다.

① A-송파　　　　　　　　　　② B-잠실

③ C-왕십리　　　　　　　　　④ D-종로

이해력 | 상황에 적절한 의사표현법 이해

05. 다음은 상황에 따른 의사표현법의 예시이다. 효과적으로 의사를 표현한 예시로 적절하지 않은 것은?

① 상대방의 잘못을 지적할 때 : 상대방이 알 수 있도록 명확하게 지적하되 불필요한 말을 덧붙이지 않는다.

② 상대방에게 부탁해야 할 때 : 먼저 상대의 사정을 우선시하는 태도를 보여 준 뒤 구체적인 말로 정중하게 말한다.

③ 상대방의 요구를 거절해야 할 때 : 상대 요구를 수용하는 것이 불가능하다고 여겨질 때는 모호한 태도를 보이는 것이 좋다.

④ 명령해야 할 때 : 강압적으로 말하기보다는 '○○을 이렇게 해 주는 것이 어떻겠습니까?'처럼 부드럽게 표현하는 것이 효과적이다.

언어논리력 | 자료 내용 파악

06. 다음은 신입사원 정○○ 씨가 회사에 접수된 고객 불만 문의를 처리하고 박○○ 팀장에게 전달한 메모 내용이다. 메모를 받은 박○○ 팀장의 조언으로 가장 적절한 것은?

〈고객 불만 처리 메모〉

정○○

고객명 김△△

2024년 8월 8일 오후 3시 제품 배송 지연 문의 홈페이지 접수

2024년 8월 9일 고객에게 사과 후 긴급 배송 완료

---

① ○○ 씨, 메모 잘 확인했습니다. 그런데 고객 불만 접수 경로가 누락되었네요.

② ○○ 씨, 메모 잘 확인했습니다. 그런데 불만 처리에 대한 고객 피드백이 누락되었네요.

③ ○○ 씨, 메모 잘 확인했습니다. 그런데 고객 정보와 불만 내용이 누락되었네요.

④ ○○ 씨, 메모 잘 확인했습니다. 그런데 처리 일자가 누락되었네요.

충남기출복원

1회 기출예상
2회 기출예상
3회 기출예상
4회 기출예상
5회 기출예상
6회 기출예상
7회 기출예상
8회 기출예상
9회 기출예상
인성검사
면접가이드

공간지각력 | 전개도 파악

07. 다음 전개도가 한 개의 주사위를 펼친 것이라 할 때, 이 중 같은 주사위가 아닌 것은?

①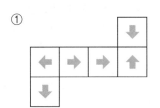

②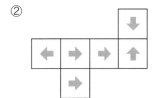

③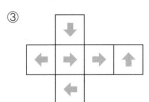

④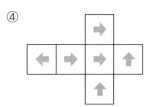

언어논리력 | 글 내용 추론

08. 다음 (가)와 (나)를 토대로 추론한 내용 중 타당하다고 볼 수 있는 내용을 모두 고른 것은?

(가) 경북 영주의 한 대장간에서 만든 호미가 아마존 원예용품 '톱10'에 당당히 이름을 올렸다. 정원 가꾸는 방법을 소개하는 유튜브에 등장하면서 뜨기 시작했다. "삽만 봤지 'ㄱ'자로 꺾어진 원예 기구는 처음", "손목에 힘을 많이 주지 않아도 된다." 등 칭찬 일색이다. 국내에선 호미 한 자루에 5,000원이지만 해외에선 최고 20달러(2만 2,600원)에 팔린다. 올해 들어 3개월간 1,000개 넘게 수출했다. 60대 대장장이는 후계자가 없어 고민했는데 최근 해외동포 청년이 기술을 배우러 오겠다고 했단다. 가장 한국적인 것이 가장 세계적인 것이 될 수 있다는 얘기다. 선조들의 지혜가 담긴 물건을 잘 골라 인터넷 유통에 제대로 연결하면 대박을 낼 수 있는 시대다.

(나) 선각자들이 깨달은 진리는 옛날식으로 표현되었으므로 후대의 시각으로 그 안에 깃든 의미를 늘 재음미하고 재해석해야 생명력이 사라지지 않는다.

보기

ㄱ. 신토불이에 자부심을 갖자.
ㄴ. 실용적인 상품은 경쟁력이 있다.
ㄷ. 외국 상품에 대한 무분별한 선호는 지양하자.
ㄹ. 사라져가는 무형문화재도 다시 살펴볼 필요가 있다.

① ㄱ, ㄷ   ② ㄴ, ㄹ   ③ ㄱ, ㄴ, ㄹ   ④ ㄴ, ㄷ, ㄹ

[09 ~ 10] 다음 글을 읽고 이어지는 질문에 답하시오.

기온과 습도가 우리 몸에 미치는 영향은 결코 적지 않다. 기온과 습도가 높은 날이 며칠간 이어지면 짜증스럽고 공격적인 성향이 두드러지게 되는데, 이렇게 사우나처럼 뜨겁고 끈적끈적한 날씨가 불쾌지수를 높이고 수면을 방해해 예민한 상태가 되도록 만들기 때문이다. 심리적 불쾌감만 높아지는 게 아니다. 실질적으로 건강에도 영향을 미친다. 체온이 40℃를 넘어서는 열사병은 기온이 높은 곳에서 과도한 운동이나 업무를 하는 과정에서 열이 체내에서 충분히 빠져나가지 못하면서 일어나는 현상이다. 구토, 정신 착란, 과호흡, 빠른 심박동수, 두통 등의 증상이 나타나며 즉시 치료받지 않으면 사망에 이를 확률이 매우 높아지기 때문에 재빨리 응급실을 찾는 것이 좋다.

이와 반대로 추운 곳에서는 체온이 35℃ 아래로 떨어지는 저체온증이 나타날 수 있다. 이때 가열기구로 몸을 직접적으로 덥혀서는 안 된다. 가열 등으로 직접 열을 가하면 피부 손상을 입거나 심장이 불규칙하게 뛰는 증상 등이 나타날 수 있다. 그보다는 젖은 옷을 벗고 두꺼운 담요로 몸을 감싸고 따뜻한 음료를 마시는 방법이 좋다. 천식과 같은 호흡기 질환이 있는 사람도 영하 10℃ 이하의 날씨는 조심해야 한다. 기온이 낮을 때 야외에서 운동하면 차갑고 건조한 공기가 들어오면서 기도가 좁아지고 운동으로 촉발되는 천식의 증상이 심해진다. 기침이 나고 쌕쌕거리며 가슴에서 통증이 느껴지고 호흡하기 어렵다.

한편, 관절염이 있는 사람은 비가 오기 전날이나 흐린 날이면 몸이 쑤신다고 얘기하는데 이는 과연 사실일까? 어느 정도 일리가 있는 얘기다. 관절은 저기압의 영향을 받기 때문이다. 비 오는 날에는 기압이 떨어지게 되는데, 이때 몸으로 가해지는 압력이 증가하면서 통증이 커지게 된다. 비가 오거나 습한 날은 두통이 심해질 수도 있다. 지나치게 덥거나 추운 날 역시 편두통을 일으키거나 이를 심화시킨다는 보고가 있다. 그런데 알레르기 환자에게는 흐리고 비 오는 날이 오히려 도움이 될 수도 있다. 알레르기 반응은 덥고 화창한 날씨에 더욱 심해지는 경향이 있기 때문이다. 알레르기 반응을 일으키는 꽃가루가 따뜻하고, 건조하며 선선한 바람이 부는 날씨에 주로 이동하기 때문이다. 꽃가루가 날릴 때 야외활동을 하게 되면 눈물과 콧물이 계속 흐르며 코가 가렵고, 재채기 및 코막힘 등의 증상이 나타난다.

살을 뺄 때는 더운 날씨보다 추운 날씨가 유리하다. 추위를 막기 위해 열을 발산하는 과정에서 칼로리 소모량이 증가하기 때문이다. 습하고 더운 날에는 실제 활동량 역시 줄어든다. 신체노출로 체중관리에 관심이 가는 계절이지만, 아이러니하게 운동량은 줄어든다는 점에서 식단관리에 보다 주의를 기울여야 한다는 게 전문가들의 조언이다.

1회 기출예상

2회 기출예상

3회 기출예상

4회 기출예상

5회 기출예상

6회 기출예상

7회 기출예상

8회 기출예상

9회 기출예상

인성검사

면접가이드

언어논리력 | 글의 내용 이해

09. 윗글을 읽고 일상생활에 적용한 내용으로 가장 적절하지 않은 것은?

① 빙어 축제에서 낚시를 하다가 물에 빠졌다면 젖은 옷을 벗고 담요를 둘러 체온 유지를 돕는다.

② 다이어트를 하는 사람이 밖에서 매일 같은 강도로 운동을 한다면 여름보다 겨울에 체중 감량의 효과가 크다.

③ 삼복더위에 야외에서 일을 한다면, 반드시 기온을 체크해 열이 체내에서 충분히 빠져나갈 수 있도록 조치해야 한다.

④ 천식으로 고생하는 사람이 아침 일찍 야외 운동을 한다면 겨울보다는 여름을 더 조심해야 한다.

언어논리력 | 합성어 분석

10. 윗글의 밑줄 친 단어 중 그 구성 성분이 고유어와 한자어가 결합된 합성어끼리 짝지어진 것은?

① 구토, 천식
② 담요, 전날
③ 기침, 전날
④ 천식, 기침

11. 다음 중 같은 모양을 가진 것은 몇 쌍인가? (단, 각 기호들은 회전하거나 좌우반전되지 않는다)

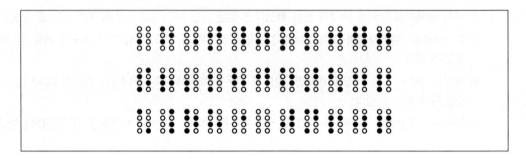

① 2쌍 　　　　　② 3쌍
③ 4쌍 　　　　　④ 5쌍

이해력 | 리더의 역량 이해

12. A 상무가 다음 사례에서 강조하는 리더의 역량으로 가장 적절하지 않은 것은?

　　영업본부장 A 상무는 상반기 영업성과를 높이기 위해 조직 분위기를 능동적으로 바꾸는 방안에 대해 골몰하고 있다. 과거에는 팀원들에게 보고서를 받아 혼자 의사결정을 했지만, 획기적인 방안이 나오지 않았다. 이에 A 상무는 파격적인 아이디어를 얻고자 브레인스토밍(brainstorming) 방식의 워크숍을 진행하기로 하였다. A 상무는 직접 사회를 보며 프로세스를 알려주고 중립을 지키며 회의를 이끌었다. 또한, 참가자들에게 누구든지 제시한 아이디어는 비판하지 않기, 자유롭게 발표하기, 아이디어의 질보다 다량의 아이디어 창출하기, 다른 사람의 아이디어에 편승하기 등 아이디어의 확장을 강조하였다.

　　워크숍 결과, A 상무는 획기적이고 다양한 아이디어를 얻을 수 있었다. A 상무는 여러 아이디어 중 영향력, 비용 등을 고려하여 최종적으로 조직 분위기를 활성화할 방안을 결정하였고, 직원들도 긍정적인 반응을 보이며 동의하였다.

① 지식과 경험을 나누어 구성원들에게 도움을 줄 수 있어야 한다.
② 다양성에 대해 충분히 이해하고 중립적인 태도를 가져야 한다.
③ 실무에서 적용할 수 있는 프로세스를 최종 판단하고 결정할 수 있어야 한다.
④ 상황에 맞는 다양한 아이디어 발상법을 적용할 수 있어야 한다.

공간지각력 | 도형 비교

13. 다음 중 주어진 도형과 같은 모양을 가진 것은?

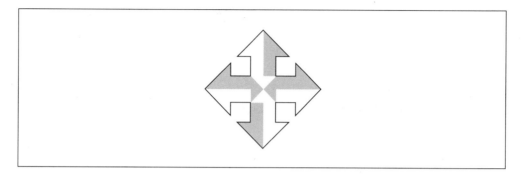

①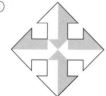

②

③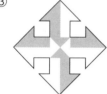

④

문제해결력 | 명제 판단

14. 〈조건〉이 다음과 같을 때 결론이 참인 것은?

조건

- 한국에 사는 개 중에는 푸들이 있다.
- 모든 진돗개는 한국 토종개이다.
- 모든 백구는 진돗개이다.
- 세상의 모든 푸들은 한국 토종개가 아니다.

① 어떤 백구는 한국 토종개가 아니다.
② 모든 진돗개는 백구이다.
③ 모든 한국 토종개가 진돗개인 것은 아니다.
④ 한국에 사는 개 중에는 진돗개가 아닌 개가 존재한다.

문제해결력 | 조건 기반 추론

15. 다음 중 R 농기구 대여점의 물류 창고와 각 물류 창고 관리자의 나이를 바르게 연결한 것은?

- R 농기구 대여점은 A, B, C 3개 물류 창고를 가지고 있다.
- 3개 물류 창고는 서울, 부산, 광주에 한 곳씩 있으며, 각 물류 창고의 관리자 나이는 30대, 40대, 50대 중 한 명씩이고, 출근 시간은 7시, 8시, 9시 중 하나로 모두 다르다.
- A 물류 창고의 관리자는 40대이다.
- B 물류 창고의 위치는 광주가 아니다.
- C 물류 창고 관리자의 출근 시간은 7시가 아니다.
- 나이가 30대인 사람은 출근 시간이 8시인 물류 창고의 관리자이다.
- 나이가 50대인 사람이 관리자인 물류 창고는 부산에 있지 않다.
- 부산에 있는 물류 창고 관리자는 9시에 출근한다.

	A 물류 창고	B 물류 창고	C 물류 창고
①	30대	40대	50대
②	40대	30대	50대
③	40대	50대	30대
④	50대	30대	40대

언어논리력 | 작품 해석 관점 이해

16. ○○기관은 우수 사원을 대상으로 해외 문화 시찰 연수를 진행하였다. 다음 중 제시된 작품에 대한 관점이 나머지와 다른 사람은?

루뱅 보쟁 체스 作, 「판이 있는 정물-오감」

① A 과장 : 17세기 네덜란드의 경제가 급성장하고 부가 축적됨에 따라 새롭게 등장한 시민계급은 이전의 귀족과 성직자들이 즐기던 역사화나 종교화와는 달리 자신들에게 친근한 주제와 형식의 그림을 선호하게 되었습니다. 제시된 작품 또한 현실적이고 실용적인 취향에 맞춰 출현한 정물화로서 새로운 그림 후원자들의 물질에 대한 태도가 반영되었습니다.

② B 차장 : 제시된 작품의 꽃병에 담긴 물과 꽃병의 유리 표면에는 이 그림의 광원인 창문과 거기에서 나오는 다양한 빛의 효과가 미묘하게 표현되어 있습니다. 섬세한 빛의 처리를 통해 물건들을 손으로 만지는 듯한 질감과 함께 시각적 아름다움이 나타나고 있어요.

③ C 사원 : 제시된 작품의 부제는 '오감'으로, 당시 오감을 주제로 그린 다른 화가들의 작품들로부터 이 그림의 의미를 찾을 수 있습니다. 당시 대부분의 오감 정물화는 세상의 부귀영화가 얼마나 허망한지를 강조하며, 현실의 욕망에 집착하지 말고 영적인 성장을 위해 힘쓰라고 격려했습니다.

④ D 대리 : 제시된 작품 속 팔각형의 거울을 보고 당시 정물화의 도상적 관례에 따라 교만에 대해 생각하였습니다. 거울은 자기 자신의 인식, 깨어있는 의식을 상징하기도 하죠. 그런 점에서 감각적인 온갖 악덕에 빠질 수 있는 자신을 가다듬고 경계해야겠다는 생각을 했습니다.

공간지각력 | 조각 순서 배열

17. 다음과 같이 그림을 4조각으로 분리하여 각각 글자를 붙였을 때, 처음의 온전한 그림이 되도록
조각을 바르게 위치시킨 것은?

충남기충보험

1회 기출예상

2회 기출예상

3회 기출예상

4회 기출예상

5회 기출예상

6회 기출예상

7회 기출예상

8회 기출예상

9회 기출예상

인성검사

면접가이드

① | 1 | 3 | 2 | 4 |

② | 1 | 3 | 4 | 2 |

③ | 4 | 1 | 3 | 2 |

④ | 4 | 2 | 1 | 3 |

문제해결력 | 조건 기반 선정

18. 다음 ○○수목원의 체험 프로그램 안내 자료를 보고 〈보기〉의 문의 내용에 적합한 프로그램을 고른 것은?

구분	A 프로그램	B 프로그램	C 프로그램	D 프로그램
내용	나무 심기 체험	꽃 가꾸기 체험	생태 · 환경 강연	자연 탐험 활동
운영시간	10 : 00 ~ 17 : 00 (입장마감 16 : 30)	9 : 00 ~ 18 : 00 (입장마감 17 : 30)	9 : 30 ~ 18 : 00 (입장마감 16 : 30)	9 : 00 ~ 18 : 00 (입장마감 17 : 30)
휴일	매주 월요일	매주 화요일	매주 수요일	매주 목요일
최대 수용인원	20명	25명	30명	15명
인당 이용요금	5,000원	3,000원	2,000원	8,000원
소요 시간	1시간 10분	1시간	45분	1시간 30분

※ 12 : 00 ~ 13 : 00 : 점심 휴게시간

보기

2월 15일 목요일에 수목원 체험 프로그램을 신청하려고 합니다. 적어도 오전 10시부터 참여가 가능하고, 프로그램이 1시간 넘게 소요되지 않았으면 합니다. 인원은 인솔자를 포함하여 20명이며 1인당 5,000원의 예산이 책정되어 있습니다. 또한, 아이들이 무언가를 체험할 수 있는 프로그램을 원합니다.

① A

② B

③ C

④ D

언어논리력 | 글 수정

19. 다음 글에서 밑줄 친 ㈀~㈁의 수정방안으로 적절하지 않은 것은?

> 문화재 안내문이란 문화재를 소개하거나 사정을 알릴 목적으로 쓰인 글로, 문화재의 특성에 따라 작성 방법이 달라진다.
>
> 문화재 안내판의 기본적인 종류는 해설안내판과 기능성안내판으로 구분하며, 해설안내판은 종합안내판, 권역안내판, 개별안내판 등으로 분류하되, 이 중 1개 이상의 안내판은 ㉠반드시 설치하는 것을 원칙으로 한다.
>
> ·문화재 안내문은 문화재를 관람하는 ㉡일반인을 대상으로 하고 문화재를 안내한다는 공공의 목적을 위해 사용된다는 점에서 공공언어라고 할 수 있다. 따라서 문화재 안내문 역시 ㉢공공언어로써 다음과 같은 공공언어 요건을 ㉣충족해야 한다.

① ㉠ '설치하는 것을 원칙으로 한다'는 군더더기 표현이 있으므로 '설치하는 것이 원칙이다'로 수정한다.

② ㉡ '일반인을 대상으로 하고'는 군더더기 표현이 있으므로 '일반인에게'로 수정한다.

③ ㉢ 공공언어의 자격을 기술한 것이므로 '공공언어로써'를 '공공언어로서'로 수정한다.

④ ㉣ '충족해야 한다'는 문장 성분 간의 호응이 이루어지지 않으므로 '충족시켜야 한다'로 수정한다.

수리력 | 배수 · 약수 활용

20. ●● 초등학교 앞에는 4324번, 4323번, 4325번 버스가 정차한다. 4324번은 12분, 4323번은 15분, 4325번은 18분 간격으로 정차하며 오전 8시에 동시 출발하였다. 오전 8시 동시 출발한 이후, 오후 6시까지 버스 3대가 동시에 출발하는 것은 총 몇 회인가? (단, 오전 8시 동시 출발은 횟수에 포함하지 않는다)

① 3회   ② 4회   ③ 5회   ④ 6회

수리력 | 경우의 수 파악

21. A ~ H 8명이 수행평가를 위한 발표 조를 정하고 있다. 발표 조는 1조와 2조가 각각 최소 3명씩이며, B와 C는 같은 조에 포함되어야 한다. 조의 순서는 구분하지 않고 조를 나눈다면 가능한 경우의 수는 모두 몇 가지인가?

① 40가지   ② 41가지   ③ 42가지   ④ 43가지

수리력 | 표 수치 분석

22. 다음 자료에 대한 설명으로 옳은 것은 〈보기〉에서 모두 몇 개인가? (단, 이사 간 지역과 이사 온 지역이 동일한 경우, 해당 지역 내에서 이사한 것이다)

〈202X년 ○○시 7개 지역 주민들의 이사 현황〉

(단위 : 건)

이사 온 지역 / 이사 간 지역	A	B	C	D	E	F	G	합계
A	34	28	15	12	31	25	40	185
B	61	76	24	31	56	44	76	368
C	27	30	15	15	27	19	42	175
D	26	28	11	19	24	21	37	166
E	86	86	31	41	94	60	114	512
F	99	82	31	40	75	94	104	525
G	113	107	43	57	101	75	180	676
합계	446	437	170	215	408	338	593	2,607

보기

㉠ 이사 간 건수보다 이사 온 건수가 많은 지역은 2곳이다.
㉡ 지역 내 이사 건수가 가장 적은 지역은 이사 온 건수도 가장 적다.
㉢ 이사 온 건수 중 지역 내 이사 건수의 비중이 가장 작은 지역은 A이다.
㉣ 지역 내 이사를 제외하고 이사 온 건수와 이사 간 건수의 합이 가장 큰 지역은 G이다.

① 0개
② 1개
③ 2개
④ 3개

[23 ~ 24] 다음은 ○○사의 컴퓨터 성능 개발 프로젝트에 투자된 예산 관련 자료이다. 자료를 보고 이어지는 질문에 답하시오.

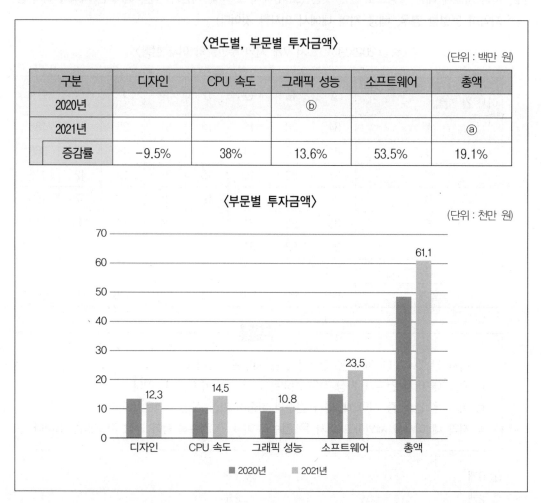

〈연도별, 부문별 투자금액〉

(단위 : 백만 원)

구분		디자인	CPU 속도	그래픽 성능	소프트웨어	총액
2020년				ⓑ		
2021년						ⓐ
	증감률	−9.5%	38%	13.6%	53.5%	19.1%

〈부문별 투자금액〉

(단위 : 천만 원)

수리력 | 도표 수치 파악

23. 다음 중 〈연도별, 부문별 투자금액〉의 빈칸 ⓐ에 들어갈 값으로 옳은 것은?

① 61

② 122

③ 611

④ 1,220

충남기초부원

1회 기출예상

2회 기출예상

3회 기출예상

4회 기출예상

5회 기출예상

6회 기출예상

7회 기출예상

8회 기출예상

9회 기출예상

인성검사

면접가이드

수리력 | 도표 수치 계산

24. 다음 중 〈연도별, 부문별 투자금액〉의 빈칸 ⓑ에 들어갈 값으로 옳은 것은? (단, 소수점 아래 첫째 자리에서 반올림한다)

① 10

② 95

③ 105

④ 136

수리력 | 거듭제곱 이해

25. 상온에서 Q세균은 6분에 1번씩 한 마리에서 두 마리로 자체 분열한다. 현재 상온에서 세균 수가 한 마리일 때, 1시간 후 세균의 수는 42분 후 세균의 수보다 몇 마리가 더 많아지는가?

① 896마리

② 960마리

③ 992마리

④ 1,008마리

수리력 | 평균 계산

26. 다음은 A 회사 직원들의 3 ~ 4월 업무를 평가한 것이다. 4월 점수가 7점 이하인 직원들의 3월 점수 평균과 4월 점수가 8점인 직원들의 3월 점수 평균 차이는 약 몇 점인가? (단, 모든 계산은 소수점 아래 셋째 자리에서 반올림한다)

(단위 : 명)

3월 \ 4월	6점	7점	8점	9점	10점
6점	3	7	4		
7점	2	5	4	3	
8점	8	4	5	6	2
9점		9	10	4	3
10점		4	4	2	3

① 0.82점

② 0.68점

③ 0.53점

④ 0.46점

27. 다음 규정을 근거로 할 때, 〈보기〉에 제시된 사례 중 지원대상이 되는 경우를 모두 고른 것은?

제25조 (지원요건) 6개월 이상 고용한 근로자 중 주 소정근로시간 15시간 이상 35시간 이하로 소정근로시간을 단축하고 다음 각 호의 요건을 모두 충족한 경우 지원대상이 된다.
1. 소정근로시간 단축 근로자는 근로시간 단축 개시일 이전 주 소정근로시간이 30시간 초과
2. 근로자 본인의 청구에 따라 소정근로시간 단축 후 주 소정근로시간을 최소 1시간 이상 단축
3. 소정근로시간 단축 근로자가 아래에 해당하지 않을 것
    가. 사업주의 배우자, 직계 존·비속
    나. 외국인. 단, 체류자격 거주, 영주, 결혼이민자는 제외

보기

ㄱ. 주 소정근로시간이 31시간이었던 근로자 A(고용기간 1년)가 본인의 청구로 주 소정근로시간을 21시간 단축한 경우
ㄴ. 주 소정근로시간이 35시간이었던 근로자 B(고용기간 6개월, 결혼이민자인 외국인)가 본인의 청구로 주 소정근로시간을 1시간 단축한 경우
ㄷ. 주 소정근로시간이 32시간이었던 근로자 C(고용기간 9개월, 사업주의 친구)가 본인의 청구로 주 소정근로시간을 2시간 단축한 경우
ㄹ. 주 소정근로시간이 40시간이었던 근로자 D(고용기간 2개월)가 본인의 청구로 주 소정근로시간을 5시간 단축한 경우

① ㄱ, ㄷ　　　　　　② ㄴ, ㄷ
③ ㄱ, ㄴ, ㄹ　　　　④ ㄴ, ㄷ, ㄹ

이해력 | 샌드위치 화법 이해

28. 다음 상황에서 신입사원 박 씨에게 샌드위치 화법으로 조언하고자 할 때, 표현방법으로 가장 적절한 것은?

> 신입사원 박 씨(25)는 최근 프로젝트에서 과제 제출 기한을 놓친 일이 있었다. 평소 꼼꼼하고 성실한 성격으로 주위 동료들의 신뢰를 받지만, 이번 일로 인해 상사에게 주의를 받게 되었다. 박 씨는 "처음 맡은 큰 프로젝트라 긴장도 많이 했고, 여러 가지를 동시에 처리하다 보니 마감일을 놓쳐버렸다"라며 "어떻게 하면 이런 실수를 다시 하지 않을 수 있을지 고민하고 있다"라고 말했다. 박 씨에게 어떤 조언을 하는 것이 좋을까?

① 프로젝트를 처음 맡으면 누구나 실수할 수 있어요. 하지만 마감일을 놓치는 것은 큰 문제입니다. 다음부터는 체크리스트를 만들어서 관리해 보세요. 분명히 더 나아질 거예요.

② 처음 프로젝트를 맡으면서 열심히 해줘서 고마워요. 그런데 기한을 놓치는 것은 용납할 수 없는 실수입니다. 다음번에는 좀 더 신경 써서 이런 일이 없도록 해주세요.

③ 처음 프로젝트를 맡으면서 열심히 하는 모습을 봤어요. 그런데 과제 제출 기한을 놓친 것은 정말 실망스러운 일입니다. 스스로 관리할 수 있을 거라 믿어요. 더 노력해주세요.

④ 프로젝트를 처음 맡으면서 정말 최선을 다하는 모습이 인상적이었어요. 마감일을 놓친 것은 아쉬운 일이지만, 체크리스트나 일정 관리 애플리케이션을 활용해 보면 좋겠어요. 충분히 잘 해낼 수 있을 거라고 믿어요.

공간지각력 | 블록 찾기

29. 작은 정육면체 26개로 이루어진 큰 정육면체 (A)에서 3개의 작은 정육면체를 떼어낸 도형 (B)를 만들었다. 도형 (B)에서 색칠할 수 있는 겉면의 수는 모두 몇 개인가?

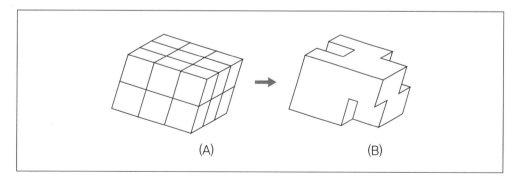

(A) (B)

① 16개
② 17개
③ 18개
④ 19개

언어논리력 | 세부 내용 이해

30. 다음 글을 읽고 이해한 내용으로 가장 적절한 것은?

> 게임산업이 메이저기업 위주로 흘러가고 있다. 메이저기업들이 막강한 자본력과 인력풀은 물론 유통 채널까지 장악함에 따라 중견기업들이 설 자리는 점점 좁아지고 있다.
>
> 중견기업들은 지금까지 메이저기업과 소규모 개발사의 가교 역할을 해왔다. 축구에 비유하면 미드필드라고 할 수 있겠다. 미드필드진이 취약해지면 경기의 전체적인 짜임새가 불안해지고 결국 수비·공격할 것 없이 모든 전력이 약화될 수밖에 없다. 즉, 중견기업들의 위축은 결코 메이저기업들에도, 중소기업들에도 이득이 될 수 없다는 말이다.
>
> 극소수 메이저기업들이 게임 시장을 좌지우지하게 될 경우 일어날 가장 큰 문제점은 양극화 현상이다. 양극화 현상이 일어나면 다양한 아이디어의 상품화가 어려워진다. 메이저기업들의 양적 팽창이 계속될수록 외부 퍼블리싱 대상은 일부 스타급 개발자가 만드는 프로젝트로 제한될 수밖에 없기 때문이다.
>
> 이제는 정부가 나서서 정책적으로 중견기업들을 지원해야 한다. 중소기업 위주의 지원 정책도 중요하지만, 중견기업을 키우지 않고는 중소기업 정책이 힘을 받기 어렵다. 중견기업이 몰락하면 게임산업의 미래는 결코 밝을 수 없다는 것을 정책 당국자들은 명심해야 한다.

① 고래 싸움에 새우 등 터질 수 있는 게임산업의 중견기업을 지원해야 해.

② 소 잃고 외양간 고치기 전에 게임산업의 중견기업을 키워야 해.

③ 달걀로 바위 치기라도 게임산업의 중견기업에 대한 정부 지원이 필요해.

④ 등잔 밑이 어둡다고 게임산업에서 메이저기업만 바라봐선 안 돼.

1회 기출복원 / 2회 기출복원 / 3회 기출복원 / 4회 기출복원 / 5회 기출복원 / 6회 기출복원 / 7회 기출복원 / 8회 기출복원 / 9회 기출복원 / 인성검사 / 면접가이드

언어논리력 | 문장 삽입

31. 다음 글의 ㉠ ~ ㉣ 중, 〈보기〉의 문장이 삽입되기에 가장 적절한 위치는?

> 아이들에게 돈의 개념을 가르치는 지름길은 바로 용돈이다. (㉠) 용돈을 받아 그것을 소유한 아이들은 돈에 대해 책임감을 느끼게 되고, 돈에 대한 결정을 스스로 내리기 시작한다. (㉡) 한 연구에서 만 7세부터 돈의 개념을 어렴풋이나마 짐작하게 된다고 밝혔다. (㉢) 이 연구에 따르면 그때부터 아이들에게 약간의 용돈을 주는 것으로 돈에 대한 교육을 시작하면 좋다. (㉣) 8세 때부터는 돈의 위력을 이해하기 시작하므로 소유가 무엇을 의미하는지, 물물교환은 어떻게 하는지 등을 가르칠 수 있다고 한다. 그와 동시에 아이들은 돈을 벌고자 하는 욕구를 느끼게 된다. 그러므로 이 시기부터 돈은 자연스러운 것이고, 건강한 것이고, 인생에서 필요한 것이라고 가르치는 것이 매우 중요하다.

보기

> 그렇다면 언제부터, 얼마를 용돈으로 주는 것이 좋을까?

---

① ㉠　　　　　　　　　　② ㉡
③ ㉢　　　　　　　　　　④ ㉣

언어논리력 | 논증 구조 파악

32. 다음 글의 논증 구조를 바르게 파악한 것은?

> (가) 인간은 가장 중요한 것을 가장 게을리 하는 경우가 있다.
> (나) 그러나 그것을 언제까지나 무관심하게 내버려둘 수는 없다.
> (다) 인간에게 하나님은 가장 귀중한 것을 가장 자연스러운 법칙으로 주었고, 또 누구나 별로 힘들이지 않고도 얻을 수 있게 하였으나, 그것도 오늘날에 이르러서는 그대로 유지하기에 어려운 처지에 이르렀다.
> (라) 마음대로 마실 수 있는 공기와 물이 없으면 몇 분간도 살지 못할 것이건만, 우리는 지금까지 별로 관심을 두지 않고 살아왔다.
> (마) 인간생활에 있어 사람들은 가장 중요하고 근본적인 욕구를 무심히 넘겨버리는 경우가 많은데, 오늘날에 와서 그것들이 그렇게 취급되어서는 안 된다는 것이 분명해졌다.

① (나) : 이 글의 전제가 된다.　　② (다) : (라)에 대한 상술이다.
③ (라) : (마)에 대한 근거이다.　　④ (마) : 이 글의 결론이다.

33. 다음 S 자동차의 사례에서 문제를 해결한 방법으로 적절하지 않은 것은?

> S 자동차가 경영 정상화를 위한 숨 가쁜 행보를 지속하고 있어 눈길을 모으고 있다. 지난 해 고강도 구조조정 '서바이벌 플랜'을 펼친 데 이어, 올해는 리더십 전면 교체에 나서며 새로운 체제에 대한 기대감을 높이고 있기 때문이다.
>
> S 자동차는 최근 일주일 사이 회사 수장과 중앙연구소장 등 핵심 임원들을 대거 교체하며 새 진용 구축에 나섰다. 지난 7일 아시아지역 R&D 허브인 S 자동차 중앙연구소를 이끌어 갈 신임 담당 임원을 발표한 데 이어, 11일에는 신임 대표이사 선임 소식을 알렸다. 특히 눈길을 끄는 부분은 새롭게 선임된 R&D 임원부터 대표이사까지 모두 차량 연구개발 전문가로 구성됐다는 점이다.
>
> 다음 달 1일 취임 예정인 S 자동차 대표이사는 남미시장 차량 개발 총괄 엔지니어와 C/D (준중형/중형) 세그먼트 신차 개발 프로그램 디렉터, 선행 프로젝트·크로스 카 라인 프로그램 디렉터 등 다양한 글로벌 신차 개발에 참여한 경력이 있다.
>
> S 자동차 중앙연구소 최○○ 신임 소장도 첨단 커넥티비티 기술 등 인텔리전트 테크놀로지 분야에서 성과를 거둔 인물로 평가된다. 최 소장은 최근 S 자동차가 차량 핵심 USP(고유의 강점)로 꼽는 인카페이먼트 시스템을 국내 최초로 개발·안착시킨 공로를 높게 평가받아, S 자동차 출범 이후 두 번째 한국인 연구소장으로 발탁됐다.

① 핵심 인력 교체 ② 신사업 전략 수립
③ 외부 대응 전략 강화 ④ 연구개발 역량 제고

34. 다음 제시된 전제가 참일 때, 반드시 참인 것은?

> • 모든 회사원은 휴가를 원한다.
> • 어떤 남자는 회사원이다.

① 휴가를 원하지 않으면 남자가 아니다.
② 휴가를 원하는 사람은 회사원이다.
③ 모든 남자는 회사원이다.
④ 어떤 남자는 휴가를 원한다.

35. 다음 휴가 지원 기준에 따라 9월의 휴가 날짜를 계획하고 있다. A ~ J 직원 총 10명의 9월 휴가 날짜로 옳지 않은 것은?

〈휴가 지원 기준〉

1 2지망까지 휴가 날짜 지원 가능

2 1지망에서 휴가 가능 인원보다 지원 인원이 많은 경우, 남은 연차 날짜가 많은 직원이 우선 배치

3 1지망 휴가 날짜에 배정되지 못한 직원은 2지망 휴가 날짜로 배정하며 남은 연차 날짜가 많은 직원이 우선 배치

4 1, 2지망 휴가 날짜에 모두 배치되지 못한 직원은 필요 인원을 채우지 못한 휴가 날짜에 배치

〈날짜별 휴가 가능 인원〉

(1)9월 1 ~ 6일	(2) 9월 9 ~ 15일	(3) 9월 17 ~ 22일	(4) 9월 24 ~ 29일
2명	4명	1명	3명

〈A ~ J 직원의 남은 연차 날짜 및 1, 2지망 휴가 날짜〉

구분	A	B	C	D	E	F	G	H	I	J
남은 연차 날짜	10	8	9	11	15	7	12	14	6	2
1지망	(1)	(3)	(4)	(4)	(4)	(2)	(3)	(1)	(1)	(4)
2지망	(2)	(4)	(1)	(2)	(2)	(3)	(1)	(4)	(2)	(1)

① B 직원의 휴가 날짜는 9월 9일 ~ 15일이다.

② E 직원의 휴가 날짜는 9월 24일 ~ 29일이다.

③ G 직원의 휴가 날짜는 9월 17일 ~ 22일이다.

④ I 직원의 휴가 날짜는 9월 1일 ~ 6일이다.

[36 ~ 37] 다음 글을 읽고 이어지는 질문에 답하시오.

세대갈등이 개인의 차원을 넘어 조직 내 연대의식으로 나타나 세대 간 소통의 단절로 이어지고 있다. 신종 코로나바이러스 감염증(코로나19) 사태에 따른 저성장과 사회 불평등 구조, 디지털화 등 혁신 기술의 확산은 이러한 유기적 관계의 단절을 가져오고 있다.

특히 MZ(밀레니얼+Z)세대는 사회관계망서비스(SNS) 등을 통해 연대감을 키우고, 이는 조직사회를 통제하는 새 권력이 되고 있다. 이들은 기성세대와 노년층이 겪은 고난의 역사와 현실에 무관심하다. 오히려 고도성장의 열매를 구세대가 독식했고, 소득의 수단이 된 부동산이 젊은 세대의 경제적 자립을 방해한다고 생각하기조차 한다. 디지털 기기들을 제대로 활용하지도 못하는 기성세대들이 조직 상부를 지배하고 앉아 충성을 요구한다. 이들이 성과를 나누자는 것이 비합리적인 말처럼 느껴진다는 것이 요즘 젊은이들의 생각이다.

"부장님, 저 아세요? 왜 처음 보시는데 반말하세요?" "이걸 왜 제가 해야 하죠? 부장님, 지시사항을 저는 처음 듣는데 왜 제게 화를 내시죠?" 난생처음 접해보는 신세대들의 불같은 반응에 기성세대는 신세대를 이기적이며 타인에 대한 배려가 없는 자기중심적 인간이라 비난한다.

신세대 역시 논리로 기성세대를 이해하는 것은 불가능하다고 생각한다. 이 때문에 젊은 세대의 가치관을 존중하고 이해하는 새로운 리더십이 필요한 시점이다. 동시에 젊은 세대에게도 조직의 오래된 전통과 핵심 가치를 존중하고 따르는 자세가 필요하다.

이해력 | 갈등 해결

36. 윗글을 바탕으로 세대갈등의 해결방안에 대한 적절한 의견을 모두 고른 것은?

ⓐ 지방자치단체를 중심으로 모든 세대가 평균적인 삶이 가능하도록 균등한 복지혜택을 받게 한다.

ⓑ 기업에서는 나이, 서열과 관계없이 새로운 업무 환경을 갖춘 조직을 만들어 공동의 목표와 해결방안을 찾는다.

ⓒ 국가적으로 갈등관리시스템을 구축하기 위하여 정부, 지방자치단체, 민간, 시민단체 등 긴밀한 의사소통 구조를 확립하고 법적, 제도적으로 뒷받침한다.

ⓓ 젊은 세대는 아파트 주민 등을 대상으로 컴퓨터 활용과 같은 정보 매체 활용 교육을, 퇴직 교육자들은 방과 후 육아 지도 교육을 진행하는 등 세대 통합을 위한 노력을 한다.

① ⓐ, ⓑ   ② ⓑ, ⓓ

③ ⓐ, ⓑ, ⓒ   ④ ⓐ, ⓒ, ⓓ

이해력 | 갈등 상황 이해

37. 윗글에서 알 수 있는 젊은 세대의 인식 변화와 가장 관련이 깊은 것은?

① 기성세대의 권위와 전통을 존중하는 태도

② 경제적 자립을 방해하는 부동산 문제에 대한 불만

③ 기성세대가 겪은 고난의 역사에 대한 관심

④ 디지털화와 혁신 기술의 확산에 따른 새로운 권력 구조의 형성

언어논리력 | 빈칸 내용 추론

38. 다음은 로봇 개발 연구소 연구원들이 나눈 대화이다. 빈칸 ㉠에 들어갈 말로 적절한 것은?

> 인공지능(AI)은 1956년에 처음 등장한 단어로, 기계가 경험을 통해 학습하고 새로운 입력 내용에 따라 기존 지식을 조합하여 사람과 같은 방식으로 과제를 수행할 수 있도록 하는 것을 의미한다. 체스를 두는 컴퓨터에서부터 직접 운전을 하는 자동차 등 많은 분야와 관련이 있으며, 대량의 데이터를 처리하고 데이터에서 패턴을 인식함으로써 특정한 과제를 수행하도록 컴퓨터를 훈련시킬 수 있다.
>
> 표 사원 : 인공지능이 발전을 거듭할수록 일자리에 미칠 영향력에 대한 대중의 우려가 커지고 있어.
> 정 사원 : 그럴 만해. 우리나라 전체 일자리의 43%가 인공지능으로 대체될 가능성이 높은 고위험군이라 하더라고.
> 강 사원 : 하지만 요즘은 인구 감소의 문제와 맞물리면서 노동의 부족에 대한 걱정이 이만저만이 아니어서 인공지능 기술이 생산성 향상에 필연적이라는 의견도 만만치 않아.
> 유 사원 : (㉠   )

① 또한, 인공지능의 발전이 오히려 새로운 일자리를 창출하는 경우도 많이 있다고 해,

② 맞아. 실제로 이러한 인구 감소 문제를 안고 있는 국가들은 인구 증대 방안이 매우 시급한 실정이야,

③ 실제로 과거엔 사무직, 생산직처럼 단순 반복적 직무만 로봇이 대체할 것이라 예상했지만, 지금은 전문직도 안전하지 않다는 인식이 점차 많아지고 있어,

④ 그래서 요즘에는 AI로봇 전문가, 생명정보 분석가, 의료정보 분석가, 닥터 셰프 등과 같은 인공지능이 대체하기 어려운 직업들이 향후 유망 직업으로 꼽히고 있어,

공간지각력 투상도 분석

39. 다음은 어느 한 면을 바라본 투상도이다. 다음 중 제시된 투상도가 나올 수 없는 형태는?

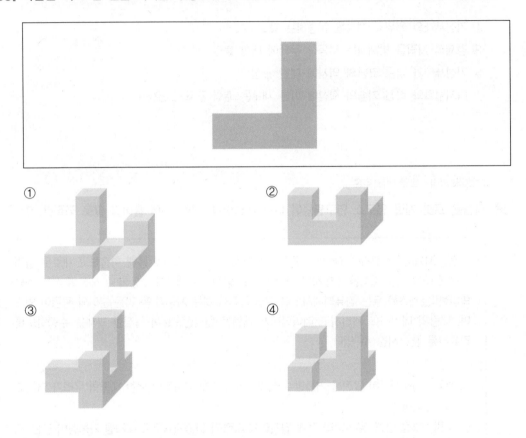

공간지각력 | 블록 결합

40. 다음 중 '?'에 들어갈 수 있는 도형으로 옳은 것은? (단 보이지 않는 사이의 공간에는 블록이 비어 있지 않다)

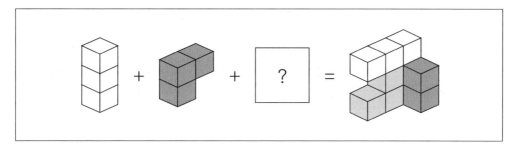

①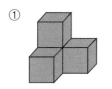

②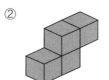

③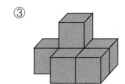

④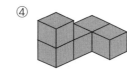

문제해결력 | 조건 기반 추론

41. A 공사의 승무본부, 차량본부, 신성장본부, 영업본부, 기술본부의 직원들은 다음과 같은 방식으로 순환근무를 한다. 다음 명제가 모두 참일 때, 결론으로 적절하지 않은 것은?

- 본부가 신설되면 순환근무 부서가 추가된다.
- 영업본부에서 근무한 직원은 신성장본부에서 근무한다.
- 승무본부에서 근무한 직원은 차량본부에서도 근무한다.
- 기술본부에서 근무하지 않는 직원은 영업본부에서 근무한다.
- 차량본부에서 근무한 직원은 신성장본부에서는 근무하지 않는다.

① 승무본부에서 근무한 직원은 기술본부에서 근무한다.
② 기술본부에서 근무한 직원은 차량본부에서 근무한다.
③ 영업본부에서 근무한 직원은 승무본부에서 근무하지 않는다.
④ 차량본부에서 근무한 직원은 영업본부에서 근무하지 않는다.

수리력 | 표 수치 분석

42. 다음은 전국 5개 교육청의 202X년도 공무직 채용에 관한 표이다. 표에 대한 〈보기〉의 설명으로 옳은 내용을 모두 고른 것은? (단, 소수점 아래 둘째 자리에서 반올림한다)

〈전국 5개 교육청 채용 현황〉

(단위 : 명)

교육청	경력직		신입직	
	전문상담사	조리실무사	전문상담사	조리실무사
A	22	35	45	40
B	65	84	37	63
C	12	52	116	184
D	43	37	155	264
E	31	44	86	47

※ 채용인원은 경력직과 신입직으로 구분하고, 각각은 전문상담사와 조리실무사로 구성됨.

보기

ㄱ. 각 교육청별 채용인원에서 전문상담사가 차지하는 비율이 가장 높은 교육청은 A이다.

ㄴ. 각 교육청별 채용인원에서 신입직 인원이 차지하는 비율이 50%를 초과하는 교육청은 4개이다.

ㄷ. 5개의 교육청 전체 채용인원에서 D 교육청의 채용인원이 차지하는 비중은 35% 미만이다.

① ㄱ   ② ㄴ

③ ㄱ, ㄴ   ④ ㄴ, ㄷ

43. 다음 글에서 알 수 있는 내용을 〈보기〉에서 모두 고른 것은?

> 괭이부리말은 인천에서도 가장 오래된 빈민 지역이다. 지금 괭이부리말이 있는 자리는 원래 땅보다 갯벌이 더 많은 바닷가였다. 그 바닷가에 '고양이 섬'이라는 작은 섬이 있었다. 호랑이까지 살 만큼 소나무 숲이 우거진 곳이었다던 고양이 섬은 바다가 메워지면서 흔적도 없어졌고, 오랜 세월이 지나면서 소나무 숲 대신 공장 굴뚝과 판잣집들만 빼곡히 들어 찬 공장 지대가 되었다. 결국 고양이 섬 때문에 생긴 '괭이부리말'이라는 이름만 남게 되었다.
>
> 일자리를 찾아 도시로 올라온 이농민들은 돈도 없고 마땅한 기술도 없어 괭이부리말 같은 빈민 지역에 둥지를 틀었다. 판잣집이라도 얻을 돈이 있는 사람은 다행이었지만 그나마 전셋돈마저 없는 사람들은 괭이부리말 구석에 손바닥만 한 빈 땅이라도 있으면 미군 부대에서 나온 루핑이라는 종이와 판자를 가지고 손수 집을 지었다. 집 지을 땅이 없으면 시궁창 위에도 다락집을 짓고, 기찻길 바로 옆에도 집을 지었다. 그리고 한 뼘이라도 방을 더 늘리려고 길은 사람들이 겨우 다닐 만큼만 내었다. 그래서 괭이부리말의 골목은 거미줄처럼 가늘게 엉킨 실골목이 되었다.

--- 보기 ---

ㄱ. 마을 이름의 유래
ㄴ. 한 마을의 변화 과정
ㄷ. 산업화로 인한 도시 생활공간의 변화 과정
ㄹ. 이농민이 도시 빈민이 되는 과정

① ㄱ, ㄹ   ② ㄴ, ㄷ
③ ㄱ, ㄴ, ㄷ   ④ ㄱ, ㄴ, ㄹ

문제해결력 | 요구사항 기반 선정

44. ○○기업 인사팀에 근무하는 E 사원은 회식 장소를 예약하려고 한다. 다음을 고려하여 정한 회식 장소로 옳은 것은?

> E 사원은 자신을 제외한 다음의 팀원들의 요구를 모두 고려하여 회식 장소를 정해야 하며, 회식은 룸을 예약하여 총 2시간 30분 간 진행될 예정이다.
>
> 〈팀원들의 요구사항〉
>
> A 이사 : 나는 좀 조용한 분위기의 음식점으로 가고 싶어요. 그래서 분위기에 관련된 평점이 4점 이상이면 좋겠어요.
> B 팀장 : 그런데 이번에 팀 회식비 예산이 줄어서 마음 놓고 먹으려면 가격 평점이 3점 이상인 곳으로 가야 할 것 같아요.
> C 주임 : 저는 오늘 야근하러 다시 회사에 돌아와야 할 것 같아서 회사를 기준으로 4km 반경에 위치한 곳이 좋아요.
> D 주임 : 저는 매일 가던 곳 말고 새로운 곳을 한번 가 보고 싶어요. 그래서 우리팀의 방문 횟수가 2회를 넘기지 않았으면 해요.
>
> 〈회식 장소 특징 정리〉
>
> | 구분 | 최대 이용 가능 시간 | 가격 | 분위기 | 거리(km) | 방문횟수 (회) | 당일 예약 현황 |
> |---|---|---|---|---|---|---|
> | 싱싱횟집 | 2시간 | ★★ | ★★★★ | 2.5 | 1 | 6인 룸 가능 |
> | 한우마을 | 3시간 | ★ | ★★★★★ | 4 | 2 | 8인 룸 가능 |
> | 통통삼겹살 | 3시간 | ★★★★ | ★ | 5 | 4 | 룸 이용 불가 |
> | 원조닭갈비 | 2시간 30분 | ★★★★★ | ★★★★ | 2 | 1 | 8인룸 가능 |
> | 마늘족발 · 보쌈 | 2시간 30분 | ★★★ | ★★★★ | 3.5 | 2 | 4인 룸 가능 |
>
> ※ ★ 하나당 평점 1점을 의미한다.
> ※ 가격은 평점이 높을수록 저렴하다.

① 싱싱횟집　　　　　　　② 한우마을
③ 원조닭갈비　　　　　　④ 마늘족발 · 보쌈

문제해결력 | 자료 내용 분석

45. 한 고등학교 학생들을 대상으로 자기 효능감 테스트를 실시하였다. 다음을 참고할 때, 자기 효능감 테스트 결과에 대한 설명으로 적절하지 않은 것은?

〈자기 효능감 테스트〉

번호	질문	점수
1	나는 어려운 상황에서도 침착하게 대처할 수 있다.	1
2	나는 새로운 도전을 즐긴다.	1
3	나는 실패에도 불구하고 계속 노력한다.	2
4	나는 문제해결을 위해 다양한 방법을 시도한다.	2
5	나는 스트레스를 효과적으로 관리할 수 있다.	3
6	나는 자신감 있게 의사 결정을 내린다.	3
7	나는 목표를 달성하기 위해 계획을 세운다.	3
8	나는 변화에 쉽게 적응한다.	4
9	나는 비판을 받아들이고 개선한다.	5
10	나는 자신의 능력을 믿는다.	5

〈총점 구간별 진단 결과〉

점수 구간	진단 결과
1 ~ 10점	낮은 자기 효능감 : 자신감 부족으로 어려움을 겪을 수 있습니다.
11 ~ 20점	보통 자기 효능감 : 일반적인 수준의 자신감을 가지고 있습니다.
21점 이상	높은 자기 효능감 : 높은 자신감과 문제해결 능력을 보입니다.

① 3, 5, 9번에 해당하는 학생 A는 낮은 자기 효능감을 갖고 있다.

② 1, 4, 6, 8번에 해당하는 학생 B 낮은 자기 효능감을 갖고 있다.

③ 2, 7, 9, 10번에 해당하는 학생C는 보통 자기 효능감을 갖고 있다.

④ 1, 2, 3, 5, 6, 9, 10번에 해당하는 학생 D는 높은 자기 효능감을 갖고 있다.

[46 ~ 47] 다음 자료를 보고 이어지는 질문에 답하시오.

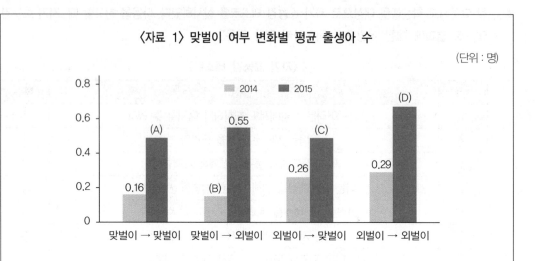

〈자료 1〉 맞벌이 여부 변화별 평균 출생아 수

(단위 : 명)

〈자료 2〉 맞벌이 여부 변화별 평균 출생아 수

(단위 : 쌍, 명, %)

맞벌이 여부 변화 (2014년 → 2015년)		신혼 부부 수	출생아 수		평균 출생아 수			2014년(무자녀) → 2015년(유자녀)	
			2014년 (누적)	2015년 (누적)	2014년	2015년	증가	부부 수	(비중)
합계		234,704	53,839	53,839	0.23	0.57	0.34	77,430	(33.0)
맞벌이	→ 맞벌이	88,320	14,500	43,666	0.16	0.49	0.33	28,379	(32.1)
	→ 외벌이	27,037	4,053	14,952	0.15	0.55	0.40	10,560	(39.1)
	→ 기타	1,181	244	656	0.21	0.56	0.35	397	(33.6)
외벌이	→ 맞벌이	14,964	3,890	7,323	0.26	0.49	0.23	3,277	(21.9)
	→ 외벌이	78,440	22,702	52,348	0.29	0.67	0.0.6738	28,074	(35.8)
	→ 기타	6,188	1,949	4,008	0.31	0.65	0.33	1,913	(30.9)
기타	→ 맞벌이	1,036	357	588	0.34	0.57	0.22	212	(20.5)
	→ 외벌이	6,928	2,577	4,556	0.37	0.66	0.29	1,793	(25.9)
	→ 기타	10,610	3,567	6,657	0.34	0.63	0.29	2,825	(26.6)

수리력 | 도표 수치 계산

46. 다음 중 위 그래프의 (A)∼(D)에 들어갈 값이 옳지 않은 것은?

① (A) 0.49
② (B) 0.15
③ (C) 0.49
④ (D) 0.65

수리력 | 도표 수치 분석

47. 다음 〈보기〉에서 그래프와 표를 올바르게 해석한 내용을 모두 고른 것은?

> **보기**
>
> 가. 그래프에서는 각 조건에서의 평균 출생아 수의 변화폭을 한눈에 비교할 수 있다.
> 나. 맞벌이를 유지한 부부보다 외벌이에서 맞벌이로 변화한 부부의 평균 출생아 증가율이 높다.
> 다. 2015년에 처음 부모가 된 부부의 각 해당 모집단에서의 비중은 맞벌이에서 외벌이로 전환된 경우에 가장 크다.
> 라. 외벌이 부부가 맞벌이 부부에 비해서 다산(多産)을 더 많이 한다.

① 가
② 가, 나, 다
③ 가, 다
④ 나, 라

공간지각력 | 접한 블록 개수 파악

48. 동일한 크기의 직육면체 상자들이 다음과 같이 배치되어 있다. A상자의 밑면과 윗면에 접해 있는 상자의 총 개수는?

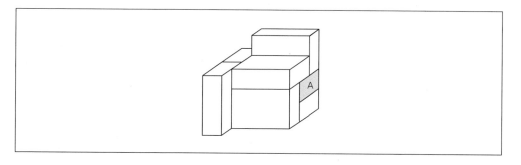

① 3개
② 4개
③ 5개
④ 6개

49. 다음 사례에 나타난 고객의 불만 유형에 대한 대응책으로 적절하지 않은 것은?

〈불만 유형 사례〉

A 사례 : 화장품 매장을 찾은 한 손님이 직원의 서비스가 마음에 들지 않는다는 불만을 토로하였다. 매니저가 손님에게 다가와 최대한 문제를 해결해 주려 노력했지만 그 손님은 이것저것 트집을 잡으며 계속 불평을 늘어놓고 있다.

B 사례 : 건강 식품 매장을 찾은 한 손님이 상담원의 친절하고 자세한 건강 식품 효능과 성분 함량에 대한 설명에도 계속 의심을 품고 믿지 않는다.

C 사례 : 백화점 구두 매장에 한 여성 손님이 방문하였는데, 그녀는 매장에 진열되어 있는 제품들이 너무 저렴해보인다면서 가장 고급스런 구두를 가져오라고 하였다.

D 사례 : 더운 여름날 한 손님이 시원한 음료를 마시려고 카페에 들어갔다. 그런데 직원 혼자 손님들을 상대하느라 주문이 늦어지자 본인의 주문을 빨리 받지 않는다고 거칠게 불만을 터뜨렸다.

---

① 수민 : A 사례의 고객은 모든 일을 시원스럽게 처리하는 모습을 보이면 해결하기가 수월할거야.

② 영호 : B 사례의 고객은 직원의 자세한 설명에도 계속 의심을 품고 있으므로 분명한 증거나 근거를 제시해서 확신을 줘야 해.

③ 민철 : C 사례의 경우는 손님을 정중하게 대하고 본인의 과시욕을 채울 수 있도록 내버려 두는 것이 가장 좋은 방법이야.

④ 영지 : D 사례의 경우 애매한 화법을 사용하게 되면 오히려 고객의 화를 돋우게 돼.

공간지각력 | 회전체 파악

50. 다음 그림과 같은 도형을 직선 AB를 축으로 하여 회전시킬 때, 회전체의 정면도로 옳은 것은?

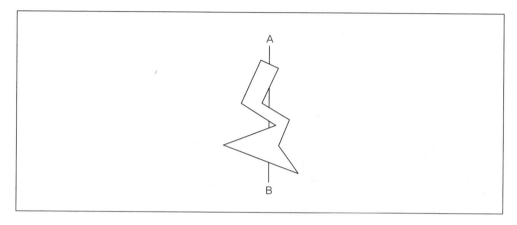

①

②

③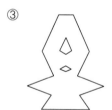

④

❝ **영역별 출제비중**

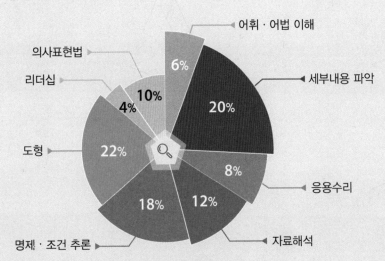

- 어휘 · 어법 이해 — 6%
- 세부내용 파악 — 20%
- 응용수리 — 8%
- 자료해석 — 12%
- 명제 · 조건 추론 — 18%
- 도형 — 22%
- 리더십 — 4%
- 의사표현법 — 10%

❝ **출제분석**

충청남도교육청 교육공무직원 소양평가는 1. 문제해결력 2. 수리력 3. 언어논리력 4. 이해력 5. 공간지각력 다섯 가지 영역으로 출제되었다. 문제해결력에서는 삼단논법을 이용한 명제추론 문제 또는 조건에 따라 진위 여부를 추론하는 문제가 주로 출제되었다. 수리력에서는 방정식, 최대공약수 · 최소공배수 등을 활용하는 응용수리 문제와 제시된 자료의 수치를 파악하는 자료해석 문제가 출제되었다. 언어논리력에서는 어휘의 의미 또는 올바른 어법을 파악하는 문제와 세부내용을 파악하는 문제가 주로 출제되었다. 이해력에서는 리더십, 갈등상황에 대한 이해를 묻는 문제와 올바른 의사소통에 관한 문제, 그리고 고객 유형별 고객 대처법을 묻는 문제가 출제되었다. 공간지각력에서는 블록, 전개도, 평면도 등과 같이 제시된 도형을 비교하는 문제가 출제되었다.

충청남도교육청 소양평가

파트 2
기출예상문제

01. 다음 중 밑줄 친 부분이 〈보기〉와 같은 의미로 쓰인 것은?

> 보기
>
> 그녀가 잠시 방을 비운 <u>사이</u> 친구들은 다급하게 풍선을 불기 시작했다.

① 박 씨는 쉴 <u>사이</u> 없이 일했다.
② 며칠 <u>사이</u>에 살이 쏙 빠졌다.
③ 편하게 앉아 있을 <u>사이</u>가 없다.
④ 그와 그녀는 결혼을 약속한 <u>사이</u>다.

02. 올바른 경청의 자세를 고려할 때, 다음 대화에서 나타난 P 씨의 문제점으로 적절한 것은?

> L 씨 : 어제 도서관에서 집으로 가다가 황당한 일을 겪었어.
> P 씨 : 왜 무슨 일이 있었는데?
> L 씨 : 집에 가는 길에 붕어빵을 팔길래 너무 맛있어 보여서 오랜만에 가족들과 먹으려고 삼천 원 어치를 사고 돈을 분명 줬는데, 글쎄 가게 주인이 돈을 받지 않았다고 우기는 거야.
> P 씨 : 그래? 그나저나 붕어빵 하니까 생각났는데, 학교 다닐 때 친구 중에 붕어빵에 붕어가 들어가는 걸로 알고 있던 애가 있었어. 그 친구는 붕어빵을 먹지 않았는데, 생선이 들어가 있는 줄 알아서 그랬다네.

① 대화의 주제를 벗어나 자기가 하고 싶은 주제나 이야기로 전환하고 있다.
② 상대방의 문제점을 진단해 해결책을 제시하려고 한다.
③ 상황에 맞는 적절한 예를 들었지만 대화 주제를 효과적으로 드러내지 못하고 있다.
④ 상대가 중요하게 여기는 부분은 무시하고, 자신이 동의하지 않는 부분에 대한 이야기를 하고 있다.

03. 다음에 제시된 입체도형과 동일한 도형은?

①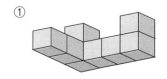

②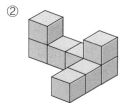

③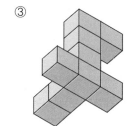

④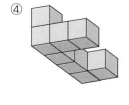

04. 다음 중 '컴퓨터를 잘하는 사람은 키가 크지 않다'가 성립하기 위해 밑줄 친 부분에 들어갈 명제로 적절한 것은?

- 컴퓨터를 잘하지 못하는 사람은 내향적이지 않다.
- 키가 큰 사람은 머리가 좋지 못하다.
- _____

① 컴퓨터를 못하는 사람은 머리가 좋지 못하다.
② 컴퓨터를 못하는 사람은 키가 크다.
③ 컴퓨터를 잘하는 사람은 머리가 좋다.
④ 컴퓨터를 잘하는 사람은 외향적이다.

충남기출복원 1회 기출예상 2회 기출예상 3회 기출예상 4회 기출예상 5회 기출예상 6회 기출예상 7회 기출예상 8회 기출예상 9회 기출예상 인성검사 면접가이드

05. 다음 글의 상황에서 나타나는 갈등의 주된 원인으로 적절한 것은?

> P는 당사자가 없는 자리에서 그 사람을 험담하는 일종의 뒷담화를 좋아하지 않는다. 그런데 M은 본인과 상대방이 공감대를 형성하고 있다는 증거로 본인의 뒷담화에 동참하는지 여부를 확인한다. P와 M이 오랜만에 만나게 되었는데, M은 항상 그렇듯 요즘 자신의 눈에 거슬리는 인물을 화젯거리로 삼아 뒷담화를 하기 시작했다. P는 M이 얘기하는 내용이 듣기 거북했고, 계속해서 이야기의 화제를 돌리고자 했다. M은 이런 P의 모습이 못마땅했으며, P가 자신과 잘 맞지 않는다고 생각했다. 결국 P와 M은 자리를 서둘러 정리하고, 어색하게 헤어지게 되었다.

① P가 M의 뒷담화를 적당히 들어 주었어야 했는데, 그렇게 하지 못했다.
② M은 자신이 하는 뒷담화를 불편해하는 사람이 있을 것이라는 점을 인지하지 못했다.
③ M이 험담하는 사람이 P의 지인일 수 있다는 점을 M이 고려하지 못했다.
④ P가 M의 뒷담화가 어떤 맥락에서 시작되었는지 사려 깊게 살피지 못하였다.

06. 다음 글에서 사용된 말하기 방식의 특징으로 적절한 것은?

> 무릇 살아 있는 것은 사람으로부터 소, 말, 돼지, 곤충, 개미에 이르기까지 모두 사는 것을 원하고 죽는 것을 싫어한다네. 어찌 큰 것만 죽음을 싫어하고 작은 것은 싫어하지 않겠는가? 그렇다면 개와 이의 죽음은 같은 것이겠지. 그래서 이를 들어 말한 것이지 어찌 그대를 놀리려는 뜻이 있었겠는가? 내 말을 믿지 못하거든 그대의 열 손가락을 깨물어 보게. 엄지손가락만 아프고 나머지 손가락은 안 아프겠는가? 우리 몸에 있는 것은 크고 작은 마디를 막론하고 그 아픔은 모두 같은 것일세. 더구나 개나 이나 각기 생명을 받아 태어났는데, 어찌 하나는 죽음을 싫어하고 하나는 좋아하겠는가? 그대는 눈을 감고 조용히 생각해 보게. 그리하여 달팽이의 뿔을 소의 뿔과 같이 보고, 메추리를 큰 붕새와 동일하게 보도록 노력하게나. 그런 뒤에야 내가 그대와 더불어 도(道)를 말할 수 있을 걸세.

① 하고자 하는 말을 반대로 표현함으로써 의도를 부각하고 있다.
② 상대방의 생각을 먼저 인정하면서 이후에 자신의 생각을 주장하고 있다.
③ 유사한 질문을 반복하여 자신의 의견을 강조하고 있다.
④ 개인적 경험을 소개하여 상대방의 흥미를 유도하고 있다.

07. 다음 펼쳐진 전개도를 접었을 때의 모양으로 적절하지 않은 것은?

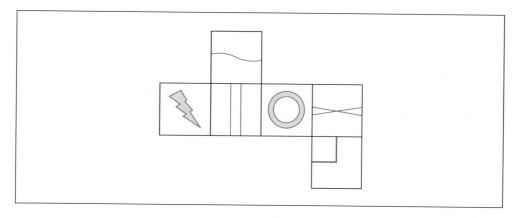

①

②

③

④

08. 갑, 을, 병, 정 네 명의 이번 달 지필고사 성적과 출석률을 각각 A, B, C, D 중 하나로 평가했다. 다음 〈보기〉를 참고할 때, 수강 과목의 수가 가장 많은 사람의 지필고사 성적과 출석률을 차례대로 나열한 것은? (단, 같은 평가영역 내에서 같은 등급을 여러 사람이 중복해서 받을 수는 없다)

보기

• 갑은 지필고사 성적이 B인 사람보다 수강한 과목의 수가 많다.
• 갑과 정은 지필고사 성적과 출석률에서 서로 반대로 받았다.
• 출석률에서 A를 받은 사람은 출석률에서 C를 받은 사람보다 수강한 과목의 수가 많다.
• 을은 수강한 과목의 수가 가장 적지만 이번 달 지필고사 점수는 A, 출석률은 B를 받았다.

① B, A
② B, C
③ C, A
④ C, D

[09 ~ 10] □□기업은 신입사원을 대상으로 '자아인식과 자기관리'를 주제로 다음과 같은 내용의
강의를 진행하였다. 이어지는 질문에 답하시오.

> 회복탄력성에 필요한 자기조절능력이란 스스로의 감정을 인식하고 그것을 조절하는 능력을 말
> 한다. 역경이나 어려움을 성공적으로 극복해 내는 사람들의 공통적인 특징이기도 하다. 자기조절
> 능력이 뛰어난 사람은 어려운 상황이 닥쳤을 때 부정적 감정을 통제하는 감정조절력과 충동적 반
> 응을 억제하는 충동통제력, 그리고 자신이 처한 상황을 객관적으로 파악하여 대처하는 원인분석력
> 을 가지고 있다. 이 세 가지 능력은 하워드 가드너가 다중지능이론에서 말하는 자기이해지능과
> 관련된다.
>
> 하워드 가드너가 말하는 9가지 지능 중 ⊙<u>자기이해지능</u>은 자신의 생각과 감정을 스스로 파악하
> 고 통제하는 능력에 관한 것이다. 자기이해지능은 특정 분야나 직업에 관계된 것은 아니며 다른
> 지능이 효율적으로 발휘되도록 돕는 역할을 한다.
>
> 이러한 자기이해지능은 회복탄력성에 필요한 자기조절능력의 특징을 그대로 반영하고 있다. 먼
> 저 높은 수준의 자기이해지능은 감정조절력으로 나타난다. 감정조절력은 스트레스 상황에서도 평
> 온함을 유지 할 수 있는 능력이다. 회복탄력성이 높은 사람들은 스스로의 감정과 행동을 통제할
> 수 있는 능력을 지니고 있다. 감정조절력은 분노와 짜증처럼 부정적인 감정을 억누르는 것만을
> 의미하지 않는다. 필요할 때면 언제나 긍정적인 감정을 스스로 불러일으켜서 신나고 재미있게 일
> 할 수 있는 능력도 의미한다.
>
> 충동통제력은 자신의 동기를 스스로 부여하고 조절할 수 있는 능력과 관계있다. 그것은 단순한
> 인내력과 참을성과는 다르다. 자율성을 바탕으로 오히려 고통을 즐기는 능력 혹은 고통의 과정을
> 즐거움으로 승화시키는 마음의 습관이라 할 수 있다. 이는 회복탄력성을 이루는 아주 중요한 요소다.
>
> 마지막으로 원인분석력은 내게 닥친 문제를 긍정적으로 바라보면서 그 문제를 제대로 해결하기
> 위한 원인을 정확히 진단해 내는 능력을 말한다. 부정적인 사건을 지나치게 비관적으로 받아들여
> 늘 좌절하는 사람이나 반대로 지나치게 낙관적으로만 바라보다가 제대로 대처하지 못하는 사람들
> 은 모두 원인분석력이 부족한 것이다. 원인분석력은 자신에게 닥친 사건들을 긍정적이면서도 객관
> 적이고 정확하게 바라볼 수 있는 능력이다.

09. 윗글을 읽고 나타난 반응으로 적절하지 않은 것은?

① 역경이나 어려움을 성공적으로 극복해 내는 사람들은 회복탄력성이 높나보다.

② 나는 인내력과 참을성이 좋으므로 충동통제력이 높다고 할 수 있구나.

③ 감정과 행동을 통제하는 능력이 좋은 사람은 회복탄력성이 높다고 볼 수 있네.

④ 부정적인 일을 항상 비관적으로 바라보는 사람은 원인분석력이 부족해서군.

10. 윗글의 밑줄 친 ㉠에 대한 설명에 해당되는 것을 모두 고르면?

> ㄱ. 자기이해지능은 그 자체로 뚜렷한 능력 발휘의 징표가 되는 것으로 신체운동지능이 뛰어
> 나 축구에 재능을 보이는 선수는 축구선수로 대성할 수 있다.
> ㄴ. 자기 분야에서 뛰어난 업적을 남기는 사람은 해당 분야와 관련된 지능과 함께 자기이해지
> 능도 높을 가능성이 크다.
> ㄷ. 자기이해지능은 다른 지능과 결합함으로써 그 지능을 크게 발휘시키는 일종의 촉매 역할
> 을 한다.
> ㄹ. 자기이해지능은 자신의 감정 상태에 대해 정확히 인지하고 자신의 감정 상태가 겉으로
> 드러나지 않도록 숨길 수 있는 능력이다.

① ㄴ, ㄷ

② ㄷ, ㄹ

③ ㄱ, ㄴ, ㄷ

④ ㄴ, ㄷ, ㄹ

11. 다음 중 '무척 위태로운 일의 형세'나 '매우 다급하고 절박한 순간'을 뜻하는 사자성어로 적절
하지 않은 것을 모두 고르면?

> ㉠ 풍전등화(風前燈火)　　　　　㉡ 초미지급(焦眉之急)
> ㉢ 우공이산(愚公移山)　　　　　㉣ 위기일발(危機一髮)
> ㉤ 누란지세(累卵之勢)　　　　　㉥ 백척간두(百尺竿頭)

① ㉢

② ㉤

③ ㉠, ㉡

④ ㉣, ㉥

12. 다음과 같이 정사각형의 색종이를 점선에 따라 접어서 나올 수 있는 모양으로 적절한 것은?

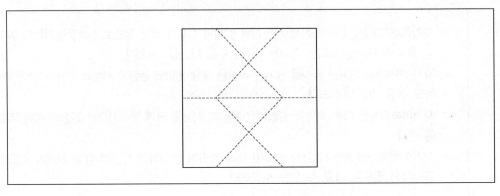

①

②

③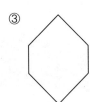

④

13. 다음 명제가 모두 참일 때 반드시 참인 것은?

- △△동아리에서는 매달 1명의 우수회원을 선발한다.
- 우수회원은 연말에 추첨되는 행운권을 추가로 받는다.
- △△동아리의 모든 회원은 6개월에 1번씩 교육을 받으며 각각 한 장의 행운권을 받는다.
- 올해 가입한 신입회원에게는 다이어리를 제공한다.
- 올해 가입한 신입회원은 우수회원에 선발될 수 있다.

① 올해 다이어리를 받은 회원은 1명이다.

② 모든 회원은 행운권을 추가로 받는다.

③ 우수회원은 6개월에 1번씩 교육을 받는다.

④ 올해 다이어리를 받은 회원은 행운권을 추가로 받지 못한다.

14. 다음 자료에서 제시된 리더의 역할로 옳지 않은 것은?

> ○○연구원은 '명품 CEO의 조건'이라는 보고서에서 훌륭한 CEO가 되려면 선견지명, 창의성, 용병술, 인간미, 학구열, 건강, 도덕성, 사회적 책임의식 등 8가지 덕목을 갖춰야 한다고 분석했다.
>
> 보고서는 먼저 CEO가 갖출 요소 중 선견지명을 꼽았다. 미래를 한발 앞서 예측해 준비하는 것이야말로 CEO에게 꼭 필요한 덕목이라는 것이다. 창의성과 용병술도 명품 CEO에게는 필수적이다. 보고서는 "경영자의 창의적 능력은 회사의 미래를 결정하는 힘"이라며 "CEO 혼자 모든 것을 할 수 없으므로 인재를 선별하고 적재적소에 배치, 제대로 활용하는 용병술도 지녀야 한다"라고 강조했다. 구성원들을 이끌 수 있는 인간미(배려, 겸허한 자세)도 경영자에 대한 신뢰와 존경심을 이끌어내는 명품 CEO라면 갖춰야 한다. 학구열과 건강도 필수 조건으로 꼽혔다. 보고서는 "학습을 통해 새로운 것을 얻고 이를 회사 발전의 기회로 사용해야 한다"라며, "몸과 마음이 건강하지 못한 CEO는 쏟아지는 스트레스의 중압감을 견디지 못하고 무너질 가능성이 높다"라고 말했다. 명품 CEO에게는 정직한 도덕성과 사회적 책임의식도 요구된다. 보고서는 "정직한 품성과 도덕성을 갖추는 것은 존경받는 CEO의 근간"이라며 "아울러 사회적으로 존경받는 기업이 장기적으로도 성공할 확률이 높기 때문에 CEO도 지도층에게 요구되는 높은 수준의 사회적 책임을 다해야 한다"라고 주장했다.

① 높은 수준의 도덕적 의무를 이행하고 사회적 책임을 다한다.
② 세미나, 독서, 벤치마킹 등 다양한 방법으로 공부하여 스스로를 발전시킨다.
③ 뛰어난 인재를 적재적소에 활용하며, 인재들에게 적절한 애정과 관심을 표현한다.
④ 미래를 예견하여 수단과 방법을 가리지 않고 기업의 이익을 최대로 끌어올린다.

15. 다음은 같은 크기의 블록을 쌓아올린 그림이다. 블록의 개수는 모두 몇 개인가?

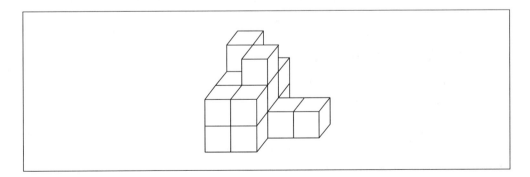

① 16개   ② 18개
③ 20개   ④ 22개

16. △△그룹 신입사원 최종면접에서 5명 중 순위를 매겨 상위 2명을 뽑을 예정이다. 다음 대화를 통해 최종 순위 2위와 4위가 될 수 있는 사람을 바르게 연결한 것은? (단, 다섯 명 모두 진실을 말하며, 동점자는 없다)

A : 그렇지. 내가 꼴찌일 리가 없어.　　　B : 내가 E보다도 점수가 낮을 것 같아.

C : 나는 3등일 것 같아.　　　　　　　　D : 내 점수가 E보다는 높을 거야!

E : A가 나보다 점수가 높다고?

	2위	4위			2위	4위
①	A	B		②	B	E
③	D	E		④	E	A

17. 취업준비생 나○○ 씨는 □□회사에 지원하여 면접까지 보게 되었으나 면접 질문에 제대로 된 답을 하지 못해 불합격하였다. 다음 대화에서 나○○ 씨가 귀담아 들어야 하는 조언으로 가장 적절한 것은?

김△△ : 이번에 안타깝게 불합격했다면서? 다음엔 분명 합격할 거야.

나○○ : 이게 다 면접에 제대로 답을 하지 못해서 그런 것 같아.

이□□ : 면접 질문이 어려웠구나?

나○○ : 어려웠다기보다는 너무 황당했어.

김☆☆ : 어떤 질문이었는데?

나○○ : 면접관이 어떤 교통수단을 타고 왔는지 물어보길래 "시내버스를 타고 왔습니다."라고 대답을 했거든. 그랬더니 "그 버스에 탁구공을 넣는다면 몇 개나 들어갈까요?" 그러더라고.

박◇◇ : 어이쿠, 그래서?

나○○ : 그러고 나니까 머리가 하얘지더라고. "한 만 개 정도 들어갈 것 같습니다."라고 하니 면접관의 얼굴 표정이 안 좋아지더라.

---

① 김△△ : 정직성을 물어보는 질문 아닐까? 그러니까 솔직하게 "그 부분은 잘 모르겠습니다." 등의 대답을 하는 것이 적절할 수 있어.

② 이□□ : 음, 사실 이건 정답이 없는 질문이지. 이럴 땐 기발하면서도 재치 있는 답변을 해서 분위기를 유쾌하게 이끌어 갈 필요가 있어.

③ 김☆☆ : 공이 몇 개가 들어가는지는 아마 면접관도 모를 수 있어. 중요한 건 저런 질문에 논리적으로 답하는 거 아닐까? 예를 들면 "시내버스 크기는 대략 얼마 정도이고, 탁구공은 어느 정도이니 대략 얼마 정도 들어갑니다."와 같은 대답 말이야.

④ 박◇◇ : 저런 질문은 경험과 관련된 거야. 그러니까 내 경험을 살펴보고 면접 질문에 해당되는 경험이 없다면, 무엇이 문제인지 살펴본 후에 관련한 자신의 생각을 말하면 될 것 같아.

18. 다음 글의 주제로 가장 적절한 것은?

> 아프리카 초원의 치타는 가젤 영양을 사냥하기 위한 전문화에 성공한 경우다. 아프리카 초원에서 가젤 영양은 작은 편에 속하는 사냥감이지만, 가젤 영양만 잡아먹고 살 수 있다면 다른 사냥감들을 거들떠보지 않아도 될 만큼 그 수가 매우 많다. 대신 가젤 영양은 매우 빠르다. 치타들은 속도를 최대한 높여 가젤 영양을 사냥하기 위해 다른 많은 것을 포기했다. 턱과 어깨의 힘도 가젤 영양을 잡기에 적합한 정도로만 유지했다. 순간 속도는 빠르지만 지구력은 턱없이 떨어지기 때문에 몸체를 더 이상 키우기도 힘들었다. 그 결과 치타는 사자나 하이에나에게 잡혀 죽기 일쑤고, 심지어는 원숭이의 일종인 바분에게도 잡혀 죽는다. 가젤 영양보다 더 큰 사냥감을 거들떠보지도 못하고, 초원을 떠나 밀림이나 사막에서는 생존할 수도 없다. 현재 치타들이 멸종하지 않고 살아남을 수 있는 이유는 아프리카 초원에 가젤 영양의 수가 매우 많기 때문이다. 하지만 어떤 이유로 초원의 생태조건이 크게 변해서 가젤 영양들의 몸집이 더 커지거나 더 빨라지거나 또는 멸종해 버린다면 치타들은 살아남기 힘들다.
>
> 중국의 판다 역시 전문화에 성공한 동물이다. 판다는 대나무, 그중에서도 직경 13mm 정도의 죽순을 주로 먹고 산다. 먹이가 절대적으로 부족할 때는 다른 종류의 식물이나 물고기, 설치류 등을 먹기도 하지만 기본적으로 판다는 대나무 숲이 없으면 살아갈 수 없다. 원래 육식동물로부터 진화했기 때문에 판다는 대나무의 식물성 셀룰로스를 효과적으로 분해하지 못한다. 따라서 자신의 커다란 체구를 유지하기 위한 에너지를 생산하려면 비슷한 크기의 다른 동물들보다 훨씬 많은 양의 먹이를 섭취해야 한다. 이들이 이렇게 진화하게 된 결정적인 이유는 과거 대나무 숲이 광활하게 펼쳐져 있었기 때문이다. 숲에서 대나무를 먹으면서 사는 것은 천적도 드물고 먹이 걱정도 없어서 효과적인 생활방식이었으나 지금은 대나무 숲 면적이 크게 줄어들면서 판다는 멸종위기에 놓였다.
>
> 반면 하이에나의 사냥 대상은 아주 큰 초식동물부터 작은 동물, 심지어 썩은 고기에 이르기까지 다양하다. 물고기나 갑각류도 먹는다. 이들은 서식지도 아주 넓게 분포하며, 종 전체적으로는 멸종의 위험과도 거리가 멀다

① 생물의 세계에서도 전문화는 양면성을 갖는 상당히 위험한 전략이다.

② 한 가지에 전문화되기보다는 다양성을 확보하는 것이 현명하다.

③ 전문화는 환경에 큰 변화가 일어날 때 유연하게 대응하지 못한다.

④ 생물들이 생태계에서 살아남기 위한 가장 중요한 요소는 먹잇감의 유무이다.

19. 다음 그림의 조각을 순서대로 배열한 것은?

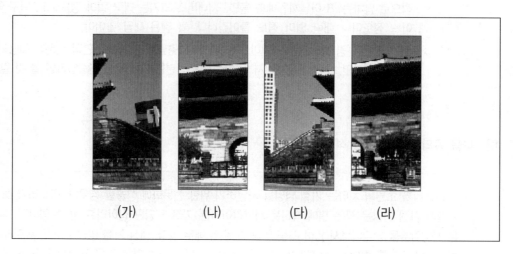

(가)　　　　(나)　　　　(다)　　　　(라)

① (나)-(다)-(라)-(가)　　　　② (나)-(라)-(가)-(다)
③ (다)-(나)-(라)-(가)　　　　④ (다)-(라)-(나)-(가)

20. 다음 글에서 나타나는 논리적 오류와 같은 형태의 오류를 범하고 있는 것은?

> 네가 내게 한 약속을 지키지 않은 것은 곧 나를 존경하지 않는다는 증거야.

① 항상 보면 신입생이 문제야.
② 내 부탁을 거절하는 것을 보니, 넌 나를 싫어하는구나.
③ 저 사람은 진실만을 말하는 사람이야. 그는 거짓말을 하지 않는 사람이기 때문이지.
④ 거짓말을 하는 것은 죄를 짓는 것이나 다름이 없어. 산타클로스가 있다고 믿는 아이에게 거짓말을 하는 부모는 죄를 짓는 거지.

21. A는 3일에 걸쳐 책을 읽고 있는데, 첫째 날에는 책의 $\frac{1}{3}$ 을 읽었고, 둘째 날에는 책의 $\frac{1}{4}$ 을 읽었으며, 마지막 날에는 100장을 읽었더니 200장이 남았다. 책은 총 몇 장인가?

① 490장　　　　② 560장
③ 680장　　　　④ 720장

22. 빨간색 주사위와 파란색 주사위를 동시에 던졌을 때, 빨간색 주사위의 눈의 수가 파란색 주사위의 눈의 수보다 크면서 두 눈의 수의 곱이 짝수일 확률은?

① $\dfrac{1}{3}$ ② $\dfrac{2}{3}$ ③ $\dfrac{4}{5}$ ④ $\dfrac{5}{12}$

23. ○○회사의 셔틀버스 3대가 7시에 동시에 출발한다면 처음 이후 다시 동시에 출발하는 시간은 언제인가?

- A 버스는 25분 만에 출발지로 돌아오고, 5분 휴식 후 다시 출발한다.
- B 버스는 50분 만에 출발지로 돌아오고, 10분 휴식 후 다시 출발한다.
- C 버스는 1시간 10분 만에 출발지로 돌아오고, 10분 휴식 후 다시 출발한다.

① 8시   ② 11시
③ 12시   ④ 12시 50분

24. 다음은 A 기업 직원들의 출신지역을 구분하여 정리한 것이다. A 기업의 전체 직원 수는 750명이고, 서울·경기도 지역 출신자 수가 강원도 지역 출신자 수의 3배라면 강원도 출신 직원은 몇 명인가?

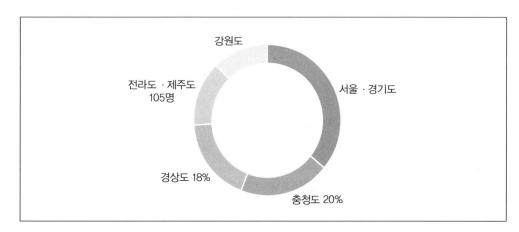

① 80명   ② 85명
③ 90명   ④ 95명

[25 ~ 26] 다음 자료를 보고 이어지는 질문에 답하시오.

〈202X년 15 ~ 64세 연령대의 직업별, 성별, 사망자 수〉

(단위 : 명)

직업별	전체	여성	남성
계	68,239	19,529	48,710
관리자	2,552	235	2,317
전문가 및 관련 종사자	4,317	877	3,440
사무 종사자	3,509	797	2,712
서비스 및 판매 종사자	7,520	1,965	5,555
농업, 임업 및 어업 숙련 종사자	3,336	463	2,873
기능원 및 관련 기능 종사자	2,484	140	2,344
장치, 기계조작 및 조립 종사자	2,022	61	1,961
단순노무 종사자	5,930	624	5,306
무직, 가사, 학생	33,999	13,808	20,191
기타	2,570	559	2,011

25. 위 자료에서 남성 대비 여성의 사망자 수가 가장 많은 직업은 어떤 직업인가? (단, 소수점 아래 둘째 자리에서 반올림한다)

① 서비스 및 판매 종사자　　　　　② 무직, 가사, 학생
③ 전문가 및 관련 종사자　　　　　④ 농업, 임업 및 어업 숙련 종사자

26. 위 자료에 대한 설명으로 옳은 것은?

① 전체 사망자 중 여성이 차지하는 비율은 30% 이상이다.
② 무직, 가사, 학생을 제외한 여성 사망자 수가 가장 많은 직업의 여성 사망자 수는 여성 사망자 수가 가장 적은 직업의 전체 사망자 수보다 많다.
③ 무직, 가사, 학생을 제외한 직업별 전체 사망자 중 단순노무 종사자의 사망자가 가장 많다.
④ 남성보다 여성의 사망자가 가장 적은 직업은 장치, 기계조작 및 조립 종사자이다.

27. 다음 중 가구의 주거유형 현황에 대한 설명으로 옳지 않은 것은?

〈가구의 주거유형〉

(단위 : 천 가구)

구분	20X7년	20X8년	20X9년
단독주택	6,549	6,415	6,312
아파트	9,671	10,013	10,405
연립 · 다세대	2,269	2,312	2,339
비거주용 건물 내 주택	327	319	318
주택 이외의 거처	858	920	969
계	19,674	19,979	20,343

① 주택 이외의 거처에 주거 중인 가구 수는 매년 증가했다.

② 20X7 ~ 20X9년 동안 주택 이외의 거처에 주거 중인 가구 수는 비거주용 건물 내 주택에 주거 중인 가구 수의 2배 이상이다.

③ 연립 · 다세대에 거주하는 가구 수는 증가하는 추세이다.

④ 아파트에 거주하는 가구 수는 매년 전체 가구의 50% 이상을 차지한다.

28. 다음은 김 사원이 회의 시간에 발표한 자료를 보고 한 과장이 조언한 내용이다. '설득의 3단계'라고도 불리는 이 화법은 무엇인가?

> 김 사원, 오전 회의 시간에 발표한 프로젝트 아이디어 정말 기발했어요. 그런데 홍보 방안까지 조금만 더 완벽했으면 좋았을 텐데! 그 방안만 보완하면 이 아이디어 충분히 대박날 거 같으니, 이거 대박내서 승진기회도 한 번 잡아 봐요.

① 칭찬 화법   ② 공감 화법

③ 질투 화법   ④ 샌드위치 화법

충남기술보험 / 1회 기출예상 / 2회 기출예상 / 3회 기출예상 / 4회 기출예상 / 5회 기출예상 / 6회 기출예상 / 7회 기출예상 / 8회 기출예상 / 9회 기출예상 / 인성검사 / 면접가이드

29. 다음 제시된 도형이 180° 회전했을 때의 모양으로 옳은 것은?

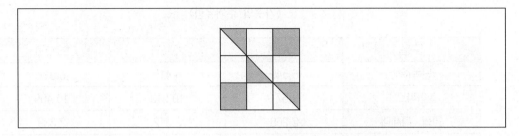

① 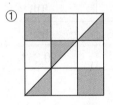   ②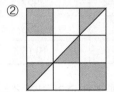

③ 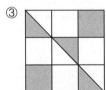   ④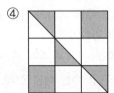

30. 다음 고용장려금 지원제도를 고려할 때, 알 수 있는 내용으로 적절하지 않은 것은?

고용창출장려금은
- 장시간 근로를 개선하여 빈 일자리에 신규로 근로자를 고용
- 시간 선택제 근로자를 신규로 고용
- 취업이 어려운 중증장애인, 여성가장, 취업지원 프로그램 이수자 등을 신규로 고용하여 고용을 창출한 사업주에게 지원

고용안정장려금은
- 전일제 근로자를 시간 선택제 근로자로 전환
- 시차출퇴근제, 재택근무제 등 유연근무제를 도입하여 활용
- 출산육아기 근로자의 고용 안정을 위한 조치를 하여 기존 근로자의 고용을 안정시킨 사업주에게 지원

> **고용유지지원금은**
> - 생산량 감소 · 재고량 증가 등으로 고용조정이 불가피하게 된 사업주
> - 무급 휴업 · 휴직을 한 근로자를 지원
>
> **청년 · 장년 고용장려금은**
> - 청년층에게 장기근속 및 자산형성 기회를 제공
> - 중소기업의 청년 인력난 해소 및 청년 일자리 창출
> - 세대 간 상생 고용 노력 및 고령자 고용 촉진을 위한 조치를 한 사업주를 지원
>
> **고용환경 개선 장려금은**
> - 직장어린이집의 설치 및 운영을 지원함으로써 여성의 경제활동을 촉진
> - 일자리 함께하기 설비투자, 재택 · 원격근무 인프라구축을 지원

① 중소기업 등에 취업한 청년에게는 장기근속 및 목돈마련의 기회를, 기업에는 우수인재 고용유지를 지원하는 것은 청년 · 장년 고용장려금 제도이다.

② 근로자가 자녀보육 · 퇴직준비 · 학업 · 간병 등 본인의 필요에 의해 근로시간 단축을 신청하고 사업주가 이를 허용하는 경우에 지원하는 것은 고용유지지원금 제도이다.

③ 통상적 조건 하에 취업이 어려운 취약계층을 고용하거나 교대제 개편, 실근로시간 단축, 시간선택제 일자리 도입 등 근무형태를 변경하여 고용기회를 확대한 사업주를 지원하는 것은 고용창출장려금이다.

④ 근로자의 육아부담 완화와 여성의 경제활동 참여 촉진을 위하여 직장어린이집을 설치하고자 하는 사업주(또는 사업주 단체)를 대상으로 하는 직장어린이집 설치비 · 교재교구비 무상 지원 및 직장어린이집 · 여성고용친화시설 설치비 융자 지원은 고용환경 개선 장려금이다.

31. 다음 글을 통해 추론할 수 없는 내용은?

> 우주는 물체와 허공으로 구성된다. 물체와 허공 이외에는 어떠한 것도 존재한다고 생각할 수 없다. 그리고 우리가 허공이라고 부르는 것이 없다면 물체가 존재할 곳이 없고 움직일 수 있는 공간도 없을 것이다. 허공을 제외하면 비물질적인 것은 존재하지 않는다. 허공은 물체에 영향을 주지도 받지도 않으며 다만 물체가 자신을 통과해서 움직이도록 허락할 뿐이다. 물질적인 존재만이 물질적 존재에 영향을 줄 수 있다
>
> 영혼은 아주 미세한 입자들로 구성되어 있기 때문에 몸의 나머지 구조들과 더 잘 조화를 이룰 수 있다. 감각의 주요한 원인은 영혼에 있다. 그러나 몸의 나머지 구조에 의해 보호되지 않는다면 영혼은 감각을 가질 수 없을 것이다. 몸은 감각의 원인을 영혼에 제공한 후 자신도 감각 속성의 몫을 영혼으로부터 얻는다. 영혼이 몸을 떠나면 몸은 더 이상 감각을 소유하지 않는다. 왜냐하면 몸은 감각 능력을 스스로 가진 적이 없으며 몸과 함께 태어난 영혼이 몸에게 감각 능력을 주었기 때문이다. 물론 몸의 일부가 소실되어 거기에 속했던 영혼이 해체되어도 나머지 영혼은 몸 안에 있다. 또한 영혼의 한 부분이 해체되더라도 나머지 영혼이 계속해서 존재하기만 한다면 여전히 감각을 유지할 것이다. 반면에 영혼을 구성하는 입자들이 전부 몸에서 없어진다면 몸 전체 또는 일부가 계속 남아 있더라도 감각을 가지지 못할 것이다. 더구나 몸 전체가 분해된다면 영혼도 더 이상 이전과 같은 능력을 가지지 못하고 해체되며 감각 능력도 잃게 된다.

① 허공은 물체의 운동을 위해 반드시 필요하다.

② 감각을 얻기 위해서는 영혼과 몸 모두가 필요하다.

③ 영혼은 비물질적인 존재이며 몸에게 감각 능력을 제공한다.

④ 영혼이 담겨 있던 몸 전체가 분해되면 영혼의 입자들은 흩어져 버린다.

32. 다음 사례의 벤자민 프랭클린이 가진 문제해결 사고는 무엇인가?

> 1784년 벤자민 프랭클린(Benjamin Franklin)은 아침 일찍 일어나면 낮 시간을 더 많이 활용할 수 있다는 장점을 들며 흔히 '서머타임(Summer Time)'이라고 하는 일광절약시간제를 처음 제안하였다.
>
> 프랭클린이 미국대사로 파리에 근무할 때, 당시 사람들은 비싼 양초값 때문에 겨울 저녁 시간을 보내기가 많이 힘들었다. 프랑스 정부도 대책 마련에 나섰지만 뾰족한 해결책을 찾아내지 못했다. 양초에 초점을 맞춘 그들은 양초값을 내리기 위해 새로운 제조기술 개발에 나서거나 매점매석을 단속했지만 뚜렷한 성과가 나오지 않았다. 이때 프랭클린은 양초에 초점을 맞추지 않고 다른 관점에서 이 문제에 접근했다. 그리고 새로운 제안을 내놓았는데, 그것이 바로 서머타임제도(일광절약시간제)이다.
>
> 일광절약시간제는 제1차 세계대전 기간 중 독일에서 최초로 시행되었다. 미국에서는 1918년 잠시 시행하다가 이듬해 의회에서 폐지하는 등 우여곡절을 거쳤다. 그 후 제2차 세계대전 중 부활해 한때 '전쟁타임(War Time)'이라고 불리기도 했는데, 주별로 자율적으로 시행되다가 1966년 존슨 대통령의 인준으로 법안이 마련되었다. 3월 두 번째 일요일에 시작해서 11월 첫째 주 일요일에 해제하는 현재의 법안은 2005년 조지 W.부시 대통령 때 확정되어 지금까지 실시되고 있다.

① 전략적 사고   ② 분석적 사고
③ 발상의 전환   ④ 내부자원을 효과적으로 활용

33. □□공사 총무팀에서는 겨울철 건조한 실내 근무환경을 개선하기 위해 매년 겨울에 팀 내 공용 가습기를 가동한다. 다음의 〈조건〉에 따라 당번제로 가습기 관리를 한다고 할 때, 11월 29일부터 12월 3일까지 당번을 맡을 사람은 누구인가?

조건

- 팀 내 공용 가습기 가동 시작일은 매년 11월 첫째 주 월요일이다.
- 당번제에 따라 정해진 당번이 월요일부터 금요일까지 5일간 가습기를 관리한다.
- 당번 순서는 이름 가나다 순으로 한다.
- 당번을 맡은 주에 개인 휴가가 예정되어 있다면, 다음 당번과 당번 맡는 주의 순서를 맞바꾼다(단, 휴가가 두 주에 걸쳐 있는 경우, 다다음 당번과 순서를 맞바꾼다).
- 인턴은 당번에서 제외된다.

〈달력〉

		11월							12월				
일	월	화	수	목	금	토	일	월	화	수	목	금	토
	1	2	3	4	5	6				1	2	3	4
7	8	9	10	11	12	13	5	6	7	8	9	10	11
14	15	16	17	18	19	20	12	13	14	15	16	17	18
21	22	23	24	25	26	27	19	20	21	22	23	24	25
28	29	30					26	27	28	29	30	31	

〈총무팀 팀원 현황〉

이름	김○○	이○○	박○○	최○○	송○○
직급	부장	과장	과장	대리	인턴
휴가예정일	–	11/19, 11/22	–	–	11/15

① 김 부장
② 이 과장
③ 최 대리
④ 송 인턴

www.gosinet.co.kr gosinet

충남기술학원

1회 기출예상

2회 기출예상

3회 기출예상

4회 기출예상

5회 기출예상

6회 기출예상

7회 기출예상

8회 기출예상

9회 기출예상

인성검사

면접가이드

34. 다음 두 블록을 합쳤을 때 나올 수 없는 형태를 고르면? (단, 회전은 자유롭다)

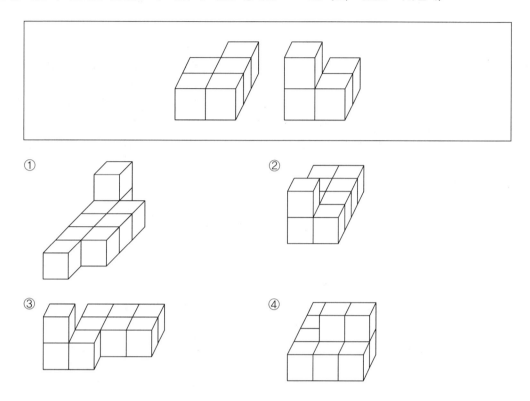

35. 다음 글에 나타난 사랑에 대한 필자의 입장으로 적절하지 않은 것은?

> 사랑은 본래 '주는 것'이다. 시장형 성격의 사람은 사랑을 받는 것에 대한 교환의 의미로만 주어야 한다고 본다. 대부분의 비생산적인 성격의 사람은 주는 것을 가난해지는 것으로 생각해서 주려고 하지 않는다. 다만 어떤 사람은 환희의 경험보다 고통을 감수하는 희생이라는 의미에서 사랑을 주는 것을 덕으로 삼는다. 그들은 모두 사랑에 대해 오해하고 있다. 생산적인 성격의 사람은 사랑을 주는 것이 잠재적인 능력의 최고 표현이며 생산적인 활동이라고 본다. 이것은 상대방의 생명과 성장에 적극적인 관심을 가지는 것이고 자발적으로 책임지는 것이며, 착취 없이 존경하는 것이다.

① 사랑은 능동적으로 활동하여 자신의 생동감을 고양하는 것이다.
② 사랑은 상대방을 있는 그대로 존중하는 것이다.
③ 사랑은 상대방에 대해 적극적인 관심을 갖는 것이다.
④ 사랑은 자신을 희생하여 상대방이 원하는 것을 들어주는 것이다.

36. 다음 글의 밑줄 친 문장 중 글의 전체적인 내용과 관련이 없는 것은?

> 국제적으로 주택은 아동의 건강에 영향을 미치는 핵심요소로 규정되고 있다. 영아기에는 물건을 빨고 배밀이로 기어다니는 등의 특징이 나타나는데, 점차 성장하면서 아동기의 호흡량과 물, 음식물 섭취량은 급격히 증가한다. ① 이와 같은 아동기의 특징을 고려하면 여건이 열악한 주택은 아동들에게 치명적인 영향을 미치므로 주택의 위생과 안전은 더욱 중요하다.
>
> 세계보건기구(WHO)가 2007년 18개 유럽도시를 대상으로 실시한 주택과 건강에 대한 연구에 의하면 냉난방의 적정성, 실내 공기의 질(습도, 곰팡이, 라돈, 해충), 소음, 안전 등이 건강에 영향을 미치는 주거관련 요소이다. 추위는 호흡기 질환에 대한 저항력을 떨어뜨리며, 열악한 환기 시설과 습기는 박테리아, 바이러스, 곰팡이 같은 균류를 빠르게 번식하게 한다. ② 지속적으로 곰팡이, 집먼지진드기, 바퀴벌레 등에 노출되는 것은 천식과 호흡기 질환을 발생시키고 재발의 원인이 된다. 곰팡이가 번식하게 되면 카펫, 가구, 의류 등에 쉽게 확산되어 알레르기, 각종 감염, 유독물질 생성 등이 일어날 수 있다.
>
> ③ 특히 과밀한 곳은 결핵, 뇌수막염, 위암과 소화기 관련 질환과 밀접한 관계가 있다. 결핵은 열악한 환경에 지속적으로 노출될 경우 치명적일 수 있으며 천식은 성장과정에서 자연스럽게 치료되기도 하지만 성인기에 재발할 경우 비정상적인 폐 기능으로 이어질 수 있다. 뇌수막염은 장기간 지속될 경우 청각장애, 시각장애, 행동문제 등을 유발하며 생명을 위협할 수도 있다. 아동기에 과밀한 지역에 살았던 사람은 노인기에 헬리코박터 파일로리균에 감염될 가능성이 두 배 이상 높았다. ④ 소화기 관련 질환은 만성 질환으로 발전될 가능성이 높으며, 특히 음주 및 흡연 환경에 쉽게 노출되는 남성에게서 그러한 경향이 더욱 두드러진다. 서울시에 거주하는 미취학 아동을 대상으로 한 연구에서도 건물이 오래되고 주거 면적이 작을수록 숨 가쁨, 마른기침, 비염 등의 위험도가 높은 것으로 나타났다.

37. 다음 중 팀워크에 대한 설명으로 적절하지 않은 것은?

① 팀의 목적이나 사업 분야에 따라 다른 유형의 팀워크가 필요하다.

② 구성원들이 공동 목적을 달성하기 위해 상호 관계성을 가지고 협력하면서 일을 하는 것을 의미한다.

③ 팀워크를 개발하기 위해서는 서로에 대한 신뢰보다 자신의 능력을 최대한 발휘하는 것이 더 중요하다.

④ 효과적인 팀워크를 위해서는 팀의 비전과 목표 설정을 명확하게 한 후 팀원들이 공유해야 한다.

38. 다음 〈보기〉의 3차원 공간에서 세 면에 비친 그림자를 보고 이에 해당하는 도형을 고르면?

보기

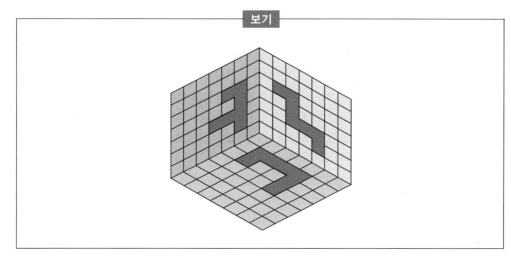

①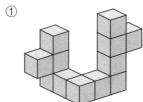

②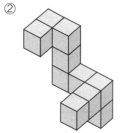

③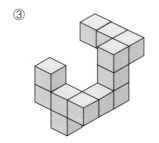

④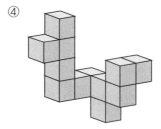

39. 다음 (가) ~ (라)를 문맥에 따라 순서대로 바르게 나열한 것은?

> (가) 4차 산업혁명이 도래하면 실시간 자동생산, 유연한 생산 체계 등이 가능해지며 초저비용, 초고효율의 새로운 경제, 새로운 산업이 열리게 되리라 전망하고 있다. 또한 소득 증가와 노동 시간 단축 등을 통해 삶의 질이 향상되는 긍정적인 효과를 기대할 수 있다.
>
> (나) 이미 사회 곳곳에 그 여파가 드러나고 있다. 상당히 많은 수의 일자리가 사라졌으며 실업자 수는 계속 증가하고 있다. 국제노동기구(ILO)에 따르면 지난해 전 세계 실업자 수는 1억 9,710만 명이었고 올해 말에는 2억 50만 명으로 증가할 것으로 전망했다. 앞으로 전 산업군과 직종에서 일자리가 점차 사라질 것이며 4차 산업혁명이 본격화되는 시점에는 전체 일자리의 80 ~ 90%가 없어질 것으로 예상되고 있다.
>
> (다) 하지만 4차 산업혁명이 노동 시장에 줄 수 있는 악영향 또한 지적되고 있다. 이전 산업혁명에서 기계가 인간의 노동력을 대체함으로써 엄청난 수의 실업자가 발생했던 것처럼 일자리가 사라져 노동 시장의 붕괴를 가져올 수 있다. 또한 향후 노동 시장에서 '고기술/고임금'과 '저기술/저임금' 간의 격차가 더욱 커질 뿐만 아니라 일자리 양분으로 중산층의 지위가 축소될 가능성이 크다.
>
> (라) 이에 전 세계 각국의 정부가 4차 산업혁명 대응 전략을 적극 추진하고 있다. 세계경제포럼 창립자이자 집행 위원장인 클라우스 슈밥(Klaus Schwab)은 지금부터 10년 후까지 4차 산업혁명에 대비하지 못하는 국가나 기업은 위기를 맞게 될 것이라고 경고하였다. 하지만 4차 산업혁명에는 긍정적 영향력과 부정적 영향력이 공존하며 예상되는 변화의 정도가 크기 때문에 손익 계산이 쉽지 않다.

① (가)-(다)-(나)-(라)   ② (가)-(라)-(나)-(다)
③ (나)-(가)-(다)-(라)   ④ (라)-(가)-(다)-(나)

40. 다음의 〈조건〉이 모두 참이라고 할 때, 항상 참인 명제는?

> **조건**
>
> • 다이빙을 좋아하는 사람은 서핑도 좋아한다.
> • 요트를 좋아하는 사람은 낚시도 좋아한다.
> • 서핑을 좋아하지 않는 사람은 낚시도 좋아하지 않는다.
> • 카누를 좋아하지 않는 사람은 서핑도 좋아하지 않는다.

① 다이빙을 좋아하는 사람은 요트도 좋아한다.
② 요트를 좋아하지 않는 사람은 서핑도 좋아하지 않는다.
③ 카누를 좋아하는 사람은 낚시도 좋아한다.
④ 다이빙을 좋아하는 사람은 카누도 좋아한다.

41. 다음 연료별 자동차의 연간 총주행거리 및 비중에 대한 설명으로 옳지 않은 것은?

구분	연간 총주행거리(백만 km)					비중(%)			
	전체	휘발유	경유	LPG	전기	휘발유	경유	LPG	전기
20X0년	290,009	108,842	130,146	45,340	5,681	38	45	16	2
20X1년	298,323	110,341	137,434	44,266	6,282	37	46	15	2
20X2년	311,236	115,294	149,264	39,655	7,023	37	48	13	2
20X3년	319,870	116,952	156,827	37,938	8,153	37	49	12	3
20X4년	327,073	116,975	164,264	36,063	9,771	36	50	11	3

① 전기를 사용하는 자동차의 연간 총주행거리는 매년 증가하고 있다.

② LPG를 사용하는 자동차의 연간 총주행거리는 매년 감소하고 있다.

③ 휘발유를 사용하는 자동차의 연간 총주행거리는 매년 증가하고 있다.

④ 20X4년 기준 경유 자동차는 연간 총주행거리의 55% 넘게 차지하고 있다.

42. 다음 글에 이어질 내용으로 적절한 것은?

> 나라를 위해 헌신한 이들에게 국가에서 적절한 보상과 지원제도를 마련하는 것은 당연하다. 따라서 관련법을 제정하고 이에 따라 최선의 지원이 될 수 있도록 나라에서 심혈을 기울이고 있다. 그런데 이를 실행에 옮기기 위해서는 적지 않은 국가 재정이 소요되므로 신중하고 합리적인 집행이 될 수 있도록 해야 한다. 나라를 위해 헌신한 이들에게 최대한 지원을 아끼지 않아야 하겠으나, 그렇다고 무한정 지원을 해 줄 수는 없다. 그렇기 때문에 한정된 재정을 활용하여 그 효과를 극대화하기 위한 고민을 해야 한다.
>
> 여기에서는 다른 측면의 고민 또한 포함되어 있다. 지원을 위한 재정이 국민들의 세금에 의해 마련된다는 점이다. 국민들의 세금이 어떤 의미를 담고 있으며 어떤 법적 근거에 의해 납부되는지를 생각한다면 결코 허투루 사용되어서는 안 된다.

① 세금이 의무사항이기는 하지만 나라는 국민에 의해 이러한 예산을 신중하게 사용해야 한다.

② 나라를 위해 헌신한 이들도 국민의 한 사람으로서 세금을 납부해야 할 의무를 가지고 있다.

③ 세금으로 마련한 나라의 예산은 사용 목적에 따라 적절히 구분하여 집행되어야 한다.

④ 나라를 위해 헌신한 이들은 세금을 통해 마련한 지원을 받을 만한 자격이 충분히 있다.

43. ○○ 기업 기획팀에서 근무하고 있는 이 대리는 세미나 일정을 앞두고 장소를 대여하려고 한다. 장소 후보 A ~ E 중 다음의 〈평가 기준〉에 따라 산출한 총점이 가장 높은 장소를 대여하려고 할 때, 이 대리가 대여하게 될 곳은?

<세미나 장소 정보>

구분	이동거리	수용 가능인원	대관료	평점	빔 프로젝터 사용가능 여부
A	2.5km	400명	70만 원	★★	○
B	3km	500명	65만 원	★★★	○
C	2km	350명	95만 원	★★★★	○
D	4.5km	700명	75만 원	★★★	×
E	4km	600명	105만 원	★★★★★	×

〈평가 기준〉
• 이동거리, 수용 가능인원, 대관료에는 각 장소마다 1 ~ 5점을 부여한다.
• 이동거리는 짧은 순, 대관료는 낮은 순, 수용 가능인원은 많은 순으로 5점부터 1점까지 부여한다.
• 평점은 별의 개수만큼 점수를 부여한다.
• 빔 프로젝터 사용이 가능한 경우 가점 1점을 부여한다.

① A   ② B
③ C   ④ D

[44 ~ 45] 다음의 표는 영화관 A, B, C, D의 입장자별 매출 비율과 총매출액을 나타낸 것이다. 이 자료를 활용하여 이어지는 질문에 답하시오.

(단위 : %, 만 원)

구분		A	B	C	D
일반	남자	24.6	16.6	21.3	14.0
	여자	18.3	(가)	18.2	15.7
학생	남자	18.5	21.5	22.6	25.1
	여자	21.2	19.0	26.8	22.2
어린이	남자	9.3	10.6	5.0	12.7
	여자	8.1	14.1	6.1	10.3
합계		100	100	100	100
총매출액		2,650	3,062	1,940	3,425

44. (가)에 들어갈 값으로 올바른 것은?

① 15.2
② 16.9
③ 17.5
④ 18.2

45. C 영화관의 여학생 가운데 68%는 대학생이었다. 이 영화관의 여대생 매출액은 얼마인가? (단, 소수점 아래 첫째 자리에서 반올림한다)

① 354만 원
② 386만 원
③ 398만 원
④ 414만 원

46. 다음 중 직장에서의 전화 예절에 대한 설명으로 적절하지 않은 것은?

① 전화를 걸기 전 미리 메모할 종이와 필기구를 준비한다.

② 전화는 정상업무가 이루어지고 있는 근무 시간에 걸도록 한다.

③ 전화를 받을 때는 자신의 부서명, 성명, 직급 등의 신분을 밝힌다.

④ 원활한 소통을 위하여 준비한 멘트를 상대방의 대답을 듣기 전에 빨리 말한다.

47. 다음 글의 K 씨에게 부족한 직업윤리는?

> K 씨는 일에 대한 집중도가 상당히 뛰어나고 남보다 빠른 시간 내에 좋은 아이디어를 내며 높은 성과를 거둔다. 그러나 자기중심적으로 행동하고 시간을 잘 지키지 않는다. 출퇴근 시간도 자신이 마음대로 정하기 때문에 팀 분위기를 해친다는 평가를 받는다.

① 창의력   ② 정직

③ 근면   ④ 청결

48. 다음 사례 속 A 고객에 대한 대처 방법으로 적절한 것은?

> 상담원 : 감사합니다. 고객님께 행복을 전해드리는 K 전자 상담원 김○○입니다. 무엇을 도와드릴까요?
>
> A 고객 : 네, 제가 며칠 전 매장에서 산 카메라가 불량품이 아닌지 의심되네요.
>
> 상담원 : 네, 고객님. 어떤 문제가 있는지 알 수 있을까요?
>
> A 고객 : 아니 문제가 생긴 건 아니고, 글쎄 당신들 설명을 듣고 사긴 했는데 어째 장사하는 사람들이 자기들 물건 괜찮다고 하는 말을 믿을 수 있어야지…. 사진도 뭔가 흐릿하니 내가 원하는 대로 잘 안 나온다 싶고. 하여튼 무상 A/S 기간이 6개월이라고 해서 사긴 했는데 불량품인가 의심도 되고 내가 괜찮은 제품을 샀나 싶네요.
>
> 상담원 : …….

① 분명한 증거, 근거를 제시하여 고객 스스로 확신을 갖도록 한다.

② 불만 사항을 경청하고, 맞장구치고, 사과하고 설득한다.

③ 정중하게 대하고 고객의 과시욕이 채워지도록 내버려둔다.

④ 애매한 화법을 피하고 일을 신속하게 처리하는 모습을 보인다.

49. 다음을 보고 그 규칙을 찾아 '?'에 들어갈 도형으로 알맞은 것을 고르면?

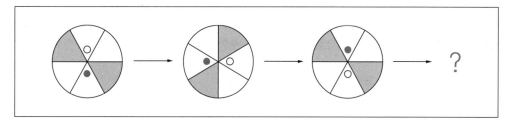

① 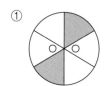　②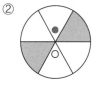

③ 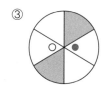　④

50. 다음 그림 안에 나타나 있지 않은 조각은? (단, 조각을 뒤집거나 회전하지 않는다)

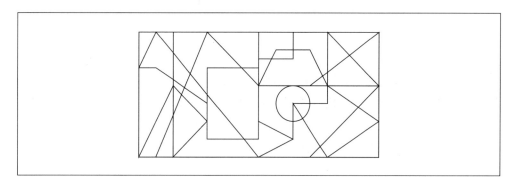

① 　②

③ 　④

01. 다음 밑줄 친 단어의 뜻이 나머지와 다르게 쓰인 것은?

① 내 동생은 <u>의사</u> 표현이 확실하다.
② <u>의사</u>인 둘째 사위의 권고로 담배를 끊었다.
③ 그 국회의원은 국민의 <u>의사</u>를 무시했다.
④ 싸울 <u>의사</u>가 없으면 얼른 물러나라.

02. 다음 사례와 같은 문제가 다시 발생하지 않도록 급변하는 환경에 올바르게 대처하기 위해 팀장이 갖추어야 하는 리더로서의 자질로 적절하지 않은 것은?

> ○○부서는 급변하는 영업 환경에 효과적으로 대응하지 못해 올 초 조직 개편안에 따라 다른 부서로 흡수 통합이 되었다. 대부분의 부서원들은 그대로 신규 조직으로 자리를 옮겨 근무하게 되었지만 팀장은 고심 끝에 퇴사를 결정하게 되었다. 조직의 변경과 팀장의 퇴사에는 리더로서의 자질 문제가 거론되지 않을 수 없었으며 변화의 상황에 효과적으로 대처하지 못한 팀장으로서는 어쩔 수 없는 선택이었다.

① 변화할 수 있는 것과 그렇지 못한 것들을 구별할 수 있는 지혜가 필요하다.
② 필요한 변화를 위해 기여할 부분을 찾아 행동해야 한다.
③ 평소 휴식시간을 줄여 보다 많은 시간을 업무에 투자해야 한다.
④ 환경의 변화를 면밀히 관찰하면서 환경과 시장 상황의 요구를 경청해야 한다.

03. 다음 그림 안에 나타나 있지 않은 도형은?

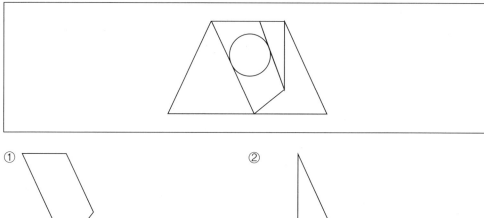

①

②

③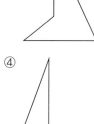

④

04. 다음의 명제가 모두 참일 때 반드시 참인 것은?

• 영어를 잘하는 사람은 수학을 잘한다.
• 영어를 잘하는 사람은 과학을 잘한다.
• 윤서는 수학을 잘하지 못한다.

① 윤서는 과학을 잘하지 못한다.
② 윤서는 영어를 잘하지 못한다.
③ 수학을 잘하는 사람은 과학도 잘한다.
④ 수학을 잘하지 못하는 사람은 과학을 잘한다.

05. 다음 설명을 참고할 때, 접두어의 쓰임이 적절하지 않은 것은?

> - 새- : 어두음이 된소리나 거센소리이고, 어간의 첫음절 모음이 양성모음일 때 사용한다.
> - 샛- : 어두음이 유성자음이고, 어간의 첫음절 모음이 양성모음일 때 사용한다.
> - 시- : 어두음이 된소리나 거센소리이고, 어간의 첫음절 모음이 음성모음일 때 사용한다.
> - 싯- : 어두음이 유성자음이고, 어간의 첫음절 모음이 음성모음일 때 사용한다.

① 유채꽃 축제가 열리는 한강공원의 유채꽃밭은 정말 <u>샛노랗다</u>.

② 여름휴가를 보내고 돌아오니 얼굴이 햇볕에 <u>새까맣게</u> 탔다.

③ 그 아기는 정말 호수처럼 <u>새말간</u> 눈동자를 가졌다.

④ 칼에 베인 엄지손가락에서 <u>시뻘건</u> 피가 흘렀다.

06. 다음 사례를 읽고 김 대리에게 할 수 있는 조언으로 가장 적절한 것은?

> 김 대리는 이직한 기업이 정직과 신뢰를 중요시하는 문화를 지니고 있어 이러한 기업의 문화에 적응하고자 노력하고 있다. 그는 시간 약속, 출근 시간, 업무 마감시간 등 약속을 지키며 조금씩 신뢰를 쌓고 있고, 이전 기업에서 부정적인 관행이 공공연히 행하여지던 것을 생각하며 이직한 기업에선 부정적인 관행을 범하지 않도록 조심하고자 한다. 최근 김 대리는 회계 업무상 실수를 저질렀다는 사실을 뒤늦게 발견했다. 실수한 금액과 항목이 크지 않아 자세히 보지 않으면 모를 테지만 누군가 자세히 볼까 전전긍긍하고 있다.

① 정직과 신뢰라는 자산은 쌓기 어렵기 때문에 평소에 작은 일부터 잘하는 것이 중요해.

② 부정적인 관행은 끊어내기 어려우므로 애초에 싹을 잘라 생길 일을 없애야만 해.

③ 잘못된 것이 있다면 정직하게 밝혀야지.

④ 정직하지 못한 일을 눈감아 주기 시작하면 더 큰 부정이 되니 조심해야지.

07. 다음 펼쳐진 전개도를 접어 완성했을 때 나올 수 없는 모양은?

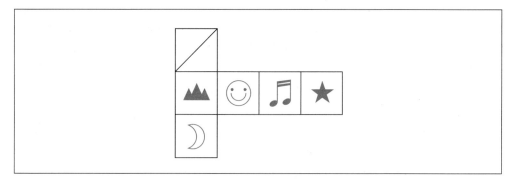

①

②

③

④

08. 같은 엘리베이터에 탄 사원 A ~ E 중 한 명은 거짓말을 하고 있다. 〈보기〉를 고려할 때 다음 중 반드시 참인 것은? (단, 같은 층에서 내린 사람은 없다)

보기

- A : B는 확실히 1층에서 내렸어.
- B : C는 1층에서 내렸어.
- C : 잘은 모르겠지만, D는 적어도 3층에서 내리지 않았어.
- D : E는 4층에서 내렸어.
- E : 나는 4층에서 내렸고 A는 5층에서 내렸어.

① A는 4층에서 내렸다.　　② B는 3층에서 내렸다.

③ C는 1층에서 내렸다.　　④ D는 2층에서 내렸다.

[09 ~ 10] 다음 글을 읽고 이어지는 질문에 답하시오.

19세기 후기, 눈에 보이는 그대로를 화폭에 옮기고자 했던 사실주의와 자연주의에 대한 반발로 모더니즘이 등장했다. 모더니즘은 그 바탕에 인간 이성에 대한 불신을 두고 20세기 이후에 일어난 예술운동으로 기존 미술의 전통에서 탈피한 표현을 추구했다. 즉 눈앞의 대상을 똑같이 재현해야 한다는 기존 미술의 전통적인 의무감에서 벗어나 현실을 모방하지 않는 새로운 형태의 미술로 나아가는 아방가르드 미술을 추구한 것이다.

탈재현성을 가장 우선적인 목표로 둔 모더니즘 예술가들은 원근감이나 명암이 드러나는 사실적이고 실감나는 묘사를 기피했고, 이후에는 아예 묘사하지 않거나 대상을 부정하고 점, 선, 면 또는 색만 이용하여 작품을 그리기에 이르렀다. 이처럼 작품을 감상하는 사람이 사물을 알아볼 수 있도록 그리는 것을 뒤떨어지고 수준 낮은 미술로 취급하면서 모더니즘 미술은 점점 더 기하학적 형태를 띠며 추상화되었다. 시간이 흐를수록 모더니즘 미술은 난해하고 보수적이고 엘리트적인 성격을 띠며 더욱 대중에게서 멀어졌다. 대중적인 감상과 너무 거리가 벌어진 나머지, 후기 모더니즘에 들어서는 급기야 유명 비평가의 글에 의해 작품의 감상 결과와 성공 여부가 결정되기도 했다. 그 결과, 모더니즘에 대한 반발로 포스트모더니즘이 등장하게 되었다.

포스트모던이라는 용어는 1960년대 미국 건축 비평가에 의해 처음 사용되기 시작했으나 1980년대 이후 들어, 예술의 모든 영역에 걸쳐 널리 사용되었다. 일반적으로 포스트모더니즘은 모더니즘에 대한 의식적 단절 또는 비판적 의미로 해석된다. 모더니즘이 갖는 고급문화와 저급문화의 엄격한 구분, 지나치게 추상화된 양식, 장르 간 폐쇄성 등의 특징에서 느낀 한계를 바탕으로 하여 '다양성'을 주축으로 포스트모더니즘이 대두된 것이다.

포스트모더니즘은 다원성과 상대성에 대한 인식을 바탕으로 기성적 이성의 권위를 해체하고 이와 더불어 인간과 사회 문화를 향한 모든 객관적, 합리적 믿음을 부정하는 것을 특징으로 한다. 또한 포스트모더니즘은 불확실성과 불안을 긍정적으로 포용하며 지배이데올로기에 의해 억압받는 사회에서 저항하려는 움직임을 따른다. 이에 사회적 소수에 속하는 집단의 정체성을 드러내는 미술 작품들이 새롭게 주목받았다.

포스트모더니즘의 양식으로는 자본주의를 비판하고 고급예술의 허상을 고발하고자 했던 팝아트, 이전 시대의 양식 또는 이미지를 차용하여 만든 차용 미술, 그라피티 아트, 사회 및 정치를 향한 작가의 비판적인 메시지를 담은 정치 미술 등이 있다.

09. 윗글에 대한 설명으로 적절하지 않은 것은?

① 포스트모더니즘은 사실주의와 자연주의에 대한 반발로 등장했다.
② 차용 미술은 포스트모더니즘의 양식에 속한다.
③ 점, 선, 면만을 이용하여 작품을 구성했던 몬드리안은 모더니즘 미술가라고 볼 수 있다.
④ 아방가르드는 모더니즘의 특징 중 하나이다.

10. 윗글에 대한 설명으로 적절한 것은?

① 포스트모더니즘은 원래 건축 분야에서 처음으로 등장한 양식이다.

② 모더니즘은 인간 이성을 신뢰한다.

③ 포스트모더니즘의 특징으로는 다원성과 상대성이 있다.

④ 색만을 이용하여 대상을 묘사한 작품은 자연주의에 해당한다.

11. 다음 택시 운전사의 사례를 통해 알 수 있는 가치로 가장 적절한 것은?

> 덴마크의 택시기사들 가운데 제일 기억에 남는 사람은 레시에 밀부(46세) 씨다. 한때 이삿짐센터 직원과 전기공으로도 일한 적이 있다는 그는 22년째 택시운전을 하고 있다. 영어를 유창하게 구사하는 그는 손님들로부터 "그 실력 갖고 왜 택시 운전을 하느냐"는 질문을 자주 받는다고 한다. 그는 자기 일에 대한 자부심이 높았다. 하루에 8시간 정도 택시를 모는 그는 한 달에 우리나라 돈으로 약 370만 원을 번다고 했다. 그 정도의 임금은 덴마크에서는 숙련 노동자의 것보다 적지만 단순 노동자보다는 높다고 한다.
>
> 그는 운전하면서 자기 나름의 행복론을 풀어놓았는데, 매우 생각이 깊음을 알 수 있었다. 고등학교까지만 다닌 밀부 씨는 대학에 갈 필요성을 느끼지 못했다고 했다. 덴마크는 대학진학에 대한 인식 자체가 우리와 사뭇 다르다. 실제로 그의 친구 중에 20 ~ 30%만 대학에 갔다고 한다. 대학에 가는 것보다 각종 직업학교에서 실속 있게 전문교육을 받아 사회에 나가는 이들이 많기 때문이다.
>
> 대학에 가서 의사나 변호사가 된 친구를 보면 부럽지 않으냐는 필자의 질문에 그는 "그렇지 않습니다. 이 덴마크 사회에서는 모든 사람이 평등하게 중요하다고 믿습니다. 덴마크에서는 사장이나 노동자나 다 중요하다고 생각합니다. 사장 없이 노동자 없고 노동자 없이 사장 없지 않습니까. 양쪽이 다 필요하지요."라고 답하였다.

① 자아실현

② 자기만족을 통한 행복감

③ 선행의 사회적 기능

④ 동일한 사회구성원이라는 자부심

12. 다음을 보고 그 규칙을 찾아 '?'에 들어갈 알맞은 것을 고르면?

①   ②

③   ④

13. 다음에 제시된 도형과 동일한 것은?

①   ②

③   ④

14. 다음은 직장 전화응대 매뉴얼을 만들기 위해 직원들이 나눈 대화이다. 전화 예절에 대해 적절하게 말한 사람을 모두 고른 것은?

> 갑 : 전화는 필요에 따라 정상적인 업무가 이루어지고 있는 근무 시간 외에도 걸 수 있어.
>
> 을 : 전화를 해 달라는 메시지를 받았다면 가능한 한 48시간 안에 답해야 해.
>
> 병 : 전화벨이 3 ~ 4번 이상 울린 다음 받아서 상대방에게도 준비할 시간을 줘야 해.
>
> 정 : 언제나 펜과 메모지를 곁에 두어 전화 내용을 받아 적을 준비가 되어 있어야 해.
>
> 무 : 주위의 소음을 최소화한 후 천천히, 명확하게 예의를 갖추고 목소리에 미소를 띠며 말해야 해.

① 갑, 병, 정　　　　　　　　　② 갑, 정, 무

③ 을, 병, 무　　　　　　　　　④ 을, 정, 무

15. 다음 프로배구 신인 선수를 배정하는 방식에 대한 설명을 근거로 판단할 때, A ~ H 중 병 구단이 2라운드에서 지명한 신인 선수는 누구인가?

> 프로배구 신인 선수의 배정은 각 구단에서 필요한 선수를 직접 지명하여 선발하는 방식으로 진행한다. 선발은 1라운드와 2라운드로 나누어 진행한다.
> - 1라운드 진행 방식 : 전년도 순위가 3, 4위인 구단 중 제비뽑기로 신인 선수 지명 첫 번째, 두 번째 순서를 정한다. 전년도 2위는 세 번째, 1위는 마지막 순서로 지명한다.
> - 2라운드 진행 방식 : 전년도 순위와 지명하는 순서를 같게 한다.
>
> 갑, 을, 병, 정 4개 구단의 전년도 성적과 A ~ H 8명의 신인 선수에 대한 선호도는 아래와 같다.

전년도 순위	구단	신인 선수 선호도
1	을	A-C-D-E-B-H-G-F
2	병	B-C-E-F-A-G-H-D
3	정	A-B-D-C-F-H-G-E
4	갑	B-E-A-H-F-C-D-G

※ 신인선수에 대한 선호도는 왼쪽에서 오른쪽으로 갈수록 낮아진다.

① D　　　　　　　　　② E

③ F　　　　　　　　　④ G

16. 해외영업 1팀의 A 부장, B 과장, C 대리, D 대리, E 사원, F 사원 여섯 명은 올해 해외영업을 진행할 지역을 정하려고 한다. 지역은 중남미, 미주, 아시아 지역으로 각각 2명씩 나뉘어 담당하며, 다음과 같은 〈조건〉에 따라 해외영업 지역을 정한다고 할 때 항상 참이 아닌 것은?

조건

- A 부장과 B 과장은 서로 다른 지역을 담당해야 한다.
- C 대리는 아시아 지역을 담당해야 한다.
- D 대리와 F 사원은 서로 같은 지역을 담당해야 한다.
- E 사원은 중남미 지역을 담당할 수 없다.

① B 과장은 미주 지역 또는 아시아 지역의 영업을 담당하게 된다.
② D 대리와 F 사원은 중남미 지역의 영업을 담당하게 된다.
③ A 부장과 E 사원은 같은 지역의 영업을 담당하게 된다.
④ C 대리와 E 사원은 같은 지역의 영업을 담당하지 않는다.

17. 다음 글에서 부적절하게 사용된 단어를 찾아 수정한 사항으로 옳지 않은 것은?

지구온난화 문제를 해결하기 위해 선진국을 중심으로 온실가스 감축에 대한 국제규제를 강화하여 국가 간 기후변화기본협약을 체결하고 교토의정서를 통하여 전 세계적 차원의 온실가스 감축노력을 전계하여 왔으며, 지난 21차 파리 당사국 총회에서는 선진국과 개도국 모든 국가가 참여하는 2020년 이후 '신기후체제' 출범을 위한 파리협정문이 체택되었다.

① 온실가스 감축에 → 온실가스 배출에
② 전계하여 → 전개하여
③ 선진국과 개도국 → 선진국과 개발도상국
④ 체택되었다 → 채택되었다

18. 다음 글의 중심내용으로 적절한 것은?

정보 사회라고 하는 오늘날, 우리는 실제적 필요와 지식 정보의 획득을 위해서 독서하는 경우가 많다. 사실은 일정한 목적의식이나 문제의식을 안고 달려드는 독서일수록 능률적이다. 르네상스 시대의 만능인이었던 괴테는 그림에 열중하기도 했다. 그는 의아해하는 주위 사람들에게 그림의 대상이 되는 집이나 새를 더 관찰하기 위해서 그림을 그리는 것이라고 대답했다고 전해진다. 그림을 그리겠다는 목적의식을 가지고 집이나 꽃을 관찰하면 평소보다 분명하고 세세하게 그 대상이 떠오른다. 마찬가지로 일정한 주제의식이나 문제의식을 가지고 독서를 할 때, 보다 창조적이고 주체적인 독서 행위가 성립된다.

① 특정 목적이나 문제의식을 가진 독자일수록 효율적인 독서를 할 수 있다.
② 독서의 목적은 독자들이 무엇을 필요로 하느냐에 따라 달라진다.
③ 독자들은 각자 필요한 지식 정보를 획득하기 위해 다양한 책을 읽는다.
④ 독자들이 그림을 그린다면 주체적인 독서를 하는 데에 도움이 될 것이다.

19. 다음 그림의 조각을 순서대로 배열한 것은?

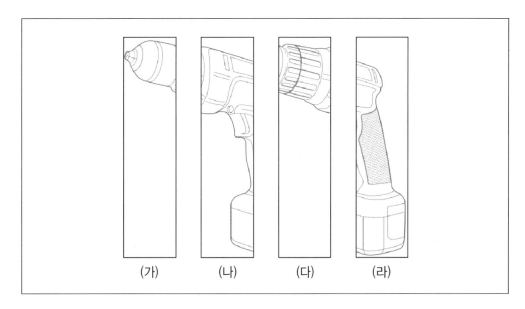

(가)   (나)   (다)   (라)

① (가)-(다)-(나)-(라)   ② (가)-(라)-(나)-(다)
③ (나)-(가)-(라)-(다)   ④ (나)-(라)-(가)-(다)

[20 ~ 21] 다음 자료를 보고 이어지는 질문에 답하시오.

〈자료 1〉 연령계층별 인구수

(단위 : 천 명)

구분	1970년	1980년	1990년	2000년	2010년	2020년
0 ~ 14세	13,709	12,951	10,974	9,911	7,979	6,751
15 ~ 64세	17,540	23,717	29,701	33,702	36,209	37,620
65세 이상	991	1,456	2,195	3,395	5,366	7,016

〈자료 2〉 연령계층별 인구 구성비

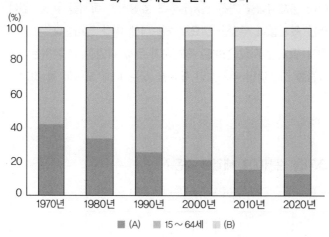

■ (A) ■ 15 ~ 64세 ■ (B)

20. 제시된 자료를 바르게 해석한 것은?

① 2010년 인구는 30년 전에 비해 11,430천 명 감소하였다.

② 〈자료 2〉의 (A)는 65세 이상, (B)는 0 ~ 14세의 비율을 나타낸다.

③ 1990년 이후로 14세 이하 인구는 매 조사시점마다 이전 조사시점에 비해 1백만 명 이상 감소하고 있다.

④ 2010년 65세 이상의 인구는 1990년 14세 이하 인구의 $\frac{1}{2}$ 이상이다.

21. 2020년 65세 이상 인구는 전체 인구의 몇 %를 차지하는가? (단, 소수점 아래 둘째 자리에서 반올림한다)

① 13.5%

② 13.7%

③ 14.1%

④ 14.4%

22. A와 B가 가진 돈의 비는 5 : 4이다. B가 2,000원을 가지고 있을 때, A가 가지고 있는 돈은 얼마인가?

① 2,500원

② 3,000원

③ 3,500원

④ 4,000원

23. 사내 비품 담당인 이 대리는 겨울을 대비해 가습기를 구매하려고 한다. A 업체는 구매 금액 1,000,000원당 50,000원을 할인해 주는 동시에 10대를 사면 1대를 무료로 주고, B 업체는 같은 가습기 9대를 사면 1대를 무료로 준다. 1대당 100,000원인 가습기 50대를 구매한다면 두 업체 중 어디에서 사는 것이 얼마나 저렴한가?

① A 업체, 100,000원

② B 업체, 100,000원

③ A 업체, 200,000원

④ B 업체, 200,000원

24. A 레스토랑에서는 샐러드와 피자, 스파게티 세 가지 메뉴를 세트로 묶어 판매하고 있다. 샐러드는 8,800원, 피자는 16,000원, 세트 가격은 32,400원이다. 세트 가격은 각 메뉴의 가격을 합한 금액에서 10%를 할인한 값이라고 할 때, 스파게티의 원래 가격은 얼마인가?

① 7,600원

② 10,080원

③ 11,200원

④ 12,700원

25. 경쟁사인 A 통신사와 B 통신사의 인터넷 요금이 다음과 같을 때, 두 통신사의 요금이 같아지려면 인터넷을 한 달에 몇 분 사용해야 하는가?

〈각 통신사의 인터넷 요금〉

구분	기본요금	사용요금
A 통신사	10,000원/월	10원/분
B 통신사	5,000원/월	20원/분

※ 인터넷 요금은 '기본요금+사용요금'으로 계산한다.

① 350분
② 400분
③ 450분
④ 500분

26. 다음은 어느 고등학교에서 시행 중인 학업 평가 결과를 나타낸 표이다. A ～ D 영역을 1 ～ 5 등급으로 평가한다고 할 때, 이에 대한 설명으로 옳지 않은 것은?

〈학업 평가 4 ～ 5등급 비율 변화〉

(단위 : %)

구분	A 영역	B 영역	C 영역	D 영역
20X8년	56.0	47.2	45.6	43.1
20X9년	45.9	44.5	39.9	35.4

① 20X8년 대비 20X9년에 4 ～ 5등급 비율이 가장 크게 변한 영역은 A 영역이다.

② 20X9년 C 영역에서 1 ～ 3등급을 받은 학생의 비율은 54.4%이다.

③ 20X8년 D 영역에서 4 ～ 5등급을 받은 학생의 비율이 B 영역에서 4 ～ 5등급을 받은 학생의 비율보다 적다.

④ 20X8년과 20X9년 모두 학업 평가 4 ～ 5등급 비율은 D－C－B－A 영역 순으로 낮다.

27. 다음은 상황에 따른 의사표현법의 예시이다. ㄱ ~ ㅁ 중 효과적으로 의사를 표현한 예시를 모두 고른 것은?

> ㄱ. 상대방의 잘못을 지적할 때 : 덕분에 프로젝트가 잘 진행되었습니다. 다만, 작성해 주신 보고서에 몇 가지 오류가 있어서 아쉬웠습니다. 다음번에는 조금 더 꼼꼼하게 검토해 주시면 더 완벽한 보고서를 작성하실 수 있을 겁니다. 앞으로도 좋은 성과를 내주시길 기대합니다.
> ㄴ. 상대방에게 요구해야 할 때 : 당장 오늘 중으로 보고서를 제출해 주세요. 급하니까 최대한 빨리 부탁드립니다.
> ㄷ. 상대방의 요구를 거절해야 할 때 : 그 요청을 들어드리기 아마 어려울 것 같습니다. 다른 분께 부탁하는 게 더 나을 것 같네요.
> ㄹ. 충고해야 할 때 : 누구나 처음엔 실수할 수 있어요. 작은 나무도 처음엔 바람에 흔들리지만, 그 바람 덕분에 더 단단해지거든요. 이번 경험이 더 강해지게 할 거예요.
> ㅁ. 설득해야 할 때 : 우리가 추가 인력을 지원할테니 프로젝트 마감 일정을 앞당기면 서로에게 더 이득이 될 것 같습니다.

① ㄱ, ㄹ, ㅁ

② ㄴ, ㄷ, ㅁ

③ ㄱ, ㄴ, ㄹ, ㅁ

④ ㄴ, ㄷ, ㄹ, ㅁ

28. 다음 A, B 두 개의 명제가 모두 참일 경우, 빈칸에 들어갈 명제로 적절한 것은?

> A. 게으르지 않은 사람은 운동을 싫어하지 않는다.
> B. 긍정적이지 않은 사람은 운동을 싫어한다.
> C. 그러므로 (   )

① 긍정적이지 않은 사람은 게으르다.

② 운동을 싫어하는 사람은 긍정적이다.

③ 운동을 싫어하지 않는 사람은 긍정적이지 않다.

④ 긍정적이지 않은 사람은 운동을 싫어하지 않는다.

29. 다음 중 우대용 교통카드 적용대상자에 대해 잘못 이해하고 있는 사람은?

• 우대용 교통카드 : 수도권 도시철도 무임승차 대상자(만 65세 이상 경로우대자, 장애인, 유공자)가 이용하는 반영구적 교통카드

〈우대용 교통카드 적용대상자〉

구분	적용대상자
경로자	[적용대상] : 노인복지법 제26조에 정한 노인(만 65세 이상 어르신) [카드발급] : 동주민센터(단순무임), ○○은행(신용/체크카드)
장애인	[적용대상] : 장애인복지법 제2조에 정한 장애인(지체/청각/언어/정신지체 장애 등으로 신분확인 가능한 증명서를 발급받은 사람), 장애등급 1~3급의 동승보호자 1인 [카드발급] : 동주민센터(단순무임/신용/체크카드)
유공자	[적용대상] – 독립유공자 예우에 관한 법률시행령 제14조, 국가유공자 등 예우 및 지원에 관한 법률시행령 제85조 제1항 및 5·18 민주유공자 예우에 관한 법률시행령 제51조 제2항에 정한 사람 – 독립유공자, 전상군경, 공상군경, 4·19혁명 부상자, 공상공무원, 6·18자유상이자, 특별공로상이자로서 1~7급까지 해당자 및 상이등급 1급의 동승보호자 – 5·18 민주화 운동 부상자로서 1~14급까지 해당자 및 장애등급 1급의 동승보호자 1인 [카드발급] : 관할 보훈지청(신용/체크카드)

① 갑 : 노인복지법 규정에 따라 만 66세 이상인 할아버지는 적용대상이 되는 걸.
② 을 : 장애등급 1급인 사촌동생의 보호자인 숙모는 대상자가 아니야.
③ 병 : 독립유공자 예우에 관한 법률시행령에서 정하고 있는 독립유공자인 큰아버지는 대상자에 포함돼.
④ 정 : 장애인복지법에서 지체장애인으로 신분확인 가능한 증명서를 발급받은 외사촌은 적용대상자가 맞아.

30. 다음과 같이 색종이를 점선에 따라 접어서 나올 수 있는 모양으로 적절한 것은?

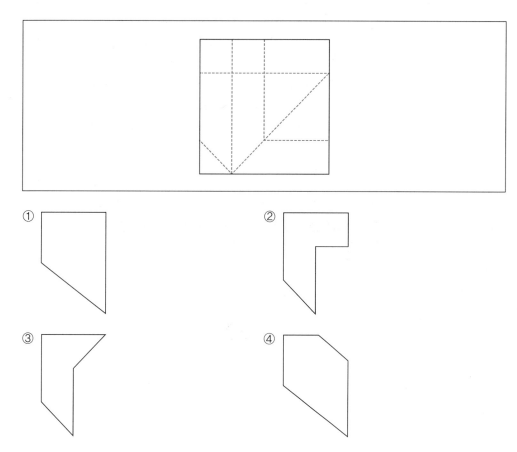

31. 다음과 같이 연결된 5개의 주사위가 있다. 서로 접하고 있는 면의 눈의 수를 합한 값은? (단, 주사위의 마주보는 면에 그려진 눈의 합은 7이다)

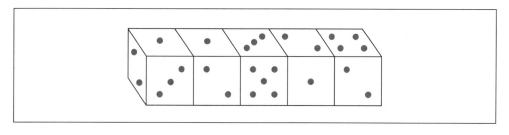

① 28
② 30
③ 32
④ 34

총남기출복원 | 1회 기출예상 | 2회 기출예상 | 3회 기출예상 | 4회 기출예상 | 5회 기출예상 | 6회 기출예상 | 7회 기출예상 | 8회 기출예상 | 9회 기출예상 | 인성검사 | 면접가이드

32. 다음 글의 (A) ~ (D) 중, ⟨보기⟩의 문장이 삽입되기에 가장 적절한 위치는?

> 우리 문화의 여러 측면에서 언제부터인가 전통의 부재를 비판하는 소리가 높아졌다. (A) 건축계도 예외가 아니다. 우리의 많은 현대건축물들이 서양의 건축 사조를 수입하여 모방하는 데 지나지 않으며 건축분야 중 일상생활과 가장 밀접한 주거건축에서조차 전통의 현대적 계승을 찾아볼 수 없다는 비판도 있다. 실제로 우리 현대 주택의 대명사가 된 고층 아파트를 전통 한옥과 연결시키기란 불가능해 보인다. 이러한 상황에서 우리는 '건축에서 주택과 주거의 문제에서 전통은 무엇인가?' 그리고 '전통이나 전통적 요소는 현대의 건축에 어떠한 방식으로 계승되어야 하는가?'라고 묻지 않을 수 없다.
>
> 전통은 시간적 연결성을 확보하는 것, 곧 과거로부터 현재 그리고 미래로 이어지는 것, 또는 세대에서 세대로 전승되는 무엇을 의미한다. (B) 따라서 전통의 문제에서는 '무엇'을 어떻게 계승해야 하는가가 핵심적인 논제가 된다. (C) 그러므로 건축의 전통을 논의할 때는 새로운 사회조건에서 역사적으로 전해온 요소들을 어떻게 수용하느냐가 중요하다. (D) 요컨대, 전통의 현대적이고 창조적인 해석과 현실 적용이 건축분야에서 전통을 논의하는 핵심이라고 하겠다.

보기

흔히 건축은 시대의 반영이며 사회의 선물이라고 한다.

---

① (A)　　　　　　　　　　② (B)
③ (C)　　　　　　　　　　④ (D)

33. 다음에서 설명하는 사자성어로 옳은 것은?

> 달아난 양을 찾다가 여러 갈래 길에서 길을 잃었다는 뜻으로, 학문의 길이 나뉘어져 진리를 찾기 어려움.

① 곡학아세(曲學阿世)　　　　② 다기망양(多岐亡羊)
③ 입신양명(立身揚名)　　　　④ 읍참마속(泣斬馬謖)

34. 다음과 같은 상황에서 고○○ 씨의 행동에 대한 해석으로 적절한 것은?

> 고○○ 씨는 A 시의 한 기관에서 기록과 관련된 업무를 수행하고 있다. 주말을 보내고 출근한 월요일 아침, 사내 공지사항을 통해 타지역 발령 대상자가 통보되었고 본인이 대상자 명단에 포함되어 있다는 것을 알게 되었다. 고○○ 씨는 이러한 통보가 매우 당황스러웠다. 사전에 근무지 변경에 대한 협의가 전혀 없었기 때문이다. 더욱이 현재 진행하고 있는 업무를 당장 인계하거나 마무리하기에는 버거운 상태이다. 고○○ 씨의 부서장은 해당 결정에 대하여 어쩔 수 없으니 이해하라는 말만 하고 있는 상황이다.
>
> 〈고○○ 씨의 행동〉
> 발령 통보를 받아들이고 현재 진행 중인 업무에 대한 처리 방안을 고안한다.

① 발령 통보에 관련된 인물과 적절히 타협하여 일을 진행하고 있다.

② 결정된 사안에 대하여 문제를 제기하지 않고 조직의 결정에 순응하고 있다.

③ 해당 상황이 가지고 있는 문제가 무엇인지 전혀 이해하지 못하고 있다.

④ 조직 내 개선해야 할 사항에 대하여 적극적으로 개선 요청을 하고 있다.

35. 다음 빈칸에 공통적으로 들어갈 보편적인 직업윤리의 덕목으로 적절한 것은?

> 현대 사회는 복잡하고 세분화되어 있다. 이처럼 세분화된 사회에서 직업생활을 영위하려면 해당 직업영역에서 요구하는 능력을 반드시 배양해야 한다.
> (   )은(는) 직무수행의 필수조건이다. 다른 보편적인 직업윤리보다 현실적으로 가장 많은 사람들이 이를 수용하고 있고, 실제로도 이를 위해 노력하고 있다. (   )은(는) 신뢰와 존경을 받기 위한 조건이기도 하다. (   ) 없이 말이나 권위만을 앞세운다면 직장동료로부터 큰 신뢰를 받을 수 없다. 현대 사회에서는 (   )을(를) 갖추었을 때 비로소 큰 경쟁력을 가질 수 있다.

① 직업의식

② 연대의식

③ 전문성

④ 인간애

36. 다음 표는 T회사 홍보팀 구성원의 하루 업무 일정을 정리한 것이다. 사원 J는 작성된 일정을 바탕으로 다음 주에 진행될 1시간 동안의 직무교육 시간을 선정하려 한다. 전 구성원의 일정을 고려할 때 교육을 진행하기에 가장 적절한 시간대는 언제인가?

〈T사 홍보팀 구성원 일정 보고〉

시간	부장	차장	대리	주임	사원
9 : 00 ~ 10 : 00	부장 업무 회의				홈페이지 게시판 관리
10 : 00 ~ 11 : 00		주간 홍보 일정 정리	홍보프로 그램 기획		
11 : 00 ~ 12 : 00				PT 기획서 작성	홈페이지 개편
12 : 00 ~ 13 : 00			점심		
13 : 00 ~ 14 : 00				홍보 자료 파일 제작	팀 필요물품 신청
14 : 00 ~ 15 : 00		홍보 자료 확인			
15 : 00 ~ 16 : 00					
16 : 00 ~ 17 : 00	주간 홍보 일정 확인		사보 작성		보도자료 작성
17 : 00 ~ 18 : 00		홍보 책자 주문		사보 작성	

① 10 : 00 ~ 11 : 00 ② 11 : 00 ~ 12 : 00
③ 13 : 00 ~ 14 : 00 ④ 15 : 00 ~ 16 : 00

37. 다음의 [사실]들을 참고할 때, [결론]에 대한 설명으로 옳은 것은?

[사실] • 떡볶이를 좋아하는 사람은 화통하다.
  • 화통한 사람은 닭강정을 싫어한다.
  • 떡볶이를 좋아하는 사람은 닭강정을 싫어한다.
[결론] A. 닭강정을 좋아하는 사람은 떡볶이를 싫어한다.
  B. 닭강정을 싫어하는 사람은 화통하다.

① A만 항상 옳다. ② B만 항상 옳다.
③ A, B 모두 항상 옳다. ④ A, B 모두 항상 그르다

38. 다음 〈보기〉에 제시된 세 개의 도형을 합쳤을 때 만들 수 없는 형태는?

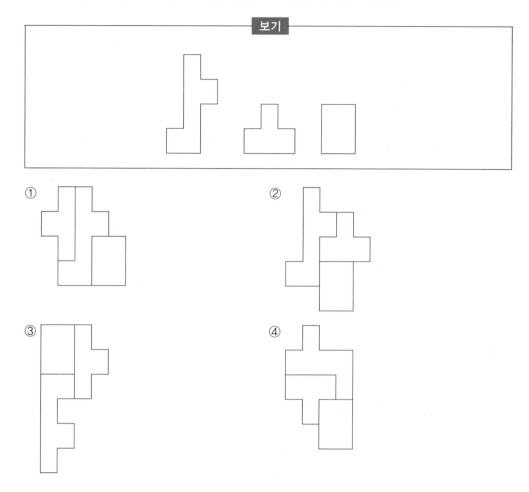

39. 다음의 조건을 충족하는 리그의 구성으로 적절한 것은?

> 여섯 개의 야구 팀 A, B, C, D, E, F를 세 팀씩 두 리그로 나누고자 한다. 단, E와 F 팀은 다른 리그에 속해야 하며, C가 소속된 리그에는 A 혹은 B 팀이 반드시 소속되어야 한다.

① B, C, F   ② A, B, E

③ A, B, C   ④ B, E, F

40. 다음 글의 내용에 대해 제시한 견해로 적절하지 않은 것은?

> 한국 사회는 이미 '초저출산 사회'로 접어들었고 최근에는 초저출산 현상이 심화되는 양상
> 이다. 일선 지방자치단체들이 인구 증가시책의 하나로 출산·양육지원금을 경쟁적으로 늘리
> 고 있으나 출생아는 고사하고 인구가 오히려 점점 줄어들고 있다.
>
> 전북 진안군은 파격적인 출산장려금 지원에도 좀처럼 인구가 늘지 않아서 고민이다. 2013
> 년 2만 7천6명이던 진안군 인구는 2016년 2만 6천14명으로 줄었다. 해마다 감소하는 출산
> 율을 높이기 위해 2016년 출산장려금을 대폭 늘렸는데도 효과를 보지 못했다. 진안군은
> 2007년부터 첫째·둘째 120만 원, 셋째 이상 450만 원씩 지원하던 출산장려금을 지난해 각
> 360만 원과 1천만 원으로 늘렸다. 열악한 군의 재정 상황에도 인구를 늘리기 위한 고육지책
> 이었다.
>
> 경북 영덕군은 첫째 출산 때 30만 원, 둘째 50만 원, 셋째 이상 100만 원을 주고 첫돌에
> 30만 원, 초등학교 입학 때는 40만 원을 준다. 하지만 2013년 말, 인구가 4만 142명에서
> 2014년 3만 9천586명으로 줄어들어 4만 명 선이 무너졌다. 이후에도 2015년 3만 9천191
> 명, 2016년 3만 9천52명에서 2017년 6월 3만 8천703명으로 계속 감소하고 있다.

① 우리나라는 지속적인 출산율 저하로 초저출산 현상을 겪고 있다.

② 일회적이고 단편적인 지원책으로는 출산율을 늘리는 데 한계가 있다.

③ 일선 지방자치단체들이 인구 증가시책의 하나로 출산·양육지원금제도를 시행하고 있으나 오히
려 인구가 줄고 있다.

④ 지방자치단체들은 출산율을 높일 수 있는 실효성 있는 지원금 액수가 어느 정도인지 제대로
파악하지 못하고 있다.

41. 다음은 TF 팀이 구성된 후 회의 내용이다. 이를 바탕으로 팀장이 할 의사결정으로 가장 적절한 것은?

> 팀장 : 오늘부터 TF 팀이 본격적으로 가동됩니다. 먼저 우리 팀의 행동 원칙을 정해야 합니다. 다들 의견을 말씀해 주세요.
>
> 팀원 A : 제일 중요한 것은 '시간 엄수'라고 봅니다. 여러 사람이 함께 참여하는 것이니까, 서로 시간을 잘 지켜야 합니다.
>
> 팀원 B : 그건 기본적인 것이라고 생각합니다. 우리가 팀이기 때문에 좋은 성과를 내기 위해서는 '의견 경청'이 더욱 중요하다고 봅니다.
>
> 팀원 C : 우리가 정말 팀이라면 전체가 책임지는 것을 전제로 목표를 명확하게 공유해야 합니다. 개인의 책임을 너무 따지게 되면 매우 비효율적일 뿐만 아니라 공동의 목표를 달성하는 데도 시간이 오래 걸리게 됩니다.
>
> 팀원 D : 저는 '확신이 없다면 물어보고 확인, 또 확인하자'라는 행동 원칙을 제안합니다.

① 전원의 의견에 문제가 없으므로, 모든 의견을 행동 원칙으로 삼는다.

② 팀원 A의 의견에 문제가 있으므로, 행동 원칙으로 삼지 않는다.

③ 팀원 C의 의견에 문제가 있으므로, 행동 원칙으로 삼지 않는다.

④ 팀원 D의 의견에 문제가 있으므로, 행동 원칙으로 삼지 않는다.

42. 다음 사례에 나타난 고객 유형을 응대할 때의 방법으로 적절하지 않은 것은?

> 고객서비스 업무를 담당하는 김○○ 대리는 한 고객이 제품의 포장 상태가 마음에 들지 않는다는 내용의 전화를 받았다. 김 대리는 불편을 드려 죄송하다고 사과하며, 교환이나 환불을 도와드릴 수 있다고 안내했다. 그러나 고객은 단순한 교환이나 환불을 원하지 않고, 회사의 포장 상태가 다른 회사 제품보다 훨씬 못하다고 불만을 늘어놓았다. 직원은 고객의 불만을 귀담아듣고 앞으로 포장 상태를 개선하겠다고 약속하며, 추가로 도와드릴 사항이 있는지 물었다. 그러나 고객은 회사에 대한 불만을 계속 표출하며 전화를 끊었다.

① 고객의 이야기를 경청하고 치켜세운다.

② 분명한 증거나 근거를 제시하여 확신을 갖도록 유도한다.

③ 고객의 지적이 옳음을 표시하며 맞장구치며 설득해 나간다.

④ 고객의 의견을 경청하고 사과를 하는 응대가 바람직하다.

43. 다음 자료에 대한 설명으로 옳은 것은?

〈20XX년 6 ~ 9월의 A ~ H 시 순이동인구〉

(단위 : 명)

구분	6월	7월	8월	9월
A 시	3,946	3,305	−3,404	−7,117
B 시	−1,378	−223	−399	−958
C 시	−1,034	−1,569	−1,670	−970
D 시	−3,328	−2,067	−2,026	−1,640
E 시	220	−511	−447	388
F 시	−714	−1,059	−1,323	−230
G 시	−614	−2,013	−3,123	−1,696
H 시	1,495	1,303	746	210

※ 순이동인구(명)＝전입인구−전출인구

① A ~ H 시 중 20XX년 7월에 전입인구가 가장 많은 시는 A 시이다.

② C 시의 6월부터 9월까지 전출인구는 전입인구보다 많다.

③ H 시의 전입인구는 감소하고 있는 추세이다.

④ A ~ H 시 중 6월부터 9월까지 매월 전입인구가 전출인구보다 많은 시는 다섯 곳이다.

44. 다음 그림에서 두 면만 보이는 블록은 모두 몇 개인가?

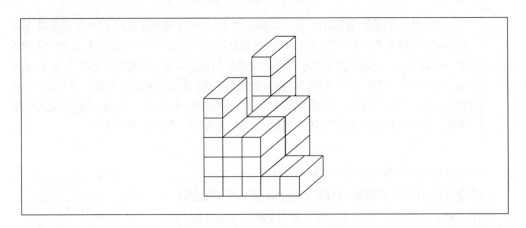

① 6개

② 7개

③ 8개

④ 9개

45. 다음 글의 내용을 포괄하는 주제로 적절한 것은?

원시공동체의 수렵채취 활동은 그 집단이 소비해 낼 수 있는 만큼의 식품을 얻는 선에서 그친다. 당장 생존에 필요한 만큼만 채취할 뿐 결코 자연을 과다하게 훼손하지 않는 행태는 포악한 맹수나 원시 인류나 서로 다를 바 없었다. 이미 포식한 뒤에는 더 사냥하더라도 당장 먹을 수 없고, 나중에 먹으려고 남기면 곧 부패되므로 욕심을 부릴 까닭이 없기 때문이었다. 또 각자 가진 것이라고는 하루분 식품 정도로 강탈해도 얻는 것이 별로 없으니 목숨을 걸고 다툴 일도 없었다. 더 탐해도 이익이 없으므로 더 탐하지 않기 때문에 원시공동체의 사람이나 맹수는 마치 스스로 탐욕을 절제하는 것처럼 보인다.

신석기시대에 이르면 인류는 수렵채취 중심의 생활을 탈피하고 목축과 농사를 주업으로 삼기 시작한다. 목축과 농사의 생산물인 가축과 곡물은 저장 가능한 내구적 생산물이다. 당장 먹는 데 필요한 것보다 더 많이 거두어도 남는 것은 저장해 두었다가 뒷날 쓸 수 있다. 따라서 본격적인 잉여의 축적도 이 시기부터 일어나기 시작하였다. 그리고 축적이 늘어나면서 약탈로부터 얻는 이익도 커지기 시작했다. 많이 생산하고 비축하려면 그만큼 힘을 더 많이 들여야 한다. 그런데 그 주인만 제압해 버리면 토지와 비축물을 간단히 빼앗을 수 있다. 내 힘만 충분하면 토지를 빼앗고 원래의 주인을 노예로 부리면서 장기간 착취할 수도 있으니 가장 수익성 높은 '생산' 활동은 약탈과 전쟁이다. 이렇게 순수하고 인간미 넘치던 원시 인류도 드디어 탐욕으로 오염되었고 강한 자는 거리낌 없이 약한 자의 것을 빼앗기 시작하였다.

① 저장의 시작에서 발현한 인류의 탐욕
② 목축과 농사의 인류학적 가치
③ 약탈 방법의 다양성과 진화
④ 사적 소유의 필요성

46. 다음 중 논리적 오류가 발생하지 않은 문장은?

① 난간에 기대면 추락 위험이 있다고 적혀 있으므로 난간에 기대는 사람은 추락하고 싶은 것이다.
② 눈이 내리는 곳에 꽃이 핀다. 그 지역은 눈이 내리지 않았으므로 꽃이 피지 않는다.
③ 내가 고양이를 좋아하는 것보다 동생이 고양이를 더 많이 좋아한다.
④ 제훈이네 어머니가 수학과 교수님이시니 제훈이도 틀림없이 수학을 잘할 것이다.

[47 ~ 48] 다음 자료를 보고 이어지는 질문에 답하시오.

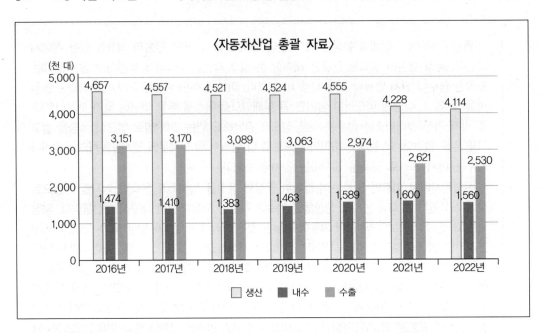

〈자동차산업 총괄 자료〉

47. 위의 자료에 대한 설명으로 옳지 않은 것은?

① 매년 내수보다 수출량이 더 많다.

② 매년 자동차 생산량은 400만 대를 상회한다.

③ 2022년 자동차 생산량은 수출량의 1.7배 이상이다.

④ 자동차의 수출량은 2017년부터 지속적으로 감소하고 있다.

48. 2017 ~ 2022년 중 전년 대비 생산, 내수, 수출의 증감 추세가 같은 해는 몇 개인가?

① 2개   ② 3개

③ 4개   ④ 5개

49. 다음은 같은 모양과 크기의 블록을 쌓아올린 그림이다. 색칠된 블록의 윗면과 밑면에 직접 접촉되어 있는 블록의 개수는?

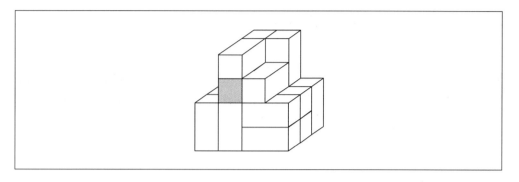

① 2개   ② 3개
③ 4개   ④ 5개

50. 다음 (가) ~ (바)를 문맥에 따라 순서대로 배열한 것은?

(가) 과학에서는 이유를 알 수 없는 기호나 식에 대한 이해가 가장 첫 단계에서 요구된다.

(나) 그럼에도 이상하다고 생각하는 표정을 지으면 이번에는 "너무 얇게 그리면 뒷자리에서 보이지 않고, 더 얇게 그리면 앞자리 사람들한테도 보이지 않으니 그냥 굵기가 없다고 생각해주렴."이라고 하신다.

(다) 이를 잘 견딘 경우, 반드시 성립하는 만물에 대한 객관적인 이해가 가능해진다고 한다.

(라) 즉, 스스로 자신을 속이는 과정이 필요한 것이다.

(마) 그 사실이 신경 쓰여 질문을 해봐도 대개는 "좋은 질문이지만 곧 깨닫게 될 것이니 지금은 칠판에 그려진 똑바른 선에 굵기가 없다는 사실에만 집중합시다."라며 보기 좋게 무시를 당할 것이다.

(바) 예를 들어, 초등학교 발달 학습시간에 선생님이 '직선에는 굵기가 없다'나 '점에는 크기가 없다'를 가르쳐 줄 때, 칠판에 그려진 직선에서는 굵기가 보인단 사실을 무시해야 한다.

① (가)-(나)-(바)-(다)-(라)-(마)   ② (가)-(다)-(바)-(마)-(나)-(라)
③ (바)-(나)-(다)-(라)-(마)-(가)   ④ (바)-(나)-(마)-(가)-(라)-(다)

01. 다음 글의 밑줄 친 부분과 바꿔 쓰기에 적절한 것은?

> 하얀색을 돋보이게 하고 싶을 때 하얀색만 보여 주기보다는 그 옆에 정반대되는 색, 즉 검정색을 가져다 놓으면 더 눈에 띄게 된다. 이와 마찬가지로 글쓴이도 자신의 의견을 두드러지게 하기 위해서 자신의 의견과 정반대인 일반론이나 개념을 가져오는 경우가 있다.

① 강세(强勢)
② 모색(摸索)
③ 약조(弱調)
④ 강조(强調)

02. 다음은 남 대리와 신 대리가 리더로서 직장 상사의 자질에 대해 나눈 대화이다. ㉠~㉣ 중 리더가 가져야 할 덕목에 대한 적절한 판단이라고 볼 수 없는 것은?

> 남 대리 : 우리 팀장은 큰 문제가 있다고 생각되진 않지만, 어딘가 리더로서는 좀 부족해 보인단 말이지. 리더는 무언가 계속 혁신을 추구해야 한다고 보는데, 우리 팀장은 너무 현실을 유지하는 일에만 급급한 것 같거든. 그래서 항상 새롭게 도전하기보다는 ㉠닥친 상황에 수동적으로 반응하려는 모습을 자주 보게 돼. 자네 회사는 어떤가?
>
> 신 대리 : 나는 자네가 말한 모습과 반대 성향의 리더를 매일 만나고 있네. 우리 팀장은 ㉡조직보다 사람을 더 중요시한다는 장점이 있어. 또, 좀 도전적인 면이 있는 것 같다는 게 내 생각이야. 위험이라는 건 회피할수록 나쁠 게 없을 텐데 우리 팀장은 ㉢대비책을 세워두었다는 이유로 오히려 위험을 즐기는 사람 같거든. 그러다가 큰 업무 사고라도 나면 어쩔 셈인지……
>
> 남 대리 : 그러게 말일세. ㉣리더는 모름지기 '어떻게 할까'보다 '무엇을 할까'를 더 중요하게 여겨야 하는 건데.

① ㉠
② ㉡
③ ㉢
④ ㉣

03. 다음을 보고 그 규칙을 찾아 '?'에 들어갈 알맞은 것을 고르면?

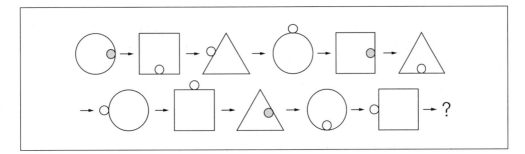

①

②

③

④

04. 다음 〈보기〉의 명제들이 항상 참이라 할 때 옳은 것은?

보기

• 사과를 좋아하는 사람은 귤을 좋아한다.
• 딸기를 좋아하지 않는 사람은 귤을 좋아하지 않는다.
• 바나나를 좋아하는 사람은 딸기를 좋아한다.

① 귤을 좋아하는 사람은 사과를 좋아한다.
② 사과를 좋아하지 않는 사람은 딸기를 좋아한다.
③ 딸기를 좋아하는 사람은 바나나를 좋아하지 않는다.
④ 사과를 좋아하는 사람은 딸기를 좋아한다.

05. 다음과 같은 상황에서 상사에게 반대 의견을 제시하는 방법으로 적절하지 않은 것은?

> 기획팀은 다음 달 월간회의 일정을 정하고자 한다. 모든 팀원의 의견을 반영하여 가장 적합한 날을 정하기로 하였으나, 팀장은 팀원 다수가 동의한 의견에 개인적인 사정 때문에 반대하며 팀장으로서의 권위를 은근히 내세우고 있다. 팀원들은 누군가 나서서 팀장에게 다수의 의견을 존중해 줄 것을 강력히 요구하려고 한다.

① 의견을 제시할 시간과 장소를 적절하게 선택한다.
② 완곡한 질문을 통해 의견을 제시한다.
③ 나이와 세대 간의 인식 차이를 명확히 짚으며 설득한다.
④ 반대 의견을 제시하기 전에 긍정적인 말로 대화를 시작한다.

06. 다음은 신입사원 김○○ 씨가 작성한 회의록의 일부이다. 이를 본 박△△ 과장이 할 조언으로 가장 적절한 것은?

> 〈회의록〉
> – 회의 제목 : 신제품 출시 준비 회의
> – 일시 및 장소 : 2024년 5월 12일 오후 2시
> – 참석자 : 박△△ 과장, 김○○ 사원, 정□□ 대리
> – 주요 내용 : 신제품 출시 일정 조율, 마케팅 전략 수립

① ○○ 씨, 회의록 잘 확인했습니다. 그런데 참석자 정보가 빠졌네요.
② ○○ 씨, 회의록 잘 확인했습니다. 그런데 회의 장소가 빠졌네요.
③ ○○ 씨, 회의록 잘 확인했습니다. 그런데 논의 사항이 빠졌네요.
④ ○○ 씨, 회의록 잘 확인했습니다. 그런데 회의 주제가 빠졌네요.

07. 다음 〈보기〉의 왼쪽 전개도를 접어 오른쪽 주사위 모형을 만들 때, 화살표 방향에서 바라본 면의 모습으로 적절한 것은?

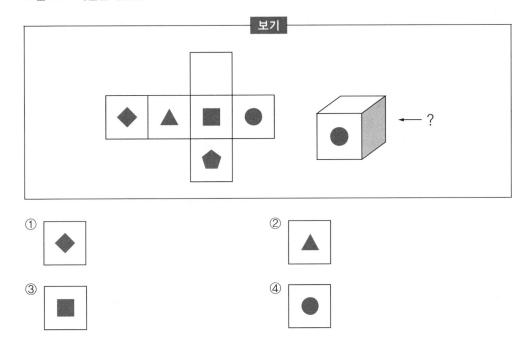

① ◆

② ▲

③ ■

④ ●

08. A, B, C, D는 가수, 탤런트, 개그맨, MC의 네 분야 중 각각 두 분야에서 활동하고 있다. 이들의 활동 영역에 대한 〈조건〉이 다음과 같을 때 B의 활동 분야는?

> 조건
>
> • 개그맨인 사람은 가수 또는 MC가 아니다.
> • 가수와 탤런트 분야에서 활동하는 사람들은 두 분야 모두 3명씩이다.
> • D는 개그맨이다.
> • B와 C의 활동 분야는 동일하다.
> • MC인 사람은 한 명이다.

① 가수, 탤런트

② 가수, MC

③ 개그맨, 탤런트

④ MC, 탤런트

충남기술보원
1회 기출예상
2회 기출예상
3회 기출예상
4회 기출예상
5회 기출예상
6회 기출예상
7회 기출예상
8회 기출예상
9회 기출예상
인성검사
면접가이드

[09 ~ 10] 다음 글을 읽고 이어지는 질문에 답하시오.

> (가) 만약 정글에서 악어에게 다리를 물렸다면 어떻게 해야 가장 좋을까. 손을 사용해 다리를 빼내려고 발버둥치면 다리에 이어 손, 심하면 목숨까지 잃게 된다. 할 수 없이 다리 하나만 희생하는 것이 가장 현명한 선택일 것이다. 이를 '악어의 법칙'이라고 부른다.
>
> (나) 포기를 한다는 것은 반대로 또 다른 어떤 것을 얻기 위한 길이기도 하다. 뭔가를 어쩔 수 없이 포기해야 될 때, 빠른 판단을 통해 오히려 더욱 많은 것을 얻게 될 수도 있는 것이 인생이다.
>
> (다) 하지만 주위를 보면 포기를 모르고, 포기하는 고통을 두려워하다 결국은 더 큰 고통을 피하지 못하는 안타까운 경우가 많다. 절대 포기한다고 해서 끝나는 것이 아니며 방법이 오직 그 하나밖에 없는 것이 아님을 우리는 알아야 한다.
>
> (라) '악어의 법칙'은 일상생활에 대입해 보면 결정적 순간에 포기할 줄 아는 지혜로운 마음과 시기적절하게 버릴 줄 아는 능력을 가진 사람이 결국 빛을 발할 수 있다는 이론이다.

09. 윗글의 (가) ~ (라)를 문맥에 따라 바르게 나열한 것은?

① (가) – (라) – (다) – (나)　　　　② (나) – (다) – (가) – (라)

③ (라) – (가) – (다) – (나)　　　　④ (라) – (나) – (다) – (가)

10. 윗글을 읽고 설명한 내용으로 적절하지 않은 것은?

① 욕심이 과하면 망한다는 말처럼 제때 포기하지 않으면 더 큰 손해를 볼 수도 있다.

② 악어의 법칙은 한쪽 다리를 잃더라도 일단 살아서 다른 길을 모색하는 것이 더 현명함을 설명하는 법칙이다.

③ 불가능한 것을 포기하지 못한다면 스스로에게 고통을 주고, 그 고통은 결국 스트레스로 작용할 것이다.

④ 포기를 많이 하는 사람이 결국 현명한 사람이다.

11. 다음 글의 중심내용으로 적절한 것은?

> 문학 작품은 실로 일국(一國)의 언어 운명을 좌우하는 힘을 가지고 있다. 왜냐하면 문학 작품은 그 예술적 매력으로 대중에게 다가가고 지상(紙上)에 고착됨으로써 큰 전파력을 발휘하기 때문이다. 이렇게 볼 때 문학 작품을 산출하는 작가야말로 매우 존귀한 위치에 있으며, 동시에 국가나 민족에 대하여 스스로 준엄하게 책임을 물어야 하는 존재이다. 사실, 수백 번의 논의를 하고 수백 가지의 방책을 세우는 것보다 한 사람의 위대한 문학가가 그 언어를 더 훌륭하게 만든다고 할 수 있다. 괴테의 경우가 그 좋은 예이다. 그의 문학이 독일어를 통일하고, 보다 훌륭하게 만드는 데 결정적인 역할을 했다는 것은 이미 주지의 사실이다.

① 작가는 언어에 대하여 막중한 책임을 지고 있다.
② 문학 작품은 국어에 큰 영향력을 미친다.
③ 작가는 문학 작품을 씀으로써 사회에 기여한다.
④ 언어는 문학 작품에 영향을 끼친다.

12. 다음 도형에서 만들 수 있는 크고 작은 삼각형의 개수는?

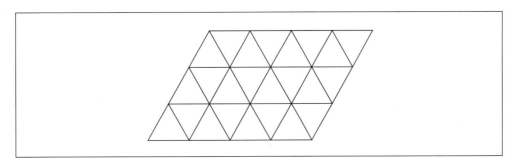

① 36개   ② 40개
③ 46개   ④ 48개

13. 다음의 전제를 참고할 때 결론에 대한 설명으로 옳은 것은?

[전제] • 쇼핑을 좋아하면 신용카드가 많다.

　　　 • 구두가 많으면 쇼핑을 좋아한다.

　　　 • 구두가 많지 않으면 신용카드가 많지 않다.

[결론] A. 쇼핑을 좋아하면 구두가 많다.

　　　 B. 신용카드가 많지 않으면 구두가 많지 않다.

---

① A만 항상 옳다.　　　　　　　② B만 항상 옳다.

③ A, B 모두 항상 옳다.　　　　④ A, B 모두 항상 그르다.

14. 다음 중 직장 예절에 대한 내용으로 옳지 않은 것은?

① 자신이 속한 조직의 사람을 다른 조직 사람에게 먼저 소개한다.

② 명함을 받으면 바로 넣지 않고 명함에 대해 간단하게 이야기한다.

③ 정부 고관이 퇴직한 경우에는 직급명을 사용하지 않는다.

④ 비임원을 임원에게 소개한다.

15. 다음 그림에서 한 면도 보이지 않는 블록은 몇 개인가? (단, 블록의 모양과 크기는 모두 동일한 정육면체이며, 보이지 않는 뒷부분의 블록은 없다)

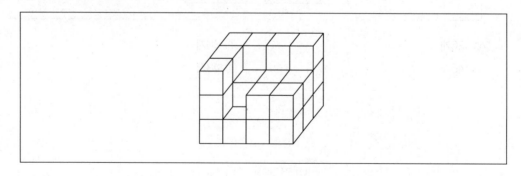

① 9개　　　　　　　　　　　② 10개

③ 11개　　　　　　　　　　　④ 12개

16. 예원, 철수, 경희, 정호, 영희 5명은 다음과 같이 긴 의자에 일렬로 앉아 사진을 찍었다. 사진을 보고 앉은 순서에 대해 다음과 같이 말하였을 때, 사진상 정호의 왼쪽에 앉아 있는 사람은? (단, 이 중 1명의 진술은 모두 거짓이며, 나머지 4명의 진술은 모두 참이다)

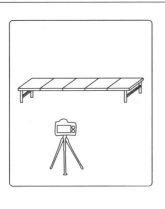

- 예원 : 영희가 맨 왼쪽에 앉아 있고, 정호는 경희보다 왼쪽에 앉아 있다.
- 철수 : 나는 영희보다 오른쪽에 앉아 있고, 경희는 예원이보다 왼쪽에 앉아 있다.
- 경희 : 예원이는 철수보다 오른쪽에 앉아 있다.
- 정호 : 철수는 경희보다 왼쪽에, 예원이는 나보다 오른쪽에 앉아 있다.
- 영희 : 철수는 정호보다 왼쪽에, 예원이는 경희보다 왼쪽에 앉아 있다.

① 예원
② 철수
③ 경희
④ 영희

17. 다음 글에 대한 설명으로 옳지 않은 것은?

　　프랑스와 이탈리아 사람들은 @를 '달팽이'라고 부른다. 역시 이 두 나라 사람들은 라틴계 문화의 뿌리도 같고, 디자인 강국답게 보는 눈도 비슷하다. 그런데 독일 사람들은 그것을 '원숭이 꼬리'라고 부른다. 그리고 동유럽의 폴란드나 루마니아 사람들은 꼬리를 달지 않고 그냥 '작은 원숭이'라고 부른다. 더욱 이상한 것은 북유럽의 핀란드로 가면 '원숭이 꼬리'가 '고양이 꼬리'로 바뀌게 되고, 러시아로 가면 그것이 원숭이와는 앙숙인 '개'로 둔갑한다는 사실이다. 아시아는 아시아대로 다르다. 중국 사람들은 @를 점잖게 쥐에다 노(老)자를 붙여 '라오수(小老鼠)' 또는 '라오수하오(老鼠號)'라 부른다. 일본은 쓰나미의 원조인 태풍의 나라답게 '나루토 (소용돌이)'라고 한다. 혹은 늘 하는 버릇처럼 일본식 영어로 '앳 마크'라고도 한다. 팔이 안으로 굽어서가 아니라 30여 개의 인터넷 사용국 중에서 @와 제일 가까운 이름은 우리나라의 '골뱅이'인 것 같다. 골뱅이 위의 단면을 찍은 사진을 보여 주면 모양이나 크기까지 어느 나라 사람이든 무릎을 칠 것이 분명하다.

① 사람들은 문화에 따라 같은 대상을 다르게 표현한다.
② 프랑스는 라틴계 문화의 영향을 받았다.
③ 다른 나라 사람들은 현재 @를 골뱅이라고 부르는 것에 동의한다.
④ 핀란드에서는 @를 고양이 꼬리로 부른다.

18. 다음 글의 내용을 알맞게 요약한 것은?

세계보건기구(WHO)가 휴대폰 전자파를 발암 가능성이 있는 물질인 'Group 2B'로 분류한 이후 전자파에 대한 사람들의 불안이 커지고 있는 가운데 이동전화의 전자파가 성인보다 7세 미만의 어린이들에게 더 잘 흡수된다는 조사 결과가 나왔다. 방송통신위원회는 한국전자통신연구원(ETRI)과 □□전자파학회, ○○대 의대, △△여대 약대, 한국원자력의학원을 통해 어린이들에 대한 전자파의 영향을 조사한 결과 7세 어린이들은 성인보다 특정 주파수 대역에서 전자파가 더 높게 흡수되는 것으로 조사되었다고 밝혔다. 해당 주파수 대역은 FM 방송 주파수 대역 등으로 활용 중인 100MHz 전후의 주파수 대역과 이동통신용 주파수 대역을 활용하고 있는 1GHz 이상의 주파수 대역이다. 국내 이동통신 서비스는 현재 800MHz 주파수를 사용하는 한 회사의 2세대(2G) 이동통신 서비스를 제외하고는 모두 1GHz 대역 이상의 주파수를 사용하고 있기 때문에 모든 휴대폰의 전자파가 어린이들에게 더 많이 흡수되는 것으로 볼 수 있다. 또한 휴대폰을 포함한 무선 기기에서 나오는 전자파가 뇌에 손상을 입혀 십대 청소년의 노화를 촉진할 수 있다는 연구결과나 휴대폰을 많이 사용하는 어린이가 주의력 결핍·과잉행동 장애(ADHD) 가능성이 높다는 조사 결과가 속속 발표됨에 따라 휴대폰 전자파의 위험성에 대한 각별한 대책이 필요하게 되었다.

① 휴대폰 전자파는 성인보다 어린이들에게 더 해로울 수 있다.

② 성장기의 어린이에게 휴대폰을 사용하게 해서는 안 된다.

③ 휴대폰 전자파는 주파수 대역에 따라 흡수율이 달라진다.

④ 현재 유통되고 있는 휴대폰에서 나오는 전자파 강도는 국제기준에 비해 훨씬 낮은 수준이므로 그 영향이 크지 않다.

19. ○○영화관에는 4개(1 ~ 4관)의 상영관이 있고, 영화 A, B, C, D가 각각 겹치지 않게 상영되고 있다. 다음 〈조건〉을 참고할 때 옳은 것은?

조건

• 영화 B는 2관에서 상영된다.

• 영화 A와 C가 상영되는 두 상영관은 서로 이웃한다.

• 4관에서는 영화 C를 상영하지 않는다.

1관	2관	3관	4관

① 1관에서는 영화 A가 상영된다.　　② 1관에서는 영화 C가 상영된다.

③ 영화 D는 3관에서 상영된다.　　④ 영화 C는 3관에서 상영된다.

20. 다음 그림의 조각을 순서대로 배열한 것은?

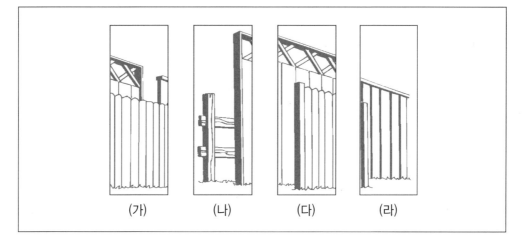

| (가) | (나) | (다) | (라) |

① (나)-(다)-(가)-(라)　　② (나)-(다)-(라)-(가)

③ (라)-(나)-(가)-(다)　　④ (라)-(나)-(다)-(가)

21. 김 과장은 사내 퀴즈대회에서 60점을 획득했다. 전체 20문제를 풀 때 문제를 맞히면 5점씩 획득하고 틀리면 5점씩 감점된다면 김 과장이 맞힌 문제는 몇 개인가?

① 7개　　② 12개

③ 15개　　④ 16개

22. 여성 12명, 남성 x명으로 구성된 A 팀이 있다. 이 팀에서 남성의 70%가 14명이라면 A 팀의 총인원은 몇 명인가?

① 30명　　② 31명

③ 32명　　④ 33명

[23 ~ 24] 다음은 H사의 20X0 ~ 20X4년 매출액과 영업이익을 나타낸 자료이다. 이어지는 질문에 답하시오.

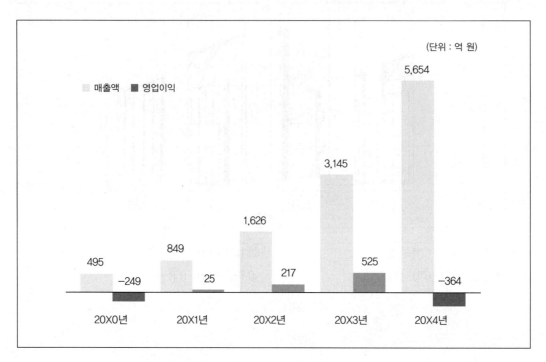

23. 다음 중 자료에 대한 설명으로 옳지 않은 것은?

① 20X3년 매출액은 전년 대비 약 83% 증가하였다.

② 20X4년 영업이익은 전년 대비 889억 원 줄어들었다.

③ 20X4년 매출액은 20X0년 매출액의 11배 이상이다.

④ 20X1년에 25억 원의 영업이익을 내며 흑자로 전환했으나 20X4년에 다시 적자로 돌아섰다.

24. H사의 20X4년 매출액은 전년 대비 몇 % 증가하였는가? (단, 소수점 아래 첫째 자리에서 반올림한다)

① 76%   ② 78%

③ 80%   ④ 82%

25. C 회사의 직원 35명 가운데 이번 연휴기간 중 해외여행을 간 직원은 15명, 친척 집에 간 직원은 16명, 해외여행과 친척 집을 모두 간 직원은 7명이다. 모두 가지 않은 직원은 몇 명인가?

① 8명　　　　　　　　　　　　　　② 9명
③ 10명　　　　　　　　　　　　　④ 11명

26. 다음 그래프를 보고 추측한 내용이 적절하지 않은 사람은?

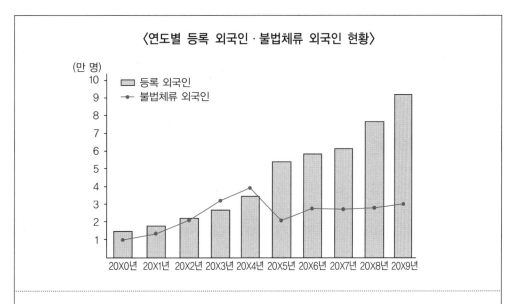

〈연도별 등록 외국인 · 불법체류 외국인 현황〉

- A : 등록 외국인 수가 매년 증가하고 있지만 변수가 발생하면 그 수가 줄어들 수도 있어.
- B : 불법체류 외국인의 수는 20X4년에 최고치를 기록하면서 처음으로 등록 외국인 숫자보다 많아졌어.
- C : 20X5년에 등록 외국인 수가 급격히 증가한 이유는 불법체류 외국인이 등록 외국인이 되었기 때문은 아닐까?
- D : 20X6년 이후 불법체류 외국인의 숫자는 비교적 안정적으로 유지되고 있어.

① A　　　　　　　　　　　　　　② B
③ C　　　　　　　　　　　　　④ D

27. 다음은 X 기업, Y 기업의 연도별 제품 판매액에 관한 자료이다. 이에 대한 설명으로 옳지 않은 것은?

〈X 기업, Y 기업의 연도별 제품 판매액〉

(단위 : 천 원)

구분		20X0년	20X1년	20X2년	20X3년	20X4년	20X5년	20X6년
X 기업	A 제품	294,621	389,664	578,578	943,056	1,089,200	1,143,402	1,469,289
	B 제품	0	0	0	0	6,089	350,681	1,285,733
	C 제품	917,198	1,103,227	1,605,182	2,556,300	3,979,159	5,122,441	7,056
	D 제품	862,884	912,760	1,148,179	1,145,557	1,342,439	1,683,142	2,169,014
Y 기업	E 제품	4,490,107	3,862,087	4,228,112	2,753,924	2,150,013	2,858,714	2,819,882
	F 제품	52,307	465,924	483,777	492,172	495,354	395,556	489,466
	G 제품	524,623	1,027,251	1,839,558	4,656,237	5,546,583	6,237,564	7,466,664
	H 제품	10,203,907	11,737,151	11,554,426	14,334,944	22,468,966	22,754,303	23,867,053

① Y 기업의 제품 중 20X0년 대비 20X6년 판매액 증가율이 가장 높은 제품은 F 제품이다.

② 20X0년 대비 20X4년에 판매액이 감소한 제품은 한 종류이다.

③ 20X0 ~ 20X6년 동안 매년 Y 기업의 판매액 총합이 X 기업의 판매액 총합보다 컸다.

④ D 제품의 판매액이 전년 대비 감소한 해에는 E 제품의 판매액도 전년 대비 감소하였다.

28. 다음 중 상황에 따른 의사표현법의 예시가 바르지 않은 것은?

① 상대방의 요구를 거절할 때 : 죄송하지만, 제가 이번 주는 업무 일정이 꽉 차서 그 회의에 참석하기가 어렵습니다.

② 상대방에게 요구해야 할 때 : 요즘 많이 바쁘신 걸로 알고 있습니다만, 가능하시다면 이번 주 금요일 오전까지 이 설문조사에 응답해 주실 수 있을까요?

③ 상대방을 설득해야 할 때 : 이번 계약은 우리 회사의 이익을 위해 무조건 진행해야 하니, 서명 부탁드립니다.

④ 상대방을 칭찬할 때 : 이번 보고서에서 보여주신 데이터 분석, 특히 시장 트렌드를 정확히 파악하신 점이 매우 인상적이었어요!

29. 다음 제시된 〈보기〉의 입체도형과 동일한 것은?

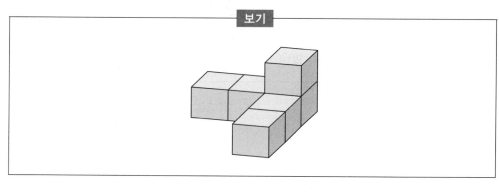

보기

①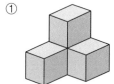

②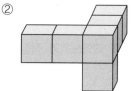

③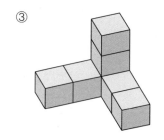

④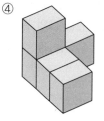

30. 다음 ㉠ ~ ㉣ 중 〈보기〉의 문장이 삽입되기에 가장 적절한 위치는?

> 나만 그런 것은 아니겠지만 1987년 민주화 이후 30년, 외환위기 이후 20년은 1987년 이전에 열망했던 만큼의 행복한 시간이 아니었다. (㉠) 아니 차라리 투쟁해야 할 이유가 있었고, 희망을 논할 수 있었으며, 주변 모든 사람이 함께 힘들었던 시절이 그리울 정도로 우리 사회는 완전히 양극화되었고 주변을 돌아봐도 고통 속에 보내는 사람의 수는 줄어들지 않았다. (㉡) 1970년대 말부터 1980년대 중반까지의 엄혹한 시절을 생각해보면, 당시의 내 또래 청년들이 기껏 이런 나라를 만들기 위해 그렇게 날밤을 지샜나 하는 자괴감도 든다. (㉢)
>
> 나는 청소년들이 입시의 중압감에서 해방되는 행복한 세상에서 살기를 원한다. (㉣) 그런 세상이 쉬이 오지 않는다는 것을 알고 있지만 이들 모두를 고통스럽게 만드는 현실은 학교나 기업 자체에 있지 않고, 한국 자본주의 사회경제 시스템, 더 거슬러 올라가면 남북한의 전쟁/분단체제와 깊이 연관되어 있다는 것이 내 생각이다.

보기

> 그리고 비정규 청년 노동자들이 극히 위험한 작업장에서 죽음을 무릅쓰고 불안한 고용 조건, 장시간 저임 노동에 시달리지 않는 그런 세상에 살기를 원한다.

① ㉠   ② ㉡

③ ㉢   ④ ㉣

31. 다음 밑줄 친 단어의 띄어쓰기가 적절하지 않은 것은?

① 나도 <u>너만큼은</u> 잘할 수 있다.
② 도서관 안은 숨소리가 <u>들릴만큼</u> 조용했다.
③ 어른이 심하게 <u>다그친 만큼</u> 그의 말투와 행동은 달라져 있었다.
④ 바람이 몹시 휘몰아쳐 얼굴을 들 수 <u>없을 만큼</u> 대기가 차가웠다.

32. 다음은 문제해결에 실패한 사례이다. 이와 가장 관련이 깊은 문제해결 실패 요인은?

> 영업팀의 최 대리는 비데 신제품의 주 고객을 20대로 설정했으나 신제품은 판매 부진을 겪고 있다. 최 대리가 이와 같은 선택을 한 이유는 전자제품을 가장 많이 구매하고 신제품에 예민하게 반응하는 것은 20대라고 하는 매체나 언론의 뉴스를 자주 접했기 때문이다.
>
> 최 대리는 신제품 시장에 대한 자료 조사나 별도의 고객 리서치 없이 주 고객을 20대로 설정하였지만 실상 20대는 해당 제품을 구매하는 계층이 아니었다.

① 고정관념에 얽매이는 경우

② 너무 많은 자료를 수집하려고 하는 경우

③ 문제해결 방법에 대한 지식이 부족한 경우

④ 쉽게 떠오르는 단순한 정보에 의지하는 경우

33. △△기관에서 일하고 있는 a ~ f가 다음과 같은 조건으로 근무 스케줄을 작성한다고 할 때 e, f가 동시에 출근하는 요일은?

> • 일주일 중 5일을 출근해야 하는데 야근을 할 경우 0.5일을 더 일한 것으로 간주한다.
> • a, b, e는 주중에 야근을 할 계획이다.
> • c, d는 주말에만 일한다(2일만 일해도 된다).
> • 하루에 3명 출근해야 한다(야근 시 사람 수는 관계없다).
> • a는 월요일 ~ 목요일 출근하고 주말근무는 하지 않을 것이다.
> • b는 월요일, 화요일 여행에 갈 예정이고, 일요일에는 지방에 내려가야 한다.
> • 막내인 f는 선배들의 스케줄 일정을 보고 회사 규정에 따라 출근한다.

① 월요일, 토요일   ② 월요일, 화요일, 금요일

③ 목요일, 금요일, 토요일   ④ 수요일, 토요일, 일요일

34. 다음 세 개의 블록을 결합했을 때 만들 수 없는 형태는?

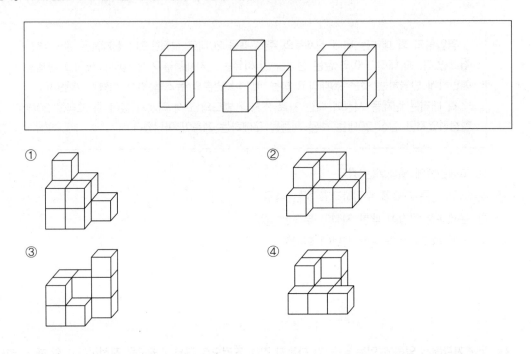

35. 다음 글의 내용과 일치하지 않는 것은?

> 우리가 흔히 영화를 사실적이라고 할 때, 그것은 영화의 재현 방식에 반응해서 영화 속 내용을 현실처럼 보는 데에 동의함을 뜻한다. 영화 속 내용은 실제 현실과 같지 않다. 우리는 영화가 현실의 복잡성을 똑같이 모방하기를 원하지 않으며, 영화 역시 굳이 그러기 위해 노력하지 않는다. 이렇게 관객과 감독 사이에 맺어진 암묵적 합의를 '영화적 관습'이라고 한다. 영화적 관습은 영화사 초기부터 확립돼 온 산물로 관객과 감독의 소통을 돕는다. 반복적인 영화 관람 행위를 통해 관객은 영화적 관습을 익히고, 감독은 그것을 활용하여 관객에게 친숙함을 제공한다.
> 확립된 관습을 무시하거나 그것에 도전하는 것은 쉬운 일이 아니다. 그런데 프랑스의 누벨바그 감독들은 고전적인 영화 관습을 파괴하며 영화의 현대성을 주도하였다. 이들은 불필요한 사건을 개입시켜 극의 전개를 느슨하게 만들거나 단서나 예고 없이 시간적 순서를 뒤섞어 사건의 인과 관계를 교란하기도 했다. 이들은 자기만족적이고 독창적인 미학적 성취를 위해 영화의 고전적인 관습을 파괴하였다.

① 관객은 반복적인 영화관람을 통해 암묵적으로 합의된 영화적 관습을 익힐 수 있다.

② 자기만족을 위해 영화적 관습에 도전하는 행위가 영화의 현대성을 주도하였다.

③ 현실의 복잡성을 그대로 모방한 영화는 사실적이라는 평가를 받는다.

④ 영화 속 내용이 시간적 순서에 따라 재현되는 방식은 영화적 관습의 예가 될 수 있다.

36. 다음 글의 논지를 반박하는 근거로 알맞은 것은?

> 지구 곳곳에서 심각한 기후 변화가 나타나고 있고 그 원인이 인간의 활동에 있다는 주장은 일견 과학적인 것처럼 들리지만 따지고 보면 진실과는 거리가 먼, 다분히 정치적인 프로파간다에 불과하다. '자동차는 세워 두고 지하철과 천연가스 버스 같은 대중교통을 이용합시다'와 같은 기후 변화와 사실상 무관한 슬로건에 상당수의 시민이 귀를 기울이도록 만든 것은 환경주의자들의 성과였다. 하지만 그 성과는 사회 전체의 차원에서 볼 때 가슴 아파해야 할 낭비의 이면에 불과하다.
>
> 희망컨대 이제는 진실을 직시하고 현명해져야 한다. 기후 변화가 일어나는 이유는 인간이 발생시키는 온실가스 때문이 아니라 태양의 활동 때문이라고 보는 것이 합리적이다. 태양 표면의 폭발이나 흑점의 변화는 지구의 기후 변화에 막대한 영향을 미친다. 결과적으로 태양의 활동이 활발해지면 지구의 기온이 올라가고, 태양의 활동이 상대적으로 약해지면 기온이 내려간다. 환경주의자들이 말하는 온난화의 주범은 사실 자동차가 배출하는 가스를 비롯한 온실가스가 아니라 태양이다. 태양 활동의 거시적 주기에 따라 지구 대기의 온도는 올라가다가 다시 낮아지게 될 것이다.
>
> 대기화학자 브림블컴은 런던의 대기오염 상황을 16세기 말까지 추적해 올라가서 20세기까지 그 거시적 변화의 추이를 연구하였다. 그 결과 매연의 양과 아황산가스 농도가 모두 19세기 말까지 빠르게 증가했다가 그 이후 아주 빠르게 감소하여 1990년대에는 16세기 말보다도 낮은 수준에 도달했음이 밝혀졌다. 반면에 브림블컴이 연구 대상으로 삼은 수백 년 동안에 지구의 평균 기온은 지속적으로 상승해왔다. 두 변수의 이런 독립적인 행태는 인간이 기후에 미치는 영향이 거의 없다는 것을 보여 준다.

① 지구의 온도가 상승하면서 인도의 벵골 호랑이와 중국의 판다 개체 수가 줄어들어 멸종 위기에 처해 있다.

② 1,500cc 자동차가 5분 동안 공회전을 하면 90g의 이산화탄소가 공기 중에 배출되고, 12km를 달릴 수 있는 정도의 연료가 소모된다.

③ 친환경 에너지타운, 생태마을 등을 조성하는 일이 실질적으로 미세먼지를 줄이는 데에 실효성이 있는지는 여전히 의문이다.

④ 최근 수십 년 간 전 세계가 대기오염을 줄이기 위한 캠페인의 일환으로 숲을 조성한 결과 지구의 평균 기온 상승률이 어느 정도 완만해졌다.

37. 직업의식은 각 직업에 종사하는 사람들의 특유한 태도나 도덕관, 가치관 등을 통틀어 이르는 말이다. 다음 ㉠ ~ ㉢ 중 부정적인 직업의식에 해당하는 것을 모두 고르면?

> ㉠ 도전정신   ㉡ 지위지향   ㉢ 내재적 가치
> ㉣ 연고주의   ㉤ 직무몰입   ㉥ 소명의식
> ㉦ 남성우월   ㉧ 연공서열   ㉨ 권위주의

① ㉠, ㉡, ㉣, ㉨
② ㉡, ㉣, ㉦, ㉧, ㉨
③ ㉢, ㉣, ㉤, ㉥, ㉨
④ ㉣, ㉤, ㉥, ㉦, ㉧, ㉨

38. 다음 두 사람의 대화를 참고할 때, ㉠에 들어갈 말로 적절한 것은?

> A : 너희 매장에서 아르바이트 직원 구한다고 하지 않았니?
> B : 응 맞아. 유사 업종 근무 경력은 필요 없고 근면하기만 하면 된다고 하더라.
> A : 그래? 막상 내가 근면한 사람인지 따져보려니 좀 추상적이군.
> B : 응, 조금 추상적이기는 한데 (㉠)과 같은 면이 있는 사람을 근면하다고 생각하면 돼.
> A : 아, 그렇구나.

① 고객들에게 웃는 모습으로 대응할 수 있는 것
② 고객들이 불편을 표출하기 전에 능동적으로 서비스를 제공하는 것
③ 근무시간에 개인적인 볼일을 보지 않고, 주어진 업무에 집중하는 것
④ 다른 근무자에게 인수인계를 빠짐없이 하는 것

39. A는 ○○백화점에서 의류를 판매하는 점원이다. A가 판매하고 있는 제품에 대하여 자신의 과시욕을 드러내며 제품을 폄하하는 고객이 매장에서 옷을 고르고 있을 경우, A가 대처할 수 있는 가장 적절한 방법은?

① 내버려두고 고객의 호감을 얻을 수 있도록 노력해 본다.
② 책임자로 하여금 응대하도록 한다.
③ 이야기를 경청하고, 맞장구치고, 추켜세우고, 설득해 가는 방법이 효과적이다.
④ 만사를 시원스럽게 처리하는 모습을 보여 준다.

40. 다음 〈보기〉는 같은 크기와 모양의 블록을 쌓아 만든 입체도형을 앞에서 본 정면도, 위에서 본 평면도, 오른쪽에서 본 우측면도를 그린 것이다. 이에 해당하는 입체도형으로 알맞은 것은? (단, 화살표 방향은 정면을 의미한다)

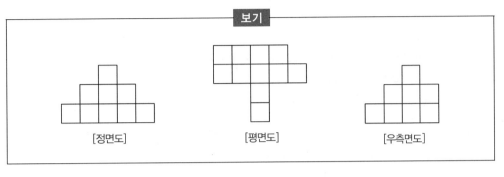

[정면도]   [평면도]   [우측면도]

①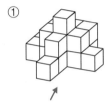

②

③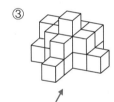

④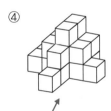

41. 다음 전제를 바탕으로 했을 때 참이 되는 결론은?

> [전제] • 케이크가 설탕이면 박하사탕은 소금이 아니다.
>   • 박하사탕은 소금이다.
>
> [결론] • _____

① 케이크는 설탕이다.   ② 설탕은 박하사탕이다.
③ 케이크는 설탕이 아니다.   ④ 소금은 케이크이다.

42. 다음 명제가 모두 참일 때, 〈결론〉에 대한 설명으로 옳은 것은?

• 장갑을 낀 사람은 운동화를 신지 않는다.
• 양말을 신은 사람은 운동화를 신는다.
• 운동화를 신은 사람은 모자를 쓴다.
• 장갑을 끼지 않은 사람은 목도리를 하지 않는다.
• A는 목도리를 하고 있다.

결론

(가) 장갑을 낀 사람은 양말을 신지 않는다.
(나) A는 운동화를 신고 있다.
(다) 양말을 신은 사람은 목도리를 하지 않는다.

① (가)만 항상 옳다.　　　　　　　　② (나)만 항상 옳다.
③ (다)만 항상 옳다.　　　　　　　　④ (가), (다) 모두 항상 옳다.

43. 다음 속담들과 공통적으로 관련이 있는 단어로 적절한 것은?

• 개구리 올챙이 적 생각 못 한다.
• 소 잃고 외양간 고친다.
• 등잔 밑이 어둡다.

① 어리석음　　　　　　　　　　　② 게으름
③ 지혜로움　　　　　　　　　　　④ 고지식함

44. K 기업은 직원들의 회사 복지 차원에서 직원 휴게실에 전자피아노 3대를 배치하기로 하였다. 다음 중 〈대화〉를 읽고 적합한 모델을 고르면?

〈전자피아노 모델〉

모델명	센서	동시발음수	음색 수	블루투스	건반	가격(원)
CB-340	2	128	120	○	목건반	450,000
ZL-810	2	256	250	○	플라스틱	1,200,000
SS-110	1	64	60	○	플라스틱	350,000
AE-400	1	88	98	×	목건반	550,000

대화

김 사원 : 전자피아노를 3대 구입하고 싶습니다.

상담원 : 피아노를 연주하는 사람은 누구인가요?

김 사원 : 회사 휴게실에 전자피아노를 설치하려고 합니다. 회사 직원들이기 때문에 능숙한 사람들은 적습니다.

상담원 : 보통 전공자들은 동시발음수와 음색 수를 중요하게 여기는데, 숫자가 높을수록 좋은 음질을 가지고 있습니다. 전공자들이 아니라면 100 이하의 동시발음수와 음색 수면 충분합니다. 가격은 어느 정도로 생각하시고 계신가요?

김 사원 : 총 구매액 300만 원 이하로 구매하길 원합니다. 또 블루투스로 연결할 수 있는 피아노였으면 좋겠군요. 센서의 차이는 무엇인가요?

상담원 : 센서는 한 건반을 연달아 칠 때 반응하는 속도를 뜻합니다. 3센서가 가장 좋지만 비전공자에게는 크게 상관이 없습니다. 건반 종류도 비전공자에게는 큰 차이가 없기 때문에 플라스틱 건반으로 구매하시는 것이 효율적입니다.

김 사원 : 알겠습니다. 비전공자들에게 적합한 모델로 구매하는 것이 좋겠네요.

① CB-340   ② ZL-810
③ SS-110   ④ AE-400

45. 다음 그림과 같이 화살표 방향으로 종이를 접은 후 펀치로 구멍을 뚫고 다시 펼쳤을 때의 모양
으로 옳은 것은?

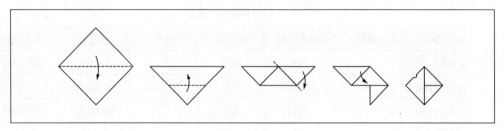

① ②

③ ④

46. 다음에 제시된 그림과 동일한 것은?

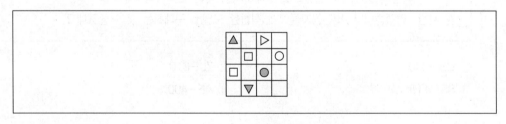

① ②

③ ④

47. 다음 코로나19 관련 사회적 거리두기 2단계 규정 자료를 이해한 내용으로 적절한 것은?

(가) 사회적 거리두기 2단계 기준 및 방역 조치

개념	지역 유행 급속 전파, 전국적 확산 개시
상황	1.5단계 조치 후에도 지속적으로 유행이 증가하는 양상을 보이며, 유행이 전국적으로 확산되는 조짐이 관찰됨.
기준	다음의 3개 중 1개라도 충족 시 적용 가. 유행권역에서 1.5단계 조치 1주 경과 후, 확진자 수가 1.5단계 기준의 2배 이상 지속 나. 2개 이상 권역에서 1.5단계 유행이 1주 이상 지속 다. 전국 확진자 수 300명 초과 상황 1주 이상 지속
핵심 메시지	지역 유행 본격화, 위험지역은 불필요한 외출과 모임 자제, 사람이 많이 모이는 다중이용시설 이용 자제

(나) 사회적 거리두기 2단계 일상 및 사회 · 경제적 활동

마스크 착용 의무화	실내 전체, 위험도 높은 실외 활동
모임 · 행사	100인 이상 금지
스포츠 관람	관중 입장 제한(전체 관중의 10%)
교통시설 이용	마스크 착용 의무화, 교통수단(차량) 내 음식 섭취 금지
직장근무	기관부서별 재택근무 등 확대 권고, 환기 · 소독, 근로자 간 거리두기 등 의무화, 고위험 사업장 마스크 착용

① 1개의 권역에서 1.5단계 유행이 1주 이상 지속되면 2단계로 격상될 것이다.

② 1.5단계 조치 후 2 ~ 3일 일시적인 유행 양상을 보이더라도 2단계로 격상될 수 있다.

③ 전국 확진자 수가 300명이 초과되는 상황이 1주 이상 지속된다면 스포츠 경기는 관중 입장이 전체 관중의 10%로 제한될 것이다.

④ 유행권역에서 확진자가 100명 이상일 때, 1.5단계 조치를 취했을 경우 조치 다음 날 확진자 수가 200명 이상이 되면 곧바로 2단계로 격상될 것이다.

[48 ~ 49] 다음은 □□공사의 개방형직위 충원 현황에 대한 자료이다. 이어지는 질문에 답하시오.

〈표 1〉 연도별 개방형직위 충원 현황

(단위 : 명)

연도	개방형 총 직위 수	충원 직위 수			
		내부 임용	외부 임용		합계
			민간인	타 부처	
2009	130	54	11	0	65
2010	131	96	14	5	115
2011	139	95	18	5	118
2012	142	87	33	4	124
2013	154	75	53	8	136
2014	156	79	60	7	146
2015	165	81	54	8	143

〈표 2〉 A 부처와 B 부처의 개방형직위 충원 현황

(단위 : 명)

구분	충원 직위 수	내부 임용	외부 임용	
			민간인	타 부처
A 부처	201	117	72	12
B 부처	182	153	22	7

48. 위 자료에 대한 설명으로 옳은 것은? (단, 소수점 아래 둘째 자리에서 반올림한다)

① 2010년 이후 미충원 직위 수는 매년 감소하였다.

② 개방형 총 직위 수 중 충원 직위 수가 차지하는 비율이 가장 높았던 해는 2014년이다.

③ 연도별 충원 직위 수 중 내부 임용이 차지하는 비율은 항상 60% 이상이었다.

④ B 부처의 내부 임용 비율이 A 부처의 내부 임용 비율보다 30% 이상 높다.

49. 충원 직위 수 대비 외부 임용 비율이 세 번째로 높았던 해는 언제인가? (단, 소수점 아래 둘째 자리에서 반올림한다)

① 2009년
② 2010년
③ 2011년
④ 2015년

50. 다음은 주요 국립공원의 면적 현황에 대한 자료이다. 이에 대한 설명으로 옳지 않은 것은?

(단위 : km²)

구분	20X1년	20X2년	20X3년	20X4년	20X5 ~ 20X8년
지리산	471.758	471.758	471.625	483.022	483.022
계룡산	64.683	64.683	64.602	65.335	65.335
한려해상	545.627	545.627	544.958	535.676	535.676
속리산	274.541	274.541	274.449	274.766	274.766
내장산	81.715	81.715	81.452	80.708	80.708
가야산	77.074	77.074	77.063	76.256	76.256
덕유산	231.650	231.650	231.649	229.430	229.430
북한산	79.916	79.916	79.789	76.922	76.922
월악산	287.977	287.977	287.777	287.571	287.571
소백산	322.383	322.383	322.051	322.011	322.011

① 20X1년 덕유산 국립공원의 면적은 같은 해 계룡산 국립공원 면적의 3배 이상이다.
② 20X1 ~ 20X8년 동안 가장 면적이 넓은 국립공원은 한려해상 국립공원이다.
③ 면적 순으로 6 ~ 10위에 해당하는 국립공원의 면적을 다 합해도 한려해상 국립공원보다 작다.
④ 20X3년부터 20X4년 사이 면적이 늘어난 국립공원은 총 4개이다.

01. 다음은 '머리'가 나타내는 다양한 의미이다. 이를 다른 신체 부위를 지칭하는 단어에 적용했을 때 그 용례로 적절하지 않은 것은?

> ㉠ 신체의 일부 : 사람이나 동물의 목 위의 부분(눈·코·입·귀가 있는 얼굴, 머리카락이 있는 부위 포함)
> ㉡ 위치 : 해당 지역의 가장 위쪽
> ㉢ 물체의 부분 : 사물의 맨 앞이나 윗부분
> ㉣ 시간 : 어떤 때·시기가 시작될 즈음

① ㉠ : 그녀가 멀리서 손을 흔들었다.
② ㉡ : 분단선이 한반도의 허리를 관통했다.
③ ㉢ : 부러진 의자 다리를 고쳤다.
④ ㉣ : 그는 눈 깜짝할 새 지나갔다.

02. 다음과 같은 상황에서 서 대리의 경청능력에 있어 부족한 부분으로 지적할 수 있는 것은?

> 평소 시간관념이 철저한 팀장은 팀원들에게도 일의 맺고 끊음을 분명히 할 것을 강조해 왔다. 오늘은 바쁜 일로 잔업을 해야 하는 서 대리에게 먼저 퇴근하는 팀장이 "서 대리 수고 좀 해 주게. 너무 늦게까지 남아 있지는 말게나."라고 당부하며 가급적 빨리 일을 마무리해 주기를 기대하였다. 팀장의 당부를 들은 서 대리는 일을 마무리하지 못한 채 서둘러 잔업을 종료하고 남은 일을 내일 하기로 마음먹은 채 퇴근을 하게 되었고, 결국 다음 날 아침 완료되지 않은 업무 처리 때문에 팀장은 난처한 상황을 겪게 되었다.

① 다른 생각하기
② 조언하기
③ 걸러내기
④ 짐작하기

03. 다음과 같이 종이를 접은 후 펀치로 구멍을 뚫고 다시 펼쳤을 때의 모양으로 옳은 것은?

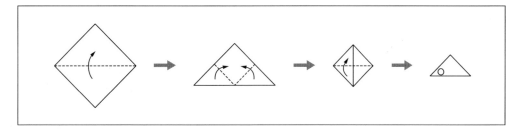

①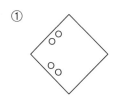

②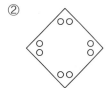

③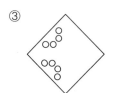

④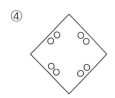

04. 다음 〈보기〉의 명제가 모두 참일 때 반드시 참인 것은?

| 보기 |

• 껌을 좋아하는 아이는 사탕도 좋아한다.
• 초콜릿을 좋아하지 않는 아이는 사탕도 좋아하지 않는다.
• 감자칩을 좋아하는 아이는 사탕도 좋아한다.

① 감자칩을 좋아하는 아이는 초콜릿도 좋아한다.

② 감자칩을 좋아하는 아이는 껌을 좋아하지 않는다.

③ 초콜릿을 좋아하는 아이는 감자칩도 좋아한다.

④ 껌을 좋아하는 아이는 초콜릿은 좋아하지 않는다.

충남기출복원
1회 기출예상
2회 기출예상
3회 기출예상
4회 기출예상
5회 기출예상
6회 기출예상
7회 기출예상
8회 기출예상
9회 기출예상
인성검사
면접가이드

05. 다음 대화 참여자 중 바람직한 의사소통을 하는 사람은?

> 차 과장 : 항상 상대방의 말을 듣고 그에 대한 자신의 의견을 전해준다. 자신이 느낀 바를 이야기하며 궁금했던 점은 질문을 통해 알아낸다.
>
> 오 대리 : 화가 나거나 마음에 안 드는 때가 있어도 상대방의 말을 잘 들어주고, 상대방의 말과 행동에 별다른 반응을 보이지 않음으로 해서 좀처럼 상대방을 기분 나쁘게 만들지 않는다.
>
> 박 차장 : 대화 시 매우 고급스럽고 세련된 언어를 사용한다. 종종 전문용어를 사용하여 이해하기 어려운 경우도 있으며, 박 차장과 대화를 하고 나면 왠지 공부를 하고 난 느낌이 든다.
>
> 김 대리 : 말을 하는 것도, 말을 듣는 것도 상대방과 적절히 나눌 줄 안다. 주고 받는 대화를 하다 보면 시간가는 줄 모르지만 가끔 자신도 모르게 흥분하여 감정이 그대로 노출되기도 한다.

① 차 과장   ② 오 대리   ③ 박 차장   ④ 김 대리

06. 다음 글에서 전제되어 있는 내용은?

> 19세기 중반 화학자 분젠은 버너 불꽃의 색을 제거한 개선된 버너를 고안함으로써 물질의 불꽃색을 더 잘 구별할 수 있도록 하였다. 하지만 두 종류 이상의 금속이 섞인 물질의 불꽃은 색깔이 겹쳐 분간이 어려웠다. 이에 물리학자 키르히호프는 프리즘을 통한 분석을 제안했고 둘은 협력하여 불꽃의 색을 분리시키는 분광 분석법을 창안했다.
>
> 그들은 불꽃 반응에서 나오는 빛을 프리즘에 통과시켜 띠 모양으로 분산시킨 후 망원경을 통해 이를 들여다보는 방식으로 실험을 진행하였다. 이 방법을 통해 그들은 알칼리 금속과 알칼리 토금속의 스펙트럼을 체계적으로 조사하여 그것들을 함유한 화합물들을 찾아내었다. 이 과정에서 그들은 특정한 금속의 스펙트럼에서 띄엄띄엄 떨어진 밝은 선의 위치는 그 금속이 홑원소로 존재하든 다른 원소와 결합하여 존재하든 불꽃의 온도와 상관없이 항상 같다는 결론에 도달하였다. 이 방법의 유효성은 그들이 새로운 금속 원소인 세슘과 루비듐을 발견함으로써 입증되었다.

① 물질은 고유한 불꽃색을 가지고 있어 불꽃색을 통해 물질을 구별할 수 있다.

② 전통적인 분석 화학의 방법에 의존하면 정확하게 화합물의 원소를 판별해 낼 수 있다.

③ 19세기 중반 과학계에서는 불꽃 반응과 관련된 실험이 성행하고 있었다.

④ 분광 분석법의 창안은 과학사에 길이 남을 업적이다.

07. 다음 〈보기〉에 제시된 3개의 도형을 합쳤을 때 나올 수 없는 형태는? (단, 각 도형은 회전할 수 없다)

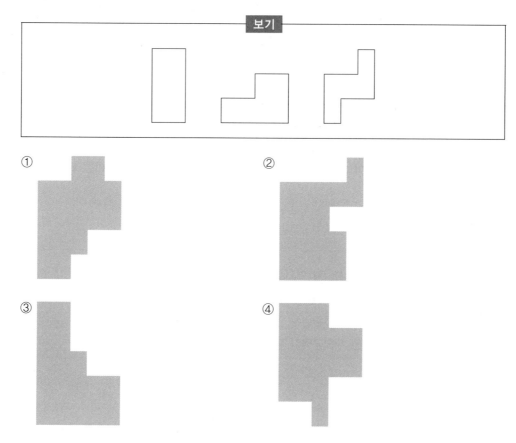

08. 다음 〈보기〉의 명제들을 참고할 때 밑줄 친 부분에 들어갈 문장으로 알맞은 것은?

보기

• 모든 사탕은 색이 빨갛거나 모양이 둥글다.
• 둥근 모양의 사탕은 딸기 맛이 난다.
• 소연이가 산 사탕은 딸기 맛이 아니다.
• 그러므로 _____

① 모든 사탕은 딸기 맛이 아니다.
② 소연이가 산 사탕은 색이 빨갛다.
③ 소연이가 산 사탕은 레몬 맛이다.
④ 소연이가 산 사탕은 모양이 둥글다.

충남기출복원

1회 기출예상

2회 기출예상

3회 기출예상

4회 기출예상

5회 기출예상

6회 기출예상

7회 기출예상

8회 기출예상

9회 기출예상

인성검사

면접가이드

09. A는 미술관에서 새로 시행하는 서비스에 대한 관람 안내 정보를 작성하였다. 이를 본 팀장의 조언으로 적절하지 않은 것은?

국립△△미술관

[여유롭게 즐기는 문화 산책]

- 1시간 더 길어진 관람 시간으로 여유롭게 관람하세요.
- 매주 금요일에는 특별 전시를 무료로 즐기세요.
- 제휴로 관람료 30% 할인 혜택을 받으실 수 있습니다.
- 한국어, 영어, 중국어, 일본어 등 네 가지 언어를 통해 폭넓은 오디오 가이드 서비스를 제공합니다.

※ S 클럽 제휴사 회원의 할인 및 무료 관람 혜택은 20XX. 9. 30.에 종료됩니다.

※ 사전 접수 후 전시 1일 전에 취소할 경우 위약금이 발생합니다.

---

① 연장된 관람 시간을 명확하게 명시하세요.

② 특별 전시에 대한 세부 정보를 추가해서 작성하세요.

③ 제휴사의 서비스 종료일과 관련된 안내 내용이 누락되었네요.

④ 취소로 인한 구체적인 위약금액이 누락되었네요.

10. 사내 체육대회에서 부서별 대표 총 7명(A, B, C, D, E, F, G)이 달리기 시합을 진행하였다. 시합 결과가 다음과 같을 때 첫 번째로 결승점에 들어온 직원은 누구인가?

- 네 번째로 들어온 사람은 D이다.
- F보다 나중에 D가 들어왔다.
- G보다 나중에 F가 들어왔다.
- B보다 나중에 E가 들어왔다.
- D보다 나중에 E가 들어왔다.
- G보다 나중에 B가 들어왔다.
- A보다 나중에 F가 들어왔으나 A가 1등은 아니다.

---

① A

② B

③ E

④ G

[11 ~ 12] 다음 글을 읽고 이어지는 질문에 답하시오.

'오컴의 면도날(Occam's razor)'이라는 표현이 있다. '경제성의 원리(Principle of economy)'라고도 불리는 이 용어는 14세기 영국의 논리학자였던 오컴의 이름에서 탄생하였으며, 어떤 현상을 설명할 때 필요 이상의 가정과 개념들은 면도날로 베어낼 필요가 있다는 권고로 쓰인다.

인간의 욕구에 대한 대표적인 이론에는 20세기 미국의 심리학자인 매슬로(Maslow)의 욕구단계설이 있다. 인간의 다양한 욕구들은 강도와 중요성에 따라 피라미드 모양의 다섯 단계로 이루어진다는 것이다. 이 이론의 전제는 아래 단계의 기본적인 하위 욕구들이 채워져야 자아 성취와 같은 보다 고차원적인 상위 욕구에 관심이 생긴다는 것이다. 하지만 매슬로의 이론에 의문을 제기해 볼 수 있다. 왜 사람은 세상에서 가장 뛰어난 피아니스트가 되려 하고, 가장 빠른 기록을 가지려고 할까? 즉, 왜 자아 성취를 하려고 할까? 그동안 심리학자들은 장황한 이유를 들어 설명하려 했다. 그러나 진화생물학적 관점에서는 모든 것이 간명하게 설명된다. 자아 성취를 위해 생리적 욕구를 채우는 것이 아니라, 식욕이나 성욕과 같은 인간의 본질적 욕구를 채우는 데 도움이 되기 때문에 자아 성취를 한다는 것이다.

행복도 오컴의 면도날로 정리할 필요가 있다. 행복은 가치나 이상 혹은 도덕적 지침과 같은 거창한 관념이 아닌 레몬의 신맛처럼 매우 구체적인 경험이다. 그것은 쾌락에 뿌리를 둔 기쁨과 즐거움 같은 긍정적 정서들이다. 쾌락이 행복의 전부는 아니지만, 이것을 뒷전에 두고 행복을 논하는 것은 (㉠   )이다.

11. 윗글에 대한 이해로 적절하지 않은 것은?

① 진화생물학적 견해는 불필요한 사고의 절약에 도움을 준다.
② '오컴의 면도날'은 어떤 현상을 설명할 때 경제성의 측면에서 권고사항으로 쓰인다.
③ 매슬로와 진화생물학적 관점은 인간의 본질에 대한 해석이 근본적으로 같다.
④ 매슬로는 하위 욕구가 전제되지 않으면 고차원적 욕구에 관심이 생기지 않는다고 본다.

12. 윗글의 흐름을 고려할 때, ㉠에 들어갈 사자성어로 적절한 것은?

① 중언부언(重言復言)   ② 어불성설(語不成說)
③ 교언영색(巧言令色)   ④ 유구무언(有口無言)

충남기출복원 | 1회 기출예상 | 2회 기출예상 | 3회 기출예상 | 4회 기출예상 | 5회 기출예상 | 6회 기출예상 | 7회 기출예상 | 8회 기출예상 | 9회 기출예상 | 인성검사 | 면접가이드

13. 다음 그림 안에 나타나 있지 않은 조각은?

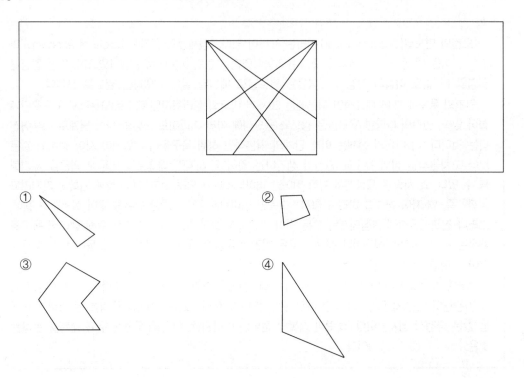

14. 다음 상황에 등장하는 인물들이 보였어야 할 행동으로 적절하지 않은 것은?

> A 씨가 일하는 □□기관은 해마다 1회의 정기 외부감사를 받아야 한다. 감사 결과, A 씨의 부서장이 결정하여 추진한 사안에 대하여 문제가 제기되었다. 이에 대하여 기관장은 부서장에게 문제 원인을 파악하도록 지시하였고, 부서장은 본인이 결재하였으나 부서 내 실무자의 실수를 미처 확인하지 못하였다고 보고하였다. 이에 따라 기관장은 해당 업무 관련자에게 경위서를 제출하도록 하였으며, 해당 실무자는 잘못이 없음에도 부서장의 허위 보고로 인해 경위서를 제출하였다. 그리고 그 실무자는 A 씨에게 이러한 사실을 털어놓았다.

① 기관장은 부서장의 보고에 대하여 사실 관계를 추가 확인하여야 했다.
② 해당 실무자는 경위서 제출의 불합리함을 부서장에게 주장해야 했다.
③ 부서장은 허위 보고에 대하여 정정보고를 해야 했다.
④ 감사 업무 담당자는 문제가 확인된 사안에 대하여 관련인의 책임 여부를 검토해야 했다.

15. 다음에 제시된 그림과 동일한 것은?

①

②

③

④

16. 명품 매장에서 제품을 도난당한 일이 일어났다. CCTV 확인 결과, A ~ E가 포착되어 이들을 용의자로 불러서 조사했다. 범인만 거짓을 말한다고 할 때 범인은 누구인가? (단, 용의자들 중 범인은 한 명이다)

A : B는 범인이 아니다.
B : C 또는 D가 범인이다.
C : 나는 절도하지 않았다. B 또는 D가 범인이다.
D : B 또는 C가 범인이다.
E : B와 C는 범인이 아니다.

① A   ② B
③ C   ④ D

충남기출복원 | 1회 기출예상 | 2회 기출예상 | 3회 기출예상 | 4회 기출예상 | 5회 기출예상 | 6회 기출예상 | 7회 기출예상 | 8회 기출예상 | 9회 기출예상 | 인성검사 | 면접가이드

17. 다음 글의 글쓴이가 말하고자 하는 바는?

> 완벽한 글을 써 나가겠다는 압박감은 글을 쓰지 못하게 한다. 이 글에서는 이것만 써야 하는데, 저것도 안다고 말하고 싶다. 좀 더 멋있게 표현하고 싶을 것이다. 그러다 보면 글쓰기 진도가 나가지 않을뿐더러 글도 나빠진다. 핵심에서 벗어나 중언부언하기 십상이다. 형용사, 부사가 난무하여 글이 느끼해진다. 글의 성패는 여기서 갈린다. 취사선택의 분별력과 결단이 필요하다.

① 글을 잘 쓰려는 욕심을 버려야 한다.

② 누군가에게 잘 보이려는 욕심을 버려야 한다.

③ 아는 것을 최대한으로 표현해야 한다.

④ 자신의 현재 상태를 그대로 받아들여야 한다.

18. 다음 (가) ~ (바)를 문맥에 따라 순서대로 배열한 것은?

> (가) 그런데 많은 문화가 혼재돼 문화 상대주의가 만연한 곳에서는 사람들은 자신이 보루로 삼을 문화의 형태나 기둥을 잃게 되며, 자기상실에 빠져들고 불안한 상태에 던져진다.
>
> (나) 이에 따라 사람은 사회의 불안정성이나 불확실성을 견딜 정신적 지주를 가질 수 있다.
>
> (다) 따라서 모든 문화가 지리적 풍토를 벗어나 지구 전체로 퍼져나가는 21세기에는 문화의 혼재에서 오는 아이덴티티(Identity) 상실의 시대가 도래할지도 모른다.
>
> (라) 그 문화적 풍토에서 나고 자란 사람은 그 형태 속에서 자신의 아이덴티티를 형성한다.
>
> (마) 종교로 봐도, 언어로 봐도, 습관으로 봐도, 문화라는 것은 각각 서로 다른 형태를 갖고 있다.
>
> (바) 가치의 상대성을 주장하는 것은 그 나름대로 옳지만 그게 너무 과해질 경우, 줏대를 잃게 되어 신념을 가질 수 없게 된다.

① (다)-(바)-(마)-(라)-(가)-(나)   ② (마)-(가)-(바)-(나)-(다)-(라)

③ (바)-(마)-(나)-(라)-(다)-(가)   ④ (마)-(라)-(나)-(가)-(바)-(다)

19. 다음 그림의 조각을 순서대로 배열한 것은?

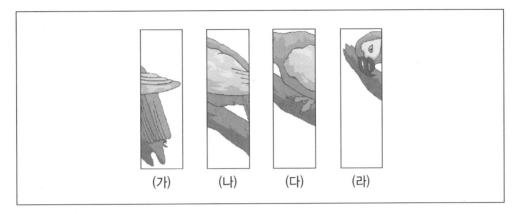

① (라)-(다)-(가)-(나)
③ (라)-(다)-(나)-(가)
② (다)-(라)-(가)-(나)
④ (다)-(나)-(라)-(가)

20. 일 년 동안 개근한 사원에게 포상하기 위해 사내 설문조사를 실시하였다. 결과가 다음과 같을 때 추론한 내용으로 적절한 것은?

- 포상의 종류는 네 가지로 상여금, 진급, 유급 휴가, 연봉 인상이 있다.
- 설문지에는 '선택함'과 '선택하지 않음'의 두 가지 선택지만 존재한다.
- 진급을 선택한 사람은 상여금을 선택하지 않는다.
- 유급 휴가를 선택하지 않은 사람은 상여금을 선택한다.
- 유급 휴가를 선택한 사람은 연봉 인상을 선택하지 않는다.

① 상여금을 선택한 사람은 연봉 인상을 선택한다.
② 진급을 선택한 사람은 연봉 인상을 선택한다.
③ 유급 휴가를 선택한 사람은 진급을 선택하지 않는다.
④ 연봉 인상을 선택한 사람은 진급을 선택하지 않는다.

[21 ~ 22] 다음 자료를 읽고 이어지는 질문에 답하시오.

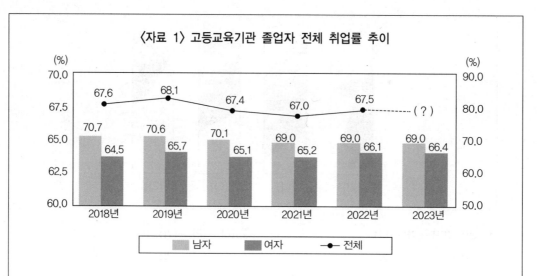

〈자료 1〉 고등교육기관 졸업자 전체 취업률 추이

〈자료 2〉 2023년 고등교육기관 졸업자 진학 현황

(단위 : 개교, 명, %)

구분		학교 수	졸업자	진학자	진학률	진학현황	
						국내진학자	국외진학자
전체		566	580,695	36,838	6.3	35,959	879
성별	남자	–	285,443	19,415	( )	19,066	349
	여자	–	295,252	17,423	( )	16,893	530

〈자료 3〉 2023년 고등교육기관 졸업자 취업통계조사 결과 현황

(단위 : 명)

구분	취업 대상자	취업자	취업현황					
			A	B	C	D	E	F
전체	516,620	349,584	318,438	2,333	617	3,125	4,791	20,280

※ 조사기준일 : 2023년 12월 31일

※ 취업대상자(명)=졸업자−(진학자+입대자+취업불가능자+외국인 유학생+제외인정자)

※ 진학률(%)=$\frac{진학자}{졸업자}×100$, 취업률(%)=$\frac{취업자}{취업대상자}×100$

※ 취업현황 : 조사기준 당시 A ~ F에 해당하는 자

   A) 건강보험 직장가입자, B) 해외취업자, C) 농림어업종사자, D) 개인창작활동종사자, E) 1인 창업ㆍ사업자, F) 프리랜서

21. 다음 중 위의 자료에 대한 해석으로 옳은 것은?

① 2018년 이후 남자와 여자의 취업률 차이가 지속적으로 줄어들고 있다.
② 2018년부터 2022년까지의 기간 중 2019년에 취업자 수가 가장 많다.
③ 2023년 고등교육기관을 졸업한 취업자 중 프리랜서의 비율은 6% 미만이다.
④ 2023년 고등교육기관 졸업자 진학 현황을 보면 남자보다 여자의 진학률이 더 높다.

22. 다음 중 위의 자료에 대한 설명으로 옳지 않은 것은?

① 2023년 고등교육기관 졸업자 중 취업대상자의 비율은 약 89%이다.
② 2023년 고등교육기관 졸업자 중 국내진학자는 남자와 여자 모두 국외진학자의 30배 이상이다.
③ 2023년 고등교육기관을 졸업한 취업자 중 농림어업종사자 비율이 가장 낮으며 0.2% 미만을 차지한다.
④ 2023년 고등교육기관을 졸업한 취업자 중 해외취업자, 개인창작활동종사자, 1인 창업·사업자 비율은 각각 0.6 ~ 1.2%의 범위에 있다.

23. 한 개의 육면체 주사위를 한 번 던졌을 때 2의 배수가 나올 확률은?

① $\frac{1}{2}$
② $\frac{1}{3}$
③ $\frac{2}{3}$
④ $\frac{3}{4}$

24. 정가가 30,000원인 신발은 30% 할인된 가격으로 구입하고, 정가가 x원인 옷은 20% 할인된 가격으로 구입해서 총 125,000원을 지불하였다. 할인 전 신발과 옷의 총합 금액은 얼마인가?

① 151,000원
② 160,000원
③ 170,000원
④ 180,000원

25. 다음은 H 회사 직원 350명을 대상으로 차량 보유 현황 및 운용비용을 조사한 자료이다. 이에 대한 분석으로 옳은 것은?

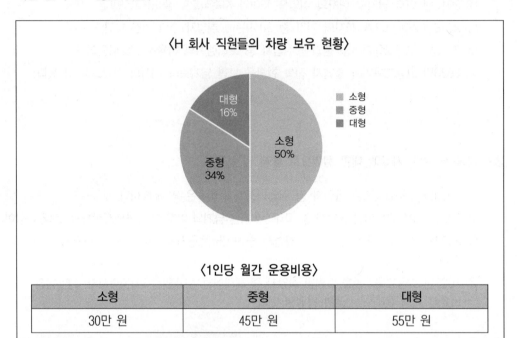

〈H 회사 직원들의 차량 보유 현황〉

■ 소형
■ 중형
■ 대형

대형 16%
중형 34%
소형 50%

〈1인당 월간 운용비용〉

소형	중형	대형
30만 원	45만 원	55만 원

※ 총운용비용=1인당 월간 운용비용×직원 수

ㄱ. 중형 자동차를 보유하고 있는 직원은 100명 이상이다.
ㄴ. 소형 자동차를 보유하고 있는 직원들의 총운용비용은 5천만 원 이하이다.
ㄷ. 보유하고 있는 차량의 크기가 큰 집단일수록 총운용비용 또한 많아진다.

① ㄱ
② ㄴ
③ ㄱ, ㄴ
④ ㄱ, ㄷ

26. A의 영어와 수학 점수의 합은 82점이고 영어와 국어 점수의 합은 74점이다. 수학과 국어의 점수 차는 몇 점인가?

① 7점
② 8점
③ 9점
④ 10점

27. 다음 자료를 분석한 의견 중 적절하지 않은 것은?

〈남북한 광물 생산 현황〉

(단위 : 천 톤)

구분	석탄		철광석	
	북한	남한	북한	남한
2016년	25,000	2,080	5,093	513
2017년	25,500	2,084	5,232	542
2018년	25,800	2,094	5,190	593
2019년	26,600	1,815	5,486	663
2020년	27,090	1,748	5,471	693
2021년	27,490	1,764	5,906	445
2022년	31,060	1,726	5,249	440
2023년	21,660	1,485	5,741	311

① 북한은 남한보다 10배 이상 많은 석탄을 매년 생산했네.

② 남한은 최근 들어 철광석 생산량이 줄어들고 있구나.

③ 석탄 생산량이 북한은 매년 증가했는데 남한은 매년 감소했군.

④ 북한은 철광석보다 석탄 생산량이 월등히 많군.

28. 다음 중 직업윤리 의식과 그에 대한 설명이 잘못 연결된 것은?

① 천직의식 – 자신이 맡은 일을 개인적 · 사회적으로 의미 있게 하고 헌신하려는 태도

② 책임의식 – 자신의 일에 대한 사회적 역할과 책무를 충실히 수행하여 책임을 다하려는 태도

③ 직분의식 – 자신이 하는 일이 사회나 기업, 타인을 위해 중요한 역할을 하고 있다고 믿고 수행하려는 태도

④ 전문가의식 – 자신의 일은 아무나 할 수 없고 이 분야의 지식과 교육을 바탕으로 성실히 수행해야만 해낼 수 있는 일이라고 믿으며 업무 활동을 하려는 태도

29. ○○교통공사에서는 시민들에게 4호선 탐방학습 패키지를 제공하고 있다. 다음 자료에 대한 설명으로 적절한 것은?

〈탐방학습 패키지〉

• 역사와 미래가 공존하는 4호선으로 탐방학습 오세요!

   어린이 및 청소년들이 ○○의 역사가 스며들어 있는 동래읍성 임진왜란 역사관 및 충렬사 등을 탐방하고 동시에 미래형 도시철도 무인전철의 우수성을 경험해 볼 수 있는 4호선 탐방학습 패키지 코스에 여러분을 초대합니다.

• 운영기준

   – 대상 : 20인 이상 단체

   – 일자 : 화 ~ 금요일(공휴일·공사 지정 휴일 제외)

   – 개방시간 : 10 : 00 ~ 17 : 00

• 안내 순서

   – 한 단체당 단체 승차권 1매로 A 코스 또는 B 코스를 선택하여 이용함.

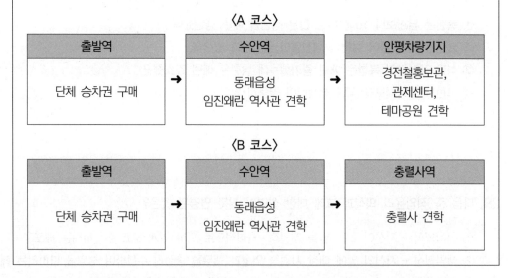

〈A 코스〉

출발역		수안역		안평차량기지
단체 승차권 구매	→	동래읍성 임진왜란 역사관 견학	→	경전철홍보관, 관제센터, 테마공원 견학

〈B 코스〉

출발역		수안역		충렬사역
단체 승차권 구매	→	동래읍성 임진왜란 역사관 견학	→	충렬사 견학

---

① 유치원생이 탐방학습 패키지에 참여하기 위해서는 청소년 이상의 보호자가 필요하다.

② 매주 월요일은 임진왜란 역사관이 휴관하므로, 패키지 코스를 이용할 수 없다.

③ 개방시간은 오전 10시부터 7시간으로, 1회 탐방에는 약 1시간 30분이 소요된다.

④ 15인의 청소년으로 구성된 단체는 단체 승차권을 구매할 수 없다.

30. 다음 왼쪽의 도형을 오른쪽에 나타난 각도만큼 회전했을 때의 모양으로 옳은 것은?

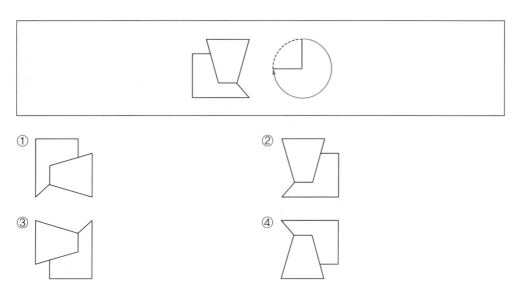

① ② ③ ④

31. 다음 글의 (가)~(라) 중 〈보기〉의 문장이 삽입되기에 가장 적절한 위치는?

기억이 착오를 일으키는 프로세스는 인상적인 사물을 받아들이는 단계부터 이미 시작된다. (가) 감각적인 지각의 대부분은 무의식중에 기록되고 오래 유지되지 않는다. (나) 대개는 수 시간 안에 사라져 버리며, 약간의 본질만이 남아 장기 기억이 된다. 무엇이 남을지는 선택에 의해서이기도 하고, 그 사람의 견해에 따라서이기도 하다. (다) 분주하고 정신이 없는 장면을 주고 나중에 그 모습에 대해서 이야기하게 해 보자. (라) 어느 부분에 주목하고 또 어떻게 그것을 해석했는지에 따라 즐겁기도 하고 무섭기도 하다. 단순히 정신 사나운 장면으로만 보이는 경우도 있다. 기억이란 원래 일어난 일을 단순하게 기록하는 것이 아니다.

보기

일어난 일에 대한 묘사는 본 사람이 무엇을 중요하게 판단하고, 무엇에 흥미를 가졌느냐에 따라 크게 다르다.

① (가)　　　　　　　　　　② (나)
③ (다)　　　　　　　　　　④ (라)

32. 다음 글의 주제로 가장 적절한 것은?

> 우리는 학교에서 한글 맞춤법이나 표준어 규정과 같은 어문 규범을 교육받고 학습한다. 어문 규범은 언중들의 원활한 의사소통을 위해 만들어진 공통된 기준이며 사회적으로 정한 약속이기 때문이다. 그러나 문제는 급변하는 환경에 따라 변화하는 언어 현실에서 언중들이 이와 같은 어문 규범을 철저하게 지키며 언어생활을 하기란 쉽지 않다는 것이다. 그래서 이러한 언어 현실과 어문 규범과의 괴리를 줄이고자 하는 여러 주장과 노력이 우리 사회에 나타나고 있다.
>
> 최근, 어문 규범이 언어 현실을 따라오기에는 한계가 있기 때문에 어문 규범을 폐지하고 아예 언중의 자율에 맡기자는 주장이 있다. 또한 어문 규범의 총칙이나 원칙과 같은 큰 틀만을 유지하되, 세부적인 항목 등은 사전에 맡기자는 주장도 있다. 그러나 어문 규범을 부정하는 주장이나 사전으로 어문 규범을 대신하자는 주장에는 문제점이 있다. 전자의 경우, 언어의 생성이나 변화가 언중 각각의 자율에 의해 이루어져 오히려 의사소통의 불편함을 야기할 수 있다. 후자는 우리나라의 사전 편찬 역사가 짧기 때문에 어문 규범의 모든 역할을 사전이 담당하기에는 무리가 있으며, 언어 현실의 다양한 변화를 사전에 전부 반영하기 어렵다는 문제점이 있다.

① 의사소통의 편리함을 위해서는 어문 규범을 철저히 지켜야 한다.

② 언어 현실과 어문 규범의 괴리를 해소하기 위한 방법을 모색하는 노력이 나타나고 있다.

③ 언어의 변화와 생성은 사람들의 의사소통을 혼란스럽게 할 수 있기 때문에 최대한 자제해야 한다.

④ 어문 규범과 언어 현실의 괴리를 없애기 위해서는 언중의 자율과 사전의 역할 확대가 복합적으로 진행되어야 한다.

33. 다음 중 A 씨의 사례를 통해 얻을 수 있는 교훈은?

> 경력사원인 A 씨는 ○○사에 취직할 때 자기소개서와 이력서를 허위로 기재하였다. 이렇게 한 이유는 다른 사람들에게 전문가로 보이고 싶었고, 이전 직장보다 훨씬 더 많은 연봉을 받고 싶었기 때문이다. 그러나 A 씨의 거짓말과 무능함은 오래지 않아 들통이 났고, 얼마 후 A 씨는 ○○사로부터 해고 통보를 받았다.

① 실수를 저질렀을 경우 바로 상대방에게 잘못을 인정해야 한다.

② 당장 눈앞의 이익이 되는 일보다는 바람직한 일을 해야 한다.

③ 항상 해오던 방식이 언제나 옳은 것은 아니다.

④ 개인적인 삶과 일 사이에 균형을 찾는 것이 중요하다.

34. 다음 상황에서 두 사람의 근본적인 갈등 원인은 무엇인가?

> 김 대리 : 어이, 박 주임! 지난주에 얘기한 보고서 아직 제출 안 했지? 언제 제출할 거야?
> 박 주임 : 무슨 보고서요? 저는 듣지 못했는데요.
> 김 대리 : 아니, 듣지 못했다니 무슨 소리야? 이 사원에게 전달했는데 못 들었어?
> 박 주임 : 네, 처음 듣는 얘기인데요.
> 김 대리 : 나 참, 내가 이 사원에게 얘기할 때 박 주임도 그 옆을 지나가지 않았나?
> 박 주임 : 네, 그런데 무슨 말씀하시는지 알지 못했어요. 급하신 건가요? 지금 시작할게요.
> 김 대리 : 지금 시작해서 언제 끝내겠다는 거야? 이렇게 의사소통이 되지 않아서야.
> 박 주임 : 아니, 김 대리님! 이 사원이 실수한 걸 왜 저한테 짜증을 내십니까? 기분이 좋지
>   않네요.
> 김 대리 : 뭐야! 상사가 하는 말에 토를 다는 거야?

① 지시한 내용이 하위 직급자들 간에 적절히 소통되지 않은 것이 갈등 요인이다.

② 보고서 제출 기간이 너무 짧아 해내기가 불가능한 업무를 지시한 것이 갈등의 원인이다.

③ 부서 하급자 간에 서로 일을 미루는 행동이 갈등의 원인이다.

④ 상급자가 하급자에게 고압적으로 지시하는 모습이 갈등의 원인이다.

35. 다음 글에 나타나는 논리적 오류와 같은 형태의 오류를 범하고 있는 것은?

> H사의 사내 분위기는 엄격한 편이므로 H사 직원들은 보수적일 것이다.

① 어제 화분에 물을 주었더니 오늘 꽃이 활짝 폈다.

② 최근 아시안 푸드가 유행하고 있으니 분명히 맛있을 것이다.

③ 미국은 민주주의 국가이다. 따라서 미국인들은 민주적인 사람들이다.

④ 박 대리는 버스를 타지 않을 것이라 하였으므로 걸어서 올 것이다.

36. ○무역 비서실에 근무하는 H 씨는 다음 휴가 신청 안내 사항을 고려하여 휴가를 신청하고자 할 때, H 씨가 휴가를 갈 수 있는 기간은?

〈휴가 신청 안내〉

1. 휴가 신청 가능 기간 : 1월 5일 ~ 1월 28일
2. 휴가 기간 : 5일 (주말 포함)
3. 유의사항
   가. 비서실장과 교대로 근무하는 것을 원칙으로 함.
   나. 사장님 및 다른 팀 휴가 일정이 겹치지 않도록 함.
   다. 사장님 업무 일정이 있는 날은 모든 팀이 근무하는 것을 원칙으로 함.
   라. 휴가 일정을 나눠서 신청할 수는 없음.

〈1월 달력〉

일	월	화	수	목	금	토
	1	2	3	4	5	6
7	8	9	10	11	12	13
	사장님 중국 출장 (8 ~ 10)					비서실장 휴가
14	15	16	17	18	19	20
	비서실장 휴가 (13 ~ 17)			사장님 거래처 대표 면담		
21	22	23	24	25	26	27
			총무팀 휴가 (24 ~ 27)			
28	29	30 사장님 국내지사 방문	31			

---

① 1월 11일 ~ 1월 15일   ② 1월 19일 ~ 1월 23일
③ 1월 24일 ~ 1월 28일   ④ 1월 27일 ~ 1월 31일

37. 다음을 보고 그 규칙을 찾아 '?'에 들어갈 알맞은 것을 고르면?

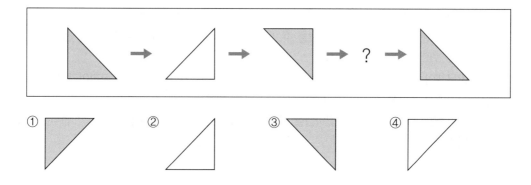

38. 다음 자료를 분석한 내용으로 적절하지 않은 것은?

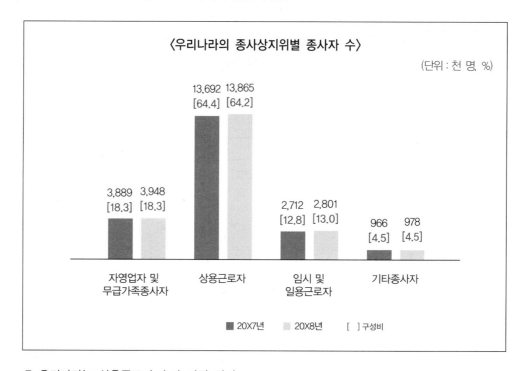

① 우리나라는 상용근로자 수가 가장 많다.

② 20X8년에 1년 전보다 종사자 수가 가장 많이 증가한 지위는 상용근로자이다.

③ 종사자 수가 증가했다고 해서 그 비중도 반드시 증가하는 것은 아니다.

④ 20X8년에 1년 전보다 종사자 수가 감소한 지위는 기타종사자뿐이다.

39. 다음 중 외부에서 방문객이 찾아왔을 때의 응대 예절로 옳지 않은 것은?

① 손님이 상사를 찾아왔을 때는 즉시 상사가 있는 장소로 안내한다.

② 몸이 불편한 손님이 사전에 연락을 주고 방문할 경우에는 편안하게 일을 볼 수 있도록 미리 조치를 취한다.

③ 방문객이 해당 부서를 찾지 못하고 머뭇거리고 있을 때 안내할 수 없는 상황이라면, 전화로 담당자에게 연락해 주고 방문객에게 찾아갈 곳을 알려 준다.

④ 급한 업무수행 중 손님이 찾아왔을 때는 자리를 권하고 나서 양해를 구한 후, 업무를 최대한 빨리 처리하고 응대를 한다.

40. 다음 〈보기〉는 같은 크기와 모양의 블록을 쌓아 만든 입체도형을 가지고 앞에서 본 정면도, 위에서 본 평면도, 오른쪽에서 본 우측면도를 그린 것이다. 이에 해당하는 입체도형으로 알맞은 것은? (단, 화살표 방향은 정면을 의미한다)

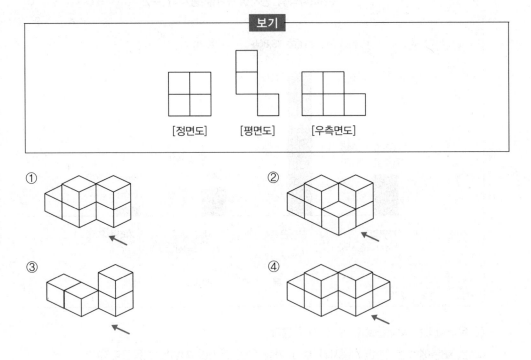

41. 다음 글의 중심내용으로 가장 적절한 것은?

> 우리에게는 희망이 있다. 매트 리들리는 《이타적 유전자》에서 인간의 정신은 이기적인 유전에 의해 만들어졌음에도 불구하고 사회성, 협동성, 신뢰성 같은 이타성의 성향을 보인다고 했다. 인간은 개미나 꿀벌보다 더 상호의존적이다. 인간의 내면에는 협동, 이타적 행위, 아량, 동정, 친절, 자기희생 등과 같은 미덕이 자리 잡고 있으며, 이는 모든 인종의 공통적인 심리적 경향이다. 이처럼 인간은 협력하여 서로 호혜성을 주고받으며 살아가는 존재다. 인간사회에서는 호혜주의가 보편적으로 발견된다. 이타성은 이기성과 달리 '나' 아닌 '타자'를 전제한다. 이기성은 나의 존재를 유지·보존시키는 것으로, 이를 위해 타자와의 협력이 필요하다면 이기성은 곧 이타성이라고 볼 수 있다. 사회적 이타주의에 관하여, 인간은 아주 독보적인 존재라는 리들리의 주장에 따르면 인간은 그저 그런 단순한 동물은 아닌 셈이다.
>
> 위험사회를 현명하게 극복하기 위해서는 사회 구성원들의 유대와 협력이 필요하고 제도적 노력 역시 뒷받침되어야 한다. 최근 생태계 보전과 환경 보호를 위해 대체 자원과 에너지가 기업이나 국가적인 차원에서 마련되고 있다. 또한 지구온난화로 인한 환경 재앙을 방지하기 위해 많은 나라가 탄소중립 선언을 통해 지구온난화를 최소화하고 온실가스 감축 정책을 시도하고 있다. 디젤 및 가솔린 자동차 같은 화석연료로 운행하는 내연기관차를 전기 및 수소차로 대체하는 등 친환경 에너지 전환을 위해 기업과 정부가 협력하여 투자하고 개발하는 것이 좋은 사례이다.
>
> 우리 국민은 코로나19 이후로 비대면 디지털 문화가 지배하는 SNS 등으로 정보를 공유하고 연대하여 사회문제를 비판하고 사회 비리를 고발하며 이에 대응하고 있다. 혼자가 아닌, 개별화된 존재가 아닌, 홀로 가는 개인이 아니라 주체적 사고를 토대로 자발적인 참여로 함께 연대하여 세상을 만들어 가야 한다는 시민의식과 행동방식이 요구된다. 이기적인 삶에서 벗어나 공유하는 삶, 즉 소수의 전문가에 의한 일방적 결정보다 각자의 경험과 인식이 이론과 합쳐지는 공론장을 통하여 의사결정이 이뤄져야 한다.

① 인간은 개미나 벌꿀 등 사회성을 지닌 다른 동물보다 더 우수하다.

② 위험사회에서는 인간의 이기성과 이타성의 조화가 요구된다.

③ 더 많은 사회 성원들과의 공유, 토론, 합의의 과정이 필요하다.

④ 인간은 협동, 자기희생 등과 같은 가치 때문에 가장 위대한 생물종이 되었다.

42. 다음 팀원들의 요구사항을 고려하여 휴가지를 선정하고자 할 때, 최종적으로 선택된 휴가지는?

〈팀원들의 요구사항〉

K 이사 : 팀 프로젝트를 성공적으로 마친 것을 축하하는 뜻에서 포상휴가를 가고자 하네. 오랜만의 휴가인데 분위기가 좋은 곳으로 가 보자고!

S 팀장 : 감사합니다. 이왕이면 자주 방문했던 곳 말고 익숙하지 않은 곳으로 한번 가 보는 것이 어떨까요?

C 주임 : 교통비가 저렴한 곳으로 가고, 대신 숙소를 업그레이드하면 좋겠어요.

J 주임 : 저는 음식이 맛있는 곳으로 가고 싶어요.

O 사원 : 저는 동남아시아 지역에 한번 가 보고 싶어요.

〈휴가지 특징〉

구분	맛	1인 교통비	분위기	거리	방문횟수
베트남 다낭	★★★★★	400,000	★★	★★★★	3
태국 푸켓	★★★	300,000	★★★★★	★★	5
제주도	★★★★	200,000	★	★★★★★	8
미국령 괌	★★	800,000	★★★★	★	1

※ 각 항목에 ★이 많을수록 높은 점수를 얻는다.

〈의사결정 기준〉

• 총점이 가장 높은 휴가지로 정한다.
• ★ 1개당 1점으로 계산한다.
• 1인당 교통비는 기본 점수를 10점으로 하되 100,000원당 0.1의 점수를 차감한다.
• 각 팀원의 요구사항 관련 항목에서 가장 점수가 높거나 요구사항과 가장 관련 있는 휴가지에 가산점을 부여한다(단, 직급별 가산점은 이사 5점, 팀장 3점, 주임 2점, 사원 1점이다).
• 방문횟수는 적은 순서대로 4 ~ 1점을 부여한다.

① 베트남 다낭　　　　　② 태국 푸켓
③ 제주도　　　　　　　④ 미국령 괌

43. 다음은 민원실 직원과 불만 고객 간의 대화 내용이다. 민원실 직원이 고객의 불만에 대처하는 자세로 가장 적절한 것은?

> 고객 : 전기요금 내역 하나 설명해 주는 게 뭐가 그리 어렵죠?
>
> 직원 : 죄송합니다, 고객님. 이미 설명해 드린 내용 이외에 제가 더 해 드릴 수 있는 설명이 없는 것 같습니다.
>
> 고객 : 아니 뭐요? 난 하나도 이해가 되질 않았는데 더 이상 해 줄 설명이 없다고요?
>
> 직원 : 요금체계를 모두 설명해 드렸고, 고객님 사용내역은 고지서에 이미 나와 있는 그대로 입니다. 전기요금 할인 조건에도 안 맞으시고, 추가요금 내역도 상세히 설명해 드렸습니다, 고객님. 이제 고객님이 이해해 주실 일만 남았어요.
>
> 고객 : 뭐라고요? 이해가 안 돼서 민원실까지 찾아왔는데 나더러 무조건 이해를 하라고요?
>
> 직원 : 무조건 이해하시라는 게 아니죠. 충분히 설명해 드렸으니 이제 제 얘길 믿으시고 전기요금 합계 금액이 잘못된 게 아니라는 걸 받아들이셔야 한다는 말씀입니다.
>
> 고객 : 난 분명히 내가 내야 할 전기요금이 잘못 계산되었다는 생각을 지울 수가 없어요. 아무리 생각해도 다른 집과 다른 방식으로 전기요금이 계산된 것 같습니다. 알아듣기 어려운 말로 당신들 회사 규정만 내세우면서 일방적으로 설명을 하면 당신들 상황을 그대로 받아들이라는 말 아닙니까? 난 바보같이 손해 보고 넘어갈 수 없어요. 이번 달 전기요금을 이대로 낼 생각이 없습니다. 체납료가 추가되기라도 한다면 가만있지 않을 테니 알아서 하세요!

① 이해가 안 되시는 요금체계가 어느 부분인지 알려주시면 그 부분에 대한 규정과 증거를 제시해 드리도록 하겠습니다.

② 다른 가구에 청구된 몇 가지 전기요금 사례를 알려드리겠습니다. 다른 가구들이 고객님과 같은 거주지이니 한번 비교해 보시면 좋을 것 같네요.

③ 제 안내가 마음에 들지 않으셔서 그런 거라면 대기시간 없이 바로 옆 안내 직원에게 상담 받으실 수 있도록 연결해드리겠습니다.

④ 할인 적용을 받고 싶으시다면 필요한 서류를 제출하시면 됩니다만, 그것마저 어려우시다면 제가 개인적으로 행정 서류 준비를 도와드릴까요?

44. A 씨는 오랜만에 자전거를 타기위해 교외로 나가려 한다. 양평까지 자전거를 열차에 싣고 가려고 아래의 자전거 휴대 승차 이용 안내를 확인하였다. 다음 중 이 내용을 잘못 이해한 것은?

〈자전거 휴대 승차 이용 안내〉

휴대 승차 가능 요일	운행 노선	
365일	경춘선(상봉역 ↔ 춘천역)	경의 · 중앙선(문산역 ↔ 용문역)
	수인선(오이도역 ↔ 송도역)	수인선(오이도역 ↔ 송도역)
	※ 평일, 출 · 퇴근 시간대 휴대 승차 불가(오전 7 ~ 10시/오후 5 ~ 8시)	
토 · 일요일 및 공휴일	1 ~ 8호선(전 구간)	공항철도(전 구간)
	분당선(전 구간)	인천지하철(1호선)
휴대 승차 불가	9호선(전 구간)	신분당선(전 구간)

- 상기 자전거 휴대 승차 이용 안내는 일반 자전거(MTB, 로드용, 생활용 등)에 적용되는 기준입니다.
- 접이식 자전거는 모든 노선에서 365일 접어서 휴대 승차가 가능합니다.

〈자전거 휴대 승차 이용 수칙〉

- 전동 열차의 맨 앞뒤 칸에만 자전거를 휴대하고 승차할 수 있습니다.
- 단, 경의 · 중앙선 자전거 전용 열차는 1, 2, 3, 4, 7, 8호 차를 이용할 수 있습니다.
- 역 구내에서는 계단 및 자전거 전용 경사로를 이용해 주시고, 에스컬레이터 및 역 구내, 전동 열차 내에서는 자전거를 타고 이동할 수 없습니다.
- 전동 열차 내 '휠체어 지정석'에는 자전거를 거치할 수 없습니다.
- 자전거가 넘어지지 않도록 반드시 고정해야 합니다.
- 자전거 휴대 승차 고객의 부주의로 인한 안전 및 여객 사상 사고 발생 시 그 책임을 져야 합니다.(승하차 시 출입문 끼임, 자전거 쓰러짐 등으로 다른 고객 부상 등)

※ 자전거 전용 열차는 현재 차량 정비로 비고정적으로 운행하고 있으며, 5월 말부터 고정 시간대에 운행할 예정입니다.

① 평일 출퇴근 시간대에는 접이식 자전거가 아니면 휴대 승차가 불가능하다.
② 접이식 자전거는 휴일에는 전동차의 어느 칸에나 휴대 승차가 가능하다.
③ 휠체어 지정석에는 자전거를 거치할 수 없다.
④ 자전거가 쓰러져 사고가 발생하면 휴대 승차자가 책임을 져야 한다.

[45 ~ 46] 다음은 같은 크기의 블록을 쌓아 올린 그림이다. 이어지는 질문에 답하시오. (단, 보이지 않는 뒷부분의 블록은 없다)

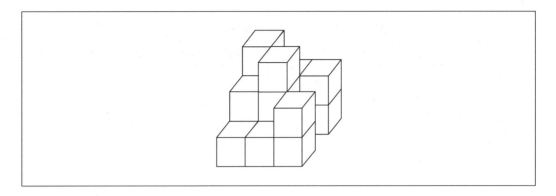

45. 사용된 블록의 개수는 총 몇 개인가?

① 13개   ② 14개   ③ 15개   ④ 16개

46. 블록에서 밑면을 제외한 모든 면에 페인트를 칠할 때 2개의 면이 칠해지는 블록의 개수는 총 몇 개인가?

① 4개   ② 5개   ③ 6개   ④ 7개

47. 다음 글의 짜임으로 적절한 것은?

> 글의 구조적 특징(特徵)들은 이야기를 이해하고 기억하는 데에도 영향을 주게 된다. 이야기의 구조는 상위 구조와 하위 구조로 이루어지는데, 상위 구조에 속한 요소들, 즉 주제, 배경, 인물 등의 중요한 골자는 더 잘 기억되고, 더 오래 기억된다. 우리가 옛날에 읽었거나 들은 심청전을 기억해 보면 심청이 효녀라는 점, 뺑덕어멈의 품성이 좋지 못하다는 점을, 이를 뒷받침해 주는 구체적인 하나하나의 행동보다 더 잘 기억하고 있음을 알게 된다.

① 전제－주지－예시   ② 주지－부연－예시
③ 전제－종합－첨가   ④ 주지－상술－첨가

[48 ~ 49] 다음은 장애인의 일상생활동작을 장애정도별로 나타낸 자료이다. 이어지는 질문에 답하시오.

(단위 : %)

구분	완전자립			부분도움			완전도움		
	소계	중증	경증	소계	중증	경증	소계	중증	경증
옷 벗고 입기	81.4	61.4	94.2	15.0	30.1	5.2	3.6	8.4	0.6
세수하기	89.6	76.7	97.9	7.2	16.0	1.7	3.2	7.4	0.5
양치질하기	89.4	76.0	98.0	7.5	16.8	1.5	3.1	7.1	0.5
목욕하기	76.0	54.5	89.8	17.7	31.2	8.9	6.3	14.2	1.3
식사하기	88.7	75.2	97.4	9.2	20.1	2.2	2.1	4.7	0.3
체위 변경하기	93.0	86.2	97.4	5.2	9.7	2.3	1.8	4.1	0.3
일어나 앉기	91.1	83.7	95.9	6.8	11.6	3.8	2.1	4.7	0.4
옮겨 앉기	88.6	79.1	94.7	8.8	14.9	4.9	2.6	5.9	0.4
방밖으로 나가기	83.7	71.5	91.5	12.7	20.5	7.6	3.6	8.0	0.8
화장실 사용하기	87.7	74.7	96.1	8.5	18.1	2.4	3.8	7.2	1.5
대변 조절하기	93.4	86.7	97.7	3.2	7.0	0.8	3.4	6.3	1.5
소변 조절하기	93.2	86.2	97.7	3.7	7.4	1.3	3.1	6.4	1.0

48. 다음 중 위의 자료에 대해 바르게 설명한 것은?

① 세수하기에서 부분도움이 필요한 장애인은 전체의 17.7%이다.

② 중증, 경증 장애인 모두 목욕하기에서 가장 낮은 완전자립도를 나타낸다.

③ 중증 장애인의 완전자립도가 가장 높은 동작은 체위 변경하기와 소변 조절하기이다.

④ 경증 장애인은 세수나 양치질보다 식사하는 동작에 부분도움이 필요한 사람의 비율이 더 낮다.

49. 위의 자료에서 완전자립, 부분도움, 완전도움 정도에 있어 보호자나 간병인의 도움이 필요한 중증 장애인의 비율이 가장 낮은 동작들은 순서대로 각각 무엇인가?

① 대변 조절하기, 소변 조절하기, 목욕하기
② 목욕하기, 대변 조절하기, 체위 변경하기
③ 방밖으로 나가기, 대변 조절하기, 목욕하기
④ 대변 조절하기, 옷 벗고 입기, 목욕하기

50. 다음 글에 나타난 니트족에 대한 설명으로 적절하지 않은 것은?

노동으로부터 도피하는 젊은이들은 가슴 깊숙이 소비의 주체로서의 확고한 정체성이 자리를 잡고 있다. 그들은 소비 행동의 원리를 노동에 대입시킨다. 즉 자신이 제공한 노동에 대해 임금이 적거나 충분한 사회적 위신을 획득할 수 없으면 '이건 좀 이상해'라고 말한다. 전체가 등가교환을 원칙으로 한 경우라면 그들의 말은 전적으로 옳다. 젊은이들의 입장에서 보면 경제적 합리성은 '노력과 성과'의 상관관계이다. 그러나 노동 현장에서는 아무리 해도 노력과 성과가 상관관계가 아니다. 그들은 이렇게 생각하고 있고 또 그들의 생각이 맞다. 실제로 노력과 성과는 함께 가지 않는다. 그래서 그들은 "그런 불합리한 일은 못 하겠어요."라고 당당하게 주장한다. 정말 합리적이다. 니트 문제의 최대 난관은 니트족이 어렸을 때부터 쭉 경제적 합리성을 가지고 가치 판단을 해 왔고 그 결과 스스로 무직자의 길을 선택했다는 그들 나름의 수미 일관성을 경제적 합리성이라는 논거로 깨뜨릴 수 없다는 데 있다.

① '노력과 성과'에서 성과란 임금이나 위신을 뜻한다.
② 니트들은 등가가 아닌 교환에는 결코 응하지 않는 '영리한 소비 주체'로서 행동한다.
③ 어렸을 때부터 학업의 반대급부가 충족되지 않아 교육받을 권리를 회피했던 사람들이 니트가 될 가능성이 높다.
④ 니트들이 노동으로부터 도피하는 이유는 스스로 '노동의 의미' 자체를 알지 못하는 것에서 찾을 수 있다.

01. 다음 〈보기〉 중 빈칸에 들어갈 단어를 골라 바르게 연결한 것은?

> 17세기 초 갈릴레이는 당시로서는 배율이 가장 높은 망원경을 사용하여 달을 (㉠)한 뒤, 달에서 산과 계곡을 (㉡)했다고 보고했다. 그러나 당시 아리스토텔레스의 추종자들은 갈릴레이의 망원경이 달을 있는 그대로 보여 준다는 것을 믿을 수 없다고 (㉢)했다. 이러한 반대는 더 높은 배율의 망원경이 개발되고, 아리스토텔레스의 천상계의 완전성 개념이 무너질 때까지 수십 년간 (㉣)되었다.

보기

ⓐ 개척	ⓑ 지속	ⓒ 발명	ⓓ 주장
ⓔ 발견	ⓕ 전파	ⓖ 관측	ⓗ 계측

	㉠	㉡	㉢	㉣			㉠	㉡	㉢	㉣
①	ⓐ	ⓒ	ⓔ	ⓖ		②	ⓑ	ⓔ	ⓖ	ⓗ
③	ⓒ	ⓗ	ⓐ	ⓗ		④	ⓖ	ⓔ	ⓓ	ⓑ

02. 다음 그림 안에 나타나 있지 않은 조각은?

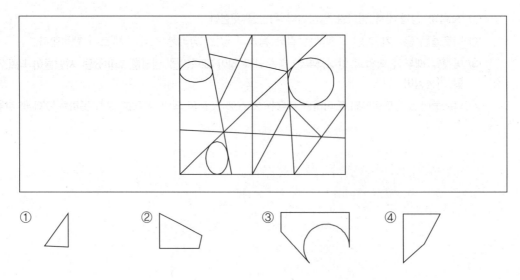

03. 다음 인터뷰에서 H 씨가 보여준 직업윤리 의식으로 가장 적절한 것은?

> 기자 : 오늘은 ○○구청 공무원으로 202X년 1분기 '적극행정 우수 공무원'에 선정되어 시상식에서 표창을 받으신 H 씨를 만나보겠습니다. ○○구청에서 적극행정 우수 공무원이 선발된 것은 이번이 처음인데요. ○○지역 신문사에서는 이를 기념하여 H 씨를 인터뷰하고자 합니다. 15년간 공무원으로서 책임감 있게 근무하였던 H 씨, 안녕하세요.
>
> H 씨 : 감사합니다. 기자님. 오늘 하루 동안 시상식에 참여하여 표창을 받고 사진도 찍다 보니 정신이 좀 없네요. (웃음)
>
> 기자 : 네, 정말로 그러시겠습니다. 이렇게 시간 내주셔서 감사드리고 편하게 말씀해 주시면 됩니다. 꽤 오랜 시간 공무원으로서 근무하시고 오늘은 이렇게 우수 공무원으로까지 선정이 되셨는데, 공무원이라는 직업과 일이 개인적으로 적성과 흥미에 잘 맞으셨을 거라고 생각이 됩니다. 어떻게 생각하시나요?
>
> H 씨 : 사실 공무원으로서 일하는 것이 잘 맞는지 별다른 생각이나 고민이 있지는 않았고, 그저 일을 하며 살아오다 보니 여기까지 왔던 것 같습니다. (전원 웃음)
>
> 기자 : 하지만 제 생각에는 단순히 맡은 일만 하며 공직 생활을 하셨다면 이처럼 우수한 성과를 내기 어려우셨을 것 같습니다. 공무원으로서 어려운 순간도 있었을 텐데, 그럴 때는 어떻게 극복하였는지 말씀해 주실 수 있나요?
>
> H 씨 : 어... 우선, 제가 맡아서 하는 업무가 조금이나마 지역 사회의 발전에 좋은 영향을 미치고 중요한 일이라고 생각하며 일했습니다. 그 믿음이 공무원으로서 일하며 어려움을 느낄 때 버티는 힘이 되었다고 생각합니다.

① 소명의식　　　　　　　　　　② 직분의식
③ 천직의식　　　　　　　　　　④ 책임의식

04. 다음 〈보기〉의 명제들이 항상 참이라 할 때 반드시 참인 것은?

> **보기**
>
> • 달리기를 못하는 사람은 수영을 못한다.
> • 달리기를 잘하는 사람은 항상 운동화를 신는다.
> • 윤재는 항상 구두를 신는다.

① 윤재는 달리기를 잘한다.
② 윤재는 수영을 못한다.
③ 수영을 잘하는 사람은 구두를 신는다.
④ 수영을 못하는 사람은 운동화를 신지 않는다.

05. 조언은 다른 사람에게 해 달라고 부탁하는 것보다 해 주는 게 더 어렵다. 너무 가볍게 조언해 주면 자신의 고민을 진지하게 들어주지 않는다고 생각할 수 있고, 반대로 진지하게 조언해 주면 상대가 부담감을 느낄 수도 있기 때문이다. 다음 중 도움이 되는 조언을 하기 위해 알아 두어야 할 사항이 아닌 것은?

① 가장 좋은 조언은 상대가 원하는 것을 스스로 찾을 수 있도록 도움을 줄 수 있는 조언이다.

② 상대를 위해 조언해 주는 것은 좋지만 상대의 말을 제대로 다 듣지 않고 자신의 생각을 말하는 것은 상대의 기분을 상하게 할 수 있어 주의가 필요하다.

③ 상대에게 도움이 되고 싶다는 생각에 과거의 일까지 언급하는 것은 적절한 조언 태도가 아니다.

④ 상대에게 도움이 되는 조언을 하고 싶다면 자신의 입장에서 상대의 이야기를 귀담아들어야 한다.

06. 다음은 신입사원 김○○ 씨가 근무 중 작성한 메일이다. 이를 읽고 적절하게 조언한 사람은?

제목 : [전화 매너/직장예절 교육 프로그램] PPT 자료 요청

안녕하세요. 김△△ 대리님. 마케팅팀 김○○입니다.

날씨가 제법 쌀쌀해졌는데 건강 잘 챙기고 계신가요?

갑작스러운 기온 변화로 요즘 저희 사무실에도 감기 환자가 속출하여 업무에 지장이 많습니다. 최근 일주일 동안 조퇴자에, 결근자까지 늘어나는 바람에 남아 있는 사람들의 고생이 이만저만이 아닙니다. 대리님의 사무실 분위기는 괜찮기를 바랍니다.

제가 이렇게 메일을 쓰는 이유는 이번에 진행하시는 직장예절 교육 프로그램 PPT 자료 때문입니다. 번거로우시겠지만 그 자료를 파일로 첨부하여 메일로 보내 주십시오. 오늘 퇴근 전까지 보내 주시면 감사하겠습니다.

추운 날씨에 감기 조심하세요.

감사합니다.

마케팅팀 김○○

---

① 갑 : 제목이 불명확하므로 명확하게 다시 적어야 해.

② 을 : 맞춤법이 틀린 곳은 없는지 메일을 보내기 전에 검토하지 않은 것 같은데?

③ 병 : 핵심 내용을 먼저 작성하고 그 외의 내용은 뒤에 나열했어야지.

④ 정 : 이 경우처럼 거래처 등 외부로 발송하는 메일의 경우 숨은 참조를 활용하여 내부 상사에게 함께 보고하는 것이 좋아.

07. 〈보기〉의 그림에서 크고 작은 사각형을 만들 때, 다음 중 그 개수가 가장 많이 나오는 사각형은? (단, 제시된 도형은 회전할 수 없고, 사각형을 만들 때 활용할 수 없는 부분은 고려하지 않는다)

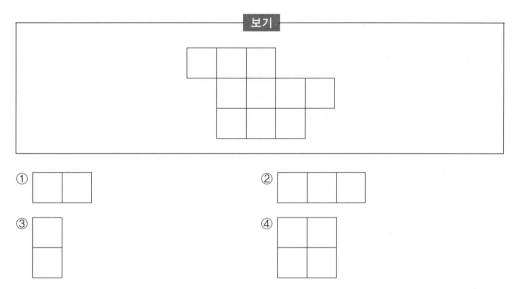

08. 한 조가 된 영희와 철수, 미정이는 발표 순서를 정하고 다음과 같이 발표 순서에 대해 말하였다. 두 번째로 발표를 하게 되는 사람은? (단, 철수는 항상 거짓말을 하고, 미정이는 사실만을 말하며, 영희는 거짓말을 하는지 사실을 말하는지 알 수 없다)

⊙ 첫 번째로 발표하는 사람 : 두 번째로 발표하는 사람은 영희이다.
⊙ 두 번째로 발표하는 사람 : 세 번째로 발표하는 사람은 철수이다.
⊙ 세 번째로 발표하는 사람 : 세 번째로 발표하는 사람은 영희가 아니다.

① 영희   ② 철수
③ 미정   ④ 알 수 없음.

충남기출복원
1회 기출예상
2회 기출예상
3회 기출예상
4회 기출예상
5회 기출예상
6회 기출예상
7회 기출예상
8회 기출예상
9회 기출예상
인성검사
면접가이드

[09 ~ 10] 다음 글을 읽고 이어지는 질문에 답하시오.

> 1950년대 프랑스의 영화 비평계에는 작가주의라는 비평 이론이 새롭게 등장했다. 작가주의란 감독을 단순한 연출자가 아닌 '작가'로 간주하고, 작품과 감독을 동일시하는 관점을 말한다.
>
> 작가주의는 상투적인 영화가 아닌 감독 개인의 영화적 세계와 독창적인 스타일을 일관되게 투영하는 작품들을 옹호한다. 감독의 창의성과 ㉠개성은 작품 세계를 관통하는 감독의 세계관 혹은 주제 의식, 그것을 표출하는 나름의 이야기 방식, 고집스럽게 되풀이되는 특정한 상황이나 배경 혹은 표현 기법 같은 일관된 문체상의 ㉡특징으로 나타난다는 것이다.
>
> 한편, 작가주의적 비평은 할리우드 영화를 재발견하기도 했다. 작가주의적 비평가들에 의해 복권된 대표적인 할리우드 감독이 바로 스릴러 장르의 거장인 알프레드 히치콕이다. 히치콕은 제작 시스템과 장르의 제약 속에서도 일관된 주제 의식과 스타일을 관철한 감독으로 평가받았다. 그는 자신만의 이야기 법칙을 만들어 가는 데 관객의 오인을 부추기는 '맥거핀' 기법을 하나의 극적 장치로 종종 활용하였다. 즉, 특정 소품을 맥거핀으로 활용하여 확실한 단서처럼 보이게 한 다음 일순간 허망한 것으로 만들어 관객을 당혹스럽게 한 것이다.

09. 윗글의 ㉠, ㉡과 단어 관계가 같은 것은?

① 타격 : 피해　　　　　　　　　　② 꽃 : 해바라기
③ 축구 : 공　　　　　　　　　　　④ 이기적 : 이타적

10. 다음 중 윗글의 내용과 일치하는 것은?

① 작가주의 비평 이론은 감독을 연출자로 고정시켜 버리는 관점을 말한다.
② 작가주의는 할리우드를 영화의 범주에 들이지 않으며 무시해 버렸다.
③ 맥거핀은 관객의 오인을 부추겨 당혹스럽게 만드는 영화적 장치이다.
④ 알프레드 히치콕은 할리우드 감독으로 작가주의와는 거리가 멀다.

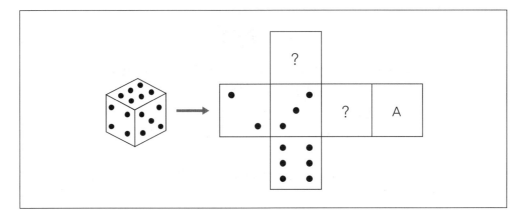

11. 다음 글에서 전제되어 있는 내용은?

> 나는 티코의 관측 자료를 가지고 작업을 시작했다. 나는 다섯 행성의 위치를 나타내는 수만 개의 숫자로 표현된 그의 자료를 빠짐없이 반영하는 모형을 만들기 위해 나의 모든 수학적 능력을 동원했다. 하지만, 이 작업은 결코 단순치 않았다. 거의 6년에 걸친 작업 끝에 마침내 화성의 위치를 설명하고 예측할 수 있도록 해 주는 화성 궤도의 수학적 모형을 완성하였고 그 정확성을 확신했다. 나는 이 모형을 토대로 하짓날 자정쯤 화성이 정확히 백조자리의 베타별과 중첩되어 보일 것으로 예측했다. 그러나 지난 하짓날 밤의 관측 결과는 실망스러웠다. 화성과 백조자리 베타별의 위치 사이엔 6분 정도의 차이가 나타났다. 더욱 중요한 것은 티코의 자료와 이 모형의 예측값 사이에 종종 8분까지 오차가 벌어진다는 사실이었다. 나는 이 정도의 오차가 어디에서 비롯되었는가를 밝히는 데 몰두했다. 문제는 내 모형이 화성의 궤도를 완전한 원으로 가정하고 있다는 사실이었다. 실제로 화성의 궤도를 원이 아닌 타원이라 가정하고 원래 모형에 약간의 간단한 수정을 가하자마자 오차들은 마법처럼 사라져 버렸다. 이렇게 해서 나는 화성의 궤도가 타원이라는 확신을 가질 수 있었다.

① 행성의 공전 궤도는 타원형이어야 한다.
② 화성은 태양이 아닌 지구 주위를 회전하는 천체다.
③ 화성의 위치에 관한 티코의 자료는 신뢰할 만하다.
④ 백조자리 베타별은 행성의 위치를 가늠하는 주요 기준이다.

12. 주사위를 다음 전개도와 같이 펼쳤을 때 A에 들어갈 눈의 개수는? (단, 주사위의 마주 보는 면에 그려진 눈의 합은 7이다)

① 1개　　　　　　　　　② 2개
③ 4개　　　　　　　　　④ 5개

13. "회사에서 승진하기 위해서는 워커홀릭이 되어야 한다."라는 명제가 참일 때, (가) ~ (다) 중 반드시 참이 아닌 것은?

> (가) 워커홀릭이 안 되면 회사에서 승진할 수 없다.
> (나) 회사에서 승진하고 싶지 않으면 워커홀릭이 되어야 한다.
> (다) 워커홀릭이 안 되더라도 회사에서 승진할 수 없는 것은 아니다.

① (가)　　　　　　　　　　　　② (나)

③ (다)　　　　　　　　　　　　④ (나), (다)

14. 다음은 A 씨와 B 씨가 소속된 사내 팀에 대한 이야기이다. 다음 두 사례를 읽고 적절한 내용을 〈보기〉에서 모두 고른 것은?

> (가) ○○공사 기획팀에서는 팀 회의를 시작하면서 팀장이 팀원들에게 막대풍선 여러 개를 나누어주고 풍선을 불면서 긴장을 풀도록 하였다. 이렇게 일상에서 벗어나는 행동은 어느 정도 팀에 성공적인 결과를 가져다주었다. 실습을 통해서 팀은 문제 상황을 새로운 관점으로 생각할 수 있게 되었으며 팀원들은 많은 해결 방안을 내놓았다.
> (나) ○○공사 총무팀 팀원들은 각자의 강점과 약점을 정리해 볼 필요가 있다고 느꼈다. 어느 한 영역에서 강점을 가진 구성원은 그 영역에서 취약한 다른 구성원과 짝을 이루어 지도하게 하였다. 이따금 짝을 바꿈으로써 팀원들은 교차 훈련을 할 수 있었다. 이러한 과정은 모두에게 이익을 주었으며 모든 팀원은 결정된 바를 실행하는 과정에 적극적으로 동참하였다.

보기

> ㉠ (가) 팀의 구성원들은 유연하고 창조적인 사고와 행동을 하고 있다.
> ㉡ (나) 팀은 규약, 절차, 방침을 명확하게 규정한 구조를 지니고 있다.
> ㉢ (가) 팀은 (나) 팀과 달리 성과와 결과에 초점을 맞춰 팀을 운영하고 있다.
> ㉣ (가) 팀은 리더가 팀의 목표를 명확히 제시하여 팀원들이 효과적으로 문제해결과정에 참여하고 있다.
> ㉤ (나) 팀은 팀원 간에 리더십 역할을 공유하여 각각 리더로서 능력을 발휘할 기회를 제공하고 있다.

① ㉠, ㉡　　　　　　　　　　　② ㉠, ㉤

③ ㉠, ㉡, ㉤　　　　　　　　　④ ㉡, ㉣, ㉤

15. 다음에 제시된 도형과 동일한 것은?

①

②

③

④

16. 다음 (가) ~ (마)를 문맥에 따라 순서대로 배열한 것은?

(가) 자신의 이름을 따 상트페테르부르크로 도시명을 정한 그는 1712년 이곳으로 수도를 옮길 정도로 애착과 기대가 컸다.

(나) 그는 발트해 연안의 이곳을 '유럽으로 향하는 항'으로 삼기로 하고 새로운 도시건설에 착수하였다.

(다) 지금도 학술, 문화, 예술 분야를 선도하며 그러한 위상에는 변함이 없다.

(라) 제정 러시아의 표트르 1세는 스웨덴이 강점하고 있던 네버 강 하구의 습지대를 탈환했다.

(마) 이렇게 시작된 이 도시는 이후 발전에 발전을 거듭하여 러시아 제2의 대도시가 되었다.

① (다)-(가)-(라)-(나)-(마)
② (다)-(나)-(가)-(라)-(마)
③ (라)-(나)-(가)-(마)-(다)
④ (라)-(나)-(다)-(가)-(마)

17. 다음 글에 나타난 글쓴이의 견해로 적절하지 않은 것은?

> 어떤 연구자는 리더십을 '목표 달성을 위해 행사되는 영향력'이라 정의 내리고, 리더의 공통된 자질로서는 지력, 교양, 전문지식, 정력, 용기, 정직, 상식, 판단력, 건강을 꼽았다. 그러나 실제로 리더가 갖추어야 할 조건이란 이론적인 것이며, 상황에 따라 달라지는 것이다.
>
> 정치세계에서의 리더십의 요건이 경제계, 군대 또는 교육계에서의 요건과 같을 이유는 없다. 정계만을 생각할 때, 그 나라가 어떠한 상황에 놓여 있는가에 따라 필요한 리더십도 달라진다. 즉, 어디에서나 기능하는 유일하고 절대적인 리더십의 존재는 수긍하기 어렵다. 리더십을 강력한 통솔력인 것처럼 해석하는 사람도 있으나, 자유방임형이나 상담형의 리더십이란 것도 존재할 수 있으며 상황에 따라서는 후자의 유형이 유효하게 기능하는 경우도 있다. 물론 마찬가지로 어떤 조직에서 다른 유형의 리더십이 제대로 기능하는 경우 또한 있을 수 있다.
>
> 리더십이란 특정인만이 갖고 있는 특수한 자질이 아니다. 리더가 될 수 있는 잠재적 능력은 선천적, 생득적인 것이 아니라 오히려 후천적인 것이며, 대부분의 사람은 인위적 훈련에 따라 어떤 형태의 리더십을 몸에 익히는 것이 가능하다. 그러나 모든 조직, 집단, 국가는 광의로서의 환경 속에 존재하며 이것과의 적합성이 항상 의문시된다. 어려운 것은 리더십을 몸에 익히는 것보다도 어떠한 리더십을 몸에 익히고, 발휘하면 되는지를 아는 것이다. 통솔력이 뛰어나고 강력한 리더가 되는 것보다도 그 조직 또는 환경에 있어서 바람직한 리더상이 무엇인가를 간파하는 것이 본질적으로 중요하면서도 어려운 문제이다.

① 조직별로 리더에게 요구되는 자질은 다르므로 뛰어난 장군이 뛰어난 정치가가 될 수 있다고 단정 지을 수 없다.

② 독재형 리더십이 제대로 기능할 수 없었던 조직이나 국가에서 상담형 리더가 정점에 서면 제대로 기능할 가능성이 있다.

③ 지금까지의 리더와 전혀 다른 자질·사고방식의 소유주가 리더가 되더라도 종래와 마찬가지로 통치나 관리를 잘 수행할 수도 있다.

④ 정치세계에서는 강력한 통솔력보다 자유방임형이나 상담형의 리더십이 더 효과적이다.

18. 다음 그림의 조각을 순서대로 배열한 것은?

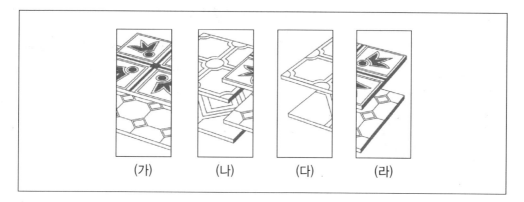

① (가)-(나)-(다)-(라)
② (다)-(가)-(나)-(라)
③ (다)-(나)-(가)-(라)
④ (라)-(가)-(나)-(다)

19. 다음 중 직업인으로서의 기본자세와 그 내용에 대한 설명으로 옳지 않은 것은?

① 소명의식은 자신이 맡은 일은 하늘에 의해 맡겨진 일이라고 생각하는 태도이다.

② 책임의식은 직업에 대한 사회적 역할과 책무를 수행하고 책임을 다하는 태도이다.

③ 원칙의식은 자신이 하는 일이 사회나 기업을 위해 중요한 역할을 하고 있다고 믿고 자신의 활동을 수행하는 태도이다.

④ 전문가의식은 자신의 일이 누구나 할 수 있는 것이 아니라 해당 분야의 지식과 교육을 밑바탕으로 성실히 수행해야만 가능한 것이라 믿고 수행하는 태도이다.

20. 예지, 지수, 은주, 지유는 함께 카페에 들러 커피 2잔과 홍차 2잔을 주문하였고 내용물을 보지 않은 채 무작위로 음료를 받았다. 〈조건〉을 참고할 때, 다음 중 옳은 것은?

> 조건
> • 예지는 자신이 주문한 음료를 받지 않았다.
> • 지수는 자신이 주문한 음료를 받았다.
> • 은주는 홍차를 주문했으나 커피를 받았다.
> • 지유는 커피를 받았다.

① 지수는 커피를 받았다.
② 지유는 자신이 주문한 음료를 받지 않았다.
③ 지유는 홍차를 주문했다.
④ 예지는 커피를 주문했다.

[21 ~ 22] 다음 자료를 보고 이어지는 질문에 답하시오.

〈종사자 지위별 여성 취업자 구성비〉

(단위 : %)

구분		2015년	2016년	2017년	2018년	2019년
취업자		100.0	100.0	100.0	100.0	100.0
비임금 근로자	자영업주	15.2	14.8	14.5	14.1	14.4
	무급가족종사자	10.1	9.8	9.1	8.7	8.4
임금 근로자	상용근로자	40.7	42.0	43.1	44.6	45.7
	임시근로자	27.5	27.4	27.6	27.5	26.5
	일용근로자	6.5	6.0	5.7	5.1	5.0

21. 위의 자료에 대한 설명으로 옳은 것은?

① 매년 임금근로자의 비율은 비임금근로자 비율의 2.5배 이상이다.

② 조사기간 동안 매년 여성 취업자의 33% 이상은 임시 혹은 일용근로자이다.

③ 조사기간 동안 매년 비임금근로자 중 무급가족종사자의 비율은 38% 이상이다.

④ 2015 ~ 2019년의 전체 여성 취업자 중 무급가족종사자의 비율과 자영업주의 비율은 매년 각각 하락하고 있다.

22. 2019년 전체 취업자 수가 26,725천 명일 때, 2019년 여성 취업자 중 일용근로자의 수는 몇 명인가? (단, 2019년 전체 취업자 중 여성의 비율은 40%이다)

① 505,980명   ② 517,940명

③ 523,560명   ④ 534,500명

23. 세전 연봉이 3,750만 원인 윤 사원은 매달 급여 실수령액의 10%를 적금으로 불입하려고 한다. 매달 세액 공제가 32만 원일 경우, 월 적금액은 얼마인가?

① 31,250원   ② 250,000원

③ 275,000원   ④ 280,500원

24. 다음은 △△프로그램의 시청률 그래프이다. 이를 바르게 해석한 것은?

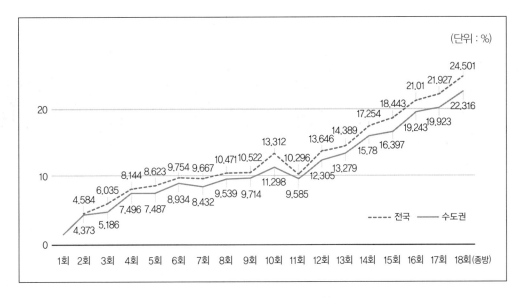

① 전반적으로 수도권의 시청률이 전국보다 더 높았다.

② 이 프로그램은 1회부터 종료 시까지 계속해서 시청률이 상승하였다.

③ 최고시청률은 마지막회에서 기록하였다.

④ 이 프로그램은 전체 회차의 $\frac{1}{3}$ 을 방영한 시점에 전국 시청률이 10%를 넘었다.

25. 김치를 담그기 위해 시장에서 무 5개와 배추 8개를 구입하니 2만 원이 있었던 지갑에 4,500원이 남았다. 무가 배추보다 개당 500원씩 비싸다고 할 때 무와 배추의 개당 가격은 각각 얼마인가?

	무	배추			무	배추
①	1,500원	1,000원		②	1,800원	1,300원
③	2,200원	1,700원		④	2,500원	2,000원

26. A ~ E 다섯 명의 영어시험 평균 점수는 72점이다. A, B의 점수가 각 65점, C, D의 점수가 각 75점이라고 할 때 E의 점수는 몇 점인가?

① 70점

② 75점

③ 80점

④ 85점

충남기출복원 1회 기출예상 2회 기출예상 3회 기출예상 4회 기출예상 5회 기출예상 6회 기출예상 7회 기출예상 8회 기출예상 9회 기출예상 인성검사 면접가이드

27. 다음은 초·중·고등학교의 사교육비 총액을 기록한 표이다. 이에 대한 설명으로 옳은 것은?

〈학생 사교육비 총액 규모〉

(단위 : 억 원, %)

구분	20X5년 비용	20X6년 비용	20X6년 전년 대비 증감률	20X7년 비용	20X7년 전년 대비 증감률	20X8년 비용	20X8년 전년 대비 증감률	20X9년 비용	20X9년 전년 대비 증감률
전체	190,395	185,960	−2.3	182,297	−2.0	178,346	−2.2	180,605	1.3
초등학교	77,554	77,375	−0.2	75,948	−1.8	75,287	−0.9	77,438	2.9
중학교	61,162	57,831	−5.4	55,678	−3.7	52,384	−5.9	48,102	−8.2
고등학교	51,679	50,754	−1.8	50,671	−0.2	50,675	0.0	55,065	8.7

※ 20X8년 대비 20X9년 학생 수 감소 : 초등학교 2,715 → 2,673천 명, 중학교 1,586 → 1,457천 명, 고등학교 1,788 → 1,752천 명

① 조사기간 동안 전년 대비 증감률은 매년 고등학교가 가장 크다.

② 사교육비 총액은 20X9년에 전년 대비 최고 증가폭을 보였다.

③ 20X8년 대비 20X9년의 중학교 사교육비 감소는 비용의 순수 경감 효과이다.

④ 전체적으로 사교육에 쏟아 붓는 비용이 시간의 흐름에 따라 계속해서 감소하였다.

28. A 회사 제품개발팀에서 일하고 있는 박 대리는 마케팅팀 팀장으로부터 마케팅 업무 관련 도움 요청을 받았다. 하지만 자신의 업무도 많아서 이를 정중히 거절하려고 한다. 다음 〈거절의 3S 원칙〉을 활용하고자 할 때, 밑줄 친 부분과 관련된 예시로 적절한 것은?

> 누구에게나 거절은 어려운 일이다. 그러나 협업 상황에서 거절할 때 상대와의 관계를 해치지 않으면서 적절한 거절을 할 수 있어야 한다. 이러한 거절을 위한 3S 원칙은 다음과 같다.
> • Sympathy(상황 공감) : 상대가 요청하게 된 숨겨진 욕구에 공감
> • Sorry(유감 표명) : 명확한 사실을 기반으로 한 솔직한 사과
> • Suggestion(대안 제시) : 서로 협의 가능한 대안 제시

① 요새 다음 분기 계획을 수립하시는데 일손이 부족해 힘드신 것 같네요.

② 갑자기 저희 팀 팀장님께서 시제품 테스트 계획을 요청하셔서 당장 도와드릴 수가 없습니다.

③ 저는 현재 담당하는 업무가 많아서 실력 좋은 오 주임을 소개해 드리겠습니다.

④ 요즘 여러 가지 일로 많이 바쁘다 보니 다음에 시간 날 때 다시 말씀해 주십시오.

29. 제시된 도형을 그림과 같이 잘랐을 때 나오는 단면도로 적절한 것은?

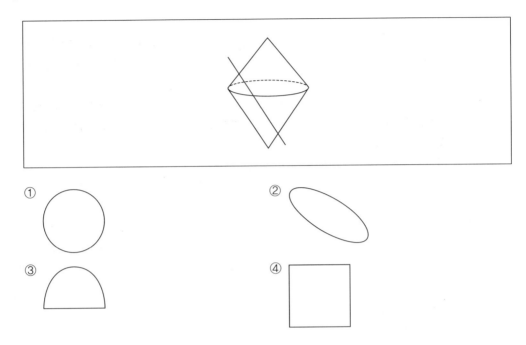

① (원)

② (타원)

③ (반원)

④ (정사각형)

30. 다음 상황에서 문제를 해결하는 태도와 동일한 문제해결 태도를 보이는 것은?

> 우리는 서로 다른 두 집단이 완벽히 같은 대우를 받을 수 없음을 알고 있다. 두 집단은 서로 다른 상황에 처해 있으므로 여러 사람을 고려하여 대우한다고 해도 완전히 같을 수 없다. 그래서 두 집단이 처해 있는 상황이 어떠한지 따져보고 어느 한 집단이 그나마 상황이 낫다면 상황이 좋지 못한 집단에게 좀 더 나은 대우를 해 주는 것이 옳다고 생각한다. 그러나 이러한 판단도 절대적으로 옳은 것은 아니다. 좀 더 상황이 나은 집단이 이러한 차등적인 대우를 온전히 받아들일 수 있을지 장담하기 어렵기 때문이다. 그래서 우리는 두 집단이 모두 좋은 상황에 놓이기를 바라지만 이것이 큰 이상일 뿐이라는 것을 깨닫게 된다. 다만 두 집단이 모두 좋은 상황에 놓일 수 있도록 계속해서 고민하고 행동을 취하고, 또 행동을 수정할 뿐이다.

① 인간은 절대적인 완성의 경지에 도달할 수 없다. 다만 계속해서 노력할 뿐이다.

② 이미 기회가 제한된 집단에게는 기회의 평등이 보다 적극적으로 고려되어야 한다.

③ 남성과 여성이 모두 인정할 수 있는 정책은 드물다. 다만 어느 성별도 차별하지 않도록 노력할 뿐이다.

④ 지역적으로 서로 다른 자원을 보유하고 있는 점을 고려하여 지역 간 협의체를 구성해야 한다.

충남기술특원 / 1회 기출예상 / 2회 기출예상 / 3회 기출예상 / 4회 기출예상 / 5회 기출예상 / 6회 기출예상 / 7회 기출예상 / 8회 기출예상 / 9회 기출예상 / 인성검사 / 면접가이드

31. 다음 (가) ~ (라)를 문맥에 따라 순서대로 배열한 것은?

> (가) 인터넷은 세계 각지의 뉴스가 시시각각 올라오고 새로운 문화가 탄생하는 변화의 장이
> 며, 사람들은 이에 적응하기 위해 의미전달이 되면서 가능한 짧은 말과 기호를 고안해서
> 사용하게 된 것이다.
>
> (나) 통신언어의 사용은 한글파괴를 초래하는 문제가 발생하고 있어, 대부분의 언론에서는 한
> 글파괴에 대한 심각성을 역설하며 젊은 세대들이 사용하는 통신언어인 '이모티콘'이나
> '외계어' 사용을 질타하고 있다.
>
> (다) 이번 설문조사에서 '인터넷 소설'의 맞춤법 사용에 대해 질문한 결과 55%가 '맞춤법을
> 지켜야 한다'고 답한 반면, 45%는 '맞춤법은 중요하지 않다'고 응답해 젊은 네티즌들이
> '통신용어'에 대해 비교적 관대한 것으로 나타났다.
>
> (라) 인터넷에서 언어의 사용은 직접 마주보고 대화를 할 때와 비교했을 때 대화의 진행 속도
> 가 느리고 절차가 번잡스럽다보니 사람들은 긴 단어를 가능한 짧게 줄여 쓰거나 맞춤법
> 을 무시하고 구어체에 근거하여 소리 나는 그대로 글자를 침으로써 입력을 빠르고 쉽게
> 하려고 노력한다.

① (가)-(나)-(라)-(다) 　　　② (가)-(다)-(나)-(라)
③ (다)-(가)-(라)-(나) 　　　④ (다)-(나)-(가)-(라)

32. 다음 밑줄 친 부분의 띄어쓰기가 잘못된 것은?

① 그 녀석을 <u>골탕∨먹일</u> 좋은 수가 없을까?
② 지금은 때를 기다리는 <u>수밖에</u> 없다.
③ 이 전망대에서 서울 시내를 <u>한∨눈에</u> 내려다볼 수 있다.
④ 그 책을 다 <u>읽는∨데</u> 삼 일이 걸렸다.

33. 다음 글에 나타나는 논리적 오류는?

> 몇몇 신문들은 이번 사건에 대하여 사설을 통해 북 공격설을 제기했다. 어떤 사설은 전시
> 태세를 갖추어야 한다며 '전쟁을 무서워하는 국민은 매국노'라고 못 박기도 했다.

① 원천봉쇄의 오류 　　　② 흑백논리의 오류
③ 인신공격의 오류 　　　④ 성급한 일반화의 오류

34. 다음은 A가 관람하려는 영화가 상영을 시작하는 시각을 나타낸 것이다. A의 일정을 참고할 때, A가 선택할 수 있는 영화 시작 시각으로 옳은 것은? (단, 이동시간은 고려하지 않는다)

월	9 : 00, 11 : 20, 13 : 40, 16 : 30, 18 : 20, 20 : 40
화	9 : 00, 11 : 20, 13 : 40, 16 : 30, 18 : 20, 20 : 40
수	9 : 00, 11 : 20, 13 : 40, 16 : 30, 18 : 20, 20 : 40
목	9 : 00, 11 : 20, 13 : 40, 16 : 30, 18 : 20, 20 : 40
금	10 : 00, 12 : 30, 17 : 00, 19 : 20, 21 : 40
토	10 : 00, 12 : 30, 17 : 00, 19 : 20, 21 : 40
일	9 : 00, 11 : 20, 14 : 40, 17 : 00, 18 : 20, 20 : 40

〈A의 일정〉
• 주중 근무시간은 오전 9시 ~ 오후 6시 30분이다(주말에는 근무하지 않는다).
• 화요일, 목요일, 토요일에는 독일어 학원에서 오후 7시 ~ 9시까지 수업을 듣는다.
• 금요일 퇴근 후에는 다양한 행사에 참여하여 다른 일정을 잡기가 어렵다.
• 일요일은 휴식을 위해 오후 5시 이후에는 집에 머무른다.

① 화요일 － 20 : 40
② 수요일 － 20 : 40
③ 토요일 － 19 : 20
④ 일요일 － 17 : 00

35. 다음 세 개의 블록을 결합했을 때 나올 수 없는 형태는?

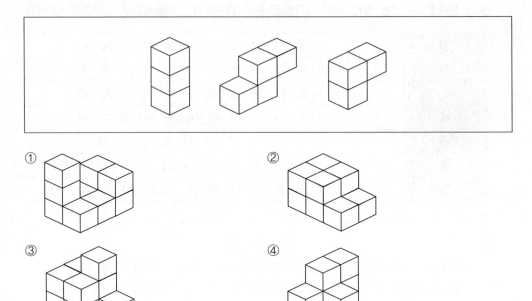

① ② ③ ④

36. 다음 글에 대한 설명으로 적절한 것은?

우리가 자유를 제한하지 않을 수 없는 이유는 모든 사람들에게 무제한의 자유를 허용했을 경우에 생기는 혼란과 일반적 불이익에 있다. 모든 사람들이 제멋대로 행동하는 것을 허용한다면 서로가 서로의 길을 방해하게 될 것이고, 결국 대부분의 사람들이 심한 부자유의 고통을 받는 결과에 이르게 될 것이다. 자유의 역리(逆理)라고 부를 수 있는 이러한 모순을 방지하기 위하여 자유의 제한은 불가피하다. 자유를 제한하는 것이 바람직하기 때문이 아니라, 더 큰 악(惡)을 막기 위하여 자유를 제한한다는 이 사실을 근거로 우리는 하나의 원칙을 얻게 된다. 자유의 제한은 모든 사람들을 위해서 불가피할 경우에만 가해야 한다는 것이다. 자유에 대한 불필요한 제한은 정당화될 수 없다. 사회의 질서와 타인의 자유를 해치지 않는 한 최대한의 자유를 허용하는 것이 바람직하다.

① 자유의 역리란 무조건 사람들의 자유를 빼앗아야 한다는 이론이다.
② 사람들의 자유를 제한하는 행위는 매우 바람직하다.
③ 사람들이 서로의 자유를 침해하지 않는다면 자유를 보장해야 한다.
④ 사람들에게 법률에 의한 자유침해는 전혀 필요치 않다.

37. 다음 빈칸에 들어갈 접속어로 알맞은 것은?

> 나이가 들면 노화로 발생하는 활성산소 탓에 뇌세포가 파괴돼 뇌가 늙는다. 또한 뇌세포를 연결하는 수상돌기가 감소하면서 신경전달 물질의 분비가 줄어 기억력과 정보처리능력, 학습 능력, 집중력이 떨어진다. (   ) 뇌기능 감퇴는 사실 20대부터 시작된다. 30대까지는 별 문제가 없기 때문에 인지하지 못할 뿐이다.

① 그런데 　　　　　　　　　　　② 예를 들어
③ 그래서 　　　　　　　　　　　④ 그러면

38. 다음과 같은 상황에서 황 대리의 대응 방안으로 가장 바람직한 것은?

> 중소기업에 다니고 있는 황 대리는 최근 대기업으로의 인수합병에 대한 소문을 들었다. 인수합병을 하면 급여 수준은 올라가지만, 현 직장의 단란한 분위기는 기대하기 어려울 것이다. 또 향후 승진이나 기회 측면에서 불이익을 받지 않을까 하는 걱정도 있다. 황 대리는 이 상황을 어떻게 받아들여야 하며, 앞으로 어떻게 처신해야 하는지 근심에 싸여 있다.

① 대기업에 인수되어 불이익을 받기 전에 다른 회사로 이직한다.
② 합병될 대기업 임원들과의 인맥관리에 힘쓴다.
③ 이러한 분위기를 절호의 기회로 삼아 업무 수행보다 자기개발에 힘쓴다.
④ 아직 소문에 불과하므로 단단한 마음을 가지고 하던 대로 직업생활을 한다.

39. 다음 중 직장 예절로 적절하지 않은 것은?

① 상대방에게 직위를 물을 때는 "직함이 어떻게 되십니까?"라고 질문한다.
② 상대방에게 직위를 알려 줄 때는 직위를 이름 앞에 붙여 "저는 ○○기관 과장 김□□입니다."라고 말한다.
③ 직위는 다르나 동일한 직책을 가지고 있는 경우에는 서로의 호칭을 직책으로 통일한다.
④ 낮은 직위라도 먼저 입사했거나 나이가 많은 경우에는 직위에 '님'을 붙여 부른다.

충남기출복원
1회 기출예상
2회 기출예상
3회 기출예상
4회 기출예상
5회 기출예상
6회 기출예상
7회 기출예상
8회 기출예상
9회 기출예상
인성검사
면접가이드

40. 다음은 입체도형을 여러 방향에서 바라본 투상도이다. 이에 해당하는 입체도형은? (단, 화살표 방향은 정면을 의미한다)

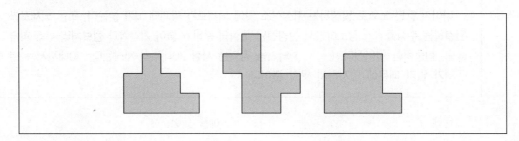

①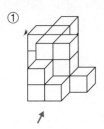

②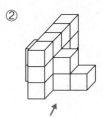

③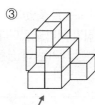

④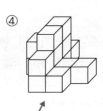

41. L 회사 영업부는 부장, 차장, 과장, 대리, 사원, 인턴 6명이 근무하는데, 이들 가운데 4명이 한 팀을 구성하여 해외 출장을 가게 되었다. 만일 사원이 불가피한 사정으로 갈 수 없게 되었다면, 다음 〈조건〉을 모두 만족하는 팀 구성은?

조건

- 부장 또는 차장은 반드시 가야 하지만, 부장과 차장이 함께 갈 수는 없다.
- 대리 또는 사원은 반드시 가야 하지만, 대리와 사원이 함께 갈 수는 없다.
- 만일 과장이 가지 않게 된다면 대리도 갈 수 없다.
- 만일 차장이 가지 않게 된다면 인턴도 갈 수 없다.

① 차장, 대리, 사원, 인턴   ② 차장, 과장, 대리, 인턴

③ 부장, 차장, 대리, 인턴   ④ 부장, 과장, 대리, 인턴

42. 다음은 ○○경제원의 A 연구원이 작성한 보고서의 일부이다. 자료에 대한 해석으로 적절하지 않은 것은?

〈20X7년 회계연도 총세입 현황〉

(단위 : 조 원)

구분		20X6년 결산	20X7년		증감량	
			예산	결산	전년 대비	예산 대비
① 국세수입		242.6	251.1	265.4	22.8	14.3
	일반회계	235.7	244.0	258.6	22.9	14.6
	소득세	68.5	69.6	75.1	6.6	5.5
	법인세	52.1	57.3	59.2	7.1	1.9
	부가가치세	61.8	62.6	67.1	5.3	4.5
	기타	53.3	54.6	57.3	4.0	2.7
	특별회계	6.8	7.1	6.9	0.1	−0.2
② 세외수입		102.4	98.8	94.1	−8.3	−4.7
	일반회계	46.0	41.0	34.4	−11.6	−6.6
	특별회계	56.5	57.8	59.7	3.2	1.9
총세입(①+②)		345.0	349.9	359.5	14.5	9.6

※ 구성항목별 계산금액은 단수조정으로 조정될 수 있음.

① 세외수입을 제외한 20X7년 회계연도 총세입은 359.5조 원이며 20X6년 대비 14.5조 원 증가하였다.

② 20X7년 세외수입은 94.1조 원으로 20X7년 예산 대비 4.7조 원 감소하고, 20X6년 결산 대비 8.3조 원 감소하였다.

③ 20X7년 국세수입은 265.4조 원으로 20X7년 예산 대비 14.3조 원 초과하였으며 20X6년 결산 대비 22.8조 원 증가하였다.

④ 세목별로 살펴보면 20X7년 기준 법인세는 20X6년도와 비교하여 7.1조 원 증가하였고 부가가치세는 5.3조 원 증가하였다.

43. ○○기업은 소속 직원들의 역량 강화를 위한 정기 해외 파견근무 대상자를 선정하고자 한다. 다음 내용을 참고할 때, 20X4년 10월 해외 파견근무에 선발될 직원은?

- 파견 인원 및 기간

  지원자 중 3명을 선발하여 1년간 이루어지며, 파견 기간은 변경되지 않는다.

- 선발 조건

  1) 업무능력에 대한 근무 평점이 80점(보통) 이상인 경우만 선발하고 업무능력 우수자가 반드시 1명 이상 선발되어야 한다.

  2) 직전 해외 파견근무가 종료된 이후 2년이 경과하지 않은 직원은 선발할 수 없다.

  3) 총무부 직원은 1명 이상 선발한다.

  4) 동일 부서에 근무하는 2명 이상의 팀장을 선발할 수 없다.

  5) 과장을 선발하는 경우 동일 부서에 근무하는 직원을 1명 이상 함께 선발한다.

- 지원자 현황

직원	직위	근무부서	업무능력	직전 해외 파견근무 종료 시점
갑	과장	총무	보통	20X1년 3월
을	과장	기획	미흡	20X2년 8월
병	팀장	총무	보통	20X2년 11월
정	팀장	영업	우수	20X1년 8월
무	팀장	영업	보통	20X2년 5월
기	사원	총무	보통	20X2년 5월
경	사원	기획	미흡	20X1년 7월

---

① 갑, 병, 정　　　　　　　　　② 갑, 정, 기

③ 병, 정, 경　　　　　　　　　④ 정, 기, 경

[44 ~ 45] 다음은 같은 크기의 블록을 쌓아 올린 그림이다. 이어지는 질문에 답하시오.

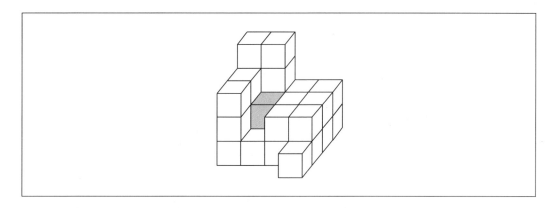

44. 그림에서 두 면만 보이는 블록은 모두 몇 개인가?

① 6개   ② 7개   ③ 8개   ④ 9개

45. 색칠된 블록에 직접 접촉하고 있는 블록의 개수는 모두 몇 개인가?

① 2개   ② 3개   ③ 4개   ④ 5개

46. 다음에 제시된 상황에서 박 사원이 취할 행동으로 바람직한 것은?

이름	박○○	부서 / 직급	콜센터 / 사원
성별 / 나이	여 / 26	담당 업무	콜택시 배차

박 사원의 업무는 콜택시 이용을 원하는 고객들의 전화를 받아 접수한 후 원활하게 배차가 이루어질 수 있도록 하는 것이다. 평소와 같이 전화를 받고 있는데, 한 시간째 배차가 안 되고 있다며 따지는 고객의 전화를 받게 되었다. 현재 이용하려는 거리가 짧아서 일부러 누락시킨 건 아니냐며 막무가내로 언성을 높이고 있는데, 고객의 정보를 조회해 봤더니 접수한 내역은 없었다.

① 해당 지역은 일하기 피곤하다고 생각하며 전근을 신청한다.

② 억지를 부리는 민원인이 안타깝지만 업무에 방해가 되므로 경찰을 불러 인계한다.

③ 불편을 느낀 것에 동감하고 전화 목록을 확인시켜 주며 누락한 것이 아니라고 충분히 설명한 후 배차를 진행한다.

④ 계속 통화를 이어 나가기에는 다른 고객들의 대기가 길어지므로 고객의 말을 중단시킨 후 원하는 것이 무엇이냐고 단도직입적으로 묻는다.

충남기술복원 / 1회 기출예상 / 2회 기출예상 / 3회 기출예상 / 4회 기출예상 / 5회 기출예상 / 6회 기출예상 / 7회 기출예상 / 8회 기출예상 / 9회 기출예상 / 인성검사 / 면접가이드

[47 ~ 48] 다음은 우리나라 도시와 농촌 간 소득격차에 관한 자료이다. 이어지는 질문에 답하시오.

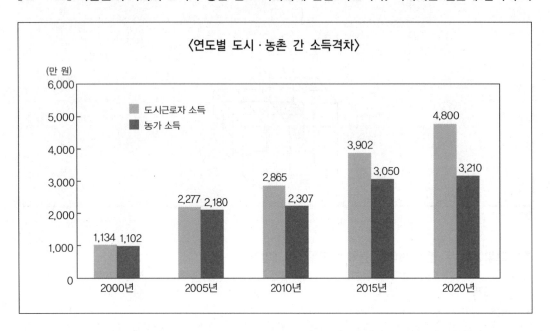

〈연도별 도시·농촌 간 소득격차〉

47. 도시와 농촌 간 소득격차가 가장 큰 해의 농가 소득은 그 해 도시와 농촌 전체 소득의 몇 %인가?

① 약 39.6% ② 약 39.8% ③ 약 40.1% ④ 약 40.2%

48. 2010년 대비 2020년의 도시근로자 소득과 농가 소득의 증가분은 각각 얼마인가?

① 1,835만 원, 801만 원   ② 1,844만 원, 805만 원
③ 1,930만 원, 901만 원   ④ 1,935만 원, 903만 원

49. 다음 글의 내용과 가장 관련 있는 한자성어는?

> A 시에서 산림자원을 보존하기 위해 숲 가꾸기 사업 및 산물 수집단을 적극적으로 운영한 결과, 2만 명이 넘는 일자리를 창출되었다. 결과적으로 일자리 창출과 함께 산림자원도 증대시키는 만족스러운 결과를 얻었다고 평가받고 있다.

① 지록위마(指鹿爲馬)   ② 일거양득(一擧兩得)
③ 유비무환(有備無患)   ④ 건곤일척(乾坤一擲)

50. 다음은 건강 생태 체험관 관람 안내문이다. 이 안내문을 이해한 내용으로 적절하지 않은 것은?

〈건강 생태 체험관 관람 안내〉

1. 운영시간 안내
   • 09 : 30 ～ 18 : 30
   • 매주 월요일 휴무
   ※ 입장은 운영 종료 1시간 전까지 가능합니다.

2. 입장요금 안내

구분	어른	중고생	어린이	경로우대	장애인/국가유공자
정상 요금	7,500원	6,000원	5,000원	6,000원	6,000원
단체 요금	6,500원	5,000원	4,000원	5,000원	5,000원

   • 30인 이상 단체일 경우 단체 요금 적용
   • 36개월 미만 유아 무료입장(가족 동반 입장 시)
   • 국가 유공자, 장애인, 경로 우대자, 유아는 신분증, 복지 카드, 의료 보험증 제시
   • 국가 유공자 할인은 본인 1인에 한함.
   • 만 65세 이상 경로 우대 할인
   • 장애인은 1 ～ 3급 본인과 보호자 1인 동반 할인 / 4급 이상 본인 한정 할인

3. 유의사항 안내
   • 체험관 전 지역은 금연입니다.
   • 취사는 하실 수 없습니다.
   • 동식물 및 흙과 돌을 채집하실 수 없습니다
   • 지정된 길로만 통행하여 주시기 바랍니다.
   • 애완동물은 반입하실 수 없습니다.
   • 입장권 분실 시 재발급해 드리지 않습니다.

① 단체 요금으로 할인되는 금액의 폭은 대상과 무관하게 모두 같다.
② 식물을 채집하는 체험이 별도로 마련되어 있다.
③ 수요일에는 오후 5시 30분까지 체험관에 입장할 수 있다.
④ 경로 우대자 요금을 적용받기 위해서는 증명이 필요하다.

01. 밑줄 친 부분과 바꾸어 쓸 수 없는 단어는?

> 가벼운 접촉사고를 내서 보험금을 타 내려는 너의 계획은 결국 <u>수포(水泡)로</u> 돌아가고 말 거야.

① 깨지고　　　　　　　　　　② 힐책하고
③ 그르치고　　　　　　　　　④ 박타고

02. 다음 〈사례〉를 읽고 박 대리의 듣기태도에 대해 상사가 조언하고자 할 때, 조언으로 적절하지 않은 것은?

사례

> 박 대리는 회의할 때나 대화를 할 때 머리카락을 돌린다든지, 손가락을 만지작거린다든지 하는 등 불필요한 행동을 한다. 안절부절못하는 박 대리를 보고 있으면 회의나 대화가 지루해 딴청을 피우고 있는 것처럼 느껴지곤 한다.

① 상대방의 말에 집중하며 진정성을 가지고 마음을 쏟아 귀 기울여야지.
② 고개를 끄덕거리거나 눈을 맞추는 것과 같이 대화에 적절한 반응을 보이는 게 좋아.
③ 상대방의 말을 듣는다는 것은 언어뿐만 아니라 상대방의 과제에 집중한다는 의미도 포함되는 거야.
④ 상대방의 이야기를 충분히 공감하고 숙지한 후 동의의 의사 표현을 하는 게 좋아.

03. 다음의 〈보기〉에서 왼쪽 전개도를 접어 오른쪽 주사위 모형을 만들었을 때, 뒷면 방향에서 바라본 주사위 면의 모습으로 적절한 것은?

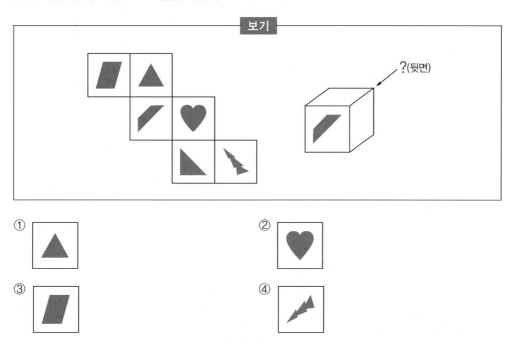

① △

② ♥

③ ▰

④ ⚡

04. 다음 〈보기〉의 명제가 모두 참일 때 반드시 참인 것은?

보기

- 법학을 공부하는 사람은 행정학 수업을 듣는다.
- 경제학 수업을 듣는 사람은 역사를 공부하지 않는다.
- 법학을 공부하는 사람은 철학을 공부한다.
- 경제학 수업을 듣지 않는 사람은 행정학 수업을 듣지 않는다.

① 경제학 수업을 듣는 사람은 법학을 공부한다.
② 철학을 공부하는 사람은 행정학 수업을 듣는다.
③ 역사를 공부하는 사람은 법학을 공부하지 않는다.
④ 법학을 공부하는 사람은 경제학 수업을 듣지 않는다.

05. 효과적인 의사소통에 대한 설명으로 적절하지 않은 것은?

① 칭찬, 격려, 공감, 지지와 같은 긍정적인 언어를 사용하면 의사소통이 원활하게 이루어진다.

② 나 전달법이란 상대방의 행동에 대한 자신의 솔직한 감정과 희망 사항을 말하는 것이다.

③ 상대방의 이야기가 진행될 때에는 자신의 반응을 보이지 않고 경청하고 있음을 표현한다.

④ 언어적 의사소통과 비언어적 의사소통을 일치시킬 때 효과적으로 전달된다.

06. A는 R 사에서 시행하는 〈일 가정 양립 제도〉에 대한 보도 자료를 작성하였다. 이를 본 팀장의 지시 사항으로 적절하지 않은 것은?

〈일 가정 양립 제도 확립〉

저희 R 사는 유연근무제 활성화를 위한 제도 개선을 추진함으로써 임직원의 일과 삶의 균형을 추구하고 유연근무 신청 기간을 유연근무 시작 ㉠1일 전에서 7일 전으로 변경하는 등 유연 근무 신청 및 해제 절차를 간소화하고 사내 인트라넷을 활용하여 유연근무 사용 요일 및 시간대를 상세히 안내하는 등 편의성을 높였습니다. ㉡반면 팀장급 이상 관리자의 유연근무제 홍보 활동을 통해 유연근무제 이용 활성화를 도모하였습니다. 또한 임신기, 육아기에 빠른 근로시간 단축 등 생애 주기별 경력관리 제도를 운영함으로써 모성보호를 위한 근무 환경을 조성하고 있습니다. 이와 더불어 여성과 남성 직원 모두 최대 3년의 육아휴직을 사용할 수 있게 하였고, 존속기간이 1년 미만인 직원들에게도 가족 돌봄 휴직을 ㉢허락하고 있습니다. 아울러 ㉣직장 어린이집 운영, 휴식, 저축제도 도입, 주 2회 정시 퇴근의 날 시행 등 다양한 가족친화제도를 운영함으로써 임직원이 일과 가정의 양립을 실현할 수 있도록 앞장서고 있습니다.

---

① ㉠ : 유연근무 신청 기간의 숫자가 뒤바뀐 것은 아닌지 검토해 주세요.

② ㉡ : 여기서는 '반면'이 아니라 '또한'으로 문장을 연결해야 자연스럽군요.

③ ㉢ : 허락보다는 허가 또는 허용이라는 단어를 사용하는 것이 적합하겠어요.

④ ㉣ : 주 2회 정시 퇴근의 날은 가족친화제도와 무관하므로 삭제하도록 하세요.

07. 다음은 같은 크기의 블록을 쌓아올린 그림이다. 블록의 개수는 모두 몇 개인가? (단, 보이지 않는 뒷부분의 블록은 없다)

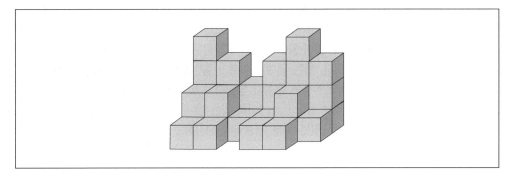

① 31개　　　　　　　　　　② 32개

③ 34개　　　　　　　　　　④ 35개

08. A ~ E는 각각 독일어, 스페인어, 일본어, 중국어 중 1개 이상의 언어를 구사할 수 있다. 다음 진술들을 토대로 E가 구사할 수 있는 언어를 모두 고른 것은?

> A : 내가 구사할 수 있는 언어는 C와 겹치지 않아.
> B : 나는 D가 구사할 수 있는 언어와 독일어를 제외한 언어를 구사할 수 있어.
> C : 나는 스페인어를 제외한 나머지 언어를 구사할 수 있어.
> D : 3개 언어를 구사할 수 있는 C와 달리 내가 구사할 수 있는 언어는 A와 동일해.
> E : 나는 B와 C를 비교했을 때, C만 구사할 수 있는 언어만 구사할 수 있어.

① 독일어　　　　　　　　　　② 스페인어

③ 독일어, 스페인어　　　　　　④ 일본어, 중국어

충남기출복원 1회 기출예상 2회 기출예상 3회 기출예상 4회 기출예상 5회 기출예상 6회 기출예상 7회 기출예상 8회 기출예상 9회 기출예상 인성검사 면접가이드

[09 ~ 10] 다음 글을 읽고 이어지는 질문에 답하시오.

'읽는 문화'의 실종, 그것이 바로 현대사회의 특징이다. 신문의 판매 부수가 날로 떨어져 가는 반면에 텔레비전의 시청률은 나날이 증가하고 있다. 또한 깨알 같은 글로 구성된 20쪽 이상의 책보다 그림과 여백이 압도적으로 많이 들어간 만화책 같은 것이 늘어나고 있다. '보는 문화'가 읽는 문화를 대체해 가고 있는 것이다. 읽는 일에는 피로가 동반하지만, 보는 놀이에는 휴식이 따라온다. 그러니 일을 저버리고 놀이만 좇는 문화가 범람하고 있지 않은가. 보는 놀이가 머리를 비게 하는 것은 너무나 당연하다. 읽는 일이 (   )되지 않는 한 우리 사회는 생각 없는 사회로 치달을 수밖에 없다. 책의 문화는 바로 읽는 일과 직결되며 생각하는 사회를 만드는 지름길이다.

09. 윗글의 주제로 적절한 것은?

① 만화책을 통해 읽는 즐거움을 느껴야 한다.
② 놀이 후에는 충분한 휴식을 취해야 한다.
③ 사회에 책 읽는 문화가 퍼지도록 권장해야 한다.
④ 사람이라면 누구나 생각하며 살아야 한다.

10. 윗글의 빈칸에 들어갈 말로 적절한 것은?

① 장려   ② 근절   ③ 제거   ④ 추가

11. 다음 명제가 참일 때, (가)~(다) 중 참인 것은?

운동을 좋아하면 인내심이 있고 몸도 건강하다.

(가) 인내심이 있으면 운동을 좋아한다.
(나) 몸은 건강하지 않지만 인내심이 있으면 운동을 좋아한다.
(다) 인내심이 없거나 몸이 건강하지 않으면 운동을 좋아하지 않는다.

① (가)   ② (나)   ③ (나), (다)   ④ (다)

12. 다음 글을 읽고 추론한 내용으로 적절한 것은?

> 우리 민족은 활에 대해 각별한 관심이 있었으며, 활을 중요한 무기로 여겼다. 이에 따라 활 제작 기술도 발달했는데, 특히 조선시대의 활인 각궁(角弓)은 매우 뛰어난 성능과 품질을 지니고 있었다. 그렇다면 무엇이 각궁을 최고의 활로 만들었을까?
>
> 활은 복원력을 이용한 무기이다. 복원력은 탄성이 있는 물체가 힘을 받아 휘어졌을 때 원래대로 돌아가는 힘으로, 물체의 재질과 변형 정도에 따라 힘의 크기가 변한다. 이를 활에 적용해 보자. 활의 시위를 당기면 당기는 만큼의 복원력이 발생한다. 복원력은 물리학적인 에너지의 전환 과정이기도 하다. 사람이 시위를 당기면 원래의 시위 위치에서 시위를 당긴 거리만큼의 위치 에너지가 화살에 작용하게 된다. 따라서 시위를 활대에서 멀리 당기면 당길수록 더 큰 위치 에너지가 발생하게 된다. 이때 시위를 놓으면 화살은 날아가게 되는데, 바로 이 과정에서 위치 에너지가 운동 에너지로 전환된다. 즉, 시위를 당긴 거리만큼 발생한 위치 에너지가 운동 에너지로 바뀌어 화살을 날아가게 하는 것이다.
>
> 또한 복원력은 활대가 휘는 정도와 관련이 있다. 일반적으로 활대가 휘면 휠수록 복원력은 더 커지게 된다. 따라서 좋은 활이 되기 위해서는 더 큰 위치 에너지를 만들어 낼 수 있는 탄성이 좋은 활대가 필요하다. 각궁은 복원력이 뛰어난 활이다. 그 이유는 각궁이 동물의 뿔이나 뼈, 힘줄, 탄성 좋은 나무 등 다양한 재료를 조합해서 만든 합성궁이기 때문이다. 합성궁은 대나무와 같은 나무만을 재료로 만든 활보다 탄력이 좋아서 시위를 풀었을 때 활이 반대 방향으로 굽는 것이 특징이다. 바로 이러한 특성으로 인해 각궁은 뛰어난 사거리와 관통력을 갖게 되었다.

① 고려시대 때의 활은 여러 재료의 조합이 아닌 한 가지 재료로만 만들어졌다.
② 위치 에너지가 운동 에너지로 전환되는 힘의 크기가 활의 사거리와 관통력을 결정한다.
③ 활대가 많이 휠수록 복원력은 더 커지므로, 활이 많이 휠수록 가격은 비싸진다.
④ 각궁의 탄력이 좋은 이유는 나무로만 만들어져 시위를 풀었을 때 활이 반대 방향으로 굽는 특징 덕분이다.

13. 다음 글에서 설명하는 직업관으로 적절한 것은?

> 이것은 직업을 자신의 생계유지 수단이나 사회적 지위의 획득 수단, 또는 기타 목적의 수단으로 보는 직업관이다. 이러한 직업관은 매우 기회주의적이어서 경우에 따라서 자주 자신의 직업을 바꾸고, 쉽게 싫증을 느끼며, 직업에 대한 적응력과 완성도가 낮다.

① 도구적 직업관
② 목적적 직업관
③ 생업적 직업관
④ 신분적 직업관

14. 다음 그림 안에 나타나 있지 않은 조각은?

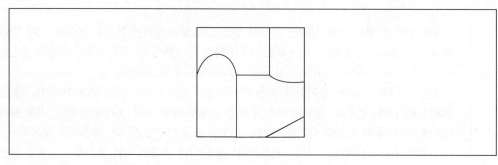

①

②

③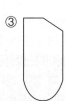

④

15. 다음에 제시된 도형과 동일한 것은?

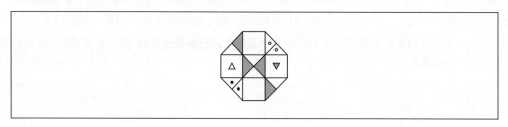

①

②

③

④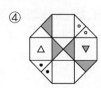

16. 다음 (가) ~ (라)를 문맥에 따라 순서대로 배열한 것은?

> (가) 예를 들면 손을 자주 씻어 손에 묻어 있을 수 있는 감기 바이러스를 제거하고 손으로 얼굴을 비비지 않도록 한다.
>
> (나) 감기를 예방하기 위해서는 감기 바이러스와 접촉할 기회를 아예 없애야 한다.
>
> (다) 특히 어린이는 성인에 비해 감기 바이러스에 감염될 확률이 더 높기 때문에 사람들이 많이 모여 있는 곳에는 가지 않도록 주의해야 한다.
>
> (라) 또한 다른 사람들과 수건 등의 일상용품을 함께 사용하지 않는 것이 좋다.

① (나) - (가) - (라) - (다)   ② (나) - (라) - (다) - (가)

③ (라) - (가) - (다) - (나)   ④ (라) - (나) - (가) - (다)

17. 다음 글의 중심내용으로 적절한 것은?

> 　사람들은 흔히 뉴스를 세상에서 일어난 일을 사실적이고 객관적으로 기술한 정보라고 생각한다. 만약 어떤 사건이나 이슈가 완벽하게 사실적이고 객관적으로 기술될 수 있다면 서로 다른 미디어가 취재해서 보도하더라도 같은 뉴스가 만들어질 것이니 우리 사회에는 굳이 그렇게 많은 뉴스 미디어가 존재할 필요가 없을 것이다. 하지만 현실에는 언론사, 포털 뉴스, 뉴스 큐레이션 서비스, 소셜 미디어 및 개인 미디어 등 수많은 뉴스 생산 주체들이 뉴스를 생산한다. 이렇게 많은 언론사 및 개인들이 뉴스를 생산한다는 것은 현실에서 일어난 하나의 사건이 뉴스 미디어에 따라 다르게 보도될 수 있다는 것을 의미한다.
>
> 　과거에는 뉴스를 만드는 사람들은 언론사에 속해 있었고, 언론사의 수도 많지 않았기 때문에 누가 뉴스를 만들었는지에 대한 대답을 쉽게 얻을 수 있었다. 하지만 미디어 환경 및 뉴스 산업 구조의 변화로 인해 뉴스 생산환경이 급속하게 변화하였고, 지금은 언론사에 속한 기자뿐만 아니라 블로거, 시민기자, 팟캐스터 등 다양한 사람들이 뉴스 생산에 기여한다. 따라서 뉴스를 바르게 이해하기 위해서는 뉴스 생산자의 역할과 임무에 대한 이해가 선행되어야 한다.

① 뉴스가 가지는 가치는 다양성에 있다.

② 뉴스는 생산자에 따라 다르게 구성된다.

③ 뉴스에는 생산자의 특정한 시각과 가치가 담겨 있다.

④ 올바른 뉴스 소비를 위해서는 이용자의 능동적인 판단이 필요하다.

18. 철수, 영희, 승한, 세영 총 4명의 신입직원은 A 팀에 2명, B 팀에 1명, C 팀에 1명씩 배정됐다. 다음 진술 중 하나는 거짓이고 나머지는 모두 참일 때, A 팀에 들어간 사람을 모두 고른 것은?

> • 철수 : 나는 A 팀이다.　　　　　• 승한 : 나는 C 팀이 아니다.
>
> • 영희 : 나는 B 팀이다.　　　　　• 세영 : 나는 C 팀이다.

① 철수, 승한　　　　　　　　　　② 철수, 영희

③ 철수, 세영　　　　　　　　　　④ 승한, 영희

19. 다음 글에 나타나는 논리적 오류와 같은 형태의 오류를 범하고 있는 것은?

> 사람들은 늘 자신의 이익을 우선한다. 사람들은 언제나 이기적이기 때문이다.

① 세상에 귀신은 있어. 귀신이 없다는 절대적 근거가 없기 때문이야.

② 사람들이 가치 있다고 말하는 것들은 모두 돈이야. 내가 만난 사람들은 다 그랬거든.

③ 신이 존재한다는 것은 성서에 적혀 있어. 성서는 신의 말이니까 신은 존재해.

④ 저 사람은 찬물을 싫어하니 반드시 뜨거운 물을 좋아할 거야.

20. 다음 그림의 조각을 순서대로 배열한 것은?

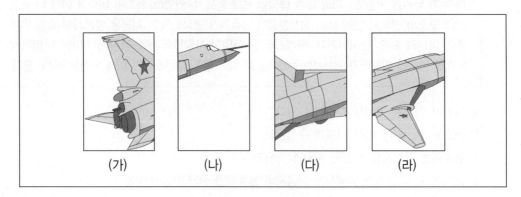

(가)　　　　　(나)　　　　　(다)　　　　　(라)

① (가)-(다)-(라)-(나)　　　　　② (가)-(라)-(다)-(나)

③ (나)-(가)-(라)-(다)　　　　　④ (나)-(라)-(가)-(다)

[21 ~ 22] 다음 자료를 보고 이어지는 질문에 답하시오.

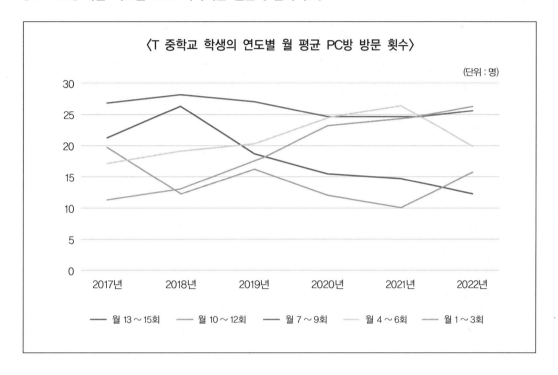

21. 다음 중 2017 ~ 2020년 기간 동안 PC방 방문 횟수에 대한 응답자 증감 추이가 동일한 빈도끼리 연결한 것은?

① 월 1 ~ 3회, 월 4 ~ 6회　　　　② 월 1 ~ 3회, 월 7 ~ 9회
③ 월 1 ~ 3회, 월 13 ~ 15회　　　④ 월 4 ~ 6회, 월 7 ~ 9회

22. 위의 자료에 대한 설명으로 적절한 것은?

① 전체 기간 동안 매년 응답자 수가 증가한 빈도는 2개 항목이다.
② 5개 빈도 항목 모두 응답자 수가 전년보다 감소한 시기는 한 번이다.
③ 2022년에 전년보다 응답자 수가 증가한 빈도는 3개 항목이다.
④ 2017년보다 2022년에 응답자 수가 더 많은 빈도 항목은 1개이다.

23. 다음 수출입 관련 자료에 대한 해석으로 적절하지 않은 것은?

〈교역 국가수별 · 기업규모별 수출입 기업 수〉

(단위 : 개, %)

구분	수출			수입		
	20X1년	20X3년	구성비	20X1년	20X3년	구성비
전체	90,761	93,922	100.0	169,044	178,104	100.0
10개국 미만	83,734	86,440	92.0	162,262	170,530	95.7
대기업	446	450	(0.5)	577	544	(0.3)
중견기업	1,036	977	(1.1)	1,335	1,240	(0.7)
중소기업	82,252	85,013	(98.3)	160,350	168,746	(99.0)
20개국 이상	2,432	2,616	2.8	1,318	1,545	0.9
대기업	191	203	(7.8)	309	333	(21.6)
중견기업	334	322	(12.3)	313	309	(20.0)
중소기업	1,907	2,091	(79.9)	696	903	(58.4)

① 우리나라 수출입 기업은 교역 국가수 10개 미만인 기업과 20개 이상인 기업으로 나뉘는군.

② 우리나라엔 교역 국가수 10개 미만인 기업이 가장 많군.

③ 중소기업은 두 가지 교역 국가수 구분 기준에서 모두 가장 많은 기업 수를 보이네.

④ 20X3년 수입에서 20개국 이상 교역 국가수를 가진 대기업이 21.6%라는 것은 우리나라 전체 기업 수에 대한 비중을 말하는 게 아니로군.

24. 사탕 10개를 형과 남동생이 나누어 가지기로 했다. 남동생과 형이 가지게 되는 사탕의 비가 3 : 2일 때, 형이 가지게 되는 사탕의 개수는?

① 1개 　　　　② 2개 　　　　③ 3개 　　　　④ 4개

25. 어느 뷔페의 이용 요금은 어른 1인당 12,900원, 어린이 1인당 8,200원이다. 총 8명이 이 뷔페에서 식사를 하고 9만 원 이하를 지불했다고 할 때, 어른은 최대 몇 명인가?

① 4명 　　　　② 5명 　　　　③ 6명 　　　　④ 7명

26. 육면체 주사위를 두 번 던졌을 때 나온 주사위 눈의 합이 5의 배수가 되는 경우는 모두 몇 가지인가?

① 4가지　　　　② 5가지　　　　③ 6가지　　　　④ 7가지

27. ○○기업 홍보팀에서 캠페인 참여자들에게 나누어 줄 선물로 핫팩 4개, 기념볼펜 1개, 배지 2개가 1세트인 기념품 125세트를 준비하고 있다. 총예산은 490,000원이고 핫팩은 한 상자에 16개씩 들어 있다고 할 때, 핫팩 한 상자는 얼마인가? (단, 핫팩은 상자로만 구매 가능하며 예산은 낭비 없이 전부 사용되었다)

구분	가격(개당)
기념볼펜	800원
배지	600원

① 7,000원　　　　② 7,200원　　　　③ 7,500원　　　　④ 7,800원

28. 다음 글에서 설명하는 의사표현법을 적용하여 말한 사람은 누구인가?

> 샌드위치 화법이란 샌드위치가 빵과 빵 사이에 고기나 야채가 들어 있는 것과 같이 칭찬과 칭찬 사이에 질책의 말을 집어넣는 것입니다. 친절한 말이나 칭찬은 우호적인 분위기를 조성하는 데 효과가 있습니다. 즉, 칭찬의 말로 질책을 시작하면 상대는 자신이 직접 공격당하는 것이 아니라는 생각에 안심하게 되어 이 질책을 거부감 없이 받아들일 수 있습니다. 부드러운 분위기를 유도한 뒤 자연스럽게 질책해 간다면 상대의 감정 자극을 최대한 줄일 수 있는 훌륭한 질책이 될 것입니다.

① A : 제출한 보고서 잘 읽었고, 내용상으로도 흠잡을 데가 없네요. 그런데 오탈자들이 여럿 보이더군요. 보고서 제출 전 검토를 제대로 하지 않은 것 같아요.

② B : 프레젠테이션 발표 아주 잘 봤어요. 왜 그 사업을 진행해야 하는지 명확하게 파악할 수 있었습니다. 하지만 핵심 내용만을 위주로 발표하였다면 보다 인상적인 발표가 되었을 것 같아요. 이미 충분한 발표 실력을 갖추고 있으니, 다음 기회 때 더 기대가 됩니다.

③ C : 업무를 진행하며 그런 어려움을 느끼고 있는지 몰랐네요. 그런데 제가 봤을 때는 충분히 혼자서 극복할 수 있을 것 같은 일인데요?

④ D : 이번에 ○○씨가 진행하고 있는 프로젝트에 많은 기대를 하고 있습니다. 지난 프로젝트 때 조언해 드렸던 지점 잘 기억하고 있죠? 잘 기억하고 이번 프로젝트 진행하도록 해요.

29. 다음은 A 대학교 학생들을 장학금을 받는 학생과 장학금을 받지 못하는 학생으로 나누고 이들이
해당 학년 동안 참가한 1인당 평균 교내 특별활동 수를 조사한 자료이다. 이에 대한 설명 중
옳지 않은 것을 〈보기〉에서 모두 고르면?

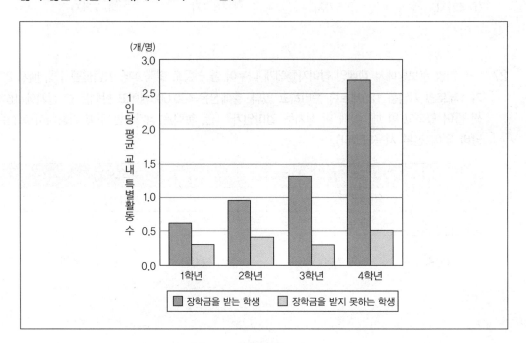

보기

ⓐ 학년이 높아질수록 장학금을 받는 학생 수가 늘어났다.

ⓑ 장학금을 받는 4학년생이 참가한 1인당 평균 교내 특별활동 수는 장학금을 받지 못하는
4학년생이 참가한 1인당 평균 교내 특별활동 수의 5배 이하이다.

ⓒ 장학금을 받는 학생과 받지 못하는 학생 간의 1인당 평균 교내 특별활동 수의 차이는 4학
년이 가장 크다.

ⓓ 전체 2학년생이 참가한 1인당 평균 교내 특별활동 수보다 전체 3학년생이 참가한 1인당
평균 교내 특별활동 수가 많다.

① ㉠, ㉣   ② ㉡, ㉢

③ ㉠, ㉡, ㉣   ④ ㉠, ㉢, ㉣

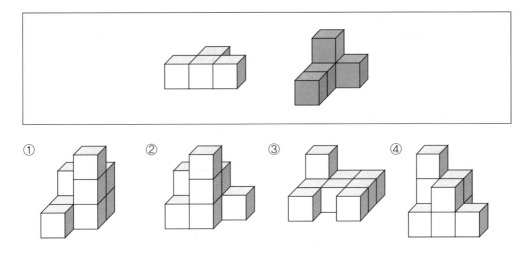

30. 다음 두 블록을 합쳤을 때 나올 수 없는 형태는? (단, 회전은 자유롭다)

① ② ③ ④

31. 다음은 조직문화와 관련된 기사내용 중 일부이다. 기사의 제목으로 적절한 것은?

> 고객만족도 조사에서 디즈니는 '매우 만족'한 고객에게만 관심을 둔다. 그들에게 중요한 것은 '매우 만족'한 고객이 많아지는 것이다. 고객을 단순히 '만족'시키는 수준으로는 충성도와 입소문의 효과를 얻을 수 없다는 사실을 그들은 잘 알고 있다. 디즈니는 고객이 특별한 기억과 즐거운 경험으로 '매우 만족'을 선택하고 충성고객이 될 수 있도록 노력한다. 그리고 그 핵심은 고객의 '경험'을 최우선 가치로 여기는 것이며 만약 디즈니가 병원을 경영하더라도 이 원칙은 변함없이 지켜질 것이다.
>
> 한편, 대부분의 병원은 환자에 대한 서비스보다 임상 결과와 업무 프로세스 개선에 초점을 맞춘다. 그러나 실제 환자 만족도와 충성도에 가장 밀접한 상관관계를 갖는 요소는 '환자의 인식과 경험'들이다. 예를 들면 환자에게 보이는 관심, 의료진들의 팀워크, 치료 과정에 대한 상세하고 친절한 설명, 불편 사항에 대한 신속하고 적절한 대처 등이다. '환자들은 질병이 치료된 방식이 아니라 한 인간으로서 자신이 돌보아진 방식을 가지고 자신의 경험을 판단한다'는 통찰은 깊은 울림을 전해 준다.

① 세계에서 가장 위대한 기업들은 대부분 큰 목적을 가지고 있다.

② 승리에 대한 강한 열망을 가지고 잃을 것에 대한 두려움을 제거하라.

③ 당신이 현재 하고 있는 일을 즐겨라.

④ 사람에 대한 배려는 믿기 힘들 정도로 중요하다.

충남기술복원 / 1회 기출예상 / 2회 기출예상 / 3회 기출예상 / 4회 기출예상 / 5회 기출예상 / 6회 기출예상 / 7회 기출예상 / 8회 기출예상 / 9회 기출예상 / 인성검사 / 면접가이드

32. 다음 글에서 사용된 서술 방식에 대한 설명으로 적절한 것은?

> 가족은 성원들 간의 공유와 협동이 이루어지는 집단이다. 그러나 집단 안에서만 공유와 협동이 이루어지는 배타적 권리를 주장하고 사적 이익만을 추구한다면 이타성과 공공선을 추구하는 전 사회적 공동체의 원리와 대립하게 된다.
>
> 그동안 우리 사회는 경제적으로 급성장하였지만 불균등한 분배 구조로 계층 간의 차이가 지속적으로 확대되고, 그 차이는 다음 세대로 전승됨으로써 사회적 불평등 구조가 재생산되고 있다. 이러한 사회적 불평등 재생산 구조는 한국 특유의 배타적 가족주의와 결합하게 되면서 온갖 사회 모순을 확대시켜 왔다. 기업의 족벌 경영 체제, 부동산 투기, 사치성 소비 성향, 고액 과외 등의 부정적 현상들은 개개인들이 자기 가족의 안락과 번영을 위해 헌신한 행위로 정당화되어 결과적으로 가족 집단의 공동 이익이 다른 가족들의 경제적 빈곤을 악화시키는 반공동체적 행위를 강화시켜 온 것이다.
>
> 이와 같이 가족 내에서의 공동체적 삶의 원리가 전체 사회의 공동체적 언어를 파괴할 뿐만 아니라 가족생활 자체도 점차 공동체적 성격을 상실해 간다면 가족은 더 이상 전체 사회의 유익한 일차 집단이 될 수 없다. 그럼에도 가족에 대한 비판을 금기시하고 신성화하는 이데올로기를 고집한다면 우리 사회가 당면한 문제들을 해결하기는 더욱 어려워질 것이다.

① 대상의 특성을 파악하며 비교 설명하고 있다.

② 개별적 사례에서 보편적 원리를 이끌어 내고 있다.

③ 필자의 가설을 제시하고 사례를 통해 입증하고 있다.

④ 사회현상을 연속적인 흐름에 따라 설명하고 있다.

33. 다음 문제상황을 해결하기 위한 △△기관 직원의 발언으로 가장 적절한 것은?

> △△기관의 직원 휴게실의 벽지에 곰팡이가 피어 있는 등 환경이 열악하여 직원들이 화장실과 계단에서 휴식한다는 뉴스가 보도되었다. 그러나 사실상 보도된 휴게실은 누수 발생으로 보수공사 중이어서 사용하지 않는 곳이며, △△기관에는 직원들이 휴식하기 충분한 쾌적한 환경의 휴게실이 여러 개 있는 상황이다.

① 경쟁사와 비교하였을 때 우리기관이 우위에 있다는 것을 알리기 위해 경쟁사를 비판하는 내용을 보도해야 합니다.

② 보도된 상황에 대한 설명 자료를 작성하여 즉시 배포하도록 해야 합니다.

③ 기관의 이미지 실추를 막기 위해 우리기관이 작년 겨울에 진행한 사회 공헌 활동을 홍보해야 합니다.

④ 우리기관의 경쟁력을 높이기 위해 홍보자료를 작성하여 보도하여야 합니다.

34. 다음 조건을 바탕으로 할 때 정 대리가 이번 달 중국 출장 출발일로 가장 적절한 날은? (단, 전체 일정이 모두 이번 달 안에 속해 있다)

> • 이번 달은 1일이 월요일인 달이다.
> • 3박 4일 일정이며 출발일과 도착일이 모두 휴일이 아니어야 한다.
> • 현지에서 복귀하는 비행편은 매주 화, 목요일에만 있다.
> • 이번 달 셋째 주 화요일에 있을 부서의 중요한 회의에 반드시 참석해야 하며, 회의 후에 출장을 가려 한다.

① 15일   ② 16일

③ 22일   ④ 23일

35. 글의 흐름상 ㉠에 들어갈 말로 적절한 것은?

> 우리나라는 사계절이 뚜렷한 나라이다. 겨울에는 여러 날 동안 영하 10도 이하의 기온이 지속되기도 한다. 이 때문에 우리나라 사람들은 지역별로 같은 듯 다른 기후를 가지고 있다.
>
> 하와이 지역은 월별 평균 기온이 연간 거의 변동이 없이 유지된다. 그래서 1년 내내 따뜻한 날씨에서 보낼 수 있다. 만일 미국 하와이 지역의 사람이 우리나라 연평균 기온을 본다면 뭐라고 할까? 자신이 사는 지역에 비해 일 년 내내 추운 곳이라고 생각하지 않을까?
>
> 여름과 겨울의 기온 차이가 심한지에 대해서 연평균 기온만으로는 알 수가 없다. 1월부터 2월까지의 월별 평균 기온을 알고 월별 기온 차이를 파악해야 여름과 겨울의 기온 차이를 알 수 있다.
>
> 그렇다면 월별 평균 기온만으로 충분할까? 그렇지 않을 수 있다. 우리나라에는 환절기에 일기 변화가 많아진다. 그 이유는 낮과 밤의 기온 차인 일교차가 크기 때문이다. 그래서 우리가 보통 여행을 갈 때도 여행지의 해당 기간 평균 기온만이 아니라 하루의 최고와 최저기온을 알아야 한다. 즉, (　　　㉠　　　)을/를 통해 다양한 요소를 고려할 수 있어야 한다.

① 숫자의 빈도   ② 자료의 변수

③ 숫자의 기준   ④ 자료의 평균

36. 다음의 행동들 중 정직의 예시로 적절하지 않은 것은?

① 출장에서 경비가 절약되어 남은 출장비를 회사에 반납한다.

② 회사에서 기존에 해 왔던 관행에 따라 일을 한다.

③ 업무상 과실이 생긴 경우, 사실대로 털어놓고 이에 대한 대가를 감수한다.

④ 선택의 기로에 섰을 때 이익이 되는 일보다는 윤리에 따라 옳은 일을 선택한다.

37. 다음 〈보기〉의 밑줄 친 ㉠~㉢ 중 명함 교환 예절로 적절하지 않은 것은?

> 보기
>
> S 기관에 다니는 김□□ 씨는 협력 업체의 직원을 처음 만나 명함을 받았다. 김□□ 씨는 ㉠미리 새 명함을 준비해 가서 ㉡명함을 명함 지갑에서 꺼내 협력 업체의 직원에게 건네었다. ㉢김□□ 씨와 협력 업체 직원이 동시에 명함을 꺼내게 되어 왼손으로 서로 교환하고 오른손으로 옮겼다. 김□□ 씨는 받은 명함을 잃어버리지 않기 위해 ㉣명함을 받은 후 바로 호주머니에 넣었다. 또한 협력 업체 직원에 대해 적고 싶은 것이 있어, 직원과의 만남이 끝난 후 명함에 부가 정보를 적었다.

① ㉠   ② ㉡

③ ㉢   ④ ㉣

38. 다음 빈칸에 들어갈 명제로 적절한 것은?

> • 2호선을 이용한다면 5호선도 이용한다.
> • 9호선을 이용한다면 7호선도 이용한다.
> • ( )
> • 그러므로 8호선을 이용하면 5호선을 이용한다.

① 8호선을 이용하면 2호선을 이용한다.

② 2호선을 이용하지 않으면 7호선을 이용한다.

③ 2호선을 이용하면 8호선을 이용하지 않는다.

④ 9호선을 이용하지 않으면 5호선을 이용한다.

39. 다음에 제시된 〈보기〉와 동일한 입체도형은?

보기

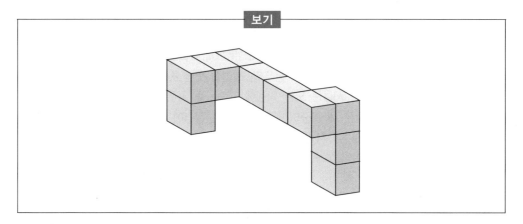

①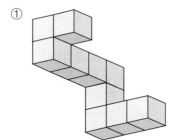

②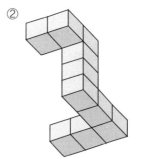

③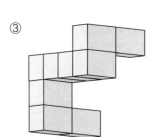

④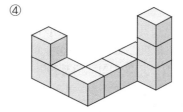

40. 다음 글에 나타난 글쓴이의 이동 경로를 순서대로 나열한 것은?

> 7월 12일, 아침 첫 차로 경주를 떠나 불국사로 향했다. 떠날 임시에 봉황대(鳳凰臺)에 올랐 건만, 잔뜩 찌푸린 일기에 짙은 안개는 나의 눈까지 흐리고 말았다. 시포(屍布)를 널어놓은 듯한 희미한 강줄기, 몽롱한 무덤의 봉우리, 쓰러질 듯한 초가집 추녀가 눈물겹다. 어젯밤에 나를 부여잡고 울던 옛 서울은 오늘 아침에도 눈물을 거두지 않은 듯.
>
> 그렇지 않아도 구슬픈 내 가슴이어든 심란한 이 정경에 어찌 견디랴? 지금 떠나면 1년, 10년, 혹은 20년 후에나 다시 만날지 말지! 기약 없는 이 작별을 앞두고 눈물에 젖은 임의 얼굴! 내 옷소매가 촉촉이 젖음은 안개가 녹아내린 탓만은 아니리라. 장난감 기차는 반시간이 못 되어 불국사역까지 실어다 주고, 역에서 등대(等待)했던 자동차는 십리 길을 단숨에 껑청 껑청 뛰어서 불국사에 대었다.
>
> 뒤로 토함산(吐含山)을 등지고 왼편으로 울창한 송림을 끌며 앞으로 광활한 평야를 내다보는 절의 위치부터 풍수쟁이 아닌 나의 눈에도 벌써 범상치 아니했다. 더구나 돌층층대를 쳐다 볼 때에 그 굉장한 규모와 섬세한 솜씨에 눈이 아렸다. (중략)
>
> 앞길이 바쁘매 아침도 굶은 채로 석굴암(石窟庵)을 향해 또다시 걸음을 옮기었다. 여기서 십 리 안팎이라니 그리 멀지 않되, 가는 길이 토함산을 굽이굽이 돌아 오르는 잿길이요. 날은 흐리어 빗발까지 오락가락하건마는, 이따금 모닥불을 담아 붓는 듯 한 햇발이 구름을 뚫고 얼굴을 내미는 바람에 두어 모퉁이도 못 접어들어 나는 벌써 숨이 차고 전신에 땀이 흐른다. (중략)
>
> 숨이 턱에 닿고 온몸이 땀에 멱을 감는 한 시간 남짓의 길을 허비하여 나는 겨우 석굴암 앞에 섰다. 멀리 오는 순례자를 위하여 미리 준비해 놓은 듯한 석간수(石澗水)는 얼마나 달고 시원한지! 연거푸 두 구기를 들이키매, 피로도 잊고 더위도 잊고 상쾌한 맑은 기운이 심신을 엄습하여 표연(飄然)히 티끌세상을 떠난 듯도 싶다. 돌층대에 올라서니 들어가는 좌우 돌벽에 새긴 인왕(仁王)과 사천왕(四天王)이 홉뜬 눈과 부르걷는 팔뚝으로 나를 위협한다. 어깨는 엄청나게 벌어지고, 배는 홀쭉하고, 사지는 울퉁불퉁한 세찬 근육! 나는 힘의 예술의 표본을 본 듯하였다.

① 불국사역 → 불국사 → 토함산 등산길 → 석굴암 → 경주
② 경주 → 불국사역 → 토함산 등산길 → 불국사 → 석굴암
③ 경주 → 불국사역 → 불국사 → 토함산 등산길 → 석굴암
④ 불국사역 → 토함산 등산길 → 불국사 → 경주 → 석굴암

41. ○○재단은 〈승진자격〉을 바탕으로 승진시험 성적을 평가하여 3월 정기 승진자를 발표했다. 다음 중 3월 승진자로만 짝지어진 것은?

〈승진자격〉

• 평균 점수가 높은 순으로 두 명을 선정한다.
• 승진시험 항목별 과락점수는 75점이며, 과락점수 미만은 승진할 수 없다.
• 개인 성과점수가 90점 이상인 사람 중 최소 한 명은 무조건 승진해야 한다.
• 승진자는 승진탈락자보다 평균 점수가 높거나 같다.

〈대상자별 승진시험 성적〉

구분	개인 성과점수(점)	팀 성과점수(점)	외국어 성적(점)
A	90	80	80
B	85	80	90
C	80	90	70
D	80	90	80
E	75	80	95
F	95	85	80

① A, C
② A, E
③ B, D
④ B, F

42. 다음 그림에서 동일한 기호는 모두 몇 쌍인가? (단, 각 기호들은 회전하거나 좌우반전되지 않는다)

① 2쌍
② 3쌍
③ 4쌍
④ 5쌍

43. 다음은 육아휴직급여 신청 안내문이다. 이 안내문을 이해한 대화로 볼 수 없는 것은?

〈육아휴직급여 신청 안내문〉

• 지급대상 및 액수
  – 육아휴직은 1세 미만의 영아를 가진 근로자로서 해당 사업장에서 1년 이상 근무한 근로자가 사용할 수 있으며 육아휴직 개시일 이전에 180일 이상 고용보험 가입된 근로자가 해당 사업장에서 30일 이상 육아휴직을 부여받은 경우 월 50만 원이 지급된다(2007.4.27.부터 인상).

• 신청방법
  – 제출서류 : 육아휴직급여신청서(신청인작성)
    육아휴직확인서(최초 1회에 한함–사업주작성)
    ※ 2회차부터는 www.XX.go.kr에서 신청가능
  – 신청기간 : 육아휴직 개시일 이후 1월부터 종료일 이후 1년 이내
  – 신청기관 : 신청인의 거주지 또는 사업장의 소재지 관할 고용지원센터(방문 or 우편접수)

• 감액규정 : 육아휴직 기간 중 사업주로부터 지급받은 금품의 월평균 금액과 육아휴직 급여액을 합한 금액이 육아휴직 개시일 기준의 통상임금을 초과하는 경우, 그 초과하는 금액을 육아휴직급여에서 감액하여 지급(고용보험법시행령 제68조의6)

• 감액 예시
  〈월 통상임금이 200만 원인 근로자의 경우 육아휴직급여 감액〉
  예시 1. 사업주로부터 금품 월 200만 원을 받은 경우
      ☞ 통상임금을 전액 받았으므로 육아휴직급여 전액 감액
  예시 2. 사업주로부터 180만 원을 받은 경우
      ☞ 50만 원+180만 원=230만 원(육아휴직급여는 30만 원 감액)
  예시 3. 사업주로부터 100만 원을 받은 경우
      ☞ 50만 원+100만 원=150만 원(육아휴직급여 감액하지 않음)
                              ××종합고용지원센터

---

① 나는 입사한 지 1년도 넘었기 때문에 지난달 태어난 우리 아들을 돌보기 위해 육아휴직을 신청할 수 있을 거야.

② 이번에 둘째를 출산한 정 대리는 첫째 때보다 간편하게 인터넷으로 육아휴직급여 신청이 가능할 거야.

③ 육아휴직 신청은 사업장이 아니라 관할 고용지원센터에서 한다던대?

④ 영업부 김 대리는 육아휴직 전 받던 임금 175만 원에 육아휴직 급여액 50만 원을 합해 총 225만 원을 받겠구나.

[44 ~ 45] 다음은 20X7 ~ 20X9년 K 국의 석유 수입량을 나타낸 표이다. 이어지는 질문에 답하시오.

(단위 : 만 리터)

구분	20X7년	20X8년	20X9년	국가별 합계
A 국	42,400	111,642	247,675	401,717
B 국	126,615	114,338	126,293	367,246
C 국	141,856	156,275	(C)	433,657
D 국	(A)	86,150	64,734	
E 국	305,776	(B)	305,221	
총수입량	736,868	823,141	(D)	2,439,458

44. 다음 중 위의 표에 대한 설명으로 옳지 않은 것은?

① C 국에 대한 수입량은 지속적으로 증가하고 있다.

② 20X7 ~ 20X9년의 국가별 수입량 합계가 가장 적은 국가는 D 국이다.

③ 20X7년부터 석유 총수입량은 매해 증가하였다.

④ 20X8년 총수입량은 E 국의 3개년 합계보다 적다.

45. (D)에서 (A), (B), (C)를 뺀 값은?

① 163,566

② 199,156

③ 210,846

④ 268,966

46. 고객 상담원 A는 최근 며칠간 민원 접수 건의 결과를 빨리 알려달라고 독촉하는 고객들이 많아 업무 처리에 애를 먹고 있다. A의 모습을 본 팀장이 업무 처리를 독촉하는 고객을 응대하는 방법을 알려 준다고 할 때, 적절한 것은?

① 독촉하는 고객에게는 애매하게 말하지 말아야 합니다.

② 독촉하는 고객을 추켜세워 기분 좋게 만들어 주어야 합니다.

③ 독촉하는 고객에게는 정중히 사과해야 합니다.

④ 독촉하는 고객에게는 윗선의 책임자를 연결해 주는 것이 좋습니다.

47. 다음 글을 읽고 유추할 수 있는 속담으로 적절한 것은?

> 대왕 단보가 빈(邠)이라는 곳에 있었을 때 오랑캐가 쳐들어왔다. 왕이 모피와 비단을 보내어 달래려 했으나 받지 않고, 이후 보낸 말도 받지 않았다. 오랑캐가 바라는 것은 땅이었다. 대왕 단보가 말했다.
>
> "나는 백성의 아비나 형과 살면서 그 아들이나 동생을 죽도록 내버려두는 일은 차마 견딜 수가 없다. 너희들은 모두 힘써 격려하며 이곳에 살도록 하라. 내 신하가 되든 오랑캐의 신하가 되든 무슨 차이가 있겠느냐. 나는 '사람을 먹여 살리는 땅을 뺏으려고 사람을 해쳐서는 안 된다'는 말을 들었다."
>
> 그래서 대왕 단보가 지팡이를 짚고 그곳을 떠나자, 백성들은 서로 잇달아 그를 따랐으며, 이윽고 기산(岐山) 밑에서 나라를 다시 이룩했다.

① 가난 구제는 임금도 못 한다.

② 벙어리 호적(胡狄)을 만나다.

③ 사또 행차엔 비장이 죽어난다.

④ 사람이 돈이 없어서 못 사는 게 아니라 명이 모자라서 못 산다.

48. 다음은 청년들의 주택 점유형태를 나타내는 자료이다. 이에 대한 설명으로 옳지 않은 것은?

〈청년(20 ~ 39세)의 연령계층별 점유형태 비율〉

(단위 : %)

구분	자가	임차			무상	계
		전세	보증부월세	순수월세		
20 ~ 24세	5.1	11.9	62.7	15.4	4.9	100
25 ~ 29세	13.6	24.7	47.7	6.5	7.5	100
30 ~ 34세	31.9	30.5	28.4	3.2	6.0	100
35 ~ 39세	45.0	24.6	22.5	2.7	5.2	100

① 20 ~ 24세 청년의 약 78.1%가 월세 형태로 거주하고 있으며 자가 비율은 5.1%이다.

② 20 ~ 39세 전체 청년의 자가 거주 비중은 약 31.1%이나 이 중 20대 청년의 자가 거주 비중은 약 9.4%로 매우 낮은 수준이다.

③ 연령계층이 높아질수록 자가 비율이 높아지고 월세 비중은 작아지는 것으로 나타났다.

④ 25 ~ 29세 청년의 경우, 20 ~ 24세에 비해서는 자가 거주의 비중이 높고 전체의 78.9%가 임차이며, 전체의 54.2%가 월세로 거주한다.

49. 다음 그림에서 크고 작은 사각형을 만들 때, 나오는 사각형은 모두 몇 개인가?

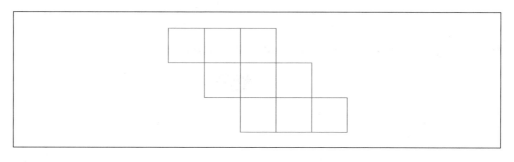

① 22개

② 23개

③ 24개

④ 25개

50. 다음의 〈보기〉는 같은 크기와 모양의 블록을 쌓아 만든 입체도형을 앞에서 본 정면도, 위에서 본 평면도, 오른쪽에서 본 우측면도를 그린 것이다. 이에 해당하는 입체도형으로 알맞은 것은? (단, 화살표 방향은 정면을 의미한다)

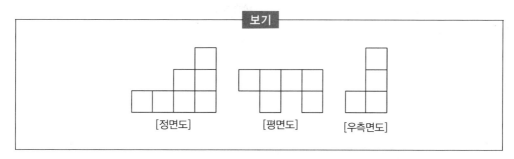

①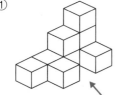

②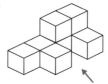

③

④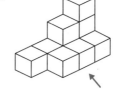

01. 다음 중 밑줄 친 단어가 〈보기〉와 유사한 의미로 사용된 것은?

> ───── 보기 ─────
>
> 어제 먹은 그 음식이 내 입맛에 꼭 <u>맞더구나</u>.

① 방금 말씀하신 그 주소가 <u>맞습니다</u>.

② 만일 내 동작이 다른 사람들과 <u>맞지</u> 않으면 관중이 비웃을 것이다.

③ 그것은 나의 분위기와는 전혀 <u>맞지</u> 않는다.

④ 이 정도 습도가 아마 아이들에게 딱 <u>맞을</u> 것이다.

02. 다음 〈상황〉에서 나타난 팀워크의 와해 이유와 가장 유사한 것은?

> ───── 상황 ─────
>
> 김 사원 : 팀장님께 보고 드려야 하는데, 팀장님 어디 가셨는지 아세요?
>
> 박 사원 : 글쎄요. 요즈음 팀장님 이상한 것 같지 않아요?
>
> 김 사원 : 그러게요, 부쩍 우리가 모르는 일정이 많아진 것 같아요.
>
> 박 사원 : 소문에 의하면 팀장님을 찾는 곳이 많다고 하네요.
>
> 김 사원 : 찾는 곳이 많다니요?
>
> 박 사원 : 팀장님 전문성이 외부 기관이나 회사에도 알려진 거죠. 무슨 세미나, 포럼 등에서 팀장님을 전문가로 그렇게 찾는다고 해요.
>
> 김 사원 : 그렇군요. 그래도 팀장님이 아무 말씀도 없이 자리를 자주 비우시니 중요한 결정이 필요할 때 어떻게 해야 할지 모르겠고 팀원들도 다들 혼란스러워하는 것 같아요.

① 이번에 성과 평가 잘 받았어? 사실 이번에는 기대했는데 결과가 좋지 않네. 평가가 어떻게 이루어지는지 의문이야.

② 강 선생님! 어디 갔다 오셨어요? 저만 교실에 있으니 반 아이들이 여기저기 흩어져 통제가 안 되고 있잖아요. 세 시까지는 귀가 안내를 해야 하는데요.

③ 요즘 최 대리 이상하지 않아? 기한을 지켜서 항상 완벽하게 일을 처리하던 사람이 요즘은 멍하게 있는 경우가 다반사이고 말이야. 얘기 좀 해 봐야겠어.

④ 장 팀장님! 잠깐 얘기 좀 할 수 있을까요? 다름이 아니고 요즘 왜 그렇게 독단적으로 결정을 하시는지 이유를 여쭙고 싶습니다.

03. 다음 두 블록을 합쳤을 때 나올 수 있는 형태는? (단, 회전은 자유롭다)

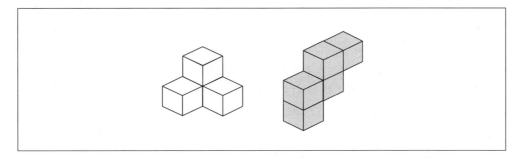

①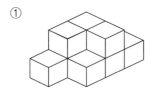

②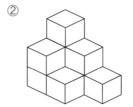

③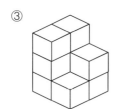

④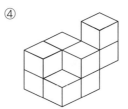

04. 2층 건물에서 살고 있는 A ~ D는 각각 국적이 다르며(한국인, 영국인, 중국인, 일본인), 각자 입는 코트의 색깔 또한 다르다(노란색, 초록색, 파란색, 보라색). 다음 〈조건〉이 모두 참일 때, 한국인과 같은 층에 사는 사람은?

<table>
<tr><td align="center">조건</td></tr>
</table>

- 건물에는 각 층별로 두 개의 방이 있고 두 사람씩 살고 있다.
- A는 파란색 코트를 입고, B의 바로 아래층에 산다.
- C는 보라색 코트를 입는 사람의 바로 아래층에 산다.
- 중국인은 초록색 코트를 입고, 영국인의 옆에 산다.
- 노란색 코트를 입는 사람은 일본인이며, 1층에 산다.

① A　　　　　　　　　② B
③ C　　　　　　　　　④ D

출남기출복원 / 1회 기출예상 / 2회 기출예상 / 3회 기출예상 / 4회 기출예상 / 5회 기출예상 / 6회 기출예상 / 7회 기출예상 / 8회 기출예상 / 9회 기출예상 / 인성검사 / 면접가이드

05. 상대방에게 곤란한 말이나 불쾌한 감정을 전달해야 할 때가 있다. 다음 제시된 상황에서 한△△ 팀장이 이○○ 대리에게 지켜야 할 의사표현 방법으로 적절하지 않은 것은?

> 이○○ 대리는 이번 주 주간회의 전까지 보고 자료를 작성하라는 한△△ 팀장의 지시를 받았다. 그러나 이○○ 대리는 한△△ 팀장의 지시를 적어 놓은 메모를 잃어버려 보고 자료의 작성을 잊은 채로 한 주를 보냈다. 이로 인해 주간회의 때 자신만 보고를 하지 못하였고, 회의 후 한△△ 팀장은 이○○ 대리를 따로 불러 잘못을 지적하려고 한다.

① 상대방이 알 수 있도록 정확하고 확실하게 지적한다.

② 꾸짖을 때 다른 것도 함께 꾸짖어 효과를 높인다.

③ 사실을 지적해야 하며 추궁하듯이 묻는 것은 좋지 않다.

④ 힘이나 입장의 차이에 따라 받아들이는 것이 다를 수 있으므로 서로의 관계를 고려한다.

06. 다음 펼쳐진 전개도를 접었을 때의 도형으로 적절한 것은?

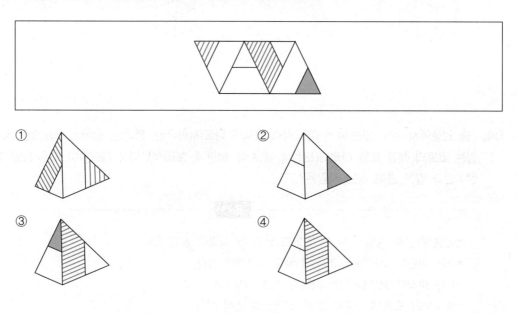

07. 신입 공무원 박○○ 씨는 지역 내 저수지 수질개선 관련 안내 글을 작성하였다. 이를 본 팀장의 조언으로 적절하지 않은 것은?

> 전주 덕진공원 내 덕진연못이 국가중점관리 저수지가 됐다. 지방자치단체가 관리하는 저수지 중 국가중점관리 저수지로 지정된 것은 전국에서 덕진연못이 처음이다. 전주시는 덕진연못 수질 개선 사업을 적극 추진해 덕진공원을 도심의 명물 수변 · 휴양형 휴식 공간으로 만들겠다는 구상이다.
>
> 후백제 시대 조성된 것으로 알려진 전주 덕진연못은 역사 · 문화적 가치가 우수한 지역 명소로 전주 한옥마을과 함께 전주의 대표 관광지 중 하나다. 주변 지역 도시화와 유입 수량 부족으로 수질이 악화됐지만, 준설 등을 위해서 막대한 예산이 들어갈 것으로 예상되어 정비에 어려움을 겪어 왔다.
>
> 국가중점관리 저수지는 오염된 저수지의 수질개선을 위한 「수질 및 수생태계 보전에 관한 법률」에 따라 지정되며 수질개선을 위한 사업 추진 시 국비를 우선 지원받게 된다. 이에 따라 시는 내년 8월까지 덕진연못 수질오염 방지 및 수질개선 대책을 수립해 환경부에 제출하여야 하며, 연차적으로 국비 125억 원 등 총 250억 원을 투입해 덕진연못 수질개선 연계사업을 추진할 수 있게 됐다.

① 박○○ 씨, 안내문 잘 확인했습니다. 그런데 덕진연못이 국가중점관리 저수지로 지정되었던 이유가 추가되면 좋겠네요.

② 박○○ 씨, 안내문 잘 확인했습니다. 그런데 덕진연못 수질개선을 위해 구체적으로 어떤 사업들이 진행될 예정인지 설명이 누락되었네요.

③ 박○○ 씨, 안내문 잘 확인했습니다. 그런데 덕진연못의 수질 악화 원인에 대한 설명도 포함해 주세요.

④ 박○○ 씨, 안내문 잘 확인했습니다. 그런데 덕진연못 수질 개선 사업 진행 기간이 누락되었네요.

08. 다음 〈보기〉의 명제가 모두 참일 때 반드시 참인 것은?

> **보기**
>
> • 요리를 잘하는 사람은 반드시 청소도 잘한다.
> • 청소를 잘하는 사람은 반드시 키가 크다.
> • 나는 요리를 잘한다.

① 키가 크면 청소를 잘한다.　　② 청소를 잘하면 요리를 잘한다.
③ 키가 크지 않으면 청소를 잘한다.　　④ 나는 키가 크다.

[09 ~ 10] 다음 권 사원이 사내 게시판에 올릴 글의 초고를 읽고 이어지는 질문에 답하시오.

　　한국은 UN이 지정한 물 부족 국가라는 말을 모두 한 번쯤은 들어봤을 것이다. 그런데 이 표현은 잘못된 것이다. ㉠즉 한국은 '물 스트레스 국가'라고 하는데, 이는 1인당 가용 수자원량을 기준으로 1,000 ~ 1,700m³에 해당하는 것이다. 가용 수자원량이 1,000m³ 미만일 때를 물 부족 국가로 분류한다.

　　㉡우리나라가 물 스트레스 국가인 이유는 실제로 사용 할 수 있는 물의 양이 풍부하지 않다. 우리나라는 여름에만 강수량이 집중되어 7, 8월에 강수량이 높고 다른 기간에는 가뭄에 취약하다. 또한 인구밀도가 높아 물을 활용하기 힘들며 사용하는 물의 양 자체가 많다.

　　우리나라 1인당 하루 물 사용량은 280L로 세계 평균 1인당 하루 110L의 2.5배에 달한다. ㉢사용 할 수 있는 자원은 적으나 수요가 많다면 곧 물 부족은 현실이 될 것이다. 세계 물의 날을 맞아 물의 소중함에 대해 다시금 새기고, 물 절약을 실천해 보는 것은 어떨까?

　　㉣물을 아껴 수자원을 절약하기 위해 개인이 할 수 있는 것은 수압을 낮추고 변기에 절수 레버를 설치하는 것, 싱크대에 절수 페달을 설치하는 것, 모아서 빨래하는 것 등이 있다. 생활 속 작은 습관으로 물을 절약하여 우리나라가 물 풍족 국가로 거듭날 수 있도록 하자.

---

09. 권 사원의 초고를 본 상사는 제목을 붙이라고 지시하였다. 윗글의 제목으로 적절한 것은?

① 물 부족 국가와 물 스트레스 국가의 차이점은?

② 물 스트레스 국가가 되는 기준은 무엇인가?

③ 여름철에만 집중된 우리나라 강수량의 문제점

④ 물 스트레스 국가인 한국에서 우리가 할 수 있는 것은?

10. 윗글을 읽고 상사가 밑줄 친 ㉠~㉣에 대해 할 수 있는 지시로 적절하지 않은 것은?

① ㉠의 '즉'은 적절하지 않으므로 문장의 흐름을 고려하여 '그 대신'으로 수정하세요.

② ㉡은 주술호응이 맞지 않으므로 서술어를 '풍부하지 않기 때문이다.'로 수정하세요.

③ ㉢의 의미를 고려하여 '수요가'를 '공급이'로 수정하세요.

④ ㉣은 의미가 중복되므로 '물을 아껴'를 삭제하세요.

11. 다음 글을 읽고 추론할 수 없는 내용은?

커피에서 카페인 성분을 없애고 커피의 맛과 향을 그대로 즐길 수 있는 커피를 디카페인 커피(decaffeinated coffee)라고 한다. 카페인에 민감한 사람들도 흔히 즐길 수 있어 디카페인 커피의 소비량이 날로 증가하고 있다.

하지만 디카페인 커피라고 해서 카페인이 전혀 없는 것은 아니다. 디카페인 커피로 분류되는 국제기준은 대략 97% 이상의 카페인이 추출된 커피이다. 따라서 디카페인 커피 한잔에는 보통 10mg 이하의 카페인이 함유되어 있다.

수많은 화학 물질이 함유된 커피 원두에서 카페인만 추출해 내는 작업은 쉬운 일이 아니다. 카페인을 제거하는 방법에는 물을 이용하는 방법, 용매를 이용하는 방법, 초임계 이산화탄소 추출을 이용하는 방법 등 다양한 방법이 있다. 이 중에서 물을 이용하는 방법은 스위스에서 1930년대에 개발된 것으로, 안전하고 열에 의한 원두의 손상이 상대적으로 적기 때문에 널리 쓰이고 있다. 물을 이용하여 카페인을 제거하는 방식은 커피 원두를 용매에 직접 닿게 하는 대신 물에 닿게 하여 카페인을 제거하는 것인데, 이는 카페인이 물에 잘 녹는 성질을 이용한 것이다. 커피 원두를 뜨거운 물에 넣어 두면 카페인과 같은 여러 가지 성분들이 추출되는데, 이 추출된 용액을 활성탄소로 가득 채운 관에 통과시켜 카페인만을 분리한다. 이 용액에 새 커피 원두를 담그면 카페인만 녹아 나오게 된다. 이러한 과정을 거친 원두를 말리고 볶으면 카페인이 없는 커피 원두가 된다.

커피가 건강에 미치는 영향에 대해서는 수많은 연구와 논란이 있지만 이미 커피는 많은 사람들의 기호 식품이 되었다. 개인의 특성에 맞게 카페인의 강하고 약한 정도를 적절히 조절하여 섭취한다면 많은 연구 결과에서처럼 다이어트나 노화 방지, 집중력 향상 등의 효과를 볼 수 있을 것이다.

① 카페인에 민감하지만 밤에 커피를 마시고 싶다면 디카페인 커피를 마신다.

② 용매를 이용하여 카페인을 제거하는 방법은 물을 이용하는 것보다 원두의 손상도가 크다.

③ 활성탄소는 커피 원두에 있는 여러 가지 성분들 중에서 카페인만을 분리해 낸다.

④ 커피 원두를 물에 담가 두는 시간에 따라 커피의 맛과 향이 결정된다.

12. 다음과 같이 종이를 접은 후 펀치로 구멍을 뚫고 다시 펼쳤을 때의 모양으로 옳은 것은?

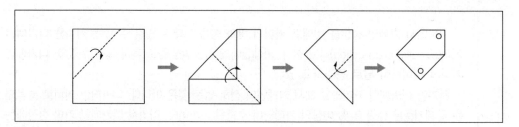

① 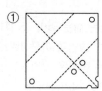　　　②

③ 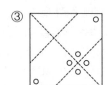　　　④

13. 다음에 제시된 도형과 동일한 것은?

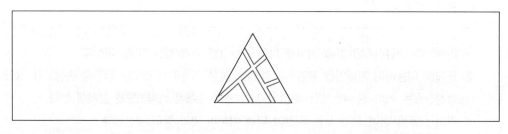

① 　　　②

③ 　　　④

14. 인사팀 직원 A ~ G 7명은 취업박람회에 지원을 나가게 되었다. 이들은 승용차 2대에 3명 혹은 4명씩 나누어 타기로 하고, B가 4명이 탄 차를 운전하기로 하였다. 다음 〈조건〉을 바탕으로 할 때, B와 같은 차를 타고 박람회장에 갈 수 있는 3명은 누구인가?

조건

- 7명 중 운전을 할 수 있는 사람은 B, C, D 3명이다.
- B와 D는 같은 차를 타고 가지 않는다.
- B와 C는 같은 차를 타고 가지 않는다.
- A와 G는 같은 차를 타고 간다.

① A, C, E
② A, E, G
③ C, E, F
④ C, E, G

15. 다음 (가) ~ (라)를 문맥에 따라 순서대로 배열한 것은?

(가) 이는 'hyper(초월한)'와 'text(문서)'의 합성어이며, 1960년대 미국 철학자 테드 넬슨이 구상한 것으로, 컴퓨터나 다른 전자 기기로 한 문서를 읽다가 다른 문서로 순식간에 이동해 읽을 수 있는 비선형적 구조의 텍스트를 말한다. 대표적인 예시인 모바일의 경우 정보에 접근하는 속도는 매우 빠르지만, 파편성은 극대화되는 매체다.

(나) 밀레니엄 세대(Y세대)와는 다르게 다양성을 중시하고 사물인터넷(IoT)으로 대표되는 Z세대는 대개 1995년부터 2010년까지 출생한 세대를 보편적으로 일컫는 말이다. 이들은 어렸을 때부터 인터넷 문법을 습득하여 책보다는 모바일에 익숙하다. 책은 선형적 내러티브의 서사 구조를 갖지만, 인터넷은 내가 원하는 정보에 순식간에 접근할 수 있게 해준다는 측면에서 정보들 사이의 서사적 완결성보다는 비선형적 구조를 지향한다. 이러한 텍스트 구조를 하이퍼텍스트라고 한다.

(다) 따라서 앞으로는 무한하게 확장된 정보 중에서 좋은 정보를 선별하고, 이를 올바르게 연결하는 개인의 능력이 중요하게 부각될 것이다.

(라) 이러한 경우, 정보의 시작과 끝이 없으므로 정보의 크기를 무한대로 확장할 수 있다는 특징을 가진다. 일반적인 문서로는 저자가 주는 일방적인 정보를 받기만 하지만 하이퍼텍스트로는 독자의 필요에 따라 원하는 정보만 선택해 받을 수 있다.

① (가)-(나)-(다)-(라)
② (가)-(다)-(나)-(라)
③ (나)-(가)-(라)-(다)
④ (나)-(라)-(가)-(다)

16. 다음 글의 글쓴이가 말하고자 하는 바에 반박하는 내용으로 적절한 것은?

우리가 기술을 만들지만 기술은 우리 경험과 인간관계 및 사회적 권력관계를 바꿈으로써 우리를 새롭게 만든다. 어떤 기술은 인간 사회를 더 민주적으로 만드는 데 기여하지만, 어떤 기술은 독재자의 권력을 강화하는 데 사용된다. 예를 들어 라디오는 누가, 어떻게, 왜 사용하는가에 따라서 다른 결과를 낳는다. 그렇지만 핵무기처럼 아무리 민주적으로 사용하고 싶어도 그렇게 사용할 수 없는 기술도 있다. 인간은 어떤 기술에 대해서는 이를 지배하고 통제하는 주인 노릇을 할 수 있다. 그렇지만 어떤 기술에는 꼼짝달싹 못 하게 예속되어 버린다.

기술은 새로운 가능성을 열어 주지만 기존의 가능성 중 일부를 소멸시키기도 한다. 따라서 이렇게 도입된 기술은 우리를 둘러싼 기술 환경을 바꾸고, 결과적으로 사회 세력들과 조직들 사이의 역학 관계를 바꾼다. 새로운 기술 때문에 더 힘을 가지게 된 그룹과 힘을 잃게 된 그룹이 생기며 이를 바탕으로 사회 구조의 변화가 수반된다.

기술 중에는 우리가 잘 이해하고 통제하는 기술도 있지만 대규모 기술 시스템은 한두 사람의 의지만으로는 통제할 수 없다. '기술은 언제나 사람에게 진다'라고 계속해서 믿다가는 기술의 지배와 통제를 벗어나기 힘들다. 기술에 대한 철학과 사상이, 그것도 비판적이면서 균형 잡힌 철학과 사상이 필요한 것은 이 때문이다.

① 전문가를 통해 충분히 기술을 통제할 수 있다.
② 기술의 양면성은 철학과 사상이 아닌 새로운 기술로 보완해야 한다.
③ 기술의 순기능만을 더 발전시켜야 한다.
④ 새로운 기술로 힘을 잃게 된 그룹을 지원해 주는 정책이 필요하다.

17. 다음 〈보기〉의 명제가 모두 참일 때 항상 참이라고 볼 수 없는 것은?

> 보기
>
> • A 회사에 다니는 사람은 일본어에 능통하지 못하다.
> • B 대학교를 졸업한 사람은 일본어에 능통하다.
> • C 학원에 다니지 않은 사람은 B 대학교를 졸업했다.

① B 대학교를 졸업하지 않은 사람은 C 학원에 다녔다.
② 일본어에 능통하지 못한 사람은 C 학원에 다녔다.
③ B 대학교를 졸업한 사람은 C 학원에 다니지 않았다.
④ A 회사에 다니는 사람은 B 대학교를 졸업하지 않았다.

18. 다음 그림의 조각을 순서대로 배열한 것은?

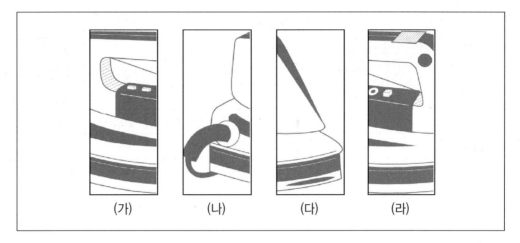

(가)   (나)   (다)   (라)

① (나)-(가)-(라)-(다)   ② (나)-(라)-(가)-(다)

③ (다)-(가)-(라)-(나)   ④ (다)-(나)-(라)-(가)

19. 다음 중 대화의 공통 주제와 다른 이야기를 하는 사람은?

A : 아이들 자신과 관련 있는 이야기를 쓴 책이 좋다고 생각해. 자신과 관련 있는 이야기라면 재미도 있고 공감도 많이 할 수 있어.

B : 아이들은 재미가 없으면 책을 잘 읽으려고 하지 않아. 하지만 재미가 없더라도 좋은 책을 많이 읽는 습관을 기르는 것이 중요해.

C : 많이 팔리는 책이 좋다고 생각해. 사람들이 많이 읽는 만큼 책 내용도 좋지 않겠어?

D : 그런 책이 모두 좋다고는 할 수 없어. 그보다는 아이들 수준에 맞아야 한다고 생각해. 어른들이 좋다고 해도 너무 어려워서 읽지 못한다면 소용없는 일 아니겠어?

① A   ② B

③ C   ④ D

[20 ~ 21] 다음 자료를 보고 이어지는 물음에 답하시오.

(단위 : 건, 백만 원, 일)

구분	발생빈도						발생일수	
	태풍	피해액	호우	피해액	대설	피해액	폭염	한파
2018	31	218,314	662	527,611	208	47,976	65	86
2019	85	1,003,715	458	38,431	242	20,352	84	112
2020	26	1,690	447	158,129	222	11,342	113	87
2021	40	5,291	365	142,211	289	32,421	62	82
2022	50	13,404	264	1,213	143	13,021	101	28
2023	34	214,464	358	35,886	199	18,688	171	81

20. 다음 중 위의 자료를 올바르게 해석한 내용으로 적절하지 않은 것은?

① 2018 ~ 2023년의 총 피해액은 태풍에 의한 것이 호우에 의한 것보다 크다.

② 대설 발생 건수가 많은 해일수록 한파 발생일수도 많다.

③ 연도별 태풍, 호우, 대설 발생 건수의 합은 2022년이 가장 적다.

④ 연도별 폭염과 한파일수의 합은 2023년이 가장 많다.

21. 다음 보기 중 재해의 건별 평균 피해액이 2백만 원 이하인 것은?

① 2018년의 대설 피해   ② 2020년의 호우 피해

③ 2021년의 태풍 피해   ④ 2022년의 태풍 피해

22. G 회사의 팀원들이 회식을 갔는데 돼지고기 1근에 600g이고 가격은 15,000원이라고 한다. 고깃값으로 총 187,500원이 나왔다면 회식에 참여한 전체 인원은 몇 명인가? (단, 1인분은 50g이며, 한 사람당 1인분의 돼지고기만 주문할 수 있다)

① 140명   ② 150명

③ 160명   ④ 170명

23. 정수, 현민, 지혜 세 사람이 A 대학에 합격할 수 있는 확률은 각각 $\frac{1}{4}$, $\frac{1}{5}$, $\frac{1}{2}$이다. 이 중 적어도 한 명이 대학에 합격할 확률은?

① 0.5

② 0.6

③ 0.7

④ 0.8

24. ○○교육청에 근무하는 A 주무관은 다음 자료를 바탕으로 중·고등학생에 대한 학교 정책을 마련하려고 한다. 자료에 대한 설명으로 적절하지 않은 것을 〈보기〉에서 모두 고르면?

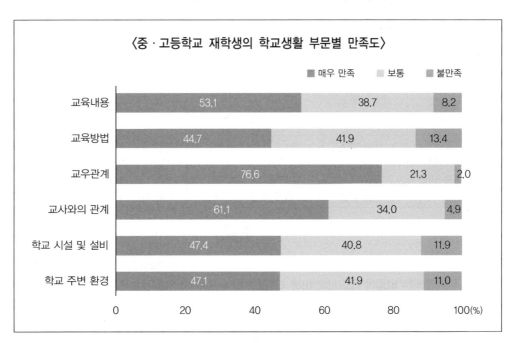

〈중·고등학교 재학생의 학교생활 부문별 만족도〉

	매우 만족	보통	불만족
교육내용	53.1	38.7	8.2
교육방법	44.7	41.9	13.4
교우관계	76.6	21.3	2.0
교사와의 관계	61.1	34.0	4.9
학교 시설 및 설비	47.4	40.8	11.9
학교 주변 환경	47.1	41.9	11.0

보기

㉠ 학교생활 부문별로는 '교우관계'에 대한 만족도가 76.6%로 가장 높았다.

㉡ 중·고등학생들은 학교 시설이나 학교 주변 환경에 대해서 매우 불만족스럽다는 반응을 나타냈다.

㉢ 교육방법에 대한 만족도가 다른 부문에 비하여 가장 낮게 나타났다.

㉣ 교사와의 관계에 있어서 불만족스럽다는 반응은 4.9%로 이는 교사에 대해 매우 만족하고 있음을 나타낸다.

① ㉠, ㉡

② ㉡, ㉢

③ ㉡, ㉣

④ ㉢, ㉣

www.gosinet.co.kr gosinet

충남기출복원

1회 기출예상

2회 기출예상

3회 기출예상

4회 기출예상

5회 기출예상

6회 기출예상

7회 기출예상

8회 기출예상

9회 기출예상

인성검사

면접가이드

25. 다음은 월평균 사교육비의 계층별 특성 분포에 대한 통계 자료이다. 이에 대한 설명으로 옳은 것을 〈보기〉에서 모두 고르면?

(단위 : %)

특성별		사교육 받지 않음	10만 원 미만	10 ~ 30만 원 미만	30 ~ 50만 원 미만	50만 원 이상
대도시		29.5	7.5	24.9	19.7	18.4
대도시 이외		32.9	8.3	28.0	19.4	11.4
초등학교		18.9	12.7	37.8	20.3	10.3
중학교		30.8	5.1	22.0	24.6	17.5
고등학교		50.5	3.6	14.6	13.8	17.5
학교 성적	상위 10% 이내	21.6	6.6	28.0	22.3	21.5
	11 ~ 30%	23.3	6.6	28.5	23.4	18.2
	31 ~ 60%	28.4	7.8	27.2	21.3	15.3
	61 ~ 80%	35.5	8.3	26.7	17.4	12.1
	하위 20% 이내	45.4	10.0	23.6	13.5	7.5
부모님 평균 연령	20 ~ 30대	21.6	12.2	38.3	20.0	7.9
	40대	30.7	7.1	24.9	20.8	16.5
	50대 이상	45.9	4.6	17.6	15.2	16.7

보기

㉠ 대도시 이외의 지역에서는 사교육을 아예 받지 않거나 사교육비로 30만 원 미만의 비용만 지출하는 비율이 대도시에 비해 더 많으며, 대도시 지역에서는 사교육비로 30만 원 이상을 지출하는 인원이 $\frac{1}{3}$ 이상을 차지한다.

㉡ 상급학교로 진학할수록, 부모님의 평균 연령대가 높아질수록 사교육을 받는 비율이 높아지고, 이들 모두에게서 사교육을 받지 않는 경우를 제외하고 가장 많은 지출 범위는 10 ~ 30만 원 미만이다.

㉢ 학교 성적이 상위 10% 이내인 학생이 사교육비로 10만 원 이상을 지출하는 비율이 성적 11 ~ 30%인 학생들에 비해 더 높다.

㉣ 학교 성적이 하위권으로 내려갈수록 사교육을 받지 않는 비율이 높고, 사교육 여부에 관계 없이 모든 성적 범위에서 10 ~ 30만 원 미만을 지출하는 경우가 가장 많다.

① ㉠, ㉡

② ㉠, ㉢

③ ㉡, ㉣

④ ㉢, ㉣

26. 다음 상황에서 고객을 설득하고자 할 때, 대응 방안으로 가장 적절한 것은?

> 1년간 A 사의 제품을 꾸준히 구매해 온 고객은 A 사의 기본 서비스를 이용하며 만족감을 표해왔으나 최근 다른 회사의 프리미엄 서비스에 관심을 보인다. 이를 안 A 사는 고객에게 자사의 프리미엄 서비스의 장점을 소개하고 서비스를 프리미엄으로 업그레이드하도록 설득하고자 한다.

① 그동안 A 사의 기본 서비스를 이용해 주셔서 감사드립니다. 저희 프리미엄 서비스는 더 많은 혜택과 맞춤형 지원을 제공합니다. 현재 특별 프로모션 중이니, 업그레이드를 고려해 보시는 건 어떨까요?

② 다른 회사의 프리미엄 서비스가 더 나아 보일 수 있지만, 자세히 살펴보시면 우리 A 사의 프리미엄 서비스에 비해 다른 곳의 서비스의 질이 좋지 않다는 것을 아시게 될 겁니다. 한번 체험해 보시겠어요?

③ 저희 A 사의 프리미엄 서비스는 추가 비용이 들지만, 더 많은 혜택과 우수한 지원을 제공해 드립니다. 특히 지금은 특별 할인 기간이어서 더 많은 혜택을 누리실 수 있습니다. 업그레이드를 고려해 보시겠어요?

④ A 사의 기본 서비스를 만족스럽게 이용해 주셔서 감사합니다. 다른 회사의 프리미엄 서비스가 더 나아 보이신다니 아쉽습니다. 저희 프리미엄 서비스도 고려해 보시기 바랍니다.

27. 다음과 같이 고객이 불만을 표시했을 때 조 대리가 대응할 내용으로 가장 적절한 것은?

> ◇◇가전은 지난여름에 자사 이벤트에 응모한 고객들을 대상으로 총 50건의 사은품을 발송하였다. 그런데 그중 한 고객이 자신이 받기로 한 사은품이 아닌 다른 사은품이 왔다고 고객센터에 전화했다. 고객센터에서는 해당 고객에게 반품 절차를 안내하며 반송 비용은 고객이 부담해야 함을 전했고, 고객은 사은품을 반송하는데 왜 자신이 반송 비용을 부담해야 하냐며 화를 내었다. 결국 이벤트 담당자인 조 대리가 고객과 직접 통화를 하여 반송 비용을 부담하면 문자로 모바일 상품권을 보내 드리기로 하고 고객 반송 비용 관련 건을 마무리하였다.

① 오늘 발송된 사은품의 반송건에 대한 비용 부담으로 불편을 드려 죄송합니다.
② 앞으로 이벤트 시 반송비용이 발생할 수 있음을 공지하겠습니다.
③ 앞으로는 반품에 대한 안내를 정확히 하겠습니다.
④ 앞으로는 모바일 상품권으로 사은품을 지급하겠습니다.

28. 다음 글을 읽고 이해한 내용으로 적절하지 않은 것은?

〈△△공사, 시민을 위한 힐링메시지 열차 운영〉
– △△시의 상징물, 바다 2가지 콘셉트로 조성·운영 –
– 코로나로 지친 △△시 시민의 생활에 활력 줄 수 있을 것으로 기대 –

　△△공사(사장 이○○)는 오는 6월 1일부터 8월 31일까지 도시철도 1호선과 2호선에서 재단법인 △△시대중교통시민기금과 함께 코로나로 일상에 지친 시민들에게 힐링 메시지를 전달하는 "메트로 마린" 테마 열차를 운행한다.

　메트로 마린 열차는 1호선 열차 3량, 2호선 열차 2량으로 총 5량에 조성되며 △△시의 상징물, △△시의 바다 2가지 콘셉트로 조성·운행된다.

　△△시의 상징물 테마 열차는 "하늘 위에서 △△시를 내려보다"라는 구성으로 △△시 상징물을 퍼즐 형태로 제작하였으며, △△시의 바다 테마 열차는 "우연히 만난 도시철도, △△시 바다를 여행하는 기분"이라는 콘셉트로 열차 창문과 벽면에 다양한 △△시 바다 이미지를 조성했다.

　특히 바닥에는 △△시의 바다를 즐길 수 있는 서핑 보드의 이미지를 구현, 승객이 다양한 포즈로 사진을 연출할 수 있게 함으로써 열차를 즐기는 공간으로 조성하였다. 테마 열차는 평일 하루 평균 1호선 왕복 9회, 2호선 왕복 4회 운행되어 시민과 만날 예정이다.

　한편, 이번 테마 열차는 공사가 재단법인 △△시대중교통시민기금과 최초로 협업하여 실시하는 테마 열차 사업으로, 5월 말부터 매일 한 량씩 시범 설치를 시작, 6월 1일 전량 정상 운행하도록 추진 중이다. 아울러 방염 재질 랩핑 및 승객의 미끄럼 방지를 위한 돌기를 사용하는 등 안전사고 예방에도 많은 노력을 기울였다.

　△△공사 이○○ 사장은 "코로나로 인하여 지친 △△시 시민의 생활에 활력을 불어넣을 수 있음과 동시에 급감한 도시철도 이용객 회복에 견인 역할을 수행할 것"이라며 "△△시 시민들 덕분에 우리의 존재 가치가 있는 만큼 그 가치를 조금이나마 다시 돌려 드릴 수 있게 되어서 기쁘게 생각한다."라고 전했다.

---

① △△공사에서 힐링 메시지 열차를 운행하는 이유는 코로나로 일상에 지친 시민들에게 힐링 메시지를 전달하기 위해서이다.

② 힐링 메시지 열차는 △△시의 상징물, △△시의 바다 2가지 콘셉트로 조성되고 운영될 예정이다.

③ △△시의 상징물 테마 열차는 '우연히 만난 도시철도, △△시 하늘을 여행하는 기분'이라는 콘셉트로 조성된다.

④ 이 열차는 방염 재질 랩핑을 사용하고 승객의 미끄럼 방지를 위한 돌기를 사용하는 등 안전사고 예방에도 많은 노력을 기울였다.

29. 다음의 도형이 반시계 방향으로 90° 회전했을 때의 모양으로 옳은 것은?

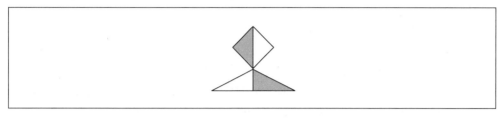

①

②

③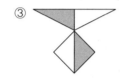

④

30. 다음 글의 내용과 관계있는 사자성어는?

북쪽 변방에 한 노인이 살고 있었는데, 어느 날 이 노인이 기르던 말이 멀리 달아나 버렸다. 마을 사람들이 이를 위로하자 노인은 "오히려 복이 될지 누가 알겠소."라고 말했다. 몇 달이 지난 어느 날 그 말이 한 필의 준마(駿馬)를 데리고 돌아왔다. 마을 사람들이 이를 축하하자 노인은 "도리어 화가 되는지 누가 알겠소."라며 불안해했다. 그런데 어느 날 말타기를 좋아하는 노인의 아들이 그 준마를 타다가 떨어져 다리가 부러졌다. 마을 사람들이 이를 걱정하며 위로하자 노인은 "이것이 또 복이 될지 누가 알겠소."라며 태연하게 받아들이는 것이었다. 그로부터 1년이 지난 어느 날 마을 젊은이들은 싸움터로 불려 나가 대부분 죽었으나, 노인의 아들은 말에서 떨어진 후 절름발이였기 때문에 전쟁에 나가지 않아 죽음을 면하게 되었다.

① 유비무환(有備無患) ② 새옹지마(塞翁之馬)
③ 전화위복(轉禍爲福) ④ 자업자득(自業自得)

종합기초복원

1회 기출예상

2회 기출예상

3회 기출예상

4회 기출예상

5회 기출예상

6회 기출예상

7회 기출예상

8회 기출예상

9회 기출예상

인성검사

면접가이드

31. 다음 글의 목적으로 적절한 것은?

저는 오늘 시대와 시민의 요구 앞에 엄중한 소명 의식과 책임감을 지니고 이 자리에 섰습니다. ○○시민의 삶을 책임지는 시장으로서 대승적 차원에서 힘겨운 결단을 하였습니다.

우리 0 ~ 5세 아이들의 무상보육을 위해 ○○시가 지방채를 발행하겠습니다. 올 한 해 ○○시의 자치구가 부담해야 할 몫까지도 ○○시가 책임지겠습니다. 단, 무상보육을 위한 지방채 발행은 올해가 처음이자 마지막이 돼야만 합니다. 더 이상 이렇게 지방 재정을 뿌리째 흔드는 극단적인 선택을 할 수는 없습니다. 이 결정은 올여름을 뜨겁게 달군 무상보육 논쟁 속에서 과연 ○○시의 주인인 시민 여러분을 위한 길이 무엇인지, 오로지 시민 여러분만 기준으로 놓고 고민하고 또 고민한 결과입니다. 우리 사회는 그 누구도 부정할 수 없고, 그 누구도 거스를 수 없는 보편적 복지의 길로 나아가고 있습니다.

무상보육은 대한민국이 복지국가로 나아가는 중요한 시험대가 될 것입니다. 무상보육은 우리의 공동체가, 우리 사회가 나아가야 할 비전과 방향, 원칙과 철학의 문제입니다. 그 핵심은 바로 지속가능성입니다. ○○시가 어렵고 힘든 결단을 내렸습니다. 이것은 오로지 시민을 위한 판단이고 무상보육을 지속적으로 이어가기 위한 절박한 선택입니다.

지속 가능한 원칙과 기준을 마련하지 않으면 무상보육의 위기는 앞으로도 계속 되풀이될 것입니다. 부디 지금부터라도 중앙 정부와 국회가 결자해지의 자세로 이 문제를 해결하길 바랍니다. 중앙정부와 국회가 국민을 위한 현명한 판단을 한다면, ○○시는 전력을 다해 그 길을 함께하겠습니다. 우리 아이들의 희망과 미래를 위해 이제 정부와 국회가 답해 주시기를 간절히 바랍니다.

감사합니다.

---

① 새롭게 발견된 사실에 대한 정보를 제공하기 위함이다.

② 자신이 알고 있는 사실을 다른 사람에게 알리기 위함이다.

③ 새로운 정책을 알리고 이에 대한 동의를 구하고 설득하기 위함이다.

④ 중요한 지식을 설명하고 이를 듣는 사람들과 공유하기 위함이다.

32. 다음 글의 서술 방식으로 알맞은 것은?

> 춘향전에서 이도령과 변학도는 아주 대조적인 사람들이다. 흥부와 놀부가 대조적인 것도 물론이다. 한 사람은 하나부터 열까지가 다 좋고, 다른 사람은 모든 면에서 나쁘다. 적어도 이 이야기에 담긴 '권선징악'이라는 의도가 사람들을 그렇게 믿게 만든다.
>
> 소설만 그런 것이 아니다. 우리의 의식 속에는 은연중 이처럼 모든 사람을 좋은 사람과 나쁜 사람 두 갈래로 나누는 버릇이 있다. 그래서인지 흔히 사건을 다루는 신문 보도에는 모든 사람이 경찰 아니면 도둑놈인 것으로 단정한다. 죄를 지은 사람에 관한 보도를 보면 마치 그 사람이 죄의 화신이고, 그 사람의 이력이 죄만으로 점철되었고, 그 사람의 인격에 바른 사람으로서의 흔적이 하나도 없다고 착각하게 된다.
>
> 이처럼 우리는 부분만을 보고, 또 그것도 흔히 잘못 보고 전체를 판단하기 부지기수이다. 부분만을 제시하면서도 보는 이가 그것이 전체라고 잘못 믿게 할 뿐만 아니라 '말했다' 대신 '으스댔다', '우겼다', '푸념했다', '넋두리했다', '뇌까렸다', '잡아뗐다', '말해서 빈축을 사고 있다' 같은 주관적 서술로 감정을 부추겨서 상대방으로 하여금 이성적인 사실 판단이 아닌 감정적인 심리 반응으로 얘기를 들을 수밖에 없도록 만든다.
>
> 이 세상에서 가장 결백하게 보이는 사람일망정 스스로나 남이 알아차리지 못하는 결함이 있을 수 있고, 이 세상에서 가장 못된 사람으로 낙인이 찍힌 사람일망정 결백한 사람에게서도 찾지 못할 아름다운 인간성이 있을지도 모른다.

① 설의법을 적절히 활용하여 내용을 강조하고 있다.
② 열거법을 통해 말하고자 하는 바를 강조하고 있다.
③ 인용을 통해 주장을 뒷받침하고 있다.
④ 두 대상을 비교하여 자세히 설명하고 있다.

33. 다음 중 문맥상 빈칸에 들어갈 수 없는 단어는?

> 간헐적 단식이란 무엇일까? 간헐적 단식은 일정 시간 동안 공복을 유지하면서 체중을 감량하는 방식으로, 아예 굶거나 식단을 제한하지 않아 일정 시간이 지나면 원하는 음식을 먹을 수 있다는 특징을 가진다. 그러나 간헐적 단식은 음식을 많이 섭취하지 않으므로 영양 불균형을 (   )할 수 있으며, 근육 운동을 (   )하지 않으면 지방과 함께 근육이 빠지기 때문에 (   )해서 단식을 이어갈 시 건강을 해칠 수 있다.

① 금식
② 지속
③ 병행
④ 초래

34. 다음에 제시된 상황에서 김 과장이 취할 행동으로 바람직한 것은?

이름	김○○	부서 / 직급	전략기획부 / 과장
성별 / 나이	남 / 38세	담당 업무	데이터 수집 및 분석

김 과장은 2년 동안 부하 직원으로 일한 신△△ 사원의 업무 능력을 높이 평가하여 신 사원에게 보고서 작성 업무를 전적으로 맡겼다. 믿고 맡긴 만큼 신 사원이 작성한 보고서 그대로 상사에게 결재를 올렸는데, 수집한 데이터 분석이 엉망이었을 뿐만 아니라 기본적인 보고서 작성법에 어긋나는 부분이 많았으며 오탈자도 상당수 발견되어 난감한 상황에 처하게 되었다.

① 상사에게 시간이 부족해서 벌어진 일이라고 말한다.
② 이미 벌어진 일이니 어쩔 수 없다고 생각하며 훌훌 털고 다른 업무에 집중한다.
③ 후배와 함께 상사에게 찾아가 잘못을 인정한 후 사태 수습을 위해 최선을 다한다.
④ 전적으로 신 사원에게 책임이 있으니 해당 사안에 대해 끝까지 알아서 처리하라고 한다.

35. ○○기업의 인사부에서는 다가오는 연휴 4일간 각 팀에서 한 명을 뽑아 당직근무를 맡기기로 결정했다. 영업부, 기획부, 인사부, 총무부에서 다음 〈조건〉에 따라 인원을 차출할 때, 연휴 첫날에 근무하는 사람과 소속 부서를 알맞게 연결한 것은?

> **조건**
>
> • 김 대리는 기획부 소속직원보다 이른 날짜에 당직근무를 한다.
> • 박 과장은 영업부 소속이다.
> • 이 사원은 연휴 첫날에는 개인 사정으로 근무할 수 없다.
> • 이 사원은 총무부 직원보다 늦은 날짜에 당직근무를 담당한다.
> • 연휴 3일째에는 인사부에서 근무를 맡는다.
> • 영업부는 연휴 첫날 근무할 수 없다.
> • 마지막 날에 근무하는 것은 정 부장이다.

① 총무부 – 김 대리
② 영업부 – 박 과장
③ 기획부 – 김 대리
④ 기획부 – 이 사원

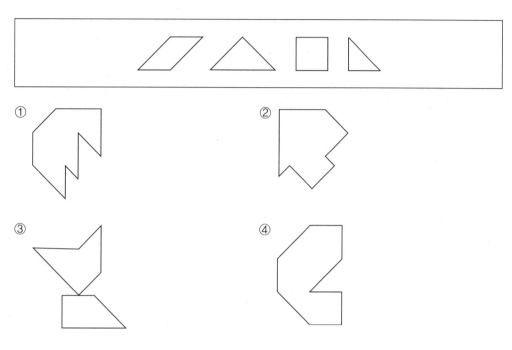

36. 다음에 제시된 도형 4개를 결합했을 때 만들 수 없는 형태는? (단, 제시된 도형은 한 번씩만 이용되어야 한다)

①

②

③

④

37. L 회사 직원 중 외국인은 A ~ F 총 6명으로 모두 국적이 다르고 여자는 2명이다. 다음 〈조건〉을 바탕으로 할 때 B의 국적은?

조건

- A ~ F의 국적은 각각 미국, 중국, 일본, 영국, 프랑스, 이탈리아이다.
- A는 미국인이고, C는 중국인 또는 일본인이다.
- D는 일본인 또는 이탈리아인이며, 여자이다.
- E는 영국인 또는 프랑스인으로 C와 같은 성별이다.
- F는 남자이며, 이탈리아인이 아니다.
- 프랑스인은 여자이고, 중국인은 남자이다.

① 중국
② 일본
③ 영국
④ 프랑스

총남기출복원 1회 기출예상 2회 기출예상 3회 기출예상 4회 기출예상 5회 기출예상 6회 기출예상 7회 기출예상 8회 기출예상 9회 기출예상 인성검사 면접가이드

38. 다음 대화의 A와 가장 유사한 주장을 하는 사람은?

> A : 지난주 학교 운동회 정말 재미있지 않았니?
>
> B : 응. 사실 평소 공부만 하다 보니 선생님들과 좀 거리감이 있었는데, 함께 운동도 하고 응원도 하면서 많이 가까워진 것 같아.
>
> A : 그러게. 특히 학생과 팀을 나눠서 축구 시합할 때 선생님들이 그렇게 반칙을 많이 할지 몰랐어. 뭐랄까 선생님들이 팀을 이뤄서 이겨야 한다고 마음먹으니까 상당히 수단과 방법을 가리지 않으시더라고. 분명 개별적으로 보면 규칙 같은 걸 강조하시고 규칙에 어긋나는 행동을 안 하실 텐데 말이야. 그런 걸 보면 지난주 윤리 수업 때 들은 사회 집단의 도덕성은 개인의 도덕성보다 현저하게 떨어진다는 내용에 전적으로 동의해.

① 갑 : 어떤 행위든 그것이 집단에 의해 이루어진 행위라도 그 결과에 대한 책임은 집단이 아니라 개인에게 돌아가야 한다고 생각해.

② 을 : 개인의 양심과 집단의 양심이 일치한다고 할 수는 없지.

③ 병 : 사회의 도덕 문제는 분명 법과 같은 제도적인 문제들과 구별해야 하는 것이지.

④ 정 : 구성원들이 모두 도덕적이라면 결국 그 집단도 도덕적이라고 판단할 수 있어.

39. ○○기업 인사팀에서는 부서별로 직원들의 정신적 및 신체적 스트레스 지수를 조사하여 다음 표와 같은 결과를 얻었다. 이를 이해한 내용으로 적절하지 않은 것은?

〈부서별 정신적 · 신체적 스트레스 지수〉

(단위 : 명, 점)

항목	부서	인원	평균점수
정신적 스트레스	생산	100	1.83
	영업	200	1.79
	지원	100	1.79
신체적 스트레스	생산	100	1.95
	영업	200	1.89
	지원	100	2.05

※ 점수가 높을수록 정신적 · 신체적 스트레스가 높은 것으로 간주한다.

① 영업이나 지원 부서에 비해 생산 부서의 정신적 스트레스가 높은 편이다.

② 세 부서 모두 정신적 스트레스보다 신체적 스트레스가 더 높은 경향을 보인다.

③ 신체적 스트레스가 가장 높은 부서는 지원 부서이며, 그다음으로는 생산, 영업 순이다.

④ 전 부서원(생산, 영업, 지원)의 정신적 스트레스 지수 평균점수와 전 부서원의 신체적 스트레스 지수 평균점수의 차이는 0.16 이상이다.

40. 다음은 입체도형을 여러 방향에서 바라본 투상도이다. 이에 해당하는 입체도형은? (단, 화살표 방향은 정면을 의미한다)

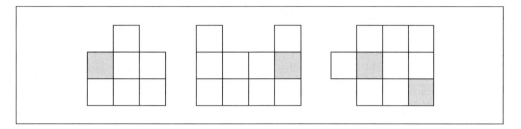

①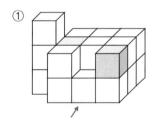

②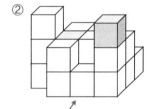

③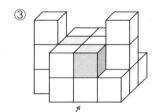

④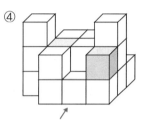

41. 다음 중 웃어른께 인사할 때, 직장에서 출퇴근할 때, 주변 사람에게 감사의 표현을 할 때 해야 하는 인사 방법으로 가장 알맞은 것은?

① 상대방과 눈짓으로 가볍게 인사한다.

② 상체를 30도 정도 숙여서 인사한다.

③ 상체를 90도 정도 숙여서 인사한다.

④ 반갑게 손을 흔들며 인사한다.

충남기출복원 / 1회 기출예상 / 2회 기출예상 / 3회 기출예상 / 4회 기출예상 / 5회 기출예상 / 6회 기출예상 / 7회 기출예상 / 8회 기출예상 / 9회 기출예상 / 인성검사 / 면접가이드

42. 다음 글의 내용과 일치하는 것은?

인간과 동물은 두 가지 주요한 방식으로 환경에 적응한다. 하나는 생물학적 진화이며, 다른 하나는 학습이다. 고등 생명체에서의 생물학적 진화는 수천 년 이상 걸리는 매우 느린 현상인 반면, 학습은 짧은 생애 안에서도 반복적으로 일어난다. 세상에 대한 새로운 정보를 얻는 과정인 학습과 획득된 정보를 기억하는 능력은 적절히 진화된 대부분의 동물들이 갖고 있는 특징이다. 신경계가 복잡할수록 학습 능력은 뛰어나기 때문에 지구상 가장 복잡한 신경계를 갖고 있는 인간은 우수한 학습 능력을 지니고 있다. 이러한 능력 때문에 인간의 문화적 진화가 가능했다. 여기서 문화적 진화란 세대와 세대를 거쳐 환경에 대한 적응 능력과 지식이 발전적으로 전수되는 과정을 의미한다. 사실 우리는 세계와 문명에 대한 새로운 지식들을 학습으로 습득한다. 인간 사회의 변화는 생물학적 진화보다는 거의 전적으로 문화적 진화에 의한 것이다. 화석 기록으로 볼 때 수만 년 전의 호모 사피엔스 이래로 뇌의 용적과 구조는 결정적이라 할 만큼 변화하지 않았다. 고대로부터 현재까지 모든 인류의 업적은 문화적 진화의 소산인 것이다.

학습은 인간의 본성에 관한 철학의 쟁점과도 관련되어 있다. 고대의 소크라테스를 비롯하여 많은 철학자들은 인간 정신의 본성에 대하여 질문을 던져왔다. 17세기 말에 이르러 영국과 유럽 대륙에서 두 가지 상반된 견해가 제기되었다. 하나는 로크, 버클리, 흄과 같은 경험론자들의 견해로, 정신에 타고난 관념 또는 선험적 지식이 있다는 것을 부정하고 모든 지식은 감각적 경험과 학습을 통해 형성된다고 보는 것이다. 다른 하나는 데카르트, 라이프니츠 등의 합리론자와 칸트의 견해로, 정신은 본래 특정한 유형의 지식이나 선험적 지식을 가지고 있으며 이것이 감각 경험을 받아들이고 해석하는 인식의 틀이 된다는 것이다.

---

① 학습은 생물학적인 진화보다 우월하다.

② 학습은 인간만이 지니고 있는 인간의 고유한 특성이다.

③ 인간 사회의 변화는 생물학적 진화와 문화적 진화가 적절히 혼합되어 이루어진 것이다.

④ 경험론자들은 생물학적 진화보다는 학습을 중요시하였다.

43. ○○사 총무부 송 사원은 워크숍 장소를 정하라는 상사의 지시를 받았다. 다음 〈팀원 요구사항〉을 고려하여 정할 때, 최종적으로 선정되는 워크숍 장소는?

> 송 사원은 자신을 제외한 팀원 5명의 요구를 모두 충족하는 워크숍 장소를 정해야 한다.
>
> **〈팀원 요구사항〉**
>
> | 박 팀장 | 회사 기준 300km 내에 위치한 곳 |
> |---|---|
> | 정 차장 | 선호도가 낮은 곳은 제외할 것 |
> | 백 과장 | 최종 참석자인 60명이 이용할 수 있는 곳 |
> | 윤 대리 | 경영상태 A 등급 이상 |
> | 서 주임 | 예산인 30만 원을 초과하지 않는 곳 |
>
> **〈워크숍 장소 후보지〉**
>
> | 후보지 | 거리 | 비용 | 선호도 | 최소 수용인원 | 경영상태 |
> |---|---|---|---|---|---|
> | 가 | 100km | 350,000원 | 낮음 | 90명 | B |
> | 나 | 300km | 220,000원 | 보통 | 60명 | B |
> | 다 | 250km | 220,000원 | 보통 | 60명 | S |
> | 라 | 150km | 370,000원 | 매우 높음 | 70명 | A |

① 가   ② 나   ③ 다   ④ 라

44. 다음 글을 근거로 판단할 때 A ~ E 중 유통이력 신고의무가 있는 사람은 누구인가?

'甲' 국의 유통이력 관리 제도는 사회 안전 및 국민 보건을 위해 관세청장이 지정하는 수입 물품(이하 "지정 물품"이라 한다)에 대해 유통 단계별 물품 거래 내역(이하 "유통이력"이라 한다)을 추적·관리하는 제도이다. 유통이력에 대한 신고 의무가 있는 사람은 수입자와 유통 업자이며, 이들이 지정 물품을 양도(판매, 재판매 등)한 경우 유통이력을 관세청장에게 신고 하여야 한다. 지정 물품의 유통이력 신고 의무는 아래 표의 시행 일자부터 발생한다.

• 수입자 : 지정 물품을 수입하여 세관에 신고하는 자
• 유통업자 : 수입자로부터 지정 물품을 양도받아 소매업자 또는 최종 소비자에게 양도하는 자(도매상 등)
• 소매업자 : 지정 물품을 최종 소비자에게 판매하는 자
• 최종 소비자 : 지정 물품의 형체를 변형해서 사용하는 자를 포함하는 최종 단계 소비자(개인, 식당, 제조 공장 등)

〈유통이력 신고 대상 물품〉

시행 일자	지정 물품
2009. 8. 1.	공업용 천일염, 냉동 복어, 안경테
2010. 2. 1.	황기, 백삼, 냉동 고추, 뱀장어, 선글라스
2010. 8. 1.	구기자, 당귀, 곶감, 냉동 송어, 냉동 조기
2011. 3. 1.	건고추, 향어, 활낙지, 지황, 천궁, 설탕
2012. 5. 1.	산수유, 오미자
2013. 2. 1.	냉동 옥돔, 작약, 황금

※ 위의 표에서 제시되지 않은 물품은 신고 의무가 없는 것으로 간주한다.

① 수입한 선글라스를 2009년 10월 안경 전문점에 판매한 안경테 도매상 A
② 당귀를 수입하여 2010년 5월 동네 한약방에 판매한 한약재 전문 수입자 B
③ 구기자를 수입하여 2012년 2월 건강 음료 제조 공장에 판매한 식품 수입자 C
④ 수입자로부터 냉동 옥돔을 구입하여 2012년 8월 음식점에 양도한 도매상 E

45. 다음 도형들의 규칙을 찾아 '?'에 들어갈 알맞은 것을 고르면?

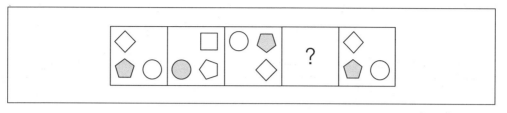

①

②

③

④

46. 다음 글에 나타난 직장인이 갖춰야 할 기본자세로 적절한 것은?

> 영업부 김 과장은 평소보다 일이 많아 일찍 출근하는 중이었다. 해도 채 뜨지 않은 새벽에 길을 지나가는데 환경미화원이 콧노래를 부르면서 청소하고 있어 뭐가 그렇게 즐거우시냐고, 매일 일찍 나와서 청소하면 힘들지 않으냐고 묻자, 그 환경미화원은 "지금 나로 인해 지구의 일부분이 깨끗해지고 있으니 오히려 즐겁다."라고 말했다.

① 준법의식

② 소명의식

③ 직분의식

④ 천직의식

47. ○○기업의 올해 바둑동호회 회원 수는 남성 회원이 5% 증가하고, 여성 회원이 10% 감소하여 작년과 동일하게 60명이다. 올해의 남성 회원 수는 몇 명인가?

① 36명

② 38명

③ 40명

④ 42명

[48 ~ 49] 다음 생활시간조사에 관한 자료를 보고 이어지는 질문에 답하시오.

〈자료 1〉 18세 이상 전체 인구의 생활 행동별 요일 내 평균 시간

(단위 : 분)

행동 분류별		2008년	2013년	2018년	2023년
필수시간	수면	442	445	450	480
	식사	94	111	116	127
	건강관리	8	8	7	6
의무시간	근로시간	206	187	183	180
	가정관리	110	106	105	109
	학습시간	33	17	15	23
여가시간	게임시간	5	13	10	10
	여가활동	217	275	248	259

※ 생활시간조사는 18세 이상의 국민이 각자 주어진 24시간을 보내는 양상을 파악하기 위한 것으로 24시간을 필수시간, 의무시간, 여가시간으로 구분하여 행동 분류별 시간 사용량을 파악하고 있다.

〈자료 2〉 18세 이상 행위자 인구의 생활 행동별 요일 내 평균 시간

(단위 : 분)

행동 분류별		2008년	2013년	2018년	2023년
필수시간	수면	442	445	450	480
	식사	94	111	116	127
	건강관리	8	60	47	43
의무시간	근로시간	385	343	334	341
	가정관리	146	137	131	134
	학습시간	222	327	294	232
여가시간	게임시간	85	80	73	64
	여가활동	220	276	250	261

※ 행위자 인구는 18세 이상의 성인 중 하루 24시간 중 1분 이상 필수시간, 의무시간, 여가시간에 속한 특정 행위를 한 사람들을 의미한다. 따라서 〈자료 2〉는 해당 생활 행동 행위자만을 대상으로 계산한 요일 평균 행위시간을 나타낸다.

48. 다음 중 〈자료 1〉을 해석한 내용으로 적절한 것은?

① 2023년 여가활동은 2008년에 비해 110% 이상 증가하였다.

② 2008년부터 2023년까지 의무시간의 세 항목들은 같은 증감 추세를 보인다.

③ 전체적으로 필수시간의 총합은 증가하고, 근로시간은 감소한다.

④ 조사 기간 중 식사시간의 증가율은 5년 전 조사 대비 2023년에서 가장 크다.

49. 다음 중 〈자료 1〉과 〈자료 2〉를 통해서 알 수 없는 내용은?

① 2023년 게임 행위자의 평균 시간은 전체 인구 평균에 비해 6배 이상이다.

② 여가시간의 행위자 인구의 평균 시간과 전체 인구의 평균 시간의 추세는 동일하다.

③ 학습을 하지 않는 사람의 수는 학습을 하는 사람의 수보다 10배 이상 많다.

④ 조사 기간의 수면시간과 식사시간은 전체 인구 평균과 행위자 인구의 평균이 동일하다.

50. 다음은 같은 크기와 모양의 블록을 쌓아올린 그림이다. 블록의 전체 개수는?

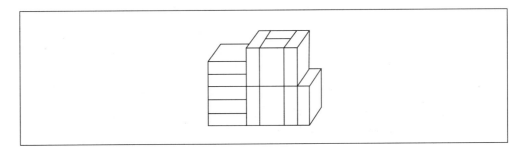

① 11개

② 12개

③ 13개

④ 14개

01. 다음 중 밑줄 친 부분의 의미가 〈보기〉와 가장 유사한 것은?

> 보기
>
> 그 고객은 아마 <u>어쩌다가</u> 길에서 날 만나도 아는 체를 못할 거야.

① 그녀는 <u>어쩌다가</u> 그와 눈을 마주치기라도 하면 기겁을 하는 것이었다.

② 사장님께선 업무 중에 <u>어쩌다가</u> 주무시지 자주 그러시진 않아.

③ 너 그걸 <u>어쩌다가</u> 그렇게 다 부숴 버렸니?

④ 취직 전에는 그래도 <u>어쩌다가</u> 야구장에 가곤 했다.

02. 다음 글에서 알 수 있는 진정한 리더의 요소가 아닌 것은?

> 세계적인 CEO들이 먼저 찾아와서 만나고자 한다는 브레네 브라운 교수는 "시대가 변화함에 따라 리더십의 형태 역시 바뀌어야 하며 끊임없이 이에 대해 학습해야 한다."라며 "새로운 기업문화를 주도하는 밀레니얼 세대에게 강력한 통제와 보상을 통해 생산성을 높이려 했던 '마키아벨리즘 리더십'은 더 이상 통하지 않는다."라고 조언한다. 빌&멀린다 게이츠 재단의 빌&멀린다 게이츠는 아래와 같이 말한다.
>
> "빌과 나는 취약성을 드러내기 위해 1년에 서너 차례 재단의 모든 직원을 만납니다. 그 만남은 우리와 그들을 연결하며, 소속감을 느끼고 하나가 되는 중요한 기회입니다. 만남이 끝나고도 많은 직원이 우리를 찾아오고, 우리는 거리감을 두는 대신 그들이 더 잘할 수 있는 일에서 성취감을 느끼도록 도울 수 있습니다."
>
> 현재의 밀레니얼 세대 조직 구성원들은 단순한 동조와 진심 어린 공감을 구분할 줄 알고, 끊임없이 변화와 혁신을 통한 효율성을 추구한다. 또한 수평적이고 기회 균등한 조직 문화를 요구하는 동시에, 편안함을 추구하기보다 자신의 가치관을 실천하기 위해 용기 있는 선택을 하는 대담한 리더를 원한다.

① 대담함과 용기

② 항상 학습하는 자세

③ 조직에 완벽한 모델이 되는 것

④ 아이디어로 생산성과 효율성을 높이는 것

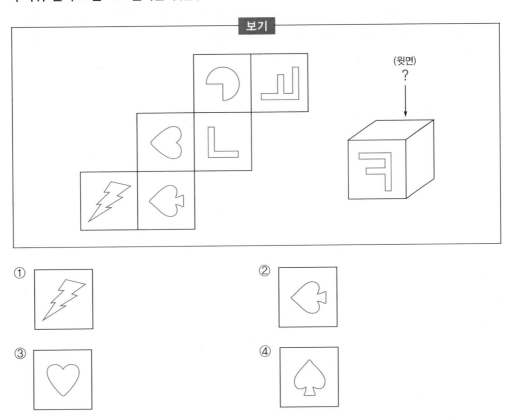

03. 다음 〈보기〉에서 왼쪽 전개도를 접어 오른쪽 주사위 모형을 만들었을 때, 윗면 방향에서 바라본 주사위 면의 모습으로 올바른 것은?

04. 다음 〈조건〉이 모두 참일 때, 반드시 참인 것은?

조건

• 에어로빅 강좌를 신청하지 않은 사람들은 모두 요리 강좌를 신청하지 않았다.
• 영화감상 강좌를 신청하지 않은 사람들은 모두 에어로빅 강좌를 신청하지 않았다.
• 우쿨렐레 강좌 신청자 중 일부는 요리 강좌를 신청하였다.

① 에어로빅 강좌를 신청한 사람은 모두 요리 강좌를 신청하였다.
② 우쿨렐레 강좌 신청자 중 일부는 영화감상 강좌를 신청하였다.
③ 에어로빅 강좌를 신청한 사람들은 모두 우쿨렐레 강좌를 신청하지 않았다.
④ 요리 강좌를 신청하지 않은 사람들 중 일부는 에어로빅 강좌를 신청하였다.

05. A 대리는 B 사원에게 지시한 업무 보고서를 받았으나 지시한 내용이 제대로 반영되지 않고 논리에도 맞지 않아 B 사원을 질책하고 있는 상황이다. B 사원은 A 대리가 지시한 내용 중 이해가 되지 않는 부분이 있었으며 준비 시간이 짧다 보니 어려운 부분이 많았다고 하소연하였다. 이때 지나가던 K 과장이 A 대리를 조용히 불러서 업무를 지시할 때의 의사소통 방법에 대해 조언을 했다. K 과장이 조언한 내용으로 적절하지 않은 것은?

① 후배 직원들과의 경험 차이를 이해하고 업무를 지시해야 해.

② 일방적인 지시보다 동기를 부여해 그 업무를 하고 싶도록 의지를 심어 줘야 해.

③ 업무가 가능한지 여부를 따지지 않고 일방적으로 지시하는 것은 소통을 저해하는 요인이야.

④ 업무는 명확하게 지시하는 것보다 스스로 업무를 처리할 수 있도록 방향만 지시하도록 해.

06. 다음 (가), (나)를 읽고 도출할 수 있는 결론으로 적절한 것은?

> (가) 지난해 정부에서는 정보격차 해소를 위해 저소득층 가정의 아이들에게 컴퓨터 등의 정보 통신기기를 보급하였다. 이를 통해 정보의 접근성 및 활용 능력이 향상되었고 학업성적의 향상에도 도움이 될 것으로 전망하였다. 그런데 올해 정보 통신기기를 지원받은 가정의 아이들의 학업성적을 살펴본 결과, 성적이 오른 아이들은 소수에 불과하고 대부분이 전과 유사한 성적에 머물거나 오히려 하락한 경우도 나타났다.
>
> (나) 정보 통신기기의 보급은 아이들이 다양한 지식을 쉽게 얻을 수 있도록 한다는 점에서 도움이 되지만, 수업에 대한 흥미와 집중력이 낮아지고 공부를 소홀히 하는 행동 등을 유발하여 학업성적이 떨어지는 이유가 되기도 한다. 그런데 정보 통신기기로 인한 학업성적의 하락은 저소득층 가정의 아이들에게서 더 큰 폭으로 나타나는데, 이러한 결과는 부모들의 관리에서 비롯된다고 보는 견해가 있다. 대부분 고소득층의 부모들은 자녀의 기기 활용에 대해 관리와 통제를 가하지만, 저소득층의 부모들은 이러한 관리에 대해 소홀한 경향이 있다는 견해이다.

① 정보 통신기기의 보급은 정보격차 해소에는 도움이 되지만 아이들의 학업 수준에는 부정적인 영향을 미친다.

② 아이들의 학업성적에는 정보 통신기기의 보급보다 기기에 대한 관리와 통제가 더 중요하게 작용한다.

③ 저소득층 아이들의 학업성적은 정보 통신기기의 보급에 따라 영향을 받으므로 적절한 조절을 통해 아이들의 성적 향상을 도울 수 있다.

④ 저소득층의 정보 통신기기 보급률은 고소득층보다 낮은 수준으로, 이로 인한 정보 수준의 격차가 아이들의 학업에 영향을 미친다.

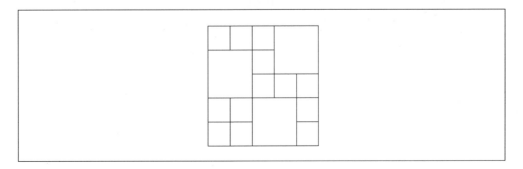

07. 다음은 ○○기업 대외홍보팀 홍 사원이 작성한 기획서이다. 이를 건네받은 심 대리가 할 수 있는 조언으로 적절하지 않은 것은?

〈행사 기획서〉

제목 : 홍보행사

　　우리 디자인 산업의 규모는 7조 1,000억 원이며 이는 선진국의 10 ～ 40% 수준에 불과한 것으로 나타났습니다. 한국 디자인의 발전과정을 알리고, 한국 디자인의 가치에 대한 국민들의 인식을 고취시키기 위해 디자인 전시회를 진행하고자 합니다.

－다음－

1) 일정 : 2023년 ○월 ○○일 ～ ○월 ○○일
2) 장소 : 광화문 광장
3) 주제 : K－Design
4) 예상 참여인원 : 250명
5) 행사구성 : 전시회
6) 담당인원 : 대외홍보팀 심○○ 대리, 홍△△ 사원 외 ○명

2023년 ○월 ○○일
대외홍보팀 사원 홍△△

① 기획 목적을 밝혀 보다 의미 있는 행사가 될 수 있도록 하는 것이 좋겠습니다.
② 인용한 정보의 출처를 밝혀 기획서에 객관성을 부여하는 것이 좋겠습니다.
③ 제목이 포괄적이므로 한국 디자인에 대해 알리는 전시회라는 것을 드러내는 것이 좋겠습니다.
④ 행사가 성공적으로 추진되었을 경우의 기대효과를 포함시켜 상대방을 설득하는 것이 좋겠습니다.

08. 다음 도형에서 크고 작은 사각형을 만들 때, 나오는 사각형은 모두 몇 개인가?

① 45개　　　　② 49개　　　　③ 50개　　　　④ 53개

[09 ~ 10] 다음 글을 읽고 이어지는 질문에 답하시오.

편의점은 도시 문화의 산물이다. 도시인, 특히 젊은이들의 인간관계 감각과 잘 맞아떨어진다. 구멍가게의 경우 단순히 물건을 사고파는 장소가 아니라 주민들이 교류하는 사랑방이요, 이런저런 소식이나 소문들이 모여들고 퍼져나가는 허브 역할을 한다. 주인이 늘 지키고 앉아 있다가 들어오는 손님들을 예외 없이 '맞이'한다. (㉠) 무엇을 살 것인지 확실하게 정하고 들어가야 한다. (㉡) 편의점의 경우 점원은 출입할 때 간단한 인사만 건넬 뿐 손님이 말을 걸기 전에는 입을 열지도 않을뿐더러 시선도 건네지 않는다. 그 '무관심'의 배려가 손님의 기분을 홀가분하게 만들어 준다. (㉢) 특별히 살 물건이 없어도 부담 없이 들어가 둘러볼 수도 있고, 더운 여름날 에어컨 바람을 쐬며 잡지들을 한없이 들춰보아도 별로 눈치 보이지 않는다. 그런 점에서 편의점은 인간관계의 번거로움을 꺼리는 도시인들에게 잘 어울리는 상업 공간이다. 대형 할인점이 백화점보다 매력적인 것 중의 하나도 점원이 '귀찮게' 굴지 않는다는 점이 아닐까.

(㉣) 주인과 고객 사이에 인간관계가 형성되지 않는 편의점은 역설적으로 고객에 대한 정보를 매우 상세하게 입수한다. 소비자들은 잘 모르지만, 일부 편의점에서 점원들은 물건값을 계산할 때마다 구매자의 성별과 연령대를 계산기에 붙어 있는 버튼으로 입력한다. 그 정보는 곧바로 본사에 송출된다. 또 한 가지로 편의점 천장에 붙어 있는 CCTV가 있는데, 그 용도는 도난 방지만이 아니다. 연령대와 성별에 따라서 어느 제품 코너에 오래 머물러 있는지를 모니터링하려는 목적도 있다. 녹화된 화면은 주기적으로 본사로 보내져 분석된다. 어떤 편의점에서는 삼각김밥 진열대에 초소형 카메라를 설치해 손님들의 구매 형태를 기록한다. 먼저 살 물건의 종류를 정한 뒤에 선택하는지, 이것저것 보며 살펴 가면서 고르는지, 유통 기한까지 확인하는지, 한 번에 평균 몇 개를 구입하는지 등을 통계 처리하는 것이다. 그렇듯 정교하게 파악된 자료는 본사의 영업 전략에 활용된다. 편의점이 급성장해 온 이면에는 이렇듯 치밀한 정보 시스템이 가동되고 있다.

09. 윗글을 바탕으로 판단할 수 있는 내용으로 적절하지 않은 것은?

① 도시인들은 복잡한 인간관계를 좋아하지 않는다.
② 편의점에 있는 CCTV는 그 용도가 다양하다.
③ 편의점 본사는 일부 지점에서 받은 정보를 활용하여 영업 전략을 수립한다.
④ 구멍가게는 편의점과 마찬가지로 손님들에게 '무관심'의 배려를 제공하는 공간이다.

10. 윗글의 빈칸 ㉠ ~ ㉣에 들어갈 접속어가 적절하게 짝지어진 것은?

	㉠	㉡	㉢	㉣
①	따라서	그러나	그래서	그런데
②	따라서	그런데	그리고	또한
③	그러므로	하지만	그러므로	또한
④	예를 들어	따라서	그래서	하지만

11. 다음 글의 중심내용으로 적절한 것은?

> 소위 말하는 특종을 잡기 위해서는 재정적 뒷받침이 필요한데 그럴 여력이 없는 상태에서 언론사가 선택할 수 있는 가장 좋은 전략은 정치적 지향성을 강하게 드러내는 것이다. 구독자들은 언론사와 자신의 정치적 지향점이 같다고 느끼면 더 많은 후원을 하는 경향이 있기 때문이다. 특히 대안언론은 재정적으로 매우 열악하여 자체적인 수익 없이 구독자들의 후원을 통해 유지되는 곳이 대부분이다. 구독자 수가 많지 않은 언론에 광고할 회사를 찾기가 쉬운 것도 아니고, 광고를 수주해도 수익성이 낮은 실정이니 사실상 구독자들에게 받는 후원금이 대안언론의 가장 큰 수입원이 된다. 따라서 대안언론에게는 후원금을 많이 받아내는 전략이 곧 생존전략이다.

① 대안언론이 정치성을 띠는 것은 불가피한 측면이 있다.

② 언론사에 대한 기부 활동은 제한되어야 한다.

③ 대안언론에 대한 지원을 확대해야 한다.

④ 언론은 공정해야 하므로 정치적인 행태를 보여서는 안 된다.

12. 다음 그림 안에 나타나 있지 않은 조각은?

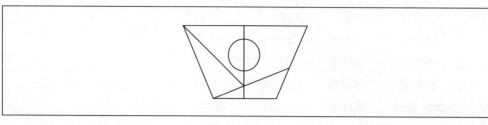

①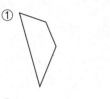

②

③

④

13. 다음 명제가 모두 참일 때, 〈결론〉에 대한 설명으로 항상 옳은 것은?

- 빨간색을 좋아하는 사람은 사소한 일에 얽매이지 않는다.
- 분홍색을 좋아하는 사람은 애정과 동정심이 많다.
- 내성적이지 않은 사람은 파란색을 좋아하지 않는다.
- 내성적인 사람은 사소한 일에 얽매인다.
- 애정과 동정심이 많은 사람은 박애주의자이다.

결론

(가) 파란색을 좋아하는 사람은 빨간색을 좋아하지 않는다.
(나) 분홍색을 좋아하지 않는 사람은 박애주의자가 아니다.

① (가)만 항상 옳다.　　　　　　　② (나)만 항상 옳다.
③ (가), (나) 모두 항상 옳다.　　　④ (가), (나) 모두 항상 그르다.

14. 회의 자리에서 팀장은 매출 실적을 달성하기 위해서는 팀워크를 다지는 일이 더 우선시되어야
한다고 강조했다. 다음 팀원들의 대화에서 팀워크 강화의 기본요소를 잘못 알고 있는 사람은?

> 갑 : 무엇보다 팀원 간의 상호 신뢰와 존중이 중요하다고 생각합니다.
>
> 을 : 스스로에 대한 충만한 자아의식이 수반되어야 팀워크에 기여할 수 있을 겁니다.
>
> 팀장 : 팀워크는 상호 협력과 각자의 역할이나 책임을 다하는 자세가 기본이 되어야 한다는
> 점을 다들 명심하게나.
>
> 병 : 팀원들끼리 솔직한 대화를 통해 서로를 이해하는 일이 무엇보다 중요하다고 생각합니다.
>
> 정 : 다들 좋은 말씀들이지만 팀원들이 서로 상대방의 사기를 북돋아 주는 일도 빼놓을 수
> 없지 않겠습니까?
>
> 무 : 목표의식과 도전의식은 팀워크의 기본이라고 봅니다.

① 갑   ② 을   ③ 병   ④ 무

15. 다음 입체도형이 z축을 중심으로 하여 반시계 방향으로 90° 회전했을 때의 모양은?

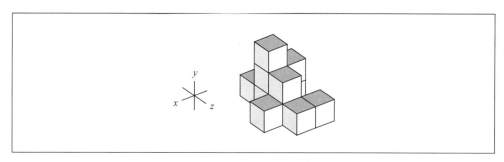

①
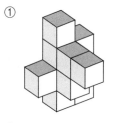

②
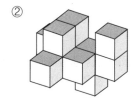

③
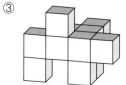

④
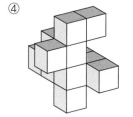

충남기출복원 1회 기출예상 2회 기출예상 3회 기출예상 4회 기출예상 5회 기출예상 6회 기출예상 7회 기출예상 8회 기출예상 9회 기출예상 인성검사 면접가이드

16. 해진, 예림, 희은, 찬빈, 은희, 영준, 유민은 영어회화, 시사토론, 수영 강의 중 최소 하나 이상을 수강하고 있다고 할 때, 해진이가 수강하고 있는 강의는?

- 영어회화, 시사토론, 수영의 수강인원은 각각 4명, 4명, 3명이다.
- 수영만 수강하는 사람은 없다.
- 세 강의를 모두 수강하는 사람은 없다.
- 은희와 유민은 두 개의 강의를 수강하고 있고 모두 같은 강의를 수강하고 있다.
- 희은, 찬빈은 시사토론 강의를 수강하고 있다.
- 예림과 영준은 두 개의 강의를 수강하고 있으며 그중 하나만 같은 강의이다.
- 은희와 영준은 하나만 같은 강의를 듣고 있다.
- 예림은 영어회화는 듣지 않는다.

① 시사토론　　　　　　　　　　　② 영어회화
③ 영어회화, 시사토론　　　　　　　④ 시사토론, 수영

17. 다음 글의 (가) ~ (마)를 문맥에 따라 순서대로 배열한 것은?

미세플라스틱은 독성 화학물질을 해수로 방출하고 바닷속 화학물질을 표면으로 흡착하여 해양생물에 독성을 유발할 수 있다.

(가) 더불어 인간에게도 각종 암을 비롯하여 생식기 발달의 저하, 성장 지연 등을 유발한다.
(나) 특히 POPs, PBTs 같은 화학물질은 잔류성과 생물축적성이 높은 물질로서 체내에 축적되면 동물의 면역력이 감소하고 생식기능이 약화된다.
(다) 이처럼 미세플라스틱이 인체에 유해한 각종 물질을 전이·확산시킬 수 있는 가능성이 커 이에 대한 다양한 연구가 진행되고 있다.
(라) 인간은 해산물과 소금 등을 섭취하는 생태계 먹이사슬의 최상위 포식자이므로 미세플라스틱에 노출되는 것은 불가피하다.
(마) 실제로 태평양 굴을 미세플라스틱에 노출하는 실험의 결과로, 난모세포 수 38% 감소, 지름 5% 감소, 정자 속도 23% 감소, 자손들의 성장 18 ~ 41% 감소를 보였다.

① (가)-(라)-(다)-(나)-(마)　　　　② (가)-(마)-(다)-(나)-(라)
③ (나)-(라)-(마)-(가)-(다)　　　　④ (나)-(마)-(가)-(라)-(다)

18. 다음 그림의 조각을 순서대로 배열한 것은?

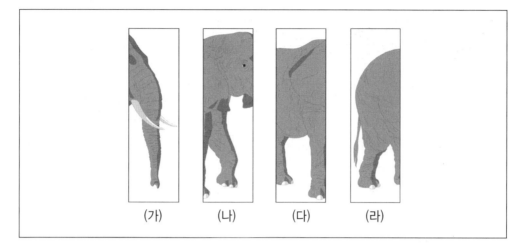

(가)　　　　(나)　　　　(다)　　　　(라)

① (나)-(가)-(다)-(라)　　　　② (나)-(가)-(라)-(다)
③ (라)-(나)-(가)-(다)　　　　④ (라)-(다)-(나)-(가)

19. 다음 글에서 나타나는 논리적 오류와 같은 형태의 오류를 범하고 있는 것은?

> 명당자리를 골라 부모님 산소를 옮겼더니, 그렇게 출마해도 안 되던 김○○ 씨가 이번에는 국회의원이 되었대. 국회의원이 되려면 역시 부모님 산소를 명당자리로 옮겨야 돼!

① 옆 학교에서 학생 한 명이 눈병이 났는데, 친구들끼리 모여서 일부러 눈병 걸린 학생이 자신의 눈을 만진 손으로 친구 눈을 만지게 했대. 그 학교 애들은 공부하기가 싫은가 봐.

② 일본 애니메이션이나 영화는 제2차 세계대전을 일으킨 일본에서 만들어졌기 때문에 그것을 보아서는 안 되며, 독일 제품은 나치의 후손들이 만들었기 때문에 불매운동을 해야 해!

③ 저 사람은 어른들을 만나도 인사를 제대로 하지 않기 때문에 그 사람이 하는 말은 믿을 수가 없을 뿐만 아니라 상종을 해서는 안 되는 사람이야.

④ 서울의 한 PC방에 관찰 카메라를 설치한 뒤 게임이 한창 진행 중인 학생들의 컴퓨터의 전원을 순간적으로 껐더니 게임을 하던 학생들이 모두 폭력적으로 변했어. 역시 게임은 폭력성을 유발하는구나!

충남기출복원 1회 기출예상 2회 기출예상 3회 기출예상 4회 기출예상 5회 기출예상 6회 기출예상 7회 기출예상 8회 기출예상 9회 기출예상 인성검사 면접가이드

[20 ~ 21] 다음은 어떤 유원지의 연령별 · 성별 매출액 비율이다. 이어지는 질문에 답하시오.

(단위 : %, 만 원)

연령 · 성별	유원지	A	B	C	D
성인	남자	19.2	21.3	22.1	13.6
	여자	23.5	26.4	19.8	20.7
학생	남자	17.8	14.2	23.0	11.6
	여자	21.4	19.2	10.3	34.4
소인	남자	( )	10.7	20.7	7.2
	여자	12.3	8.2	4.1	12.5
합계		100.0	100.0	100.0	100.0
총매출액		4,026	2,160	3,284	1,819

20. A 유원지의 총매출액에서 소인 남자가 차지하는 비율은?

① 5.4%
② 5.6%
③ 5.8%
④ 6.0%

21. D 유원지에 입장한 여학생의 경우 총매출액의 37%는 고등학생이었다. 이때 총매출액에서 여자 고등학생이 차지하는 비율은? (단, 소수점 아래 둘째 자리에서 반올림한다)

① 11.3%
② 12.7%
③ 14.5%
④ 23.7%

22. C 유원지의 소인 남자 총매출액은 D 유원지의 소인 남자 총매출액의 몇 배인가? (단, 소수점 아래 둘째 자리에서 반올림한다)

① 4.1배
② 4.5배
③ 4.8배
④ 5.2배

23. 갑은 중간고사에서 네 과목의 평균이 89.5점이 나왔다. 마지막 영어시험까지 합하여 다섯 과목의 평균이 90점 이상 나오려면, 영어는 최소한 몇 점을 받아야 하는가?

① 88점   ② 90점

③ 92점   ④ 93점

24. 가로 42cm, 세로 60cm인 벽에 남는 부분 없이 정사각형 타일을 붙이고자 한다. 필요한 타일의 최소 개수는?

① 40개   ② 50개

③ 60개   ④ 70개

25. 다음 자료에 대한 설명으로 적절하지 않은 것은?

〈지역별 월평균 사교육비〉

(단위 : 원, %)

구분	서울특별시	광역시	중소도시	읍면지역
일반교과	266,000	186,000	201,000	156,000
예체능 · 취미 · 교양	65,000	39,000	44,000	35,000
취업 관련	21,000	19,000	19,000	6,000
대상분포	17.8	25.6	41.5	15.1

① 서울특별시의 일반교과 월평균 사교육비는 읍면지역의 약 1.7배이다.

② 광역시의 전체 사교육비 중 취업 관련 사교육비가 차지하는 비율은 약 7.8%이다.

③ 대상분포를 고려하지 않은 채 각 지역에서 같은 수의 인원을 뽑아 평균을 구했을 때, 전국의 일반교과 월평균 사교육비는 202,250원이다.

④ 대상분포를 고려한 예체능 · 취미 · 교양 과목의 전국 월평균 사교육비는 44,099원이다.

26. 다음 글에 대한 이해로 적절하지 않은 것은?

> 최근 과도한 스트레스와 불규칙한 생활패턴, 잘못된 식습관으로 만성피로를 겪는 현대인이 늘고 있다. 일시적인 과로로 발생한 피로가 6개월 이상 지속되거나, 충분히 쉬어도 회복되지 않을 때를 만성피로로 진단한다. 보통 휴식을 취하면 만성피로가 나아지리라 생각하지만, 만성피로를 개선하지 않고 내버려두면 집중력이 감소하고 근육통, 두통 등이 나타난다. 면역력이 떨어져 감염병에도 취약해질 수 있는 만큼 주의가 필요하다.
>
> ◇ 건강관리 힘든 일상, 활성비타민 인기
> 만성피로를 개선하려면 규칙적인 운동과 영양소가 골고루 함유된 식단이 기본이다. 하지만 일상이 바쁘고 불규칙하게 살아야 하는 현대인에게는 어려운 이야기다. 대신 하루 한 알로 피로회복에 도움이 되는 성분을 간편하게 먹을 수 있는 고함량 활성비타민이 인기를 끌고 있다.
> 비타민 B군으로 대표되는 활성비타민은 육체 피로부터 어깨 결림, 눈 피로 등의 증상 완화에 효과가 있다. 스트레스 완화, 면역력 강화, 뇌신경 기능 유지, 피부와 모발 건강 등에도 도움을 준다고 알려졌다.
> 활성비타민의 효과가 알려지며 관련 시장은 매년 30% 이상 폭발적으로 성장해 다양한 제품들이 출시되고 있다. 전문가들은 비타민 제품을 고를 때 자신에게 필요한 성분인지, 함량이 충분한지, 활성형 비타민이 맞는지 등을 충분히 살펴본 다음 선택하라고 권고한다.

① 과로로 인한 피로가 1년 이상 지속된 철수는 만성피로로 진단될 수 있다.

② 피로는 면역력을 감퇴시킬 수 있어 독감과 같은 전염병에 걸리기 쉽게 만든다.

③ 비타민 B군은 스트레스를 경감시키고, 모발 건강에 도움을 줄 수 있다.

④ 시중에 있는 다양한 비타민 제품은 모든 사람에게 동일한 효과를 낸다.

27. 다음에 제시된 도형과 동일한 것은?

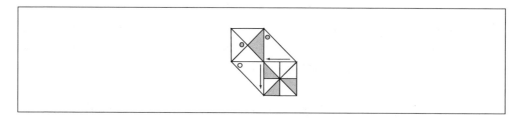

①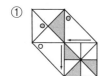

②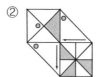

③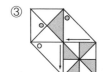

④

28. 다음 중 (가)와 (나)의 서술상의 공통점으로 적절한 것은?

> (가) 과학은 이 세상의 어떤 부분에 대한 믿을 만한 지식을 추구하고, 그런 지식을 이용해서
> 사회를 발전시키는 데에 크게 기여하였다. 과학의 핵심은 자연은 물론 자연에 대한 인간
> 의 간섭을 주의 깊게 관찰하는 것이라고 할 수 있다. 티리언퍼플의 색깔이 어떤 분자에
> 서 비롯된 것이고, 어떻게 그 분자를 변형시켜서 더 밝은 자주색이나 파란색을 얻을 수
> 있을까를 알아내려는 노력이 바로 그런 관찰에 해당된다.
>
> (나) 로마인들은 도로에 대해 잘 알고 있었다. 즉, 도로를 어떻게 닦고 어디에서 어디로 연결
> 해야 할지 그리고 그것들을 오래 유지하는 방법을 알고 있었다. 로마 도로의 영구성은
> 오늘날에도 감탄을 자아낼 만하다. 20세기를 넘어서까지 계속해서 사용해 왔는데도 수
> 백 마일의 로마 도로는 여전히 건재하니 말이다. 예를 들어, 로마의 남쪽에서부터 나폴리
> 와 브린디시까지 갈 수 있는 아피아 가도는 오늘날에도 자동차 도로로 사용될 만큼 견고
> 하다.

① 문답 형식으로 화제에 대해 구체적으로 설명하고 있다.

② 구체적인 예를 들어 전달하고자 하는 내용을 설명하고 있다.

③ 비유적인 예를 통하여 문제를 제기하고 이를 반박하고 있다.

④ 문제 상황을 소개하고 이를 해결하는 과정을 제시하고 있다.

29. 다음 글의 (가)~(라) 중 〈보기〉의 문장이 삽입되기에 가장 적절한 위치는?

> (가) 현대 사회가 해결해야 할 또 하나의 과제는 물질적인 것과 정신적인 것 사이의 균형을 회복하는 일이다. (나) 옛날에는 오히려 사회생활의 비중을 정신적인 것이 더 많이 차지해 왔다. 종교, 학문, 이상 등이 존중되었고 그 정신적 가치가 쉽게 인정받았다. 그러나 현대 사회로 넘어오면서부터 모든 것이 물질 만능주의로 기울어지고 있다. 그것은 세계적인 현상이며 한국도 예외는 아니다. 물론 그 중요한 원인이 된 것은 현대 산업 사회의 비대성(肥大性)이다. 산업 사회는 기계와 기술을 개발했고 그것이 공업에 의한 대량 생산과 소비를 가능케 했다. (다) 그 결과로 나타난 것이 문화 경시의 현실이며, 그것이 심하게 되어 인간 소외의 사회를 만들게 되었다. 정신적 가치는 설 곳을 잃게 되었으며, 물질적인 것이 모든 것을 지배하기에 이르렀다. (라) 이렇게 물질과 부가 모든 것을 지배하게 되면, 우리는 문화를 잃게 되며 삶의 주체인 인격의 균형을 상실하게 된다. 그 뒤를 따르는 불행은 더 말할 필요가 없다.

보기

> 사람들은 물질적 부를 즐기는 방향으로 쏠렸는가 하면, 사회의 가치 평가가 생산과 부(富)를 표준으로 삼기에 이르렀다.

① (가) ② (나)

③ (다) ④ (라)

30. 다음은 Z, Y, X, W, V 다섯 명이 자동차 경주를 하고 순위에 대해 나눈 대화이다. 이 중 한 명만 거짓을 말하고 있다고 할 때, 1등부터 순위를 바르게 나열한 것은?

> Z : W는 5등을 했고, Y와 순위 차이가 제일 커.
> Y : Z는 1등도 꼴찌도 하지 않았어.
> X : 나와 Y는 2순위 차이가 나.
> W : 나는 4등을 했어.
> V : 나는 2등을 했고, X와 연이은 순위에 있어.

① Y-V-X-Z-W ② Y-V-X-W-Z

③ V-W-Z-Y-X ④ V-Y-X-Z-W

31. 다음은 1980년대 헝가리 부다페스트에서 있었던 사례이다. 이 사례에서 문제를 해결한 방법으로 적절한 것은?

> 부다페스트에서 버스를 이용하는 승객들이 민원을 제기하였다. 안 그래도 오래 기다린 버스가 항상 만원이 되어 오기 때문에 더욱 짜증이 난다는 것이다. 이를 해결하기 위해 승객들은 버스를 증차해 달라고 요구하였다. 버스회사는 버스운전사의 피로도와 재정적인 문제로 버스를 무조건 증차하는 것은 어려움이 있어 개선할 수 있는 다른 방법을 찾기 위해 버스운행의 실제 상황을 조사하였다.
>
> 버스는 터미널에서 10분 간격으로 출발하고 10분마다 정거장에 도착하였다. 교통상황 등의 이유로 약간의 시간 차이가 발생하기도 하였지만 정체가 심하여 5분 이상 늦어지면 다음 정거장까지 15분이 걸려 줄에 서 있는 승객의 수가 늘어났다. 이뿐만 아니라 승객들이 타고 내리면서 더욱 시간이 많이 소요되고 원래 정거장에서 소요되어야 할 시간보다 더 많은 시간이 걸렸다. 자연스럽게 다음 정거장은 원래 도착 시간보다 20분 정도 늦게 도착하게 되었고 상황은 악화되었다. 승객들은 힘들게 기다렸는데 사람도 많아져 버스 이용에 대한 만족도가 점차 낮아지는 일이 발생한 것이다.
>
> 그에 반해 계속해서 그 뒤를 쫓고 있는 버스들의 경우에는 도착하는 시간이 다소 늦어지기는 하였지만 앞의 버스에서 승객들을 모두 태우고 가게 되면서 정거장에서는 10분이 안 되게 기다린 사람들만 서 있었다. 탑승하는 승객도 적고 시간도 적게 소비되었다.
>
> 이에 담당자는 시간 지연으로 인해 앞차가 정거장에 서 있고 뒤차가 따라 잡을 때 내리려고 하고 있는 승객들이 없다면 뒤차가 앞차를 앞지를 수 있도록 버스 운행 규정을 바꾸어 적용하였다.

① 버스 운전기사의 피로도 관리
② 유연하지 못한 버스 운행 규정 개선
③ 버스 증차
④ 버스 회사에 대한 민원 해소

32. 다음은 ○○기업 사원들을 대상으로 실시한 우울증 자가 테스트이다. 이를 참고할 때, 우울증 자가 테스트 결과에 대한 설명으로 적절하지 않은 것은?

〈우울증 자가 테스트〉

연번	내용	점수
1	매사에 흥미나 즐거움이 없다.	1
2	기분이 가라앉거나 우울하거나 희망이 없다고 느낀다.	1
3	잠들기 어렵거나 자주 깬다. 혹은 잠을 너무 많이 잔다.	1
4	피곤하다고 느끼거나 기운이 없다.	2
5	식욕이 줄었다. 혹은 너무 많이 먹는다.	2
6	내 자신이 실패자로 여겨지거나 자신과 가족을 실망시켰다고 느낀다.	3
7	신문을 읽거나 TV를 보는 것과 같은 일상적인 일에 집중이 어렵다.	3
8	답답하고 불안해지며 쉽게 짜증이 난다.	3
9	입맛이 바뀌고 한 달 새 5% 이상 체중변화가 있다.	4
10	두통, 소화기장애, 만성통증 등 약을 먹어도 잘 낫지 않는 증상이 계속된다.	4
11	다른 사람들이 눈치 챌 정도로 평소보다 말과 행동이 느리다. 혹은 너무 안절부절 못해서 가만히 있기가 힘들다.	5
12	차라리 죽는 것이 낫겠다고 생각하거나 어떻게든 자해를 하려고 생각한다.	5

〈점수별 진단 결과〉

점수 구간	상태
0 ~ 4점	정상
5 ~ 9점	가벼운 우울
10 ~ 14점	중증도 우울
15 ~ 19점	심한 우울
20점 이상	매우 심한 우울

① 1, 4, 11번에 해당하는 A 사원은 가벼운 우울 수준이다.

② 2, 5, 6, 9번에 해당하는 B 사원은 중증도 우울 수준이다.

③ 2, 7, 10, 11번에 해당하는 C 사원은 심한 우울 수준이다.

④ 1, 2, 5, 6, 9, 10, 12번에 해당하는 D 사원은 매우 심한 우울 수준이다.

33. 다음 두 블록을 합쳤을 때 나올 수 없는 형태는? (단, 회전은 자유롭다)

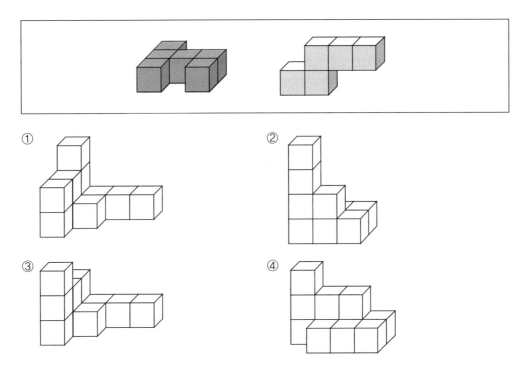

34. 다음 여러 기호 중에서 ▨는 모두 몇 개인가?

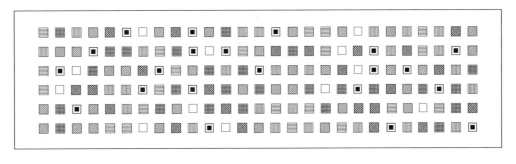

① 15개   ② 16개
③ 17개   ④ 18개

총답기출복원

1회 기출예상

2회 기출예상

3회 기출예상

4회 기출예상

5회 기출예상

6회 기출예상

7회 기출예상

8회 기출예상

9회 기출예상

인성검사

면접가이드

35. 다음 글의 빈칸 ㉠에 들어갈 말로 적절한 것은?

> 많은 사람이 '진화(進化)'에는 특정한 방향이나 목적으로 향하는 성질, 우열 관계가 있다고 오해한다. 즉, 말 자체에 담긴 '나아가다' 혹은 '발전하다'라는 뉘앙스 때문에 세월이 지날수록 생물체는 이전보다 더 '훌륭한' 것이 되어 이상적인 생물체의 모습에 한 발 가까워지며, 열등한 존재는 진화하면서 부족한 부분을 극복하고 고등한 존재로 발전된다고 여긴다. 얼핏 보면 생물체가 진화를 거쳐 단순한 존재에서 복잡한 존재로, 미숙한 개체에서 성숙한 개체로 바뀌는 듯 보여 진화가 발전과 개선을 내포하고 있다고 여기기 쉽다. 생물체의 변이는 우연적인 사건이지만, 오랜 세월을 거쳐 누적되다 보면 마치 누군가 의도를 가지고 특정 개체만을 선별해 낸 듯이 뛰어난 형질을 지닌 생물 종이 남는 경우가 있기 때문이다. 하지만 (㉠)

① 이상적인 생물체는 오랜 세월에 걸쳐 만들어진다.
② 진화는 우월한 자손을 남기려는 생물체들의 욕망에서 비롯된 의도된 현상이라고 볼 수 있다.
③ 양육강식의 원리에 따라 강자만이 선별되기 때문에 생물체들은 발전을 거듭하고 있는 것이다.
④ 이는 생물체 진화가 '환경에 더 잘 적응한 개체가 선택되는 방식'으로 이루어진 결과일 뿐 애초에 그런 결과를 염두에 두고 만들어졌다는 뜻은 아니다.

36. 다음 글을 통해 추론할 수 있는 오 박사에게 부족한 대인관계능력은?

> 202X년 8월 학술대회 회원 20명이 워크숍을 떠났다. 워크숍 장소에 도착하자 회원들은 각자 맡은 일을 하느라 분주하게 움직였다. 개인별 워크숍 자료도 정리하고 발표 장소도 세팅하고, 식사 및 음료도 준비해야 했기 때문이다.
> 하지만 오 박사는 오로지 자기가 발표해야 할 자료만을 정독하느라 바빴다. 이윽고 워크숍이 시작되자 오 박사는 가장 먼저 발표 순서를 차지했고, 본인의 발표가 끝나자 제일 먼저 휴식 시간을 가졌다.

① 공동의 목표를 성취하기 위한 강한 도전의식을 지니는 태도
② 협력하며 각자의 역할과 책임을 다하는 태도
③ 솔직한 대화로 서로를 이해하는 태도
④ 칭찬하고 감사하는 마음

37. 다음 대화의 밑줄 친 부분에서 드러난 경청의 방해요인으로 적절한 것은?

을 사원 : 팀장님, 잠시 상의드릴 게 있습니다.

갑 팀장 : 네. 무슨 일 있나요?

을 사원 : 요즘 팀원들 사이에서 저에 대한 안 좋은 소문이 돌고 있는 것 같습니다.

갑 팀장 : 그런 일이 있었나요? 구체적으로 어떤 소문인가요?

을 사원 : 제가 너무 이기적이라고 하더라고요. 아마도 제가 표현이 부족한 탓인 것 같은데, 제 딴에는 팀원들을 돕기 위해 여러 가지로 신경 쓰고 힘든 일을 도맡아서 …

갑 팀장 : <u>아니, 그것보다는 제가 봤을 때 을 사원은 일의 처리 과정에 문제가 좀 있는 것 같아요. 상대방의 업무를 이해하고 표현을 조금 더 적극적으로 하는 게 어떨까요?</u>

을 사원 : …….

갑 팀장 : 을 사원은 이런 면에 있어선 많이 서툰 것 같아요. 이는 을 사원은 물론 우리 팀의 업무 성과와도 관련이 있으니 조금 더 신경 써 보는 게 어떨까요?

---

① 짐작하기　　　　② 슬쩍 넘어가기　　　　③ 언쟁하기　　　　④ 다른 생각하기

38. 다음 글에 나타난 신경성 매독의 치료법을 개발한 사례를 일컫는 사자성어로 적절한 것은?

샤를 8세가 이탈리아에 침공했을 당시 프랑스군의 대규모 성범죄로 인해 유럽 전역으로 퍼져나가기 시작한 매독은 한때 인류를 위기에 빠뜨렸던 가장 무서운 질병 중 하나였다.

매독의 원인은 1905년에서 독일의 세균학자 샤우딘과 호프만에 의해 매독의 병원균인 스피로헤타가 발견되며 밝혀졌고, 1909년에 파울 에를리히에 의해 '마법의 탄환'으로 알려진 살바르산이라는 매독 치료제가 개발됐다.

매독에 걸린 후 약 15년 후에 발병하는 이상한 질병이 있다. 신경계를 침범한 매독이 뇌를 손상시켜 운동장애가 일어나거나 판단 및 기억 저하 등의 증상과 함께 마비를 일으키며 마침내는 치매에 빠지는 것이 바로 그 질병이다. 진행성 마비 혹은 마비성 치매라고도 불리는 이 정신질환은 뇌매독의 한 종류로서, 전체 매독 환자의 약 4 ~ 5%에게서 발병한다. 발병 후 약 3년 만에 죽음에 이르게 될 만큼 치명적이며 마비가 나타나는 주 연령대가 32 ~ 45세 사이의 남성들이라 사회와 가족에 큰 고통을 주었다.

하지만 오스트리아의 정신의학자인 율리우스 바그너 야우레크는 기발한 발상으로 신경성 매독의 치료법을 개발했다. 매독 병원균인 스피로헤타가 고열에 약하다는 사실에 착안해 환자들을 말라리아에 감염시킨 것이다.

---

① 이열치열(以熱治熱)　　　　　　　② 순망치한(脣亡齒寒)

③ 하충의빙(夏蟲疑氷)　　　　　　　④ 연목구어(緣木求魚)

39. 다음 연도별 재건축 추진현황 자료에 대한 분석으로 옳지 않은 것은?

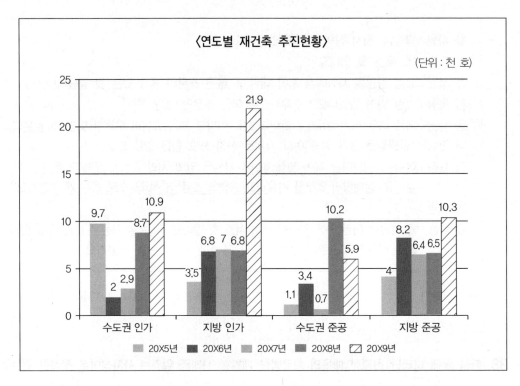

① 20X5 ~ 20X9년 동안 수도권의 평균 재건축 인가 호수는 준공 호수보다 많다.

② 재건축 인가 호수가 전년 대비 가장 큰 폭으로 변동한 것은 20X9년 지방의 경우이다.

③ 수도권이 지방보다 더 많은 재건축 인가/준공 호수를 보인 해는 각각 2개씩이다.

④ 지방의 재건축 준공 호수와 연도별 증감 추이가 동일한 항목은 없다.

40. 사탕의 판매 가격은 개당 700원, 초콜릿은 개당 1,300원이고 가진 돈은 15,000원이다. 가진 돈을 모두 써서 사탕과 초콜릿을 총 12개 산다고 할 때 초콜릿은 몇 개 구매할 수 있는가?

① 8개   ② 9개

③ 10개   ④ 11개

[41 ~ 42] 다음은 같은 크기와 모양의 블록을 쌓아 올린 그림이다. 이어지는 질문에 답하시오.

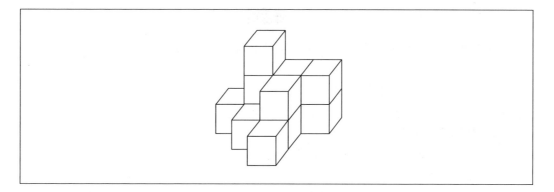

41. 블록의 개수는 총 몇 개인가? (단, 보이지 않는 뒷부분의 블록은 없다)

① 9개   ② 10개

③ 11개   ④ 12개

42. 그림에서 세 면이 보이는 블록은 몇 개인가?

① 2개   ② 3개

③ 4개   ④ 5개

종합기출복원 | 1회 기출예상 | 2회 기출예상 | 3회 기출예상 | 4회 기출예상 | 5회 기출예상 | 6회 기출예상 | 7회 기출예상 | 8회 기출예상 | 9회 기출예상 | 인성검사 | 면접가이드

43. 다음 〈보기〉의 내용을 참고할 때 채용이 가능한 사람은 누구인가?

> 보기
>
> **제12조(결격사유)** 다음 각호의 하나에 해당할 때에는 직원으로 채용할 수 없다.
> 1. 피성년후견인 또는 피한정후견인
> 2. 파산선고를 받고 복권되지 아니한 자
> 3. 금고 이상의 형을 받고 그 집행이 종료되거나 집행을 받지 아니하기로 확정된 후 5년을 경과하지 아니한 자
> 4. 금고 이상의 형을 받고 그 집행유예기간이 종료된 날로부터 2년을 경과하지 아니한 자
> 5. 금고 이상의 형의 선고유예를 받은 경우에 그 선고유예기간 중에 있는 자
> 6. 「부패방지 및 국민권익위원회의 설치와 운영에 관한 법률」 제82조에 따른 비위연직자 등의 취업제한 적용을 받는 자
> 7. 법원의 판결 또는 다른 법률에 따라 자격이 상실되거나 정지된 자
> 8. 「형법」 제303조 또는 「성폭력범죄의 처벌 등에 관한 특례법」 제10조에 규정된 죄를 범한 사람으로서 300만 원 이상의 벌금형을 선고받고 그 형이 확정된 후 2년이 지나지 아니한 자
> 9. 병역의무자로서 병역기피 사실이 있는 자

① A : 나는 음주운전으로 징역 7개월의 집행유예 2년이 확정된 지 3년이 지났어.

② B : 나는 성폭력 범죄를 저질러 벌금 600만 원이 확정된 지 1년이 지났어.

③ C : 나는 절도죄로 금고형의 선고유예 2년이 확정된 지 1년이 지났어.

④ D : 나는 사문서 위조죄로 법원에서 변호사 자격 2년간 정지 판결이 확정된 지 3년이 지났어.

44. ○○공사의 재무팀에서 근무하는 김○○ 대리는 중대한 세미나를 앞두고 세미나 장소를 대관하려고 한다. 〈평가 기준〉에 근거하여 다음의 5개 후보지 중 총점이 가장 높은 곳을 대관하려고 할 때, 김○○ 대리가 대관하게 될 세미나 장소는?

〈세미나 장소 정보〉

구분	○○공사로부터 이동시간	수용 가능인원	대관료	세미나 참석자들을 위한 교통편	빔 프로젝터 사용가능 여부
갑 센터 401호	1.5시간	400명	65만 원	불량	O
을 구민회관 2층	2시간	500명	60만 원	양호	O
병 교통회관 302호	1시간	350명	90만 원	양호	O
정 지역 상공회의소 3층	3시간	700명	70만 원	양호	O
무 빌딩 5층	2.5시간	600명	100만 원	매우 양호	X

〈평가 기준〉
- ○○공사로부터 이동시간, 수용가능인원, 대관료는 각 장소마다 1 ~ 5점을 준다.
- ○○공사로부터 이동시간과 대관료는 적은 순, 수용가능인원은 많은 순으로 높은 점수가 부여된다.
- 세미나 참석자들을 위한 교통편이 매우 양호하면 5점, 양호하면 4점, 불량하면 2점이 부여된다.
- 빔 프로젝터 사용이 가능하면 가점 2점이 붙는다.

① 갑 센터 401호
② 을 구민회관 2층
③ 병 교통회관 302호
④ 정 지역 상공회의소 3층

[45 ~ 46] 다음 자료를 보고 이어지는 질문에 답하시오.

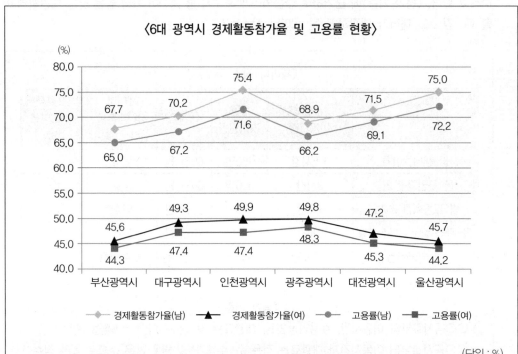

〈6대 광역시 경제활동참가율 및 고용률 현황〉

경제활동참가율(남)　경제활동참가율(여)　고용률(남)　고용률(여)

(단위 : %)

구분		경제활동참가율	고용률
전국	남성	73.0	70.1
	여성	49.4	47.8
서울특별시	남성	73.0	69.1
	여성	51.2	49.2

45. 다음 중 위 자료에 대한 설명으로 옳지 않은 것은?

① 인천의 고용률은 남녀 모두 서울보다 높다.

② 6대 광역시 중 여성의 고용률이 가장 낮은 도시는 울산이다.

③ 6대 광역시 중 여성 경제활동참가율이 50%를 넘는 도시는 없다.

④ 6대 광역시 중 남녀 간의 경제활동참가율의 차이가 가장 큰 도시는 울산이다.

46. 6대 광역시 중 여성 경제활동참가율이 전국보다는 높고 서울보다는 낮은 도시를 바르게 나열한 것은?

① 대구, 대전
② 인천, 광주
③ 대구, 인천, 광주
④ 인천, 광주, 대전

47. 다음 〈보기〉의 내용을 토대로 추론한 내용으로 적절한 것은?

보기

- 키가 170cm인 가영이는 나영이보다 키가 크다.
- 다영이는 나영이보다 키가 작다.
- 라영이의 키는 155cm로 마영이보다 키가 크다.

① 나영이의 키가 두 번째로 크다.
② 마영이는 다영이보다 키가 작다.
③ 가영이는 마영이보다 키가 크다.
④ 라영이는 나영이보다 키가 크다.

48. 다음 중 명함을 주고받을 때의 예절로 옳지 않은 것은?

① 명함을 받았을 때 모르는 한자가 있다면 그 자리에서 정중하게 물어본다.
② 명함을 받을 시 상대방의 이름을 손가락으로 덮지 않도록 주의하며 명함의 끝부분을 잡는다.
③ 명함을 받은 다음 잘 보관할 수 있도록 바로 주머니나 수첩 등에 넣어 둔다.
④ 명함은 두 손으로 건네고 두 손으로 받는 것이 예의이다.

49. 다음은 N 기업 고객센터에 접수된 고객의 불만 사항이다. 현재 상황을 잘 이해하고, 이에 대해 가장 적절한 대응 방안을 내놓은 사원을 [보기]에서 고르면?

> 저는 얼마 전 N 기업 쇼핑몰에서 원피스를 구입하였습니다. 제가 이 상품을 10월 1일에 주문했는데 배송이 거의 일주일 넘게 걸리더군요. 다른 인터넷 쇼핑몰 업체에 비해 배송이 너무 느리다고 생각했지만, 굳이 빨리 받아야 할 필요는 없어서 그냥 넘어가기로 했습니다. 그런데 막상 받아보니 원피스 사이즈가 작더군요. 그래서 옷을 반품했는데, 다음 날 반품 배송 비용을 청구받았습니다. 하지만 N 기업 쇼핑몰 사이트 어디에도 반품 배송 비용을 주문자가 부담해야 한다는 언급은 없었고, 이러한 내용의 공지를 따로 받은 적도 없어서 굉장히 당황스럽고 기분이 나빴습니다.

보기

- 사원 A : 앞으로는 상품 배송을 더욱 빨리 할 수 있도록 노력해야 합니다.
- 사원 B : 고객이 사이즈 때문에 반품하는 일이 생기지 않도록 사이즈를 정확히 기재해야 합니다.
- 사원 C : 반품 시 반품 배송 비용이 청구될 수 있다는 것을 사이트에 제대로 명시해야 합니다.
- 사원 D : 모든 고객을 만족시킬 수는 없습니다. 이런 불만 사항을 하나하나 신경쓰다보면 일만 복잡해질 뿐입니다.

① 사원 A   ② 사원 B
③ 사원 C   ④ 사원 D

50. 다음 글을 토대로 추론한 〈보기〉의 내용 중 타당하다고 볼 수 있는 내용을 모두 고른 것은?

전통적으로 돼지와 돗자리를 귀하게 여겨온 남태평양의 바누아투에는 다른 나라에서 찾아볼 수 없는 전통 은행이 있다. 이 전통 은행은 돼지와 돗자리를 현대 화폐와 교환해 주는 역할을 한다. 예를 들어 학비나 병원비를 내기 위해 돼지를 은행에 가지고 가면 현대 화폐로 바꿔 주기도 하고, 돗자리를 가지고 가서 전통 은행에 보관하거나 돼지로 바꿔 올 수도 있다. 전통 은행에서도 통장과 같은 증서를 발급해 주기 때문에 바누아투 사람들은 다른 지역의 전통 은행에 가서도 같은 업무를 볼 수 있다.

보기

㉠ 모든 경제 문제의 해결이 전통과 관습에 의해 이루어지고 있다.
㉡ 국가의 관습에 따라 다른 국가에서는 찾아보기 힘든, 그 국가만의 고유한 금융업무가 존재할 수 있다.
㉢ 바누아투의 전통 은행은 학비, 병원비 지출 관련 송금의 업무도 담당하고 있다.
㉣ 전통 은행은 물물 교환의 거래 비용을 감소시켜 주는 역할을 하고 있다.
㉤ 바누아투의 사회적 취약계층은 돼지와 돗자리를 생계보조비 대신 지급받을 것이다.
㉥ 전통 은행에서 돼지와 돗자리를 고정된 금액의 현대화폐와 교환해 주는 것이라면 인플레이션이 발생했을 때 돼지와 돗자리의 가치가 하락할 것이다.

① ㉠, ㉡, ㉣
② ㉠, ㉢, ㉤
③ ㉡, ㉢, ㉣
④ ㉡, ㉣, ㉥

기출예상문제

01. 다음 밑줄 친 단어와 문맥적으로 바꾸어 쓸 수 없는 단어는?

> 부장 검사는 사건을 신임 검사에게 <u>맡겼다</u>.

① 일임하다
② 내맡기다
③ 기탁하다
④ 주선하다

02. 의사소통 과정에는 적절한 대처능력이 요구되는 다양한 상황이 발생한다. 다음 중 〈보기〉에 제시되는 상황과 그에 따른 의사 표현 방법을 적절하게 연결한 것은?

보기

가. 설득해야 할 때
나. 상대방에게 부탁해야 할 때
다. 상대방의 잘못을 지적할 때
라. 충고해야 할 때

ⓐ 자신에게 부정적이거나 거부반응을 보이는 사람에게는 결코 타협적이거나 우호적일 수 없다는 사실을 잊어서는 안 된다. 예를 들거나 비유법을 써서 말하는 것이 좋다.
ⓑ 밀어붙이기식 대화 금물. 먼저 양보해서 이익을 공유하겠다는 의지를 보여주어야 한다.
ⓒ 모호한 표현을 자제하고, 불필요한 한 마디를 덧붙여서는 안 된다는 것을 명심해야 한다.
ⓓ 기간, 비용, 순서 등을 명확하게 제시하며, 상대의 사정을 우선시하는 태도를 보여준다.

① 가-ⓑ, 나-ⓒ, 다-ⓓ, 라-ⓐ
② 가-ⓑ, 나-ⓓ, 다-ⓒ, 라-ⓐ
③ 가-ⓒ, 나-ⓐ, 다-ⓑ, 라-ⓓ
④ 가-ⓓ, 나-ⓑ, 다-ⓐ, 라-ⓒ

03. 다음 〈보기〉의 전개도를 접었을 때의 모양으로 적절하지 않은 것은?

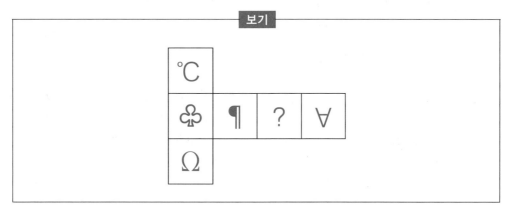

①   ②

③    ④

04. 다음 명제가 모두 참일 때 항상 참이라고 볼 수 없는 것은?

- A 거래처에 발주했다면, B 거래처에는 발주하지 않았다.
- C 거래처에 발주하지 않았다면, D 거래처에 발주했다.
- D 거래처에 발주했다면, B 거래처에도 발주했다.

① A 거래처에 발주했다면, C 거래처에도 발주했다.

② B 거래처에 발주하지 않았다면, C 거래처에도 발주하지 않았다.

③ C 거래처에 발주하지 않았다면, A 거래처에도 발주하지 않았다.

④ D 거래처에 발주했다면, A 거래처에는 발주하지 않았다.

종합기출복원 | 1회 기출예상 | 2회 기출예상 | 3회 기출예상 | 4회 기출예상 | 5회 기출예상 | 6회 기출예상 | 7회 기출예상 | 8회 기출예상 | 9회 기출예상 | 인성검사 | 면접가이드

05. 다음은 신입사원 박○○ 씨가 김 대리에게 기획서 작성 방법을 묻는 내용이다. 이를 듣고 김 대리가 할 조언으로 적절하지 않은 것은?

> 박 사원 : 대리님 궁금한 부분이 있어 말씀 좀 여쭙겠습니다.
>
> 김 대리 : 오, 새로 입사한 박 사원이군. 무슨 일이든 물어보도록 해.
>
> 박 사원 : 신입사원의 입장에서 신규아이템 기획서를 작성해 보라는 과장님의 지시가 있었는데, 기획서를 어떻게 작성해야 하는지 모르겠습니다. 기획서 작성 시 어떤 점을 유의해서 작성해야 할까요? 조언 좀 부탁드립니다.
>
> 김 대리 : 음, 기획서는 박 사원이 생각한 신규아이템에 대한 내용을 설득력 있게 작성해야 하는데, 유의사항으로는 _____

① 체계적으로 내용의 목차를 구성하여 작성해야 해.

② 효과적인 전달을 위해 표나 그래프를 적절하게 활용해 보도록 해.

③ 상급자에게 제출하는 문서이니 가급적 한자를 많이 사용하도록 해.

④ 관련 내용 중 무엇이 핵심인지 핵심 내용의 표현에 신경을 써야 해.

06. 다음의 입체도형을 위에서 본 모양으로 알맞은 것은?

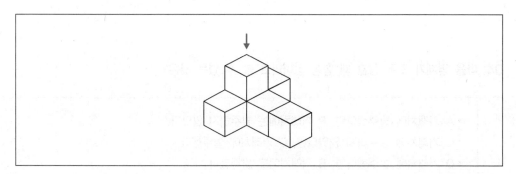

①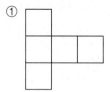

②

③

④

07. ○○기업의 사옥에는 5개 팀이 2 ~ 5층을 사용하고 있다. 다음 〈조건〉을 바탕으로 할 때, 옳지 않은 것은? (단, 회계팀만 타 층의 복사기를 사용하며, 한 층에는 최대 2개 팀만 있다)

> **조건**
>
> • 마케팅팀과 기획관리팀은 복사기를 같이 사용한다.
> • 4층에는 회계팀만 있다.
> • 총무팀은 홍보팀의 바로 아래층에 있다.
> • 홍보팀은 마케팅팀의 아래쪽에 있으며 3층의 복사기를 사용하고 있다.
> • 회계팀은 위층의 복사기를 사용하고 있다.

① 마케팅팀은 기획관리팀과 같은 층에 있다.
② 회계팀은 5층의 복사기를 사용한다.
③ 총무팀은 3층의 복사기를 사용한다.
④ 기획관리팀은 5층에 있다.

08. 리더십의 의미를 직원들에게 설명하는 팀장은 아래와 같은 이야기를 들려주었다. 다음 중 팀장이 언급한 방법이 조직에 가져오는 장점으로 적절하지 않은 것은?

> "직원들이 업무 역량을 최대한 발휘할 수 있는 근무 환경을 마련해 주기 위해 리더가 할 수 있는 방법이 몇 가지 있네. 이를테면, 직원들의 의견을 적극 경청하고 필요한 지원을 아끼지 않음으로 인해 생산성과 기술 수준을 향상시키고, 자기 향상을 도모하는 직원들에게 도움을 주어 업무에 대한 만족감을 높이는 방법이 대표적이라고 할 수 있지."

① 동기를 부여받은 자신감 넘치는 노동력
② 철저한 책임감을 갖춘 직원들
③ 지식과 정보를 하달하는 의사결정 권한의 체계화
④ 전반적으로 상승된 효율성 및 생산성

[09 ~ 10] 다음 글을 읽고 이어지는 질문에 답하시오.

⊙상품은 그것을 만들어 낸 생산자의 분신이지만, 시장 안에서는 상품이 곧 독자적인 인격체가 된다. 사람이 주체가 아니라 상품이 주체가 되는 것이다. 상품 생산자, 즉 판매자는 ⓒ화폐를 얻기 위해 자신의 상품을 시장에 내놓는다. 이렇게 내놓아진 상품이 시장에서 다른 상품이나 화폐와 관계를 맺게 되면 그 상품은 주인에게 복종하기를 멈추고 자립적인 삶을 살아가게 된다.

또한, 사람들이 상품을 생산하여 교환하는 과정에서 시장의 경제 법칙을 만들어 냈지만 이제 거꾸로 상품들은 인간의 손을 떠나 시장 법칙에 따라 교환된다. 이런 시장 법칙의 지배 아래에서는 사람과 사람 간의 관계가 상품과 상품, 상품과 화폐 등 사물과 사물 간의 관계에 가려 보이지 않게 된다.

이처럼 상품이나 시장 법칙은 인간에 의해 산출된 것이지만, 거꾸로 상품이나 시장 법칙이 인간을 지배하게 된다. 이때 인간 및 인간들 간의 관계가 소외되는 현상이 나타난다.

09. 윗글의 중심내용으로 적절한 것은?

① 시장 경제는 사람이 관여하지 않을 때 가장 이상적이다.

② 상품과 시장 법칙 중심의 경제가 사람을 소외시킨다.

③ 시장 경제 법칙이 실제 시장에 잘 적용되지 않고 있다.

④ 사람 간 관계 중심의 시장 정책 마련이 필요하다.

10. 다음 중 윗글의 ⊙과 ⓒ의 관계와 단어 관계가 같은 것은?

① 잡채 : 당면　　　　　　　　　② 남자 : 여자

③ 축구 : 공　　　　　　　　　　④ 운동 : 건강

11. 다음 글을 읽고 추론할 수 있는 내용으로 적절하지 않은 것은?

> 의사결정과정을 단순하게 나타낸 지침인 휴리스틱은 문제를 해결하는 데 들이는 노력을 줄이기 위해 사용되는 고찰 또는 과정을 의미한다. 오늘날 기업이 당면한 경영환경은 매우 복잡하며 변화가 심하다. 기업이 어떤 사안에 대한 의사를 결정하기 위해서는 다양한 변수를 고려하여야 한다. 그러나 기업은 정보의 부족과 시간 제약으로 인하여 완벽한 의사결정을 할 수 없는 것이 현실이다. 따라서 제한된 정보와 시간 제약을 고려하여 실무상 실현 가능한 해답이 필요하다. 이것을 위해 필요한 것이 바로 휴리스틱 접근법이다. 휴리스틱 접근법은 가장 이상적인 방법을 구하는 것이 아니라 현실적으로 만족할 만한 수준의 해답을 찾는 것이다. 현실적으로 기업이 주어진 시간 내에 모든 변수와 조건을 검토할 수 없기 때문이다. 휴리스틱은 정형적이며 포괄적이다. 즉, 일정한 규칙과 지침을 갖고 판단과 의사결정이 이뤄지며 전체 상황·가정·전제조건 등을 모두 고려한다. 일반적으로 사용되는 휴리스틱 접근법은 분석의 초기 단계에서는 모든 변수를 고려하지 않고 중요 변수만을 분석한 다음 점차 변수의 범위를 넓혀 간다. 문제 상황을 여러 부문으로 구분하고 이를 각각 분석에 따라 가장 현실적인 방법으로 구현한 후 전체적인 관점에서 통합한다.

① 휴리스틱 접근법을 사용하면 문제의 상태를 객관적으로 파악하여 가장 이상적이고 정확한 결론을 내릴 수 있다.

② 기업은 문제를 해결하는 데에 완벽한 수준의 해답을 찾지 못할 수도 있다.

③ 기업의 의사결정에는 매우 복잡하고 다양한 변수들이 존재하기 때문에 휴리스틱 접근법을 사용한다.

④ 휴리스틱 접근법은 전체적인 상황을 고려해 판단을 내릴 수 있게 해 준다.

12. 다음 명제가 모두 참일 때, 반드시 참인 것은?

> • 고양이를 좋아하면 호랑이를 키운다.
> • 개를 좋아하면 호랑이를 키우지 않는다.
> • 치타를 좋아하면 고양이를 좋아한다.

① 호랑이를 키우지 않는다면 치타를 좋아하지 않는다.

② 호랑이를 키우면 반드시 개를 좋아한다.

③ 고양이를 좋아하면 치타를 좋아한다.

④ 개를 좋아하면 반드시 고양이를 좋아한다.

13. ○○관광개발의 관광사업부 직원들은 매출 향상을 위해 회의를 진행 중이다. 다음 중 박 부장의 말을 바르게 경청한 사람은?

> 박 부장 : 본부장 회의에서 나온 결론은 매출 향상을 위해서는 여행상품이 연령대, 소득 격차 등에 따라 세분화할 필요가 있다는 거였네. 이건 특히 내가 아주 강조한 의견이기도 하고. 자, 내가 지금까지 얘기한 걸 다들 들었을 테니 이제 여러분들이 여행상품 세분화에 대한 실행 방안은 어떤 게 있을지 의견들을 말해 보게나.
>
> A 대리 : 부장님, 그러면 혹시 권역별 특성에 맞는 상품 개발에 대한 논의도 있었나요?
>
> B 사원 : 네, 저는 고객의 안전이 최우선이라고 예전부터 생각해 왔습니다.
>
> C 사원 : 부장님 의견에 전적으로 동의합니다.
>
> D 차장 : 글쎄요, 여행상품 차별화로 매출 향상이 될 수 있을지 의문입니다.

① A 대리　　　　② B 사원　　　　③ C 사원　　　　④ D 차장

14. 다음에 제시된 그림과 동일한 것은?

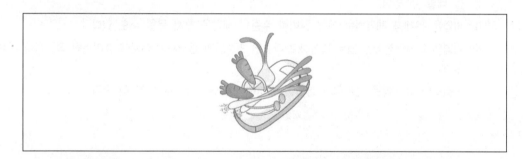

① 　　　②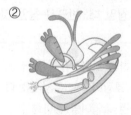

③ 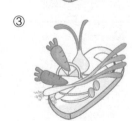　　　④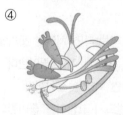

15. A, B, C 세 사람은 각각 영업팀, 회계팀, 총무팀 중 서로 다른 부서에서 일하고 있다. 회계팀 직원은 항상 진실을 말하고, 총무팀 직원은 항상 거짓을 말한다고 할 때, 다음 〈진술〉에 따라 사원과 그 소속 부서를 바르게 연결한 것은?

진술

- A : C가 회계팀에서 일한다.
- B : A의 말은 틀렸다. C는 영업팀에서 일한다.
- C : 나는 회계팀도, 영업팀도 아니다.

	A	B	C
①	회계팀	총무팀	영업팀
②	회계팀	영업팀	총무팀
③	총무팀	영업팀	회계팀
④	총무팀	회계팀	영업팀

16. 다음 (가) ~ (라)를 문맥에 따라 순서대로 배열한 것은?

(가) 농촌에서 태어나는 아이도 없을뿐더러 그나마 있는 청년들도 도시로 떠나고 있기 때문이다.

(나) 이러한 상황에서 고령층은 새로운 소득 작물을 재배하기도 하고 지역 농산물을 활용해 독창적인 상품을 만들어 내기도 한다.

(다) 그럼에도 급속한 고령화와 영농 후계 인력의 단절 등으로 농어촌의 생산성과 수익은 점점 줄어들어 문제는 해결되지 못하고 있다.

(라) 사회 전반적으로 고령화가 진행되고 있지만 농촌은 특히나 심각하다.

---

① (라)-(가)-(나)-(다) ② (라)-(가)-(다)-(나)
③ (라)-(나)-(가)-(다) ④ (라)-(나)-(다)-(가)

17. 다음 ㉠~㉣ 중 맞춤법이 옳은 것을 모두 고르면?

> A는 올해 휴가 기간에는 특별한 일정을 잡지 않고 ㉠오랫만에 시골 고향집에 내려갔다. 휴가 때마다 특별하게 보내려고 이런저런 신경을 쓰다 보니 오히려 스트레스를 받게 되고 피로가 쌓이는 듯하여 이번 휴가는 말 그대로 꼭 ㉡쉴려고 시골집에 ㉢들렀다. 하지만 가는 날이 장날이라고 노모 홀로 계신 고향집은 그간 제대로 돌보지 못하여 밀린 일들이 산더미처럼 쌓여 있어 잠시도 쉬지 못하고 휴가 내내 고된 노동의 ㉣대가를 톡톡히 치르게 되었다. 겉으로는 온몸이 쑤시고 결려 휴가 전보다 피로가 가중한 듯했지만, 마음은 한결 가벼워졌다.

① ㉠, ㉡   ② ㉠, ㉢

③ ㉡, ㉢   ④ ㉢, ㉣

18. 다음 〈보기〉에 제시된 도형 3개를 합쳤을 때 나올 수 없는 형태는? (단, 각 도형은 회전할 수 없다)

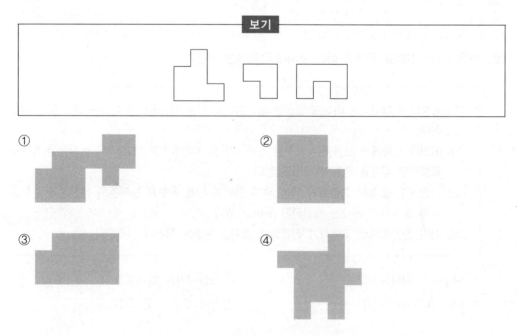

19. 다음 그림의 조각을 순서대로 배열한 것은?

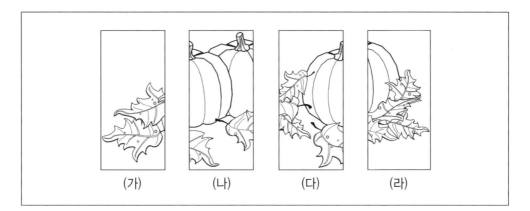

① (가)-(나)-(다)-(라)　　　　② (가)-(다)-(나)-(라)
③ (라)-(나)-(다)-(가)　　　　④ (라)-(다)-(나)-(가)

20. S 기업의 야유회에서 10명의 사원들을 5명씩 두 팀으로 나누어 보물찾기를 하고 있다. 한 팀이 먼저 보물을 숨기고 다른 팀에게 다음과 같이 힌트를 주었는데 두 명은 거짓을 말하고 있을 때, 거짓을 말하는 사람은 누구인가? (단, 보물은 한 개다)

A : 보물은 풀숲 안에 숨겼습니다.
B : 텐트 안에 보물이 있습니다.
C : D는 진실만을 말하고 있습니다.
D : 풀숲 안에 보물을 숨기는 것을 보았습니다.
E : 저희는 나무 아래에 보물을 숨겼습니다.

① A, B　　　　② A, D
③ B, C　　　　④ B, E

[21 ~ 22] 다음은 우리나라의 연도별·시도별 학급당 학생 수에 대한 자료이다. 이어지는 질문에 답하시오.

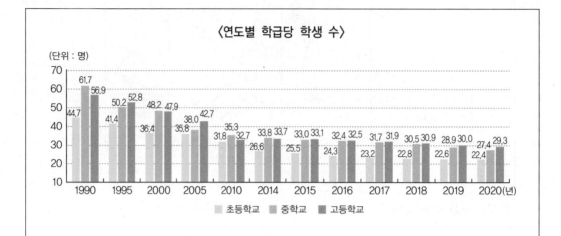

〈연도별 학급당 학생 수〉

〈시도별 학급당 학생 수(2020년)〉

(단위 : 명)

구분		초등학교	중학교	고등학교
전체		22.4	27.4	29.3
지역규모	대도시	22.9	27.2	29.6
	중소도시	25.0	29.8	30.2
	읍·면 지역	17.8	23.0	26.6
	도서·벽지	8.8	15.6	22.4
지역	서울	23.4	26.6	29.7
	부산	22.0	26.9	27.4
	대구	22.6	26.4	30.2
	인천	23.0	28.7	28.4
	광주	22.4	27.8	33.0
	대전	21.7	28.6	30.8
	울산	22.8	27.1	30.6
	세종	21.6	22.5	23.3

21. 다음 ㄱ ~ ㄹ 중 제시된 자료의 내용과 일치하지 않는 것은?

> 초 · 중등학교의 교육 여건의 개선과 함께 학급당 학생 수는 지속적으로 감소하여 왔다. 초등학교의 경우 1990년 44.7명이었던 학급당 학생 수는 이후 지속적으로 감소하여 2020년에는 22.4명을 나타내고 있다. ㄱ중학교의 경우, 1990년 61.7명에서 2020년 27.4명을 나타내고 있으며, 고등학교는 1990년 56.9명에서 2020년 29.3명을 나타내고 있다. 학급당 학생 수는 지역별로 다소 차이를 보인다. 지역 규모별로는 ㄴ중소도시의 학급당 학생 수가 다른 지역에 비해 높게 나타난다. 2020년 중소도시의 학급당 학생 수는 초등학교는 25.0명, 중학교는 29.8명, 고등학교는 30.2명으로 대도시가 각각 22.9명, 27.2명, 29.6명을 나타낸 것에 비해 높게 나타난다. 반면, 읍 · 면 지역은 초등학교가 17.8명, 중학교가 23.0명, 고등학교가 26.6명으로 나타났으며, 도서 · 벽지는 각각 8.8명, 15.6명, 22.4명이었다.
>
> 또한, ㄷ초등학교에서 학급당 학생 수가 가장 많은 지역은 서울이었으며, 고등학교에서는 광주가 33.0명으로 가장 높게 나타났다. 규모가 작은 세종은 초등학교, 중학교, 고등학교 모두에서 가장 적은 학급당 학생 수를 나타내고 있으며, 반면 ㄹ울산은 모든 학교급에서 학급당 학생 수가 우리나라 평균보다 높게 나타났다.

① ㄱ   ② ㄴ

③ ㄷ   ④ ㄹ

22. 2020년 8개 비교 대상 지역의 초 · 중 · 고등학교 학급당 평균 학생 수를 올바르게 나열한 것은? (단, 소수점 아래 둘째 자리에서 반올림하고, 시도별 학급 수는 동일하다고 가정한다)

	초등학교	중학교	고등학교
①	22.4명	26.8명	29.2명
②	22.4명	29.2명	27.5명
③	23.2명	26.8명	28.5명
④	26.8명	22.4명	23.5명

23. A 사원은 사무용품을 다음과 같이 구입하였다. 형광펜 한 개의 가격은 얼마인가?

> • 가위 3개, 메모지 5개, 형광펜 2개를 구입하고 25,000원을 지불하였다.
> • 가위 5개, 메모지 1개, 형광펜 3개를 구입하고 23,000원을 지불하였다.
> • 가위 6개, 메모지 2개, 형광펜 1개를 구입하고 27,000원을 지불하였다.

① 1,000원   ② 2,500원

③ 3,500원   ④ 4,000원

24. K 은행 S동 지점의 직원들이 매월 잔업을 하는 횟수와 해당 인원수가 다음과 같다. 전체 직원들의 평균 잔업일이 10일일 경우, 빈칸에 들어갈 수는?

잔업일수(일)	인원수(명)
0 ~ 3	9
4 ~ 6	13
7 ~ 11	( )
12 ~ 17	14
18 ~ 19	11

① 12   ② 13

③ 14   ④ 15

25. 1부터 9까지의 자연수가 하나씩 적힌 카드 9장이 있다. 승호는 1, 5, 8이 적힌 카드를, 정민은 2, 7, 9가 적힌 카드를, 선우는 3, 4, 6이 적힌 카드를 나눠 가졌다. 세 사람이 동시에 카드를 한 장씩 꺼낼 때, 선우가 꺼낸 카드의 숫자가 가장 클 확률은?

① $\dfrac{2}{27}$ ② $\dfrac{4}{27}$

③ $\dfrac{1}{9}$ ④ $\dfrac{2}{9}$

26. 다음 자료에 대한 설명으로 옳은 것을 〈보기〉에서 모두 고르면?

〈국가별 인구 및 인구밀도〉

구분	홍콩	싱가포르	대만	레바논
인구(명)	7,173,000	5,399,200	23,551,000	4,140,269
인구밀도(명/km²)	6,516	7,669	650	414

※ 인구밀도 $= \dfrac{인구}{국토면적}$

보기

ⓐ 레바논의 면적은 13,000km²보다 넓다.
ⓑ 국토의 면적은 대만이 가장 크다.
ⓒ 국토의 면적은 싱가포르가 가장 작으며, 700km²보다 작다.
ⓓ 홍콩의 국토는 싱가포르보다 200km² 이상 넓다.

① ㄱ, ㄴ　　　　　② ㄱ, ㄷ
③ ㄴ, ㄹ　　　　　④ ㄷ, ㄹ

27. 다음에 제시된 상황에서 장 사원이 취할 행동으로 바람직한 것은?

이름	장○○	부서 / 직급	홍보기획부 / 신입사원
성별 / 나이	여 / 27세	담당 업무	시장 조사 및 콘텐츠 개발

　장 사원은 과장의 지시로 한 달 동안 신입사원들끼리 진행해야 하는 프로젝트에 참여하게 되었다. 부여받은 업무 내용은 홍보 콘텐츠를 기획하고 제작하는 것으로, 목적은 신입사원들의 업무 능력 및 실무 능력을 향상하는 데 있다. 또한, 해당 업무의 결과는 신입사원 평가 항목에도 포함될 예정이다. 그러나 장 사원은 부여받은 과제를 잘 해낼 수 있을지 의심스러웠다. 입사한 지 얼마 안 된 신입사원끼리만 해결하기에는 어려운 프로젝트였기 때문이다.

① 다른 회사 마케팅팀에 재직 중인 경험 많은 친구에게 도와줄 것을 요청한다.
② 과장에게 해당 업무는 신입사원끼리 해결하기에는 역량이 부족하다고 감정적으로 호소한다.
③ 업무 능력이 좋은 선배들에게 찾아가 선배들이 신입사원일 때 진행했던 자료를 얻어 해당 내용을 반영한다.
④ 평가 항목이므로 신입사원들끼리 협력해 진행한 후 과장에게 진행 상황과 결과물을 자세히 설명하여 피드백 받는다.

28. 다음 글의 내용과 일치하지 않는 것은?

구매력 평가를 기준으로 우리나라 1인당 국내총생산(GDP)은 3만 달러를 넘었다. 이는 소비자가 여가와 건강, 취미 및 자기 계발에 소비를 늘리는 생활 방식으로 진입했음을 의미한다. 이와 더불어 미국 중심으로 떠오른 '욜로(YOLO) 라이프'가 우리나라에서도 굵직한 소비 경향으로 자리 잡고 있다. 2016년 초, 당시 오바마 미국 대통령이 오바마케어 홍보 영상에서 언급해 알려지기 시작한 욜로는 'You only live once'를 줄인 말이다. 욜로는 한 번뿐인 인생을 후회 없이 즐기며 사랑하자는 의미가 담겨 있으며, 현재의 삶이 행복해야 미래의 삶도 행복하다는 철학을 바탕으로 오늘의 일상을 즐겁게 만들자는 움직임이다. 따라서 욜로 라이프는 단순히 내일은 준비하지 않고 현재의 충동적 욕망에만 충실해지자는 의미와는 거리가 있다.

이러한 욜로 라이프는 즉흥적이며 일회성의 일상이 아닌 '지금 현재의 삶'을 아름답게 즐기자는 경향이 반영돼 있다. 예컨대 자기 소유의 집이 아닌 전세나 월세로 산다고 할지라도 벽지나 조명, 가구나 인테리어 소품 등을 자신의 취향에 따라 아름답게 꾸미려는 소비 현상이 증가한 것을 대표적인 욜로 현상의 예로 들 수 있다.

욜로 라이프 현상은 여행업계에서 한층 뚜렷하게 나타난다. 여행사를 통해 널리 알려진 곳 위주로 관광하는 단순한 여행 패턴을 넘어, 남들이 가 보지 않은 지역을 찾아 즐거움과 환희를 느끼는 관광객이 계속 늘고 있다. 한 소셜커머스에서 2016년에 판매한 여행상품 자료에 따르면, 세계 최대 산호 군락지인 호주의 그레이트 배리어 리프 여행객과 겨울철 극지방 도깨비불로 불리는 오로라 여행객이 예년보다 많이 증가한 것으로 나타났다.

과거 우리 부모 세대는 미래를 위해 한 푼이라도 아껴 저축하기를 강조하였지만, 욜로 라이프를 추구하는 욜로족은 현재의 나에게 초점을 맞춘다. 이는 지속적인 경기 불황 및 청년 구직난의 어두운 그늘에서 벗어나려는 젊은 층의 심리가 반영된 것이라는 분석도 있다. 한편, 타인이 아닌 나 자신을 위한 투자가 과소비나 과시형 소비를 부를 수 있다는 지적도 있다. 그러나 현재 여러 산업 분야에서 소비 시장이 계속 위축되고 있으므로, 이러한 소비 트렌드와 심리를 반영하여 삶의 다양한 가치를 채울 수 있는 상품의 개발은 소비를 유도할 수 있으며 이렇게 차별화된 서비스 개발도 점차 늘어날 것으로 전망된다.

① 욜로 라이프는 2016년 초 미국에서 소개된 후 우리나라 소비에도 영향을 미쳤다.

② 욜로족은 현재의 즐거움을 추구하는 동시에 미래를 위한 투자에도 중점을 둔다.

③ 유명 관광지 중심인 패키지여행보다 개성을 살린 개별 여행이 증가한 것도 욜로족의 영향이라 볼 수 있다.

④ 한 번뿐인 인생을 즐겁게 살자는 경향이 반영된 서비스 상품 개발이 앞으로 계속 늘어날 것이다.

29. 다음 〈보기〉의 왼쪽에 있는 도형을 오른쪽에 나타난 각도만큼 회전한 모양으로 적절한 것은?

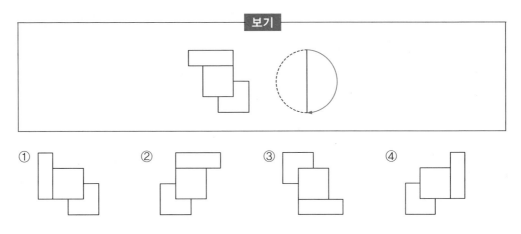

① ② ③ ④

30. 다음 글의 (가) ~ (라) 중, 〈보기〉의 문장이 삽입되기에 가장 적절한 위치는?

언어결정론자들은 우리의 생각과 판단이 언어를 반영하고 있고 실제로 언어에 의해 결정된다고 주장한다. 언어결정론자들의 주장에 따르면 에스키모인들은 눈에 관한 다양한 언어 표현을 두고 있어서 눈이 올 때 우리가 미처 파악하지 못한 미묘한 차이점들을 찾아낼 수 있다. (가) 또, 언어결정론자들은 '노랗다', '샛노랗다', '누르스름하다' 등 노랑에 대한 다양한 우리말 표현들이 있어서 노란색들의 미묘한 차이가 구분되고 그 덕분에 색에 관한 우리의 인지 능력이 다른 언어 사용자들보다 뛰어나다고 본다. (나) 이렇듯 언어결정론자들은 사용하는 언어에 의해서 우리의 사고 능력이 결정된다고 말한다. 정말 그럴까? 모든 색은 명도와 채도에 따라 구성된 스펙트럼 속에 놓이고, 각각의 색은 여러 언어로 표현될 수 있다. (다) 이러한 사실에 비추어 보면 우리말이 다른 언어에 비해 더 풍부한 색 표현을 하고 있다고 볼 수 없다. (라) 따라서 우리의 생각과 판단은 언어가 아닌 경험에 의해 결정된다고 보는 것이 옳다. 언어결정론자들의 주장과 달리, 언어적 표현은 다양한 경험에서 비롯되는 것이다.

보기

나아가, 더 풍부한 표현을 가진 언어를 사용함에도 불구하고 인지 능력이 뛰어나지 못한 경우도 발견할 수 있다.

① (가) ② (나)
③ (다) ④ (라)

[31 ~ 32] 다음 글을 읽고 이어지는 질문에 답하시오.

언어가 소멸하고 있다는 사실은 언뜻 보면 자연스러워 보일 수 있다. 예를 들어, 같은 언어를 쓰고 있던 사람 모두가 천재지변에 의해 죽음을 맞이한다면 그 언어는 흔적도 없이 사라질 것이다. 하지만 많은 학자는 현대에 와서 언어의 소멸 속도가 전례 없이 빨라졌다고 입을 모아 얘기한다. 또한, 언어의 보존에 많은 힘을 쏟아야 한다고도 주장한다. 왜 그럴까? 그리고 언어가 사라진다고 해서 우리와 무슨 관련이 있을까?

세계화가 진행되면서 어떤 문화권이 지구 저편에 있는 (㉠) 문화권과 접하게 되는 것은 전혀 놀라운 일이 아니다. 이런 문화의 접촉 중 문화 흡수는 언어의 쇠퇴에 큰 영향을 끼친다. 한 문화가 좀 더 지배적인 문화의 영향을 받아 자신의 특성을 잃기 시작하면서 구성원들이 새로운 행동 양식을 받아들이며 원래 언어를 버리게 되는 것이다.

이를 조금 더 자세히 살펴보면 세 가지 단계를 밟으며 진행됨을 알 수 있다. 첫 번째 단계에서는 지배 언어를 말해야 한다는 거대한 사회적 압력이 가해진다. 일제강점기의 창씨개명과 같은 하향식 압력일 수도 있고, 2000년대 초반 우리나라에 있었던 영어 공용화 이슈처럼 소속 사회의 유행이나 동류 집단의 압력 형태를 띠는 상향식 압력일 수도 있다. 두 번째 단계는 병용 단계이다. 압력에 못 이긴 사람들이 새로운 언어를 점점 능숙히 구사하는 과정이다. 대개 기존의 언어가 새로운 언어에 자리를 내주고 쇠퇴의 길을 걷는다. 그렇게 세 번째 단계인 언어의 소멸에 이르게 된다.

이 일련의 과정은 폭력성을 함축하기도 한다. 유럽과 아프리카, 미국과 인디언, 일제강점기 등 세계의 역사에서 그 예를 무수히 많이 찾아볼 수 있다. 그리고 이러한 예들을 계속 들여다보면 19세기의 제국주의부터 두 번의 세계대전, 세계화와 개발도상국의 도시화까지 비교적 최근의 기류에 의해 발생한 것이 많다는 것을 알 수 있다. 도시화나 세계화 같은 최근의 경향을 비난하거나 매도할 수는 없지만, 이에 의한 언어 소멸은 인재이고 언어의 생존에 가장 치명적이다.

31. 다음 중 윗글에 이어질 내용으로 가장 적절한 것은?

① 언어의 멸종을 막아야 하는 이유

② 언어의 소멸로 인한 개인의 피해

③ 언어가 소멸하는 구체적 이유

④ 언어의 멸종으로부터 얻을 수 있는 이익

32. 윗글의 빈칸 ㉠에 들어갈 단어로 적절한 것은?

① 점진적인   ② 폐쇄적인   ③ 이질적인   ④ 가학적인

33. 다음 중 적극적 경청의 관점으로 볼 때, 지도교수가 A 씨에게 할 수 있는 말은?

> A 씨는 학부 때부터 연구에 큰 흥미를 느끼고 있었으며, 석사 과정에서도 열정적인 연구로 랩미팅 때 좋은 인상을 남겼다. 박사 과정에서도 준수한 연구 실적을 내며 박사 과정 막바지에 이르고 있다. 하지만 근 2개월간 A 씨의 연구 실적이 눈에 띄게 줄어들었다. 랩미팅에서 조언했던 내용을 그대로 빼먹는가 하면 결과가 나와야 할 게 나오지 않았다. 참다못한 A 씨의 지도교수는 해당 실험실의 다른 구성원들과 면담하였고, A 씨가 가정사로 인해 우울증에 걸렸다는 것을 알게 되었다.
>
> 지도교수 : _____

① 자네 요즘 연구 실적이 좋지 않던데, 우울증 잘 극복하고 해결하길 바라네.

② 우울증 그거 별거인가? 나도 대학원 시절에 더한 거 많이 겪었어.

③ 요즘 들어 자네가 힘들어 보이네. 나도 대학원 시절에 힘든 게 많았어. 힘든 게 있으면 언제든지 얘기하게.

④ 자네 언제부터 우울증에 걸린 거야? 앞으로 그런 특이사항 있으면 바로 얘기하도록 해.

34. A는 ○○화장품 본사 고객지원팀에 입사할 예정으로, 4주차에 걸친 고객서비스 교육을 이수하고 있다. 교육 프로그램의 4주 차에는 조원들과 고객 불만 처리 8단계 프로세스 자료를 바탕으로 이야기를 나누었다. 다음 중 A가 조원들과 나눌 수 있는 말로 적절하지 않은 것은?

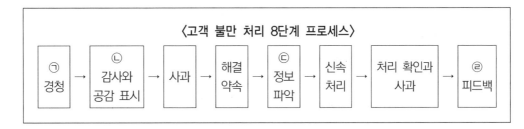

〈고객 불만 처리 8단계 프로세스〉

㉠ 경청 → ㉡ 감사와 공감 표시 → 사과 → 해결 약속 → ㉢ 정보 파악 → 신속 처리 → 처리 확인과 사과 → ㉣ 피드백

① ㉠ 단계에서는 고객의 불만 사항을 경청하고 고객의 항의에 공감하는 자세가 필요하다.

② ㉡ 단계에서는 고객이 일부러 시간을 내어 전화를 줌으로써 문제를 해결할 수 있는 기회를 준 것에 감사를 표해야 한다.

③ ㉢ 단계에서 적절한 해결 방법을 찾기 어려울 경우 고객에게 직접 어떻게 해결해 주었으면 하는지를 물어볼 수 있다.

④ ㉣ 단계에서는 고객의 불만 사례를 전 직원에게 알려서 똑같은 문제가 반복되어 일어나지 않도록 해야 한다.

35. 다음 빈칸에 들어갈 접속어로 적절한 것은?

> 　　최근 대표적인 게임 캐릭터인 '○○'와 '△△'를 합친 캐릭터 '△○'의 디자인 등록 결정에 대한 논란이 일고 있다. ○○ 제작사의 변호사 A는 "인기 캐릭터를 살짝 변형한 디자인만으로 디자인 등록이 가능하다면 향후 유사한 불법 복제가 발생할 경우 더 막기 어려워진다."라고 주장하였다. (　　　　) △○ 제작사의 변호사 B는 "△○는 신규성과 창작성 등 디자인 등록 요건을 충족하였으므로 ○○ 제작사의 주장은 옳지 않다."라는 입장을 밝혔다.

① 그리고　　　　　　　　　　　② 또한

③ 이처럼　　　　　　　　　　　④ 반면

36. 다음 대화의 내용이 모두 참일 때, 반드시 참인 것은?

> 갑 : 땅콩을 먹으면 아몬드를 먹지 않아.
> 을 : 밤을 먹으면 아몬드도 먹어.
> 병 : 호두를 먹지 않는 사람은 잣을 먹어.

① 밤을 먹은 사람은 잣을 먹지 않는다.

② 아몬드를 먹지 않은 사람은 밤을 먹는다.

③ 땅콩을 먹은 사람은 호두를 먹는다.

④ 땅콩을 먹으면 밤을 먹지 않는다.

37. 다음 글의 박○○ 씨가 가장 먼저 취해야 할 행동으로 옳은 것은?

> 박○○ 씨가 일하는 P 기관의 송 실장은 1,000만 원 규모의 소규모 용역을 진행하고자 했다. 해당 금액은 수의계약 범위에 해당하므로 공개경쟁입찰을 통해 용역 업체를 선정하지 않아도 되었다. 송 실장은 평소 고맙게 생각하는 용역 업체 사장에게 해당 용역을 맡기기로 하고 수의계약을 통해 계약을 체결하라고 지시를 내렸다. 2개월 동안 진행된 용역은 별다른 문제 없이 잘 마무리되었다. 그런데 박○○ 씨는 우연히 송 실장이 해당 용역 업체 사장과 친근하게 대화하며 식사 자리를 조율하는 내용의 통화를 듣게 되었다.

① 송 실장의 행위를 감사실에 익명으로 신고한다.
② 해당 용역 업체의 과업 결과물을 재검토한다.
③ 송 실장이 용역업체 사장과 어떤 관계인지를 먼저 확인해 본다.
④ 앞으로 해당 용역 업체와 거래를 하지 못하도록 건의한다.

38. 다음은 직장 내 인사 및 소개 예절에 관한 대화 내용이다. 인사 및 소개 예절에 대해 잘못 알고 있는 사람은?

> 도훈 : 사람을 소개할 때에는 내가 속해 있는 회사의 관계자를 타 회사의 관계자에게 먼저 소개해야 해.
> 태호 : 악수를 할 경우엔 손끝만 잡지 않고 가볍게 전체를 다 잡아야 하는 거야.
> 진수 : 처음 사람을 소개할 때에는 성까지 말할 필요는 없어. 이름과 직함을 간단히 말하는 것이 올바른 예절이지.
> 유선 : 나이가 어린 사람을 연장자에게 먼저 소개해야 하는 건 다들 알고 있지?

① 도훈   ② 태호
③ 진수   ④ 유선

충남기술복원 · 1회 기출예상 · 2회 기출예상 · 3회 기출예상 · 4회 기출예상 · 5회 기출예상 · 6회 기출예상 · 7회 기출예상 · 8회 기출예상 · 9회 기출예상 · 인성검사 · 면접가이드

39. 다음 자료에 대한 설명으로 옳지 않은 것은?

<성별, 연령대별 전자금융서비스 인증수단 선호도 조사결과>

(단위 : %)

구분	인증수단	휴대폰 문자인증	공인 인증서	아이핀 (I-PIN)	이메일	전화인증	신용카드	바이오 인증
성별	남성	72.2	69.3	34.5	23.1	22.3	21.2	9.9
	여성	76.6	71.6	27.0	25.3	23.9	20.4	8.3
연령대	10대	82.2	40.1	38.1	54.6	19.1	12.0	11.9
	20대	73.7	67.4	36.0	24.1	25.6	16.9	9.4
	30대	71.6	76.2	29.8	15.7	28.0	22.3	7.8
	40대	75.0	77.7	26.7	17.8	20.6	23.3	8.6
	50대	71.9	79.4	25.7	21.1	21.2	26.0	9.4
전체		74.3	70.4	30.9	24.2	23.1	20.8	9.2

※ 응답자 1인당 최소 1개에서 최대 3개까지의 선호하는 인증수단을 선택했음.
※ 인증수단 선호도는 전체 응답자 중 해당 인증수단을 선호한다고 선택한 응답자의 비율임.
※ 전자금융서비스 인증수단은 제시된 7개로만 한정됨.

① 연령대별 인증수단 선호도를 살펴보면 30대와 40대 모두 아이핀이 3번째로 높다.

② 전체 응답자 중 선호 인증수단을 3개 선택한 응답자 수는 40% 이상이다.

③ 20대와 50대 간의 인증수단별 선호도 차이는 공인인증서가 가장 크다.

④ 선호하는 인증수단으로 이메일을 선택한 20대가 아이핀과 공인인증서를 동시에 선택했다면, 신용카드를 선택한 20대 모두가 아이핀을 동시에 선택한 것이 가능하다.

40. 채린이와 삼촌의 나이 차는 18세이고, 4년 후에는 삼촌의 나이가 채린이 나이의 2배가 된다. 채린이의 현재 나이는 몇 세인가?

① 14세   ② 16세
③ 18세   ④ 20세

41. 다음 글을 통해 추론할 수 있는 내용은?

> 향수는 원액의 농도에 따라 퍼퓸, 오드 퍼퓸, 오드 뚜왈렛, 오드 콜로뉴 등으로 나뉜다. 퍼퓸은 알코올 85%에 향 원액이 30% 정도 함유되어 있고, 향은 약 12시간 정도 지속된다. 퍼퓸 다음으로 농도가 짙은 오드 퍼퓸은 알코올 92%에 향 원액이 15% 정도 함유되어 있으며 향의 지속시간은 7시간 정도이다. 오드 뚜왈렛은 알코올 80%, 향료 8%에 3 ~ 4시간 정도 향이 지속되고, 오드 콜로뉴는 알코올 95%, 향료 5%에 1 ~ 2시간 정도 향이 지속된다. 향취는 톱 노트, 미들 노트, 라스트 노트의 3단계로 변하는데 먼저 톱 노트는 알코올과 함께 섞인 향으로 향수 뚜껑을 열자마자 처음 맡게 되는 냄새이다. 미들 노트는 알코올 냄새가 조금 느껴지면서 원래 향수의 주된 향기가 맡아지는 단계이고, 라스트 노트는 맨 마지막에 남는 냄새로 향수 본래의 향취가 나는 단계이다. 향수는 라스트 노트가 6시간 정도 지속되는 것이 가장 좋으므로 알코올이 어느 정도 날아가고 난 상태에서 향을 맡아보고 고르는 것이 좋다. 또한 향취는 밑에서 위로 올라오는 성질이 있기 때문에 잘 움직이는 신체 부분에 발라야 하며 귀 뒤나 손목, 팔꿈치 안쪽 등 맥박이 뛰는 부분에 뿌리면 향력이 더 좋아진다.

① 향수의 원액 농도가 높을수록 가격이 비싸다.

② 톱 노트가 오래 지속되는 향수를 골라야 한다.

③ 향수를 목에 뿌리면 향이 오래 가지 않는다.

④ 아침에 뿌리고 밤까지 향이 지속되게 하려면 퍼퓸을 구입한다.

42. 다음 두 블록을 합쳤을 때 나올 수 없는 형태는? (단, 회전은 자유롭다)

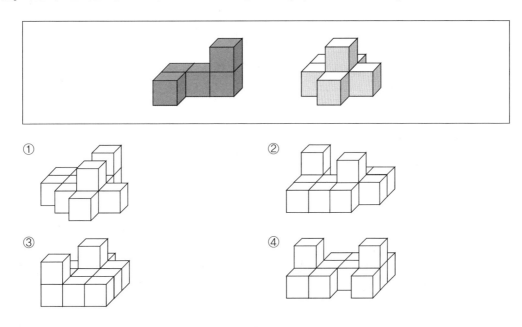

①

②

③

④

43. ○○업체의 A팀은 아래 자료를 참고하여 야유회를 위한 숙소를 정하고자 한다. 다음 내용 중 적절하지 않은 것은?

〈자료 1〉 숙소 결정요인별 평가 점수

구분	방문자 리뷰	요금 순위	접근성	위생	시설
베네치아 리조트	★★☆	4위	★★★★☆	下	★★☆
아르떼 호텔	★★★☆	2위	★★☆	上	★★★★
하야루비	★★★	5위	★★★★★	中	★★★
씨원리조트	★★★★☆	3위	★★★	中	★★★☆
마리나 앤 리조트	★★★★☆	1위	★★★☆	上	★★★★★

• 방문자 리뷰, 접근성, 시설 점수 계산 시 ★은 1점, ☆은 0.5점으로 계산한다.
• 요금이 비싼 순서로 1위부터 5위까지 산정하며 요금 점수는 가장 낮은 순위부터 높은 순위까지 5점에서 1점을 부여한다.
• 위생 상태가 上인 경우 5점, 中인 경우 3점, 下인 경우 0점을 위생 점수로 부여한다.
• 숙소의 총점은 요인별 점수를 합산하여 계산한다.

〈자료 2〉 직원별 숙소 결정 시 고려사항 및 직급

구분	숙소 결정 시 고려사항	직급
도영	방문자 리뷰	사원
정연	접근성	사원
진아	시설	대리
성우	시설	과장
찬호	방문자 리뷰	대리
민경	요금	부장

• 숙소 결정에 있어서 직급별 영향력의 가중치로 부장은 1, 과장은 0.8, 대리는 0.6, 사원은 0.3을 부여한다.

① 총점이 가장 낮은 숙소의 점수는 14점 이하이며 한 곳이다.
② 총점이 가장 낮은 숙소는 위생 평가가 가장 낮다.
③ 직원별 숙소 결정 시 고려사항에 직급별 영향력의 가중치를 반영하여 요인별 영향력을 계산할 때, 영향력이 가장 큰 결정요인은 시설이다.
④ 직급별 영향력의 가중치를 반영하여 숙소 평가 점수가 가장 높은 곳으로 야유회 숙소를 결정한다면, 하야루비가 선택된다.

44. 다음 자료를 근거로 추론할 수 있는 내용은?

사회통합프로그램이란 국내 이민자가 법무부 장관이 정하는 소정의 교육과정을 이수하도록 하여 건전한 사회 구성원으로 적응, 자립할 수 있도록 지원하고 국적취득, 체류허가 등에 있어서 편의를 주는 제도이다.

프로그램의 참여 대상은 대한민국에 체류하고 있는 결혼이민자 및 일반이민자(동포, 외국인 근로자, 유학생, 난민 등)이다. 사회통합프로그램의 교육과정은 한국어 과정과 한국 사회의 이해 과정으로 구성된다. 신청자는 우선 한국어 능력에 대한 사전평가를 받고, 그 평가점수에 따라 한국어 과정 또는 한국 사회의 이해 과정에 배정된다. 일반이민자로서 참여를 신청한 자는 사전평가 점수에 의해 배정된 단계로부터 6단계까지 순차적으로 교육과정을 이수하여야 하며, 결혼이민자와 유학생의 경우에는 결혼이민자 면제제도 및 유학생 단기 거주 제도가 실행되고 있다.

결혼이민자로서 참여를 신청한 자는 4 ~ 5단계를 면제받는다. 예를 들어, 한국어 단계 2단계를 배정받은 결혼이민자는 3단계까지 완료한 후 바로 6단계로 진입한다. 또한, 일반이민자 중 유학생은 30세 미만의 학생 또는 2년 이상 국내에 거주할 경우 점수와 상관없이 한국 사회의 이해 과정을 생략할 수 있다.

〈과정 및 이수시간〉

구분		1단계	2단계	3단계	4단계	5단계	6단계
과정		한국어					한국 사회의 이해
		기초	초급1	초급2	중급1	중급2	
이수시간		15시간	50시간	50시간	150시간	150시간	50시간
사전평가 점수	일반 이민자	0 ~ 10점	11 ~ 29점	30 ~ 49점	50 ~ 69점	70 ~ 89점	90 ~ 100점
	결혼 이민자	0 ~ 10점	11 ~ 49점	50 ~ 69점	면제		70 ~ 100점

① 결혼이민자로 참여하기 위해서는 한국인과 결혼 후 3년이 지나야 한다.

② 사회통합프로그램 사전평가는 한국어와 한국 사회의 이해 과목으로 나뉜다.

③ 결혼이민자와 유학생에 모두 해당되는 경우 사전평가에 자신 있다면 유학생 기준을 선호할 것이다.

④ 대한민국 국적취득을 위해서는 사회통합프로그램 6단계까지 이수해야 한다.

충남기출복원

1회 기출예상

2회 기출예상

3회 기출예상

4회 기출예상

5회 기출예상

6회 기출예상

7회 기출예상

8회 기출예상

9회 기출예상

인성검사

면접가이드

[45 ~ 46] 다음은 S 극장 주말 방문 고객을 연령대별로 조사한 자료이다. 이어지는 질문에 답하시오.

구분	10 ~ 19세	20 ~ 29세	30 ~ 39세	40 ~ 49세	50세 이상	총인원수
금요일	8%	22%	21%	36%	13%	2,500명
토요일	2%	14%	21%	40%	23%	1,500명
일요일	19%	50%	20%	10%	1%	2,000명

45. 일요일에 방문한 30세 미만 고객 수와 토요일에 방문한 30세 미만 고객 수의 차이는 얼마인가?

① 725명   ② 850명

③ 1,020명   ④ 1,140명

46. 금요일에 방문 비율이 가장 낮은 연령대의 인원, 토요일에 방문 비율이 세 번째로 낮은 연령대의 인원, 일요일에 방문 비율이 가장 낮은 연령대의 인원을 모두 합하면 총 몇 명인가?

① 525명   ② 535명

③ 545명   ④ 555명

47. 다음 중 절약과 관련이 있는 속담이 아닌 것은?

① 단단한 땅에 물이 괸다.   ② 열의 한 술 밥

③ 소같이 벌어서 쥐같이 먹어라.   ④ 강물도 쓰면 준다.

[48 ~ 49] 다음은 같은 모양과 크기의 블록을 쌓아올린 그림이다. 이어지는 질문에 답하시오.

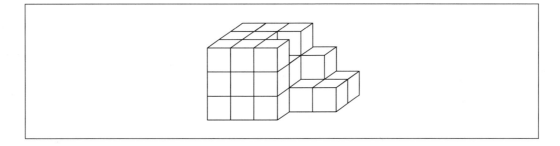

48. 블록의 개수는 모두 몇 개인가?

　　① 27개　　　　　　　　　　② 29개
　　③ 31개　　　　　　　　　　④ 33개

49. 그림에서 두 면만 보이는 블록은 모두 몇 개인가?

　　① 5개　　　　　　　　　　② 6개
　　③ 7개　　　　　　　　　　④ 8개

50. 다음 그림에서 크고 작은 사각형을 만들 때, 나오는 사각형은 모두 몇 개인가?

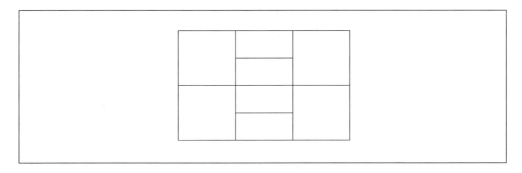

　　① 20개　　　　　　　　　　② 21개
　　③ 23개　　　　　　　　　　④ 25개

파트 **3**

인성검사

01 인성검사의 이해

1 인성검사, 왜 필요한가?

채용기관은 지원자가 '직무적합성'을 지닌 사람인지를 인성검사와 필기평가를 통해 판단한다. 인성검사에서 말하는 인성(人性)이란 그 사람의 성품, 즉 각 개인이 가지고 있는 사고와 태도 및 행동 특성을 의미한다. 인성은 사람의 생김새처럼 사람마다 다르기 때문에, 몇 가지 유형으로 분류하고 이에 맞추어 판단한다는 것 자체가 억지스럽고 어불성설일지 모른다. 그럼에도 불구하고 기업들의 입장에서는 입사를 희망하는 사람이 어떤 성품을 가졌는지에 대한 정보가 필요하다. 그래야 해당 기업의 인재상에 적합하고 담당할 업무에 적격한 인재를 채용할 수 있기 때문이다.

지원자의 성격이 외향적인지 아니면 내향적인지, 어떤 직무와 어울리는지, 조직에서 다른 사람과 원만하게 생활할 수 있는지, 업무 수행 중 문제가 생겼을 때 어떻게 대처하고 해결할 수 있는지에 대한 전반적인 개성은 자기소개서나 면접을 통해서도 어느 정도 파악할 수 있다. 그러나 이것들만으로는 인성을 충분히 파악할 수 없기 때문에, 객관화되고 정형화된 인성검사로 지원자의 성격을 판단하고 있다.

채용기업은 직무적성검사를 높은 점수로 통과한 지원자라 하더라도 해당 기업과 거리가 있는 성품을 가졌다면 탈락시키게 된다. 일반적으로 직무적성검사 통과자 중 인성검사로 탈락하는 비율이 10% 내외라고 알려져 있다. 물론 인성검사에서 탈락하였다 하더라도 특별히 인성에 문제가 있는 사람이 아니라면 절망할 필요는 없다. 자신을 되돌아보고 다음 기회를 대비하면 되기 때문이다. 탈락한 기업이 원하는 인재상이 아니었다면 맞는 기업을 찾으면 되고, 적합한 경쟁자가 많았기 때문이라면 자신을 다듬어 경쟁력을 높이면 될 것이다.

2 인성검사의 특징

우리나라 대다수의 채용기업은 인재개발 및 인적자원을 연구하는 한국행동과학연구소(KIRBS), 에스에이치알 (SHR), 한국사회적성개발원(KSAD), 한국인재개발진흥원(KPDI) 등 전문기관에 인성검사를 의뢰하고 있다.

이 기관들의 인성검사 개발 목적은 비슷하지만 기관마다 검사 유형이나 평가 척도는 약간의 차이가 있다. 또 지원하는 기업이 어느 기관에서 개발한 검사지로 인성검사를 시행하는지는 사전에 알 수 없다. 그렇지만 공통으로 적용하는 척도와 기준에 따라 구성된 여러 형태의 인성검사지로 사전 테스트를 해 보고 자신의 인성이 어떻게 평가되는가를 미리 알아보는 것은 가능하다.

인성검사는 필기시험 당일 직무능력평가와 함께 실시하는 경우와 직무능력평가 합격자에 한하여 면접과 함께 실시하는 경우가 있다. 인성검사의 문항은 100문항 내외에서부터 최대 500문항까지 다양하다. 인성검사에 주어지는 시간은 문항 수에 비례하여 30～100분 정도가 된다.

문항 자체는 단순한 질문으로 어려울 것은 없지만, 제시된 상황에서 본인의 행동을 정하는 것이 쉽지만은 않다. 문항 수가 많을 경우 이에 비례하여 시간도 길게 주어지지만, 단순하고 유사하며 반복되는 질문에 방심하여 집중하지 못하고 실수하는 경우가 있으므로 컨디션 관리와 집중력 유지에 노력하여야 한다. 특히 같거나 유사한 물음에 다른 답을 하는 경우가 가장 위험하니 주의해야 한다.

🔍 3 인성검사 합격 전략

1 포장하지 않은 솔직한 답변

'다른 사람을 험담한 적이 한 번도 없다', '물건을 훔치고 싶다고 생각해 본 적이 없다'

이 질문에 당신은 '그렇다', '아니다' 중 무엇을 선택할 것인가? 채용기업이 인성검사를 실시하는 가장 큰 이유는 '이 사람이 어떤 성향을 가진 사람인가'를 효율적으로 파악하기 위해서이다.

인성검사는 도덕적 가치가 빼어나게 높은 사람을 판별하려는 것도 아니고, 성인군자를 가려내기 위함도 아니다. 인간의 보편적 성향과 상식적 사고를 고려할 때, 도덕적 질문에 지나치게 검손한 답변을 체크하면 오히려 솔직하지 못한 것으로 간주되거나 인성을 제대로 판단하지 못해 무효 처리가 되기도 한다. 자신의 성격을 포장하여 작위적인 답변을 하지 않도록 솔직하게 임하는 것이 예기치 않은 결과를 피하는 첫 번째 전략이 된다.

2 필터링 함정을 피하고 일관성 유지

앞서 강조한 솔직함은 일관성과 연결된다. 인성검사를 구성하는 많은 척도는 여러 형태의 문장 속에 동일한 요소를 적용해 반복되기도 한다. 예컨대 '나는 매우 활동적인 사람이다'와 '나는 운동을 매우 좋아한다'라는 질문에 '그렇다'고 체크한 사람이 '휴일에는 집에서 조용히 쉬며 독서하는 것이 좋다'에도 '그렇다'고 체크한다면 일관성이 없다고 평가될 수 있다.

그러나 일관성 있는 답변에만 매달리면 '이 사람이 같은 답변만 체크하기 위해 이 부분만 신경 썼구나'하는 필터링 함정에 빠질 수도 있다. 비슷하게 보이는 문장이 무조건 같은 내용이라고 판단하여 똑같이 답하는 것도 주의해야 한다. 일관성보다 중요한 것은 솔직함이다. 솔직함이 전제되지 않은 일관성은 허위 척도 필터링에서 드러나게 되어 있다. 유사한 질문의 응답이 터무니없이 다르거나 양극단에 치우치지 않는 정도라면 약간의 차이는 크게 문제되지 않는다. 중요한 것은 솔직함과 일관성이 하나의 연장선에 있다는 점을 명심하자.

3 지원한 직무와 연관성을 고려

다양한 분야의 많은 계열사와 큰 조직을 통솔하는 대기업은 여러 사람이 조직적으로 움직이는 만큼 각 직무에 걸맞은 능력을 갖춘 인재가 필요하다. 그래서 기업은 매년 신규채용으로 입사한 신입사원들의 젊은 패기와 참신한 능력을 성장 동력으로 활용한다.

기업은 사교성 있고 활달한 사람만을 원하지 않는다. 해당 직군과 직무에 따라 필요로 하는 사원의 능력과 개성이 다르기 때문에, 지원자가 희망하는 계열사나 부서의 직무가 무엇인지 제대로 파악하여 자신의 성향과 맞는지에 대한 고민은 반드시 필요하다. 같은 질문이라도 기업이 원하는 인재상이나 부서의 직무에 따라 판단 척도가 달라질 수 있다.

4 평상심 유지와 컨디션 관리

역시 솔직함과 연결된 내용이다. 한 질문에 대해 오래 고민하고 신경 쓰면 불필요한 생각이 개입될 소지가 크다. 이는 직관을 떠나 이성적 판단에 따라 포장할 위험이 높아진다는 뜻이기도 하다. 오래 생각하지 말고 자신의 평상시 생각과 감정대로 답하는 것이 중요하며, 가능한 한 건너뛰지 말고 모든 질문에 답하도록 한다. 200 ~ 300개 정도의 문항을 출제하는 기업이 많기 때문에, 끝까지 집중하여 임하는 것이 중요하다.

특히 적성검사와 같은 날 실시하는 경우, 적성검사를 마친 후 연이어 보기 때문에 신체적·정신적으로 피로한 상태에서 자세가 흐트러질 수도 있다. 따라서 컨디션을 유지하면서 문항당 7 ~ 10초 이상 쓰지 않도록 하고, 문항 수가 많을 때는 답안지에 바로 바로 표기하도록 한다.

인성검사 모의 연습

검사문항	200 문항
검사시간	40 분

[01~50] 다음 문항을 읽고 본인이 상대적으로 더 해당된다고 생각되는 쪽을 선택하여 정답지에 표기해 주십시오.

번호	문항	선택	
1	① 외향적인 성격이라는 말을 듣는다. ② 내성적인 편이라는 말을 듣는다.	①	②
2	① 정해진 틀이 있는 환경에서 주어진 과제를 수행하는 일을 하고 싶다. ② 새로운 아이디어를 활용하여 변화를 추구하는 일을 하고 싶다.	①	②
3	① 의견을 자주 표현하는 편이다. ② 주로 남의 의견을 듣는 편이다.	①	②
4	① 실제적인 정보를 수집하고 이를 체계적으로 적용하는 일을 하고 싶다. ② 새로운 아이디어를 활용하여 변화를 추구하는 일을 하고 싶다.	①	②
5	① 냉철한 사고력이 요구되는 일이 편하다. ② 섬세한 감성이 요구되는 일이 편하다.	①	②
6	① 사람들은 나에 대해 합리적이고 이성적인 사람이라고 말한다. ② 사람들은 나에 대해 감정이 풍부하고 정에 약한 사람이라고 말한다.	①	②
7	① 나는 의사결정을 신속하고 분명히 하는 것을 선호하는 편이다. ② 나는 시간이 걸려도 여러 측면을 고려해 좋은 의사결정을 하는 것을 선호하는 편이다.	①	②
8	① 계획을 세울 때 세부 일정까지 구체적으로 짜는 편이다. ② 계획을 세울 때 상황에 맞게 대처할 수 있는 여지를 두고 짜는 편이다.	①	②
9	① 나는 원하는 일이라면 성공확률이 낮을지라도 도전한다. ② 나는 실패할 가능성이 있는 일이라면 가급적 하지 않는 편이다.	①	②
10	① 일반적으로 대화 주제는 특정 주제나 일 중심의 대화를 선호한다. ② 일반적으로 대화 주제는 인간관계 중심의 대화를 선호한다.	①	②
11	① 나는 완벽성과 정확성을 추구하는 성향이다. ② 나는 융통성이 있고 유연성을 추구하는 성향이다.	①	②

12	① 나는 관계의 끊고 맺음이 정확하다. ② 나는 상대의 감정에 쉽게 흔들린다.	①	②
13	① 일을 할 때 지시받은 일을 정확하게 하길 좋아한다. ② 일을 할 때 지시받는 일보다 스스로 찾아서 하는 편이다.	①	②
14	① 나는 한번 집중하면 의문이 풀릴 때까지 집중한다. ② 나는 어려운 문제에 부딪히면 포기하는 게 마음이 편하다.	①	②
15	① 의사결정 시 논리적이고 합리적인 결정을 중시한다. ② 의사결정 시 분위기나 정서를 많이 고려한다.	①	②
16	① 나는 집단이나 모임 활동에 적극적이다. ② 개인 취미 활동에 적극적이다.	①	②
17	① 인류의 과학 발전을 위해 동물 실험은 필요하다. ② 인류를 위한 동물 실험은 없어져야 한다.	①	②
18	① 나에게 있어 사회적 책임과 의무는 그리 중요하지 않다. ② 나에게 있어 사회적 책임과 의무는 심각하고 진지하게 받아들인다.	①	②
19	① 미래를 위해 돈을 모아야 한다고 생각한다. ② 현재를 즐기기 위해 나에게 투자해야 한다고 생각한다.	①	②
20	① 바쁜 일과 중에 하루 휴식 시간이 주어지면 거리를 다니면서 쇼핑을 하거나 격렬한 운동을 한다. ② 바쁜 일과 중에 하루 휴식 시간이 주어지면 책을 읽거나 음악 감상을 하고 낮잠을 자는 등 편히 쉰다.	①	②
21	① 생활의 우선순위는 다른 사람의 필요를 채우고 봉사하는 일이다. ② 생활의 우선순위는 내 삶에 충실하고 나 자신의 경쟁력을 키우는 일이다.	①	②
22	① 원인과 결과가 논리적으로 맞는지를 확인하는 편이다. ② 과정과 상황에 대한 좋고 나쁨을 우선 고려하는 편이다.	①	②
23	① 조직이나 모임에서 분위기를 주도하고 감투 쓰기를 선호한다. ② 조직이나 모임에서 나서기보다 뒤에서 도와주는 역할을 선호한다.	①	②
24	① 자신의 속마음을 쉽게 노출하지 않는 사람이다. ② 상대방을 크게 신경 쓰지 않는 시원스러운 사람이다.	①	②
25	① 혼란을 막기 위해 매사를 분명히 결정하는 조직을 선호한다. ② 차후에 더 나은 결정을 내리기 위해 최종 결정을 유보하는 조직이 좋다.	①	②
26	① 타인을 지도하고 설득하는 일을 잘한다. ② 상대를 뒤에서 도와주고 섬기는 역할을 잘한다.	①	②

27	① 어떤 일을 할 때 주변 정리는 일 도중에 중간중간 정리해 나간다. ② 어떤 일을 할 때 주변 정리는 일을 마치고 마지막에 한꺼번에 정리한다.	①	②
28	① 일을 처리하는 데 있어서 미리 시작해서 여유 있게 마무리하는 편이다. ② 일을 처리하는 데 있어서 막바지에 가서 많은 일을 달성하는 편이다.	①	②
29	① 토론을 할 때 내 의견이 대부분 관철되고 반영된다. ② 토론을 할 때 많은 사람이 동의하는 쪽을 선택한다.	①	②
30	① 나는 적극적으로 변화를 주도하고 도전하는 것을 즐긴다. ② 기존의 방식을 문제없이 유지하는 것에 안정감을 느낀다.	①	②
31	① 나는 일반적으로 혼자 하는 일을 선호한다. ② 나는 일반적으로 함께 하는 일을 잘한다.	①	②
32	① 묶이는 것보다 자유로운 분위기가 좋다. ② 정해진 질서와 틀이 짜여 있는 곳이 좋다.	①	②
33	① 일상생활에서 미리 일별, 월별 계획을 세워 꼼꼼하게 따져가며 생활한다. ② 그때그때 상황에 맞춰 필요한 대책을 세워나간다.	①	②
34	① 처음 보는 사람과 한자리에 있으면 먼저 말을 꺼내는 편이다. ② 처음 보는 사람과 한자리에 있으면 상대가 말을 할 때까지 기다린다.	①	②
35	① 합리적이고 이성적인 것을 더 강조하는 조직을 선호한다. ② 인간적이고 감성적인 것을 더 강조하는 조직을 선호한다.	①	②
36	① 상호작용이 주로 업무를 통한 정보 교환을 중심으로 이루어지는 조직을 선호한다. ② 상호작용이 주로 개인적 인간관계를 통해 이루어지는 조직을 선호한다.	①	②
37	① 처음 만나는 사람들에게 본 모습을 바로 보여 주기보다 조금 경계하는 편이다. ② 처음 만나는 사람들에게 조금 친해지고 나면 털털한 면을 보여준다.	①	②
38	① 새로운 상황에 직면하게 되면 쉽고 빠르게 적응해 나간다. ② 새로운 상황에 직면하게 되면 적응하는 데 시간이 오래 걸린다.	①	②
39	① 아는 사람끼리 다툼이 생기면 적극적으로 개입하여 중재를 하는 편이다. ② 당사자끼리 해결하도록 상관하지 않는다.	①	②
40	① 3일 동안 여행을 떠날 때 미리 행선지나 일정을 철저히 계획하고 떠난다. ② 3일 동안 여행을 떠날 때 행선지만 정해놓고 여행지에서 발길이 닿는 대로 정한다.	①	②
41	① 나는 가능한 한 색다른 방법을 모색하는 경향이다. ② 나는 기존의 방법을 수용하고 잘 활용하는 경향이다.	①	②

42	① 나는 정해진 계획에 따라 행동하는 것을 좋아한다. ② 나는 지금 당장 마음에 내키는 것을 하기 좋아한다.	①	②
43	① 분위가 침체되어 있을 때 있는 그대로의 상황을 즐긴다. ② 분위가 침체되어 있을 때 적극 나서서 분위기를 바꾸려 애쓴다.	①	②
44	① 상대에게 부정적인 말을 들으면 농담이나 유머로 상황을 넘기려 애쓴다. ② 상대에게 부정적인 말을 들으면 조목조목 따지며 시시비비를 가린다.	①	②
45	① 규정을 준수하고 신뢰감 있게 행동하는 것을 더 강조하는 조직을 선호한다. ② 창의적이고 창조적으로 행동하는 것을 더 강조하는 조직을 선호한다.	①	②
46	① 다른 조직과의 교류가 활발하고 외부 환경을 많이 고려하는 조직을 선호한다. ② 내부 응집력이 강하고 내부 환경을 많이 고려하는 조직을 선호한다.	①	②
47	① 세부 일정까지 구체적으로 짜 놓은 계획에 따라 움직이는 조직을 선호한다. ② 상황에 따라 변할 수 있도록 융통성 있게 일정을 짜고 움직이는 조직을 선호한다.	①	②
48	① 어떤 일이 맡겨지면 건강에 무리가 가더라도 일의 완수를 우선시 한다. ② 어떤 일이 맡겨지면 열심히 하지만 심신이 피곤하도록 무리해서 일하지 않는다.	①	②
49	① 정해진 틀보다 자유로운 분위기를 선호한다. ② 원칙과 조직의 규범을 중요하게 여긴다.	①	②
50	① 일의 속도는 느리지만, 꾸준히 하는 편이다. ② 일을 신속히 처리하나 오래 하는 일은 금방 지루함을 느낀다.	①	②

충남기출복원

1회 기출예상

2회 기출예상

3회 기출예상

4회 기출예상

5회 기출예상

6회 기출예상

7회 기출예상

8회 기출예상

9회 기출예상

인성검사

면접가이드

[51~185] 다음 문항을 읽고 '그렇다'에 생각되면 ①, '아니다'에 생각되면 ②를 선택하여 정답지에 표기해 주십시오.

번호	문 항	그렇다	아니다
51	모임이나 조직에서 중책을 많이 맡는다.	①	②
52	일을 다른 사람에게 쉽게 맡기지 못한다.	①	②
53	나와 관심 또는 관련 없는 일도 끝까지 잘 들어준다.	①	②
54	궂은일이나 애로사항이 생기면 도맡아서 처리한다.	①	②
55	억울한 상황에서도 자신의 주장을 잘 전달하지 못한다.	①	②
56	주변 사람들에게 배려심이 많다는 말을 자주 듣는다.	①	②
57	모든 상황을 긍정적으로 인식한다.	①	②
58	분위기에 쉽게 동화된다.	①	②
59	남의 의견에 좌우되어서 쉽게 의견이 바뀐다.	①	②
60	허세를 부린 적이 한 번도 없다.	①	②
61	모든 일을 계획적으로 처리한다.	①	②
62	사람들과 만나면 이야기를 주도하는 편이다.	①	②
63	화가 나면 마음에 오래 담아 두는 편이다.	①	②
64	주변 사람들의 생일이나 경조사를 잘 챙긴다.	①	②
65	법도 사회의 변화에 따라 달라져야 한다고 생각한다.	①	②
66	가끔 색다른 음식을 의도적으로 먹는다.	①	②
67	복잡한 곳보다 조용한 곳이 좋다.	①	②
68	친구가 많지 않다.	①	②
69	다른 사람을 가르치는 일을 좋아한다.	①	②
70	한 가지 일에 집중하면 그 외 일은 소홀히 하는 경향이 있다.	①	②
71	의사결정 할 때 주도적 역할을 한다.	①	②
72	한 가지 일을 오래하지 못한다.	①	②
73	다른 사람의 의견에 장단(공감)을 잘 맞춰준다.	①	②
74	특별히 가리는 음식이 없는 편이다.	①	②

75	남을 의심해 본 적이 없다.	①	②
76	메모를 잘하고 일정표를 통해 늘 스케줄을 관리한다.	①	②
77	자신감이 없는 편이다.	①	②
78	창의성을 발휘하는 업무가 적성에 맞는다.	①	②
79	어떤 일을 결심하기까지 시간이 걸리는 편이다.	①	②
80	쉬운 문제보다 어려운 문제를 더 좋아한다.	①	②
81	쉽게 좌절하거나 의기소침해지지 않는다.	①	②
82	짜인 틀에 얽매이는 것을 싫어한다.	①	②
83	일을 주도하는 것보다 따르는 것이 좋다.	①	②
84	다른 사람의 마음을 잘 읽는 편이다.	①	②
85	신중하다는 말을 자주 듣는다.	①	②
86	맡은 일은 무슨 일이 생겨도 끝까지 완수한다.	①	②
87	계산 문제를 다루는 것이 좋다.	①	②
88	우리 가족은 항상 화목하다.	①	②
89	아침에 일어났을 때가 하루 중 가장 기분이 좋다.	①	②
90	어떤 문제가 생기면 그 원인부터 따져 보는 편이다.	①	②
91	자신의 주장을 강하게 내세우지 않으며 순종을 잘한다.	①	②
92	식사 전에는 꼭 손을 씻는다.	①	②
93	타인의 문제에 개입되는 걸 원하지 않는다.	①	②
94	주변에 못마땅해 보이는 사람들이 많다.	①	②
95	우선순위가 상황에 따라 자주 바뀐다.	①	②
96	내가 행복해지려면 주변의 많은 것들이 변해야 한다.	①	②
97	남의 일에 신경 쓰다 정작 내 일을 하지 못하는 경우가 종종 있다.	①	②
98	말이 별로 없고 과묵한 편이다.	①	②
99	기분에 따라 행동하는 경우가 많다.	①	②
100	상상력이 풍부한 편이다.	①	②
101	다른 사람에게 명령이나 지시하는 것을 좋아한다.	①	②
102	끈기가 있고 성실하다.	①	②

103	새로운 학문을 배우는 것을 좋아한다.	①	②
104	긴박한 상황에서도 차분함을 잃지 않으며 상황 판단이 빠르다.	①	②
105	어떤 상황에서든 빠르게 결정하고 과감하게 행동한다.	①	②
106	성공하고 싶은 욕망이 매우 강하다.	①	②
107	가끔 사물을 때려 부수고 싶은 충동을 느낄 때가 있다.	①	②
108	무슨 일이든 도전하는 편이다.	①	②
109	사람들과 어울릴 수 있는 모임을 좋아한다.	①	②
110	다른 사람이 한 행동의 이유를 잘 파악하는 편이다.	①	②
111	조직적으로 행동하는 것을 좋아한다.	①	②
112	처음 보는 사람에게 말을 잘 걸지 못한다.	①	②
113	일을 시작하기 전에 조건을 꼼꼼히 따져본다.	①	②
114	목표 달성을 위해서라면 사소한 규칙은 무시해도 된다.	①	②
115	많은 사람보다 몇몇의 특별한 친구를 갖고 있다.	①	②
116	남이 시키는 일을 하는 것이 편하다.	①	②
117	다른 사람들이 무심코 보다 넘기는 것에도 관심을 갖는다.	①	②
118	기상시간과 취침시간이 거의 일정하다.	①	②
119	지금까지 거짓말을 한 번도 하지 않았다.	①	②
120	약속을 한 번도 어긴 적이 없다.	①	②
121	하고 싶은 말을 잘 참지 못한다.	①	②
122	다른 사람들의 행동을 주의 깊게 관찰하는 경향이 있다.	①	②
123	주변 사람들에게 독특한 사람으로 통한다.	①	②
124	남에게 지고 싶지 않은 승부사적인 기질이 있다.	①	②
125	매사에 확인하고 또 확인해야만 마음이 놓인다.	①	②
126	다른 사람들의 이야기를 귀담아듣는다.	①	②
127	눈치가 빠르며 상황을 빨리 파악하는 편이다.	①	②
128	사람을 사귈 때 어느 정도 거리를 두고 사귄다.	①	②
129	어떤 경우라도 남을 미워하지 않는다.	①	②
130	다소 무리를 해도 쉽게 지치지 않는 편이다.	①	②

131	논리가 뛰어나다는 말을 듣는 편이다.	①	②
132	나 자신에 대해 불평한 적이 없다.	①	②
133	양보와 타협보다 내 소신이 중요하다.	①	②
134	자진해서 발언하는 일이 별로 없다.	①	②
135	결정을 내릴 때 남들보다 시간이 걸리는 편이다.	①	②
136	현실적인 사람보다 이상적인 사람을 더 좋아한다.	①	②
137	비교적 금방 마음이 바뀌는 편이다.	①	②
138	쓸데없는 고생을 하는 타입이다.	①	②
139	아무리 힘들더라도 힘든 내색을 하지 않는다.	①	②
140	확실하지 않은 것(일)은 처음부터 시작하지 않는다.	①	②
141	원하지 않는 일이라도 모든 일에 잘 적응한다.	①	②
142	상대가 원하면 마음에 안 들어도 따라주는 편이다.	①	②
143	주어진 시간 내에 맡겨진 과제를 마칠 수 있다.	①	②
144	임기응변으로 대응하는 것에 능숙하다.	①	②
145	가끔 의지가 약하다는 말을 듣는다.	①	②
146	처음 보는 사람에게도 내 의견을 자신 있게 말할 수 있다.	①	②
147	남이 나를 어떻게 생각하는지 신경이 쓰인다.	①	②
148	일의 시작은 잘하나 마무리가 안될 때가 많다.	①	②
149	나와 다른 의견을 가진 사람들을 설득하는 것을 잘한다.	①	②
150	쓸데없는 잔걱정이 끊이질 않는다.	①	②
151	이롭지 않은 약속은 무시할 때가 종종 있다.	①	②
152	나도 모르게 충동구매를 하는 경우가 많다.	①	②
153	비교적 상처받기 쉬운 타입이다.	①	②
154	낯선 사람과 대화하는 데 어려움이 있다.	①	②
155	몸이 아프고 피곤하면 만사를 뒤로하고 일단 쉬고 본다.	①	②
156	하고 싶은 일을 하지 않고는 못 배긴다.	①	②
157	애교가 별로 없고 표정관리를 잘 못한다.	①	②
158	항상 나 자신이 만족스럽다.	①	②

159	여러 사람을 통솔하는 것보다 개인을 도와주는 일을 잘한다.	①	②
160	무슨 일이든 빨리 해결하려는 경향이 많다.	①	②
161	사람을 가리지 않고 두루두루 교제한다.	①	②
162	많은 사람들이 나를 이해하지 못하는 것 같다.	①	②
163	말보다는 행동으로 보여주는 성향이다.	①	②
164	갈등이나 마찰을 피하기 위해 대부분 양보하는 편이다.	①	②
165	사소한 잘못은 지혜롭게 변명하고 넘어간다.	①	②
166	일에 집중하면 다른 것은 생각나지 않는다.	①	②
167	잘못된 규정이라도 일단 확정되면 규정에 따라야 한다.	①	②
168	사람들의 부탁을 잘 거절하지 못한다.	①	②
169	융통성이 없는 편이다.	①	②
170	세상에는 바보 같은 사람이 너무 많다고 생각한다.	①	②
171	스포츠 경기를 관람하다가 금방 흥분한다.	①	②
172	약속을 어긴 적이 한 번도 없다.	①	②
173	어울려서 일하면 집중이 잘 안된다.	①	②
174	감수성이 풍부하며 감정의 기복이 심하다.	①	②
175	무슨 일이 있더라도 상대방을 이겨야 직성이 풀린다.	①	②
176	항상 스스로 실수를 인정한다.	①	②
177	일과 사람(공과 사)의 구분이 명확하다.	①	②
178	다른 사람의 말에 쉽게 흔들린다.	①	②
179	어떤 일에든 적극적으로 임하는 편이다.	①	②
180	간단한 일은 잘하나 오래 걸리는 일은 잘 못한다.	①	②
181	팀을 위해 희생하는 편이다.	①	②
182	좋을 때나 나쁠 때나 변함없이 남을 도울 수 있다.	①	②
183	일의 성사를 위해서는 다소 거짓말도 필요하다.	①	②
184	수업시간에 발표하는 것을 즐기는 편이다.	①	②
185	내 전공 분야와 상관없는 분야의 지식에도 관심이 많다.	①	②

충남기술복원

1회 기출예상

2회 기출예상

3회 기출예상

4회 기출예상

5회 기출예상

6회 기출예상

7회 기출예상

8회 기출예상

9회 기출예상

인성검사

면접가이드

[186~200] 다음 제시된 문제를 읽고 하나를 선택하여 정답지에 표기해 주십시오.

186. 자신의 성격을 잘 표현할 수 있는 단어로 묶인 것은?
① 온화한, 자유로운, 침착한, 긍정적인
② 꼼꼼한, 섬세한, 감수성이 풍부한, 사려 깊은
③ 성격이 급한, 상상력이 풍부한, 승부욕이 있는, 적극적인
④ 인내심이 있는, 실패를 두려워하지 않는, 집중력이 좋은, 일관성 있는

187. 자신이 조직에서 일하는 방식은?
① 팀워크가 필요한 일을 선호한다.
② 하고 싶은 일을 먼저 하려고 한다.
③ 일을 하기 전에 미리 계획을 세운다.
④ 혼자만의 힘으로도 최고의 성과를 낼 수 있다.

188. 나의 행동 패턴은?
① 몸을 움직이는 활동을 좋아한다.
② 생각보다 행동이 앞선다.
③ 하루하루 계획을 세워 생활한다.
④ 하고 싶은 일은 망설이지 않고 도전한다.

189. 약속 장소에 가는 시간은?
① 먼저 가서 기다린다.
② 시간에 맞춰서 나간다.
③ 대부분 조금 늦게 나간다.
④ 만나는 사람에 따라 나가는 시간이 다르다.

190. 스트레스를 받는 상황은?
① 규정이나 절차가 엄격하다.
② 상황에 따라 일이 자주 바뀐다.
③ 지속적으로 결점을 지적받는다.
④ 모든 일에서 남들보다 잘해야 한다.

191. 내가 선호하는 것은?

　① 혼자 여행 다니는 것

　② 운동이나 쇼핑을 하는 일

　③ 책을 읽거나 독서 모임에 나가는 것

　④ 가족과 함께 즐거운 시간을 보내는 것

192. 나의 소비 성향은?

　① 간단하고 빠르게 산다.

　② 계획 없이 마음에 들면 산다.

　③ 마음에 든 물건이라도 바로 구매하지 않고 한 번 더 생각한다.

　④ 여러 가지 상품을 비교하면서 필요한 물건인지 확인 후 산다.

193. 중요한 결정을 할 때 가장 영향을 미치는 것은?

　① 나의 직관적인 생각

　② 세부적인 계획과 연구

　③ 다른 사람들의 조언

　④ 전체적인 분위기

194. 식사시간은?

　① 편한 시간에

　② 정해진 시간대에

　③ 시간은 정해졌으나 신축성 있게

　④ 매우 불규칙적이다.

195. 업무를 수행하는 방법은?

　① 항상 새로운 것에 도전한다.

　② 어려워 보이는 목표부터 달성한다.

　③ 동시에 여러 일을 하는 것을 좋아한다.

　④ 한 가지 일에 열중한다.

충남기술혁원

1회 기출예상

2회 기출예상

3회 기출예상

4회 기출예상

5회 기출예상

6회 기출예상

7회 기출예상

8회 기출예상

9회 기출예상

인성검사

면접가이드

196. 자신의 성격상 단점은?

① 지구력이 없고 쉽게 포기한다.

② 의존적이고 낯을 가린다.

③ 비판적이고 오지랖이 넓다.

④ 생각보다 행동이 앞서고 자제력이 약하다.

⑤ 결정을 내릴 때 시간이 걸리고 우유부단하다.

197. 다른 사람이 자신에게 자주 하는 말은?

① 호기심이 많고 트렌드에 민감하다.

② 목표의식이 뚜렷해서 끝까지 일을 해낸다.

③ 조용하지만 사교의 깊이가 있는 사람 같다.

④ 성격이 화끈하고 남을 잘 배려할 줄 안다.

⑤ 약속 시간을 잘 지키는 신의가 있는 사람이다.

198. 자신의 주된 이미지는?

① 승부욕이 많은 사람

② 분석적이고 논리적인 사람

③ 목표의식이 뚜렷한 사람

④ 타인을 잘 도와주는 친절한 사람

⑤ 즐거움을 추구하고 사교성이 있는 사람

199. 자신의 리더십 스타일은?

① 비전을 제시하고 공정성과 유연성을 지닌 비전형 리더

② 의사결정에 구성원을 참여시키는 집단운영형 리더

③ 창조적 아이디어 제시와 지속적인 혁신 분위기를 조성하는 혁신형 리더

④ 구성원들에게 명확한 비전을 제시하고 자신을 따를 수 있도록 유도하는 카리스마형 리더

⑤ 높은 업적을 요구하며 리더가 솔선수범하여 팀을 이끄는 규범형 리더

200. 창의적인 기획안을 제출했으나 상사는 기존의 방식대로 일을 처리하자고 한다면 자신은 어떻게 하겠는가?

① 상사의 지시대로 한다.

② 수정 없이 기획안을 제출한다.

③ 동료들과 상의하여 기획안을 접수시킨다.

④ 창의적인 기획안을 실행했을 때의 장단점을 제출한다.

⑤ 기존의 방식대로 하되 기획안을 조금이라도 적용하려고 한다.

파트 4
면접가이드

01 면접의 이해

※ 능력 중심 채용에서는 타당도가 높은 구조화 면접을 적용한다.

1 면접이란?

　일을 하는 데 필요한 능력(직무역량, 직무지식, 인재상 등)을 지원자가 보유하고 있는지를 다양한 면접기법을 활용하여 확인하는 절차이다. 자신의 환경, 성취, 관심사, 경험 등에 대해 이야기하여 본인이 적합하다는 것을 보여 줄 기회를 제공하고, 면접관은 평가에 필요한 정보를 수집하고 평가하는 것이다.

- 지원자의 태도, 적성, 능력에 대한 정보를 심층적으로 파악하기 위한 선발 방법
- 선발의 최종 의사결정에 주로 사용되는 선발 방법
- 전 세계적으로 선발에서 가장 많이 사용되는 핵심적이고 중요한 방법

2 면접의 특징

　서류전형이나 인적성검사에서 드러나지 않는 것들을 볼 수 있는 기회를 제공한다.

- 직무수행과 관련된 다양한 지원자 행동에 대한 관찰이 가능하다.
- 면접관이 알고자 하는 정보를 심층적으로 파악할 수 있다.
- 서류상으로 미비한 사항과 의심스러운 부분을 확인할 수 있다.
- 커뮤니케이션, 대인관계행동 등 행동·언어적 정보도 얻을 수 있다.

3 면접의 평가요소

1 인재적합도

해당 기관이나 기업별 인재상에 대한 인성 평가

2 조직적합도

조직에 대한 이해와 관련 상황에 대한 평가

3 직무적합도

직무에 대한 지식과 기술, 태도에 대한 평가

충남기술보원

1회 기출예상

2회 기출예상

3회 기출예상

4회 기출예상

5회 기출예상

6회 기출예상

7회 기출예상

8회 기출예상

9회 기출예상

인성검사

면접가이드

4 면접의 유형

구조화된 정도에 따른 분류

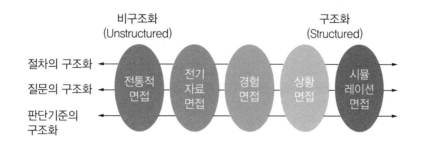

1 구조화 면접(Structured Interview)

사전에 계획을 세워 질문의 내용과 방법, 지원자의 답변 유형에 따른 추가 질문과 그에 대한 평가역량이 정해져 있는 면접 방식(표준화 면접)

- 표준화된 질문이나 평가요소가 면접 전 확정되며, 지원자는 편성된 조나 면접관에 영향을 받지 않고 동일한 질문과 시간을 부여받을 수 있음.
- 조직 또는 직무별로 주요하게 도출된 역량을 기반으로 평가요소가 구성되어, 조직 또는 직무에서 필요한 역량을 가진 지원자를 선발할 수 있음.
- 표준화된 형식을 사용하는 특성 때문에 비구조화 면접에 비해 신뢰성과 타당성, 객관성이 높음.

2 비구조화 면접(Unstructured Interview)

면접 계획을 세울 때 면접 목적만 명시하고 내용이나 방법은 면접관에게 전적으로 일임하는 방식(비표준화 면접)

- 표준화된 질문이나 평가요소 없이 면접이 진행되며, 편성된 조나 면접관에 따라 지원자에게 주어지는 질문이나 시간이 다름.
- 면접관의 주관적인 판단에 따라 평가가 이루어져 평가 오류가 빈번히 일어남.
- 상황 대처나 언변이 뛰어난 지원자에게 유리한 면접이 될 수 있음.

02 구조화 면접 기법

1 경험면접(Behavioral Event Interview)

면접 프로세스

안내 — 지원자는 입실 후, 면접관을 통해 인사말과 면접에 대한 간단한 안내를 받음.

질문 — 지원자는 면접관에게 평가요소(직업기초능력, 직무수행능력 등)와 관련된 주요 질문을 받게 되며, 질문에서 의도하는 평가요소를 고려하여 응답할 수 있도록 함.

세부질문 — •지원자가 응답한 내용을 토대로 해당 평가기준들을 충족시키는지 파악하기 위한 세부질문이 이루어짐.
•구체적인 행동·생각 등에 대해 응답할수록 높은 점수를 얻을 수 있음.

• 방식

해당 역량의 발휘가 요구되는 일반적인 상황을 제시하고, 그러한 상황에서 어떻게 행동했었는지(과거경험)를 이야기하도록 함.

• 판단기준

해당 역량의 수준, 경험 자체의 구체성, 진실성 등

• 특징

추상적인 생각이나 의견 제시가 아닌 과거 경험 및 행동 중심의 질의가 이루어지므로 지원자는 사전에 본인의 과거 경험 및 사례를 정리하여 면접에 대비할 수 있음.

• 예시

지원분야		지원자		면접관		(인)
경영자원관리 조직이 보유한 인적자원을 효율적으로 활용하여, 조직 내 유·무형 자산 및 재무자원을 효율적으로 관리한다.						
주질문						
A. 어떤 과제를 처리할 때 기존에 팀이 사용했던 방식의 문제점을 찾아내 이를 보완하여 과제를 더욱 효율적으로 처리했던 경험에 대해 이야기해 주시기 바랍니다.						
세부질문						
[상황 및 과제] 사례와 관련해 당시 상황에 대해 이야기해 주시기 바랍니다. [역할] 당시 지원자께서 맡았던 역할은 무엇이었습니까? [행동] 사례와 관련해 구성원들의 설득을 이끌어 내기 위해 어떤 노력을 하였습니까? [결과] 결과는 어땠습니까?						

기대행동	평점
업무진행에 있어 한정된 자원을 효율적으로 활용한다.	① − ② − ③ − ④ − ⑤
구성원들의 능력과 성향을 파악해 효율적으로 업무를 배분한다.	① − ② − ③ − ④ − ⑤
효과적 인적/물적 자원관리를 통해 맡은 일을 무리 없이 잘 마무리한다.	① − ② − ③ − ④ − ⑤

척도해설

1 : 행동증거가 거의 드러나지 않음	2 : 행동증거가 미약하게 드러남	3 : 행동증거가 어느 정도 드러남	4 : 행동증거가 명확하게 드러남	5 : 뛰어난 수준의 행동증거가 드러남
관찰기록 : 총평 :				

※ 실제 적용되는 평가지는 기업/기관마다 다름.

2 상황면접(Situational Interview)

면접 프로세스

안내
지원자는 입실 후, 면접관을 통해 인사말과 면접에 대한 간단한 안내를 받음.

∨

질문
• 지원자는 상황질문지를 검토하거나 면접관을 통해 상황 및 질문을 제공받음.
• 면접관의 질문이나 질문지의 의도를 파악하여 응답할 수 있도록 함.

∨

세부질문
• 지원자가 응답한 내용을 토대로 해당 평가기준들을 충족시키는지 파악하기 위한 세부질문이 이루어짐.
• 구체적인 행동·생각 등에 대해 응답할수록 높은 점수를 얻을 수 있음.

• 방식
직무 수행 시 접할 수 있는 상황들을 제시하고, 그러한 상황에서 어떻게 행동할 것인지(행동의도)를 이야기하도록 함.
• 판단기준
해당 상황에 맞는 해당 역량의 구체적 행동지표
• 특징
지원자의 가치관, 태도, 사고방식 등의 요소를 평가하는 데 용이함.

• 예시

지원분야		지원자		면접관	(인)

유관부서협업
타 부서의 업무협조요청 등에 적극적으로 협력하고 갈등 상황이 발생하지 않도록 이해관계를 조율하며 관련 부서의 협업을 효과적으로 이끌어 낸다.

주질문
당신은 생산관리팀의 팀원으로, 2개월 뒤에 제품 A를 출시하기 위해 생산팀의 생산 계획을 수립한 상황입니다. 그러나 원가가 곧 실적으로 이어지는 구매팀에서는 최대한 원가를 줄여 전반적 단가를 낮추려고 원가절감을 위한 제안을 하였으나, 연구개발팀에서는 구매팀이 제안한 방식으로 제품을 생산할 경우 대부분이 구매팀의 실적으로 산정될 것이므로 제대로 확인도 해 보지 않은 채 적합하지 않은 방식이라고 판단하고 있습니다. 당신은 어떻게 하겠습니까?

세부질문
[상황 및 과제] 이 상황의 핵심적인 이슈는 무엇이라고 생각합니까?
[역할] 당신의 역할을 더 잘 수행하기 위해서는 어떤 점을 고려해야 하겠습니까? 왜 그렇게 생각합니까?
[행동] 당면한 과제를 해결하기 위해서 구체적으로 어떤 조치를 취하겠습니까? 그 이유는 무엇입니까?
[결과] 그 결과는 어떻게 될 것이라고 생각합니까? 그 이유는 무엇입니까?

척도해설

1 : 행동증거가 거의 드러나지 않음	2 : 행동증거가 미약하게 드러남	3 : 행동증거가 어느 정도 드러남	4 : 행동증거가 명확하게 드러남	5 : 뛰어난 수준의 행동증거가 드러남

관찰기록 :

총평 :

※ 실제 적용되는 평가지는 기업/기관마다 다름.

3 발표면접(Presentation)

면접 프로세스

안내
- 입실 후 지원자는 면접관으로부터 인사말과 발표면접에 대해 간략히 안내받음.
- 면접 전 지원자는 과제 검토 및 발표 준비시간을 가짐.

발표
- 지원자들이 과제 주제와 관련하여 정해진 시간 동안 발표를 실시함.
- 면접관은 발표내용 중 평가요소와 관련해 나타난 가점 및 감점요소들을 평가하게 됨.

질문응답
- 발표 종료 후 면접관은 정해진 시간 동안 지원자의 발표내용과 관련해 구체적인 내용을 확인하기 위한 질문을 함.
- 지원자는 면접관의 질문의도를 정확히 파악하여 적절히 응답할 수 있도록 함.
- 응답 시 명확하고 자신있게 전달할 수 있도록 함.

- 방식

  지원자가 특정 주제와 관련된 자료(신문기사, 그래프 등)를 검토하고, 그에 대한 자신의 생각을 면접관 앞에서 발표하며 추가 질의응답이 이루어짐.

- 판단기준

  지원자의 사고력, 논리력, 문제해결능력 등

- 특징

  과제를 부여한 후, 지원자들이 과제를 수행하는 과정과 결과를 관찰·평가함. 과제수행의 결과뿐 아니라 과제수행 과정에서의 행동을 모두 평가함.

4 토론면접(Group Discussion)

면접 프로세스

안내
- 입실 후, 지원자들은 면접관으로부터 토론 면접의 전반적인 과정에 대해 안내받음.
- 지원자는 정해진 자리에 착석함.

토론
- 지원자들이 과제 주제와 관련하여 정해진 시간 동안 토론을 실시함(시간은 기관별 상이).
- 지원자들은 면접 전 과제 검토 및 토론 준비시간을 가짐.
- 토론이 진행되는 동안, 지원자들은 다른 토론자들의 발언을 경청하여 적절히 본인의 의사를 전달할 수 있도록 함. 더불어 적극적인 태도로 토론면접에 임하는 것도 중요함.

마무리 (5분 이내)
- 면접 종료 전, 지원자들은 토론을 통해 도출한 결론에 대해 첨언하고 적절히 마무리 지음.
- 본인의 의견을 전달하는 것과 동시에 다른 토론자를 배려하는 모습도 중요함.

- 방식

  상호갈등적 요소를 가진 과제 또는 공통의 과제를 해결하는 내용의 토론 과제(신문기사, 그래프 등)를 제시하고, 그 과정에서 개인 간의 상호작용 행동을 관찰함.

- 판단기준

  팀워크, 갈등 조정, 의사소통능력 등

- 특징

  면접에서 최종안을 도출하는 것도 중요하나 주장의 옳고 그름이 아닌 결론을 도출하는 과정과 말하는 자세 등도 중요함.

5 역할연기면접(Role Play Interview)

- 방식

  기업 내 발생 가능한 상황에서 부딪히게 되는 문제와 역할을 가상적으로 설정하여 특정 역할을 맡은 사람과 상호작용하고 문제를 해결해 나가도록 함.

- 판단기준

  대처능력, 대인관계능력, 의사소통능력 등

- 특징

  실제 상황과 유사한 가상 상황에서 지원자의 성격이나 대처 행동 등을 관찰할 수 있음.

6 집단면접(Group Activity)

- 방식

  지원자들이 팀(집단)으로 협력하여 정해진 시간 안에 활동 또는 게임을 하며 면접관들은 지원자들의 행동을 관찰함.

- 판단기준

  대인관계능력, 팀워크, 창의성 등

- 특징

  기존 면접보다 오랜 시간 관찰을 하여 지원자들의 평소 습관이나 행동들을 관찰하려는 데 목적이 있음.

03 면접 최신 기출 주제

충남기출특집

1회 기출예상

2회 기출예상

3회 기출예상

4회 기출예상

5회 기출예상

6회 기출예상

7회 기출예상

8회 기출예상

9회 기출예상

인성검사

면접가이드

1 면접 빈출키워드

- 직무별 업무내용
- 특정 상황에서의 교육방법
- 개인정보법
- 전화 응대법

- 업무자세 / 마음가짐
- 교사, 동료와의 갈등 해결 방법
- 업무 처리 방법
- 해당 교육청의 교육목표

- 교육공무직원의 의무
- 민원 대처방법
- 업무분장
- 공문서

2 충청남도교육청 교육공무직원 최신 면접 기출

📩 2024년

교무행정사	1. 부장교사와 학부모 민원이 동시에 들어올 경우 어떻게 대처할 것인가?
	2. 업무가 과중하여 초과 근무를 해야 할 것 같을 때 어떻게 대처할 것인가?
	3. 교무행정사 지원동기와 역할을 말해 보시오.
초등돌봄 전담사	1. 자녀가 따돌림을 당했다는 학부모 민원 전화에 어떻게 대처할 것인가?
	2. 과중한 업무에 대한 대처 방법을 말해 보시오.
	3. 친절과 공정의 의무 사항을 학부모에게 어떻게 보여줄 것인가?
늘봄실무사	1. 늘봄 업무 민원을 가진 학부모가 연락해 왔을 때 어떻게 대처할 것인가?
	2. 교직원과 의견충돌 시 대처 방법을 말해 보시오.
	3. 늘봄학교 도입 배경과 늘봄실무사로서의 역할을 말해 보시오.
특수교육 실무원	1. 학교에 중요한 행사가 있는데, 집안일로 위급한 상황이 생긴 경우 어떻게 대처할 것인가?
	2. 실무원이 된다면 자기계발을 어떻게 하겠는가?
	3. 본인의 잘못으로 민원이 발생했다면 어떻게 대처할 것인가?

📋 2023년

교무행정사	1. 다른 동료가 휴가로 인해 업무를 맡긴 상황에서 나 또한 업무과중으로 초과근무 상황에 놓여 있다면 어떻게 할 것인가?
	2. 교감, 부장교사가 사적인 업무를 맡겼을 때 어떻게 할 것인가?
	3. 교무행정사의 역할에 대해 말해 보시오.
돌봄전담사	1. 발령받은 학교가 원치 않는 곳이거나 가정에서 먼 곳일 때 어떻게 할 것인가?
	2. 반복적으로 민원이 들어온다면 어떻게 대처할 것인가?
	3. 돌봄전담사의 역할은 무엇이며, 돌봄전담사의 역할을 잘 수행하기 위해 자기계발을 어떻게 할 것인지 말해 보시오.
특수교육 실무원	1. 폭력적인 아이가 물건을 집어 던진다면 어떻게 대처할 것인가?
	2. 특수교육 대상자인 아동이 특수교육실무원에게 폭력을 당했다는 학부모 민원이 발생한 다면 어떻게 대처할 것인가?
	3. 코로나19로 인해 조직적 문화가 중요한데, 그 안에서 필요시 되는 특수교육실무사의 인성적, 전문적 자질을 하나씩 말하고, 자신의 부족한 자질은 어떻게 보완할 것인지 말해 보시오.

📋 2022년

교무행정사	1. 자신이 처리할 수 없는 민원이 접수됐을 때 어떻게 대처할 것인가?
	2. 교무행정사의 업무를 아는 대로 말해 보시오.
	3. 상사나 동료와 갈등이 발생할 경우 어떻게 대처할 것인가?
초등돌봄 전담사	1. 교우들 사이에서 적응하지 못하는 아이가 있을 때 어떻게 할 것인가?
	2. 업무로 인한 스트레스가 쌓이면 어떻게 할 것인가?
	3. 돌봄과 돌봄전담사의 역할이 무엇이라고 생각하는지 말해 보시오.
조리원	1. 자녀와 같은 학교에 발령되는 것에 대해 어떻게 생각하는가?
	2. 동료가 일을 제대로 못할 경우 어떻게 할 것인가?
	3. 식중독 예방법에 대해 아는 대로 말해 보시오.

📋 2021년

교무행정사	1. 교무행정사에게 필요한 자질에 대해 아는 대로 말해 보시오.
	2. 교무행정사가 하는 일에 대해 말해 보시오.
	3. 어린 교사와 마찰이 생길 경우 어떻게 대처할 것인가?
	4. 학교에서 과중한 업무를 시킨다면 어떻게 할 것인가?
	5. 본인이 갖고 있는 자격증과 이를 업무에 어떻게 활용할 것인지 말해 보시오.
	6. 정해진 절차와는 다르게 업무를 처리하라고 할 경우 어떻게 할 것인가?

📋 2020년

교무행정사	1. 교무행정사가 하는 일과 교무행정사가 필요한 이유는 무엇인가?
	2. 교무행정사에게 협업이 필요한 업무는 무엇이 있는가? 협업을 위한 자세를 3가지 말해 보시오.
	3. 동료와의 갈등 시 대처방법을 말해 보시오.
조리실무사	1. 중요하고 급한 업무와 상사의 지시 중 어떤 것을 먼저 하겠는가?
	2. 동료와의 불화나 갈등 발생 시 어떻게 대처할 것인가?
	3. 업무 중에 손을 씻어야 하는 경우를 5가지 이상 말해 보시오

📋 2019년

교무행정사	1. 교육과정 개정으로 인한 5대 교육과제를 말해 보시오.
	2. 교무행정사가 하는 업무를 말해 보시오.
	3. 악성 민원인에 대처하는 방법을 말해 보시오.
	4. 퇴근 후 자녀를 데리러 가야 하는데 할 일이 남았거나 새로운 일이 주어졌다면 어떻게 대처할 것인가?
	5. 업무 수행에 불만을 가진 민원인이나 학부모가 찾아와서 따진다면 어떻게 대처할 것인가?
	6. 교무행정사로서 자신만의 강점과 단점에 대해 말해 보시오. 단점을 극복하기 위해 노력한 점은 무엇인가? 장점을 학교에서 활용할 수 있는 방안은 무엇인가?
	7. 교육공무직으로서 중요한 자세 3가지를 말해 보시오.
	8. 적극적 행정은 무엇이며, 자신이 생각하는 적극적 행정에 대해 말해 보시오.
	9. 교무행정사의 역할에 대해 말해 보시오.

충남기출복원

1회 기출예상

2회 기출예상

3회 기출예상

4회 기출예상

5회 기출예상

6회 기출예상

7회 기출예상

8회 기출예상

9회 기출예상

인성검사

면접가이드

	10. 악성 민원인에 대처하는 방법을 말해 보시오.
	11. 직상 상사가 부당한 명령을 내렸을 때 대처방법을 말해 보시오.
돌봄전담사	1. 교육공무직을 지원한 동기와 내가 잘할 수 있는 특기는?
	2. 돌봄전담사로서 어떤 마음가짐으로 일할 것인가?
	3. 최근에 읽은 책의 제목과 느낀점을 말해 보시오.

3 그 외 지역 교육공무직원 최신 면접 기출

📖 2024년

경남

공통질문	1. 지원한 동기를 말해 보시오.
	2. 내부적으로 청렴도를 높이기 위한 본인만의 실천 방안을 말해 보시오.
	3. 교육공무직 6대 덕목 중 2가지 고르고 고른 이유를 설명해 보시오.
	4. 기성세대와 MZ(신세대) 사이에 갈등이 많이 발생하는데, 조직 내 세대 간 갈등, 차이를 해결 또는 극복하기 위한 방안을 말해 보시오.
	5. 경남교육의 가치인 공존과 자립에 대해 아는 대로 말해 보시오.
	6. 경남교육청 브랜드슬로건 '아이좋아'에 대해 설명해 보시오.
	7. 직장동료와 트러블이 생겼을 때 어떻게 할 것인가?
	8. 본인실수로 문제가 생겼을 때 어떻게 할 것인가?
돌봄전담사	1. 학부모 동행 귀가 시 유의사항에 대해 말해 보시오.
	2. 돌봄교실 평가방법에 대해 말하시오.
	3. 돌봄교실 목표와 추진과제에 대해 말하시오.
	4. 복지와 관련해서 오후돌봄교실에 대해 말해 보시오.
	5. 알레르기가 있는 학생에 대한 급·간식 지도에 대해 말해 보시오.
	6. 돌봄전담사는 아동학대 신고 의무자이다. 이와 관련되어 아는 것을 모두 말해 보시오.
특수교육 실무원	1. 학부모가 통학지원 중에 상담전화를 했을 때, 어떻게 대처할 것인가?
	2. 특수아동이 돌발행동을 했을 때 어떻게 대처할 것인가?
	3. 자폐아동의 특징을 3가지 말해 보시오.

충남기술특강

1회 기출예상

2회 기출예상

3회 기출예상

4회 기출예상

5회 기출예상

6회 기출예상

7회 기출예상

8회 기출예상

9회 기출예상

인성검사

면접가이드

울산

돌봄전담사	1. 상사가 본인 업무 외의 다른 업무를 지시했을 때 또는 부당한 업무를 지시했을 때 어떻게 대처할 것인가?
	2. 돌봄전담사의 역할은 무엇이라고 생각하는가?
	3. 돌봄교실 프로그램을 구성할 때 고려해야 하는 사항은 어떤 점들이라고 생각하는가?
특수교육 실무사	1. 특수교육실무사의 상사가 부당한 업무를 지시한다면 어떻게 대처할 것인가?
	2. 특수실무 업무를 막상 해보니 적성에 맞지 않았다. 이럴 경우 어떻게 대처할 것인가?
	3. 특수교육실무사의 주된 업무 2가지를 말해 보시오.
	4. 특수아동을 지도하는 방법 2가지를 말해 보시오.
	5. 학부모 민원이 들어올 경우 어떻게 대처할 것인가?
조리사	1. 조리사에 지원한 동기를 말해 보시오.
	2. 식중독 예방법에 대해 아는 대로 말해 보시오.
	3. 조리사의 업무에 대해 아는 대로 말해 보시오.
	4. 본인 업무가 끝난 후 업무가 남은 동료가 있다면 어떻게 할 것인가?
	5. 상사가 타 업무를 추가적으로 시켰을 경우 어떻게 할 것인가?
	6. 동료와의 불화가 발생했을 때 이를 어떻게 대처할 것인가?

전북

늘봄실무사	1. 학교는 공공기관이므로 봉사정신이 필요한데, 자신의 봉사경험을 말해보고 그것을 늘봄실무사로서 일하면서 어떻게 적용시킬 것인지 말해 보시오.
	2. 자신이 살면서 경험했던 봉사활동을 토대로 교육공무직에 어떻게 적용시켜 일할 수 있는지 말해 보시오.
	3. 늘봄실무사와 돌봄전담사가 하는 일을 각각 이야기하고, 어떻게 협력하여 일할 것인지 말해 보시오.
	4. 늘봄실무사의 역할에 대해 아는 대로 말해 보시오.
	5. 전북교육청 늘봄학교의 중점 과제를 말해 보시오.
	6. 전북 교육 기본방향이 학생중심, 미래교육인데, 이 정책방향을 늘봄실무사로서 어떻게 적용하여 일할 수 있는지 말해 보시오.
교육복지사	1. 자신의 봉사경험을 말해보고 그것을 교육복지사로서 일하면서 어떻게 적용시킬 것인지 말해 보시오.
	2. 교육복지사의 역할과 업무는 무엇인지 말해 보시오.
	3. 최근 일어났던 전북지역의 일가족 사망사건과 관련하여 위기개입을 어떻게 하고 지역사회와 맞춤형 지원을 어떻게 할 것인가?

대전

특수교육 실무원	1. 교육공무직의 자세에 대해 아는 대로 말해 보시오.
	2. 장애학생 식사지도 방법 3가지를 말해 보시오.
	3. 특수교육법 장애유형 6가지 이상 말해 보시오.
조리원	1. 영양사 선생님의 부당한 업무지시에 어떻게 대처할 것인가?
	2. 조리원 위생조리복장에 대해 말해 보시오.
	3. 조리원의 자세에 대해 말해 보시오.
	4. 안전사고가 발생했을 때 어떻게 대처해야 하는가?

경북

특수교육 실무사	1. 특수교사와 갈등이 생겼을 경우 어떻게 대처할 것인가?
	2. 장애에 대한 특수교육법 4조의 특수교육대상자와 학부모에 대한 차별금지 사항에 관해 말해 보시오.
	3. 바지를 벗는 행동을 하는 특수교육 대상아동 지원방법을 말해 보시오.

🖵 2023년

전북

조리실무사	1. 지원한 동기를 말하고 자기소개를 해 보시오.
	2. 자신의 단점에 대해 말해 보시오.
	3. 손을 씻어야 할 때를 아는 대로 말해 보시오.
	4. HACCP에 대해 아는 대로 설명하시오.
특수교육 지도사	1. 지원동기를 말해 보시오.
	2. 자신의 단점과 보완방법을 말해 보시오.
	3. 학습 이외 교내에서 어떻게 아이들을 지원할지 말해 보시오.
	4. 발달장애의 정의를 말해 보시오.

대전

공통질문	1. 교육공무직의 역할, 자세, 지원동기를 말해 보시오.
	2. 업무공백이 생길 경우 어떻게 할 것인가?
돌봄전담사	1. 돌봄교실 인원이 다 찼는데 추가인원 요청이 있을 경우 어떻게 할 것인가?
	2. 돌봄교실 내 안전사고 예방을 위해 어떻게 하겠는가?
특수교육 실무원	1. 어떠한 실무원이 되고 싶은가?
	2. 아이들과 라포형성을 어떻게 하겠는가?
	3. 특수교육실무원의 자세 3가지를 말해 보시오.
전문상담사	1. 전문상담사의 인성적 자질에 대해 말해 보시오.
	2. 비밀보장 예외원칙에 따라 상담자 비밀에 대해 요청받을 수 있는 경우는?
체험해설 실무원	1. 의식 잃은 사람에게 구급처치 하는 방법과 제세동기 사용에 대해 말해 보시오.
	2. 과학전시물 주제에 따라 시연해 보시오.

경남

교무행정원	1. 청렴하기 위한 방법을 말해 보시오.
	2. 생태환경교육과 관련하여 생활 속에서 실천할 수 있는 방법은?
	3. 동료가 바쁜 본인을 도와주지 않는다고 화를 낼 경우 어떻게 대처하겠는가?
	4. 교무행정원의 업무 중 본인이 가장 자신 있는 것은?
조리실무사	1. 미숙한 사람과 한 조가 된다면 어떻게 하겠는가?
	2. 생소한 식재료로 조리를 해야 하는데 조리법을 모른다면 어떻게 하겠는가?
	3. 3식 하는 곳에 배정되면 어떻게 하겠는가?
	4. 세정제가 하나만 있을 때 채소, 어패류, 육류를 세척할 순서를 말해 보시오.
	5. 법정 감염병 대처 및 예방 방법 5가지를 말해 보시오.
	6. HACCP가 무엇인지 설명해 보시오.
안내원	1. 민원인을 어떻게 대할 것인가?
	2. 타부서 직원과 불화가 발생한다면 어떻게 하겠는가?
	3. 심폐소생술 순서를 말해 보시오.

울산

특수교육 실무사	1. 돌봄전담사에게 필요한 자질과 돌봄전담사로서 가장 중점을 두어야 하는 것은 무엇이라고 생각하는가?
	2. 가장 자신 있는 지도 분야와 지도 방법에 대해 말해 보시오.
	3. 학부모의 민원이 들어올 경우 어떻게 응대하겠는가?

🗨 2022년

경북

조리원	1. 조리원의 역할에 대해 아는 대로 말해 보시오.
	2. 배식 중 좋아하는 반찬은 많이 받으려 하고 싫어하는 음식은 받지 않으려는 학생이 있다면 어떻게 할 것인가?
	3. 손을 씻어야 하는 경우는 어떤 것이 있는가?
특수교육 실무사	1. 지원한 동기와 특수교육실무사의 역할에 대해 말해 보시오.
	2. 학교 근무자로서 가져야 할 마음가짐과 자세에 대해 말해 보시오.
	3. 특수 아동이 다쳤는데 학부모가 치료비를 요구할 경우 어떻게 해결할 것인가?
	4. 돌봄 교실에서 학생이 타인에게 해를 끼쳐 퇴원 조치를 해야 하는 경우 어떻게 해결할 것인가?

충북

초등돌봄 전담사	1. 최근 초등 관련 외의 자기계발을 한 사례와 좋았던 점을 말해 보시오.
	2. 초등돌봄전담사에 지원한 동기를 말해 보시오.
	3. 교육공무직원의 의무를 말해 보시오.
	4. 동료와 갈등이 발생한 경우 어떻게 대처할 것인가?
	5. 돌봄이 하는 일은 무엇인가?
	6. 학생 간 다툼이 발생한 경우 어떻게 중재할 것인가?

서울

돌봄전담사	1. 시간제 돌봄 연장에 관한 개인의 제안을 말해 보시오.
	2. 돌봄교실에 필요한 것은 무엇인가?
	3. 개인 실수로 인해 민원이 발생한 경우 어떻게 대처할 것인가?
	4. 시간제 돌봄 시간이 연장되었는데 그에 대한 정보와 이에 어떻게 대처하면 좋을지에 대해 말해 보시오.
특수교육 실무사	1. 자신의 장점과 지원한 직무와의 연관성에 대해 말해 보시오.
	2. 특수실무사의 역할에 대해 아는 대로 말해 보시오.
	3. 학생의 편식지도 방법 3가지를 말해 보시오.
	4. 학부모 민원 전화가 왔을 때 어떻게 대응할 것인가?
	5. 여러 가지 장애가 있는 특수장애 아이 지원에 대해 아는 대로 말해 보시오.

전북

특수교육 지도사	1. 특수교육지도사에게 필요한 자세는?
	2. 하교지도 중 학부모가 상담을 요청할 때 어떻게 대처할 것인가?
	3. 자폐아동의 특징에 대해 말해 보시오.
조리원	1. 산업재해를 예방하기 위한 방안에 대해 말해 보시오.

대전

교육복지사	1. 교육공무직원이 갖춰야 할 3가지 덕목은?
	2. 다른 부서에 업무 공백이 생길 경우 해야 할 역할은 무엇인가?
	3. 교육복지 우선 지원 사업이 시작된 이유와 시행 영역에 대해 말해 보시오.
특수교육 실무원	1. 교육공무직의 의무는?
	2. 직무향상을 위해 노력한 3가지와 본인이 특수실무가가 되고 싶은지 말해 보시오.
	3. 법령에 근거하여 특수 실무원이 하는 일에 대해 말해 보시오.

세종

간호사	1. 세종시교육청의 목표와 지표, 중점기 교육분야 3가지에 대해 말해 보시오.
	2. 비협조적인 구성원과 갈등이 발생했을 때 어떻게 해결할 것인가?
	3. 경련을 일으키는 아동에 대한 5가지 대응방안을 말해 보시오.
	4. 코로나19 예방 대응 4가지를 말해 보시오.

부산

특수교육 실무원	1. 뇌전증이 있는 특수 아동이 수업 중 발작을 시작할 때 어떻게 대처할 것인가?
	2. 특수 아동이 계속 교문을 나가려 할 때(무단이탈) 이에 대한 사전 방안은?
	3. 특수 아동의 등교 지원 시 학생이 20분 늦게 도착하게 됐을 때 어떻게 할 것인가?
	4. 특수교육실무원의 역할과 자세는?
교육실무원	1. 학교 기록물 종류와 관리법에 대해 아는 대로 말해 보시오.
	2. 정보공개법률에 따라 정보공개가 원칙인데, 공개하지 않아도 되는 정보는 무엇인가?
	3. 교직원과 갈등이 발생할 경우 어떻게 대처할 것인가?
	4. 교육실무원의 기본자세는?

경남	
조리실무사	1. 손 씻는 방법에 대해 구체적으로 설명하시오.
	2. 식중독 예방 3대 원칙은 무엇인가?
	3. 동료 간에 불화가 발생한 경우 어떻게 대처할 것인가?
	4. 자신의 캐비닛에 남의 금품이 있다면 어떻게 처리할 것인가?
	5. 일을 하게 된 동기를 20초 이내로 말해 보시오.
	6. 경남교육공동체의 소통, 공감과 관련하여 아는 대로 말해 보시오.
	7. 조리실무사는 어떤 일을 하는 사람인가?
	8. '녹색지구' 살리기를 위해 교직원으로서 학생들을 어떻게 지도할 것인가?
	9. 소독의 종류에 대해 아는 대로 말해 보시오.
	10. 악성 민원에 대처하는 방안에 대해 말해 보시오.
	11. 손을 씻어야 하는 이유 7가지를 말해 보시오.
특수행정 실무원	1. 경남교육에서 목표로 하는 철학 4가지 중 3가지를 말해 보시오.
	2. 행사나 축제 등으로 야간 업무를 해야 하는데 개인 사정으로 불참해야 할 경우 어떻게 대처할 것인가?

2021년

울산	
유치원 방과후과정 전담사	1. 울산광역시교육청의 교육방향을 말하고, 이것을 유치원 방과후과정반에 어떻게 적용시켜 운영할 것인지 말해 보시오.
	2. 본인의 업무를 하기 위해서는 어떤 능력이 필요할 것 같은가? 이를 접목시킨 적이 있다면 사례를 들어 보시오.
	3. 교사들과 마찰이 발생할 경우 어떻게 행동할 것인가?
	4. 전담사에게 제일 중요한 것이 무엇이라고 생각하는가?
	5. 본인의 업무 외 다른 일을 시켰을 때 어떻게 할 것인지 말해 보시오.
	6. 본인의 장단점이 무엇이라고 생각하는가?

광주

특수 교육실무사	1. 즐거운 직장 문화를 만들기 위해 무엇을 할 수 있는지 3가지를 말해 보시오.
	2. 여러 부서가 존재하고 각 부서 간에 갈등이 많은데, 이를 어떻게 해결할 수 있을지 말해 보시오.
	3. 뇌병변을 앓고 있는 아이가 갑작스럽게 발작한다면 어떻게 대처할 것인가?
초등 돌봄전담사	1. 학교는 학생들의 안전교육이 중요하다. 안전교육 중 안전하게 귀가조치를 하기 위한 방법 3가지를 말해 보시오.
	2. 귀가시간을 지키지 않는 학부모가 있다면 어떻게 할 것인가?
	3. 저출산과 관련지어 돌봄교실의 역할은 무엇이라고 생각하는가?
과학실무사	1. 교사들을 지원하는 행정업무에 대해 어떻게 생각하는가?
	2. 과학실무사가 가져야 하는 자세 3가지에 대해 말해 보시오.
	3. 과학중점학교에 대해 어떻게 생각하는가?

경기

특수교육 지도사	1. 그간의 경력 및 학력이 특수교육지도사에 발휘될 수 있는 점을 말해 보시오.
	2. 교실에서 중복 장애, 복합적인 장애를 가진 학생들을 만났을 경우, 어떻게 지도할 것인가?
	3. 향후 인생의 계획을 말해 보시오.
	4. 다른 교사와 문제가 있을 때 어떻게 대처할 것인지 말해 보시오.
	5. 꼬집거나 소리 지르는 문제 아동에 대한 행동 대처와 대소변 실수 시 지원 방법에 대해 말해 보시오.
	6. 기억나는 특수아동이 있다면?
	7. 학부모의 상담요청이 빈번할 경우 어떻게 대처할 것인가?
	8. 원하지 않는 동네 유치원, 초등, 중등, 고등학교 발령 시 어떻게 할 것인가?
	9. 보육교사와 특수교육지도사의 업무 차이점에 대해 아는 대로 말해 보시오.
초등 돌봄전담사	1. 근무 중 다른 좋은 조건을 가진 자리가 난다면 갈 것인가?
	2. 다른 돌봄교사와 전담관리자 선생님과 의견 차이가 있어 갈등이 생길 경우, 어떻게 대처할 것인가?
	3. 돌봄교실에서 두 아이가 다툼을 하다가 다치게 된다면 어떻게 대처할 것인가?
	4. 자신의 성격의 장점을 말해 보시오.
	5. 컴퓨터 사용 능력은 어느 정도 되는가?

서울

교무행정 지원사	1. 동료가 한 달간 출근을 못하게 되었을 때 어떻게 할 것인가?
	2. 5년마다 전보 시, 이전 학교에서 하지 않은 일을 전보를 간 학교에서 하라고 한다면?
	3. 나로 인해 민원이 발생하여 학부모가 학교로 연락을 했을 경우, 어떻게 할 것인가?
특수 교육실무사	1. 나의 실수로 민원이 들어온다면 어떻게 해결할 것인가?
	2. 자폐 학생이 다른 학생에게 폭력을 행한다면 어떻게 대처할 것인가?
	3. 장특법에 나타나는 여러 장애에 대해 아는 대로 말해 보시오.

충북

특수 교육실무사	1. 자기계발을 하기 위해 어떤 노력을 했는가? 그리고 앞으로의 일을 하면서 필요한 자기계발이 있다면 어떻게 할 것인가?
	2. A 실무원이 아이의 모든 것을 도와주고 있다. 이때의 문제점과 당신이라면 어떻게 할 것인지 말해 보시오.

경남

교무행정원	1. 기후, 환경 문제를 해결하기 위해 학교에서 할 수 있는 것은 무엇인가?
	2. 몸이 안 좋아 병원을 예약했는데 갑자기 교감선생님이 업무를 시키신다면 어떻게 할 것인가?
	3. 성인지감수성이란 무엇이며, 교내에서 성추행 상황을 목격한다면 어떻게 할 것인가?
	4. 아이톡톡에 대해 아는 대로 말해 보시오.
	5. 교육행정지원팀의 목적과 의의는?
	6. 공문서 취급 방법 4가지 이상을 말해 보시오.
	7. 학부모 민원에 대응하는 4가지 방법을 말해 보시오.
	8. 경남교육청에서 시행하고 있는 기후위기 대응운동에 대해 아는 대로 말해 보시오.
	9. 경남교육청의 정책방향 5가지 중 소통과 공감에 대해 말해 보시오.
돌봄전담사	1. 교육감이 올해 발표한 5대 교육정책은 무엇인가?
	2. 올해 돌봄교실 운영추진 목표와 과제를 말해 보시오.
	3. 여성가족부와 보건복지부에서 운영하는 각각의 돌봄교실 유형을 말해 보시오.
특수 교육실무사	1. 편식하는 아동의 지원 방법은?
	2. 특수실무원 역할 중 교수활동지원 4가지를 말해 보시오.
	3. 학교에서 직원들이 할 수 있는 코로나 예방(방역) 방법에 대해 4가지 이상 말해 보시오.

부산

특수교육 실무원	1. 특수교육실무원의 역량 및 자질에는 무엇이 있는가?
	2. 자폐아동의 특징 2가지와 지도 방식 3가지를 말해 보시오.
	3. 수업 중 난폭한 행동에 대한 대처 방안을 말해 보시오.
	4. 아동학대를 목격했을 때 대처 방안을 말해 보시오.
	5. 학교 구성원과의 갈등 시 대처 방안을 말해 보시오.

세종

돌봄전담사	1. 김영란법의 목적과 상한가를 예로 들어 설명하시오.
	2. 돌봄간식 수요조사 후, 학생들에게 나가기 전까지의 5단계는 무엇인가?
	3. 2월에 해야 할 일 4가지 이상을 말해 보시오.
	4. 합격 후 역량 강화를 위해 해야 할 일은 무엇인가?
	5. 교장선생님의 부당한 지시에 대해 어떻게 대처할 것인가?
	6. 살면서 크게 싸운 일이 있었을 텐데 어떻게 대처하였는가?

📮 2020년

울산

사서	1. (경력이 없는 경우) 학교도서관에서는 혼자서 근무해야 하는데 어떻게 할 계획인가?
	2. 생각하지 못한 상황이 닥치면 어떻게 대처할 것인가?
	3. 독서율 증진을 위해 어떤 프로그램을 진행할 계획인가?
	4. 교직원과 트러블이 생기면 어떻게 대처할 것인가?

대전

조리원	1. 동료가 자신의 일을 도와달라고 하면 어떻게 행동할 것인가?
	2. 학부모나 학생이 급식 조리방법에 대해 민원을 제기한다면 어떻게 대처하겠는가?
	3. 올바른 손 씻기 방법과 알코올 손 소독 방법에 대해 설명해 보시오.

세종

초등돌봄 전담사	1. 학교나 직장에서 의견 차이를 극복했던 경험과 방법에 대해 말해 보시오.
	2. 초등돌봄전담사의 직무에 대해 설명하고 내실화 방안에 대해 말해 보시오.
	3. 초등돌봄전담사로서 가져야 할 자세 및 자질을 말해 보시오.
	4. 코로나 바이러스와 관련하여 등교 찬반 입장과 그 이유를 설명해 보시오.
	5. 민원 응대방법에 대해 말해 보시오.
교육실무사	1. 교직원과 학생의 긍정적 관계를 유지하는 방법을 4가지 말해 보시오.
	2. 비협조적이었던 직원이 업무협조 요청 시 어떻게 대처할지 말해 보시오.
	3. 자신의 강점과 관련해서 자기계발을 어떻게 할지 말해 보시오.
	4. 봉사활동의 필요성을 4가지 말해 보시오.
	5. 화재 시 대처방법을 4가지 말해 보시오.
특수교육 실무사	1. 교직원으로서 학생과 교사가 조화롭게 융합하는 방법을 4가지 말해 보시오.
	2. 뇌전증 발작 시 대처방법을 4가지 말해 보시오.
	3. 자신의 장점과 그와 관련해 앞으로 어떻게 발전해 나갈지 말해 보시오.
	4. 관계가 좋지 않은 직원이 일을 부탁하면 어떻게 대처할지 말해 보시오.
	5. 특수교육실무사가 하는 일을 4가지 말해 보시오.

경북

조리원	1. 이물질 관련 컴플레인에 대한 대처방안을 말해 보시오.
	2. 약품 사용 시 유의사항을 3가지 이상 말해 보시오.
	3. 조리원의 기본 자세를 말해 보시오.
	4. 식중독 예방 방법 3가지를 말해 보시오.
	5. 학생들의 잘못된 식습관 2가지와 맛있는 반찬만 배식해 달라고 했을 경우 대처 방법을 말해 보시오.
특수교육 실무사	1. 통합교육이 일반학생과 장애학생에게 주는 장점을 2가지씩 말해 보시오.
	2. 장애학생과 일반학생 간 학교폭력이 발생하였을 때 중재방법을 4가지 말해 보시오.
	3. 문제행동의 유형별(관심끌기, 회피, 자기자극) 중재방법을 1가지씩 말해 보시오.

경남

돌봄전담사	1. 퇴근을 준비하고 있는데 업무가 생긴다면 어떻게 대처할 것인가?
	2. 돌봄전담사의 주요 역할은 무엇인가?
	3. 교육공무직의 덕목을 말해 보시오.
사무행정원	1. 경남교육청의 슬로건을 말해 보시오.
	2. 사무행정원의 업무는 무엇인가?
	3. 공무직이 갖추어야 할 자세와 그중 무엇을 가장 중요하게 생각하는지 말해 보시오.
	4. 민원 전화를 받는 법을 말해 보시오.
특수교육 실무사	1. 교육공무직으로서의 자질과 덕목을 말해 보시오.
	2. 특수아동의 개인욕구를 어떻게 지원할 것인지 말해 보시오.
	3. 특수교육실무사의 역할과 그와 관련된 자신의 장점을 말해 보시오.
특수교육 실무원	1. 경남교육청이 밀고 있는 교육정책을 말해 보시오.
	2. 상사나 동료와의 갈등 발생 시 대처방법을 말해 보시오.
	3. 특수교육실무원이 하는 일은 무엇인가?
	4. 민원 발생 시 대처방법을 말해 보시오.

인천

특수교육 실무사	1. 특수교육실무사의 역할은 무엇인가?
	2. 코로나 바이러스와 관련된 나만의 특화된 학생 지도방법은 무엇인가?
	3. (경력이 많은 경우) 신입 특수교사와 학생지도에 있어 갈등상황을 겪는다면 어떻게 해결할 것인가?
교무행정사	1. 동료가 교통사고가 나서 1달은 입원, 2달은 통원치료를 하는데 대체직 채용이 어려워서 업무가 과중된다면 어떻게 대처하겠는가?
	2. 전입생이 많은 경우 교무실과 행정실에서 전입생을 어떻게 지원할 것인가?
	3. 어려운 업무인 교과서 업무를 A 학교에서 5년 동안 맡았고, 5년 후 전보된 B 학교에서도 교과서 업무를 맡게 되었다면 어떻게 할 것인가?

부산

조리원	1. 조리원으로 지원한 동기를 말해 보시오.
	2. 알레르기 있는 학생이 있다면 어떻게 할 것인가?
	3. 단체급식 경험이 있는가?
	4. 조리원은 어떤 직업인 것 같은가?
	5. 식중독 예방법에 대해 아는 대로 말해 보시오.
돌봄전담사	1. 초등 돌봄교실의 필요성과 초등 돌봄전담사로서의 복무 자세에 대해 말해 보시오.
	2. 친구를 자꾸 때리고 괴롭히는 학생이 있다면 어떻게 지도할 것인가?
	3. 돌봄전담사의 역할 3가지와 가장 중요하다고 생각되는 것은?
특수교육 실무원	1. 지체장애 아동의 식사 지도 시 주의할 점이 있다면?
	2. 마스크를 착용하지 않으려는 아동이 있다면 어떻게 지도할 것인가?
	3. 특수교사 학부모 아동과의 협업을 잘하기 위한 자세는?

경기

특수교육 실무사	1. 특수교육실무사가 하는 역할을 말해 보시오.
	2. 본인의 교육에 대해 학부모가 불만을 가진다면 어떻게 대처하겠는가?
	3. 특수아동이 문제 행동(폭력성이나 성 문제 등)을 보이면 어떻게 대처하겠는가?

🖵 2019년

울산

교육업무사	1. 개인정보보호 방법에는 무엇이 있는가?
	2. 자신의 강점은 무엇인가?
	3. 동료와의 갈등 상황을 어떻게 해결할 것인가?
	4. 민원인 또는 손님이 와서 차나 과일을 준비해 달라고 요청할 시 어떻게 대응할 것인가?

돌봄전담사	1. 지원동기를 말해 보시오.
	2. 일반적인 근무시간이 9~17시 또는 10~18시인데, 만약 학교에서 11~19시로 근무해 달라고 한다면 어떻게 하겠는가? 만약 자신은 근무시간 변경에 동의하는데 다른 직원들은 동의할 수 없다고 반대하여 근무시간 때문에 마찰이 생긴다면 어떻게 대처하겠는가?
	3. 잠시 화장실을 다녀오는 동안 아이가 다친 상황을 보지 못했다면 어떻게 대처하겠는가? 학부모가 이에 강한 불만을 가지고 따지러 왔다면 어떻게 하겠는가?
	4. 교실 cctv 설치에 대한 생각을 말해 보시오.
	5. 동료 직원들 간 또는 다른 부서 직원이나 상사와의 갈등이 일어났다면 어떻게 해결하겠는가? 선생님들과 갈등이 있을 때는 어떻게 대처하겠는가?
	6. 돌봄전담사의 역할에 대해 말해 보시오.

부산

돌봄전담사	1. 지원동기를 말해 보시오.
	2. 학부모와의 갈등 발생 시 대처방법에 대해 말해 보시오.
	3. 돌봄전담사의 역할 5가지를 말해 보시오.
	4. 급·간식 준비 시 주의할 점 4가지를 말해 보시오.
	5. 돌봄교실에서 신경 써야 할 안전교육 3가지와 안전상 문제가 생겼을 경우 대처방안을 말해 보시오.
	6. 돌봄교실 환경구성을 어떻게 할 것인지 3가지 방안을 말해 보시오.

세종

공통질문	1. 교직원 및 학생과 긍정적인 관계를 유지하는 방법을 4가지 말해 보시오.
	2. 비협조적이었던 직원이 업무 협조 요청 시 어떻게 대처할 것인가?
	3. 자신의 강점과 관련하여 자기계발을 어떻게 할 것인가?
교무행정사	1. 봉사활동의 필요성을 4가지 말해 보시오.
	2. 화재 시 대처방법을 4가지 말해 보시오.
특수교육 실무사	1. 뇌전증 발작 시 대처방법을 4가지 말해 보시오.
	2. 특수교육실무사가 하는 일을 4가지 말해 보시오.

대전

특수교육 실무사	1. 특수교육실무사로 채용될 경우 어떤 자세로 일하겠는가?
	2. 지적장애아의 학습특성을 3가지 말해 보시오.
	3. 본인이 채용되면 교육청이 갖는 이점을 3가지 말해 보시오.
	4. 교육공무직원으로 갖춰야 할 자질을 말해 보시오.
	5. 특수교육실무사의 역할을 말해 보시오.
	6. 동료와의 갈등 발생 시 대처방법을 말해 보시오.

경북

조리원	1. 손 씻는 순서를 말해 보시오.
	2. 식중독 예방방법 3가지와 보존식에 대해 말해 보시오.
	3. 다른 조리원과 갈등 발생 시 대처방법을 말해 보시오.
	4. 경상북도교육청의 역점과제와 교육지표를 말해 보시오.
	5. 개인위생방법을 3가지 이상 말해 보시오.

서울

에듀케어	1. 에듀케어 교사로서 학급 교사와의 갈등에 어떻게 대응할 것인가?
	2. 사소한 민원으로 치부하여 커진 민원에 어떻게 대응할 것인가?
	3. 놀이 중심 교육과정을 적용한 방과후과정을 어떻게 진행할지 설명해 보시오.
교육실무사	1. 교장선생님께서 학연, 혈연과 관련된 부당한 지시를 한다면 어떻게 할 것인가?
	2. 담당자가 없어서 본인이 민원인을 대응했는데 민원인이 그것을 다시 민원으로 가져왔을 경우 어떻게 대처할 것인가?
	3. 코로나 바이러스와 관련된 학부모의 민원에 대해 어떻게 대응할 것인가?

4 그 외 면접 기출

- 자신이 급하게 처리해야 할 일을 하고 있는데 상사가 부당한 일을 시키면 어떻게 하겠는가? 거절을 했는데도 계속 시키면 어떻게 하겠는가?

- 교장선생님이 퇴근시간 이후에 새로운 일을 시키면 어떻게 하겠는가?

- 교장선생님이 시키신 일을 처리하는 중에 3학년 선생님이 전화해서 일을 부탁한다면 어떻게 대처하겠는가?

- 여러 선생님들이 동시에 일을 주었을 때 처리하는 순서에 대해 말해 보시오.

- 학교 근무 시 정말 하기 싫은 일을 시키면 어떻게 할 것인가?

- 동료들과 화합하고 갈등이 일어나지 않으려면 어떤 자세가 필요한가?

- 채용 후 근무 시 전문성을 키우기 위해 자기계발을 어떻게 하겠는가?

- 결혼하게 될 사람이 직장을 그만두라고 한다면?

- 지금까지 살면서 가장 힘들었던 순간과 그 순간을 극복한 사례를 말해 보시오.

- 사무부장이 타당하지 않은 일을 시키면 어떻게 하겠는가?

- 동료가 다른 학교로 전보를 가기 싫어하고 나는 거리가 멀어 갈 수 없는 상황이라면 어떻게 하겠는가?

- 행정실무사가 하는 업무는 무엇인지 말해 보시오. 자존심이 상하거나 교사에게 상대적인 박탈감을 느낄 수 있는데 잘 적응할 수 있겠는가?

- 살아오면서 좋은 성과를 낸 협업 경험이나 자원봉사활동 경험이 있다면 말해 보시오.

- 학교 발전을 위해 자신이 할 수 있는 것을 3가지 말해 보시오.

- 돌봄교실에서 아이들을 지도할 때 기존 프로그램과 다르게 자신만의 프로그램을 시도해 보고 싶은 것이 있다면?

- 돌봄교실에서 급식이나 간식 준비 시 유의사항 및 고려사항에 대해 말해 보시오.

- 돌봄교실에서 신경 써야 할 안전교육을 3가지 이상 말하고, 안전사고 시 대처방안에 대해 설명하시오.

- 학부모로부터 3학년 ○○○ 학생에게 방과후 수업이 끝나면 이모 집으로 가라고 전해 달라는 전화가 온다면 어떻게 할 것인가?

- 현재 학교에 없는 방과후 프로그램을 학부모가 만들어 달라고 요청하는 경우 어떻게 하겠는가?

- 2020년 개정되는 교육과정은 놀이와 쉼 중심으로 이루어지는데 이를 어떻게 운영해야 하는가?

- 아이가 다쳤을 때 어떻게 처리해야 하는지 의식이 있을 때와 없을 때를 구분하여 말해 보시오.

- 산만한 아이가 다른 아이들의 학습을 방해한다면 어떻게 해결할 것인가? 힘들게 하는 학생이 있다면 어떻게 대처하겠는가?

- 공문서에 대해 말해 보시오. 학교업무나 공문서 처리방법이나 유의사항은 무엇이 있는가?

- 전화 응대 방법에 대해 말해 보시오.

- 사서가 되면 하고 싶은 일은 무엇이며, 독서율 증진을 위해 어떤 프로그램을 하고 싶은가?

- 상급 근무부서에서 근무 중 전화가 오면 어떻게 받을 것인지 절차를 설명해 보시오.

- 민원인이 전화해서 자신의 업무와 상관없는 내용을 물어보면 어떻게 응대할 것인가?

- 고성이나 폭언 민원인을 상대하는 방법에 대해 말해 보시오.

- 다음 질문이 부정청탁 금품수수에 해당하는지 여부를 말해 보시오.
    - 퇴직한 교사가 선물을 받는 것
    - 교사가 5만 원 이하의 선물을 받는 것
    - 교직원 배우자의 금품수수
    - 기간제교사의 금품수수

- ○○교육청 교육공무직원 관리규정에 나오는 교육공무직의 8가지 의무 중 4가지 이상을 말해 보시오.

- ○○교육청의 교육비전, 교육지표, 교육정책을 말해 보시오.

- 발령지가 멀 경우 근무할 수 있는가?

- 돌발 상황이 많이 일어나는데 지원한 직무와 관련하여 아는 대로 말해 보시오.

- 해당 직무를 수행할 때 가장 중요하게 생각하는 것 세 가지를 말해 보시오.

- 본인의 인생에서 가장 뿌듯했던 경험은 무엇인가?

- 자리를 비운 사이 누군가 돈 봉투를 두고 간 것을 발견했다면 어떻게 할 것인가?

- 본인의 업무가 아니지만 상사가 업무를 준다면 어떻게 할 것인가?

- 학생이 없어진 것을 알게 됐다면 어떻게 할 것인가?

- 아동학대가 발생하지 않도록 예방하는 방법은?

- 정원 외 추가로 아동을 넣어달라는 학부모의 요청에 어떻게 대처할 것인가?

- 학부모가 반을 바꿔달라고 한다면 어떻게 대처할 것인가?

기출문제복원

	감독관 확인란

성명표기란

수험번호

수험생 유의사항

※ 답안은 반드시 컴퓨터용 수성사인펜으로 보기와 같이 바르게 표기해야 합니다.
〈보기〉 ① ② ③ ❹ ⑤
※ 성명표기란 위 칸에는 성명을 한글로 쓰고 아래 칸에는 성명을 정확하게
(단, 성과 이름은 붙여 씁니다.)
※ 수험번호 표기란 위 칸에는 아라비아 숫자로 쓰고 아래 칸에는 숫자와 일치하게 ● 표기하십시오.
※ 출생월일은 반드시 본인 주민등록번호의 생년월일을 제외한 월 두 자리, 일 두 자리를 표기하십시
오. (예) 1994년 1월 12일 → 0112

(주)인트록 앞자리 생년제외 월일

직무능력검사

문번	답란	문번	답란	문번	답란	문번	답란
1	① ② ③ ④	16	① ② ③ ④	31	① ② ③ ④	46	① ② ③ ④
2	① ② ③ ④	17	① ② ③ ④	32	① ② ③ ④	47	① ② ③ ④
3	① ② ③ ④	18	① ② ③ ④	33	① ② ③ ④	48	① ② ③ ④
4	① ② ③ ④	19	① ② ③ ④	34	① ② ③ ④	49	① ② ③ ④
5	① ② ③ ④	20	① ② ③ ④	35	① ② ③ ④	50	① ② ③ ④
6	① ② ③ ④	21	① ② ③ ④	36	① ② ③ ④		
7	① ② ③ ④	22	① ② ③ ④	37	① ② ③ ④		
8	① ② ③ ④	23	① ② ③ ④	38	① ② ③ ④		
9	① ② ③ ④	24	① ② ③ ④	39	① ② ③ ④		
10	① ② ③ ④	25	① ② ③ ④	40	① ② ③ ④		
11	① ② ③ ④	26	① ② ③ ④	41	① ② ③ ④		
12	① ② ③ ④	27	① ② ③ ④	42	① ② ③ ④		
13	① ② ③ ④	28	① ② ③ ④	43	① ② ③ ④		
14	① ② ③ ④	29	① ② ③ ④	44	① ② ③ ④		
15	① ② ③ ④	30	① ② ③ ④	45	① ② ③ ④		

gosinet (주)고시넷

교육공무직원 소양평가

1회 기출예상문제

직무능력검사

감독관 확인란

수험번호

성명표기란

주민등록 앞자리 생년제외 월일

답안지 (직무능력검사)

문번	답란	문번	답란	문번	답란	문번	답란
1	① ② ③ ④	16	① ② ③ ④	31	① ② ③ ④	46	① ② ③ ④
2	① ② ③ ④	17	① ② ③ ④	32	① ② ③ ④	47	① ② ③ ④
3	① ② ③ ④	18	① ② ③ ④	33	① ② ③ ④	48	① ② ③ ④
4	① ② ③ ④	19	① ② ③ ④	34	① ② ③ ④	49	① ② ③ ④
5	① ② ③ ④	20	① ② ③ ④	35	① ② ③ ④	50	① ② ③ ④
6	① ② ③ ④	21	① ② ③ ④	36	① ② ③ ④		
7	① ② ③ ④	22	① ② ③ ④	37	① ② ③ ④		
8	① ② ③ ④	23	① ② ③ ④	38	① ② ③ ④		
9	① ② ③ ④	24	① ② ③ ④	39	① ② ③ ④		
10	① ② ③ ④	25	① ② ③ ④	40	① ② ③ ④		
11	① ② ③ ④	26	① ② ③ ④	41	① ② ③ ④		
12	① ② ③ ④	27	① ② ③ ④	42	① ② ③ ④		
13	① ② ③ ④	28	① ② ③ ④	43	① ② ③ ④		
14	① ② ③ ④	29	① ② ③ ④	44	① ② ③ ④		
15	① ② ③ ④	30	① ② ③ ④	45	① ② ③ ④		

수험생 유의사항

※ 답안은 반드시 컴퓨터용 수성사인펜으로 보기와 같이 바르게 표기해야 합니다.
(보기) ① ② ③ ● ⑤

※ 성명표기란 위 칸에는 성명을 한글로 쓰고 아래 칸에는 성명을 정확하게 ● 표기하십시오.
(단, 성과 이름은 붙여 씁니다)

※ 수험번호 표기란 위 칸에는 아라비아 숫자로 쓰고 아래 칸에는 숫자와 일치하게 ● 표기하십

※ 출생월일은 반드시 본인 주민등록번호의 생년월일을 제외한 월 두 자리, 일 두 자리를 표기하십시오. (예) 1994년 1월 12일 → 0112

교육공무직원 소양평가

2회 기출예상문제

감독관 확인란

성명표기란

수험번호

(주민등록 앞자리 생년제외) 월일

수험생 유의사항

※ 답안은 반드시 컴퓨터용 수성사인펜으로 보기와 같이 바르게 표기하여야 합니다.
〈보기〉 ① ② ③ ❹ ⑤

※ 성명표기란 위 칸에는 성명을 한글로 쓰고 아래 칸에는 성명을 정확하게 ● 표기하십시오. (단, 성과 이름은 붙여 씁니다)

※ 수험번호 표기란 위 칸에는 아라비아 숫자로 쓰고 아래 칸에는 숫자와 일치하게 ● 표기하십시오.

※ 출생월일은 반드시 본인 주민등록번호의 생년을 제외한 월 두 자리, 일 두 자리를 표기하십시오.
(예) 1994년 1월 12일 → 0112

직무능력검사

문번	답란	문번	답란	문번	답란	문번	답란
1	① ② ③ ④	16	① ② ③ ④	31	① ② ③ ④	46	① ② ③ ④
2	① ② ③ ④	17	① ② ③ ④	32	① ② ③ ④	47	① ② ③ ④
3	① ② ③ ④	18	① ② ③ ④	33	① ② ③ ④	48	① ② ③ ④
4	① ② ③ ④	19	① ② ③ ④	34	① ② ③ ④	49	① ② ③ ④
5	① ② ③ ④	20	① ② ③ ④	35	① ② ③ ④	50	① ② ③ ④
6	① ② ③ ④	21	① ② ③ ④	36	① ② ③ ④		
7	① ② ③ ④	22	① ② ③ ④	37	① ② ③ ④		
8	① ② ③ ④	23	① ② ③ ④	38	① ② ③ ④		
9	① ② ③ ④	24	① ② ③ ④	39	① ② ③ ④		
10	① ② ③ ④	25	① ② ③ ④	40	① ② ③ ④		
11	① ② ③ ④	26	① ② ③ ④	41	① ② ③ ④		
12	① ② ③ ④	27	① ② ③ ④	42	① ② ③ ④		
13	① ② ③ ④	28	① ② ③ ④	43	① ② ③ ④		
14	① ② ③ ④	29	① ② ③ ④	44	① ② ③ ④		
15	① ② ③ ④	30	① ② ③ ④	45	① ② ③ ④		

직무능력검사

교육공무직원 소양평가

3회 기출예상문제

성명표기란

수험번호

(주민등록 앞자리 생년제외)월일

수험생 유의사항

※ 답안은 반드시 컴퓨터용 수성사인펜으로 보기와 여와 같이 바르게 표기해야 합니다.
〈보기〉 ① ② ③ ❹ ⑤

※ 성명표기란 위 칸에는 성명을 한글로 쓰고 아래 칸에는 성명을 정확하게 ● 표기하시오.
(단, 성과 이름은 붙여 씁니다)

※ 수험번호 표기란 위 칸에는 아라비아 숫자로 쓰고 아래 칸에는 숫자와 일치하게 ● 표기하시오.

※ 출생월일은 반드시 본인 주민등록번호의 생년월일 제외한 월 두 자리, 일 두 자리를 표기하십시오.
오. (예) 1994년 1월 12일 → 0112

문번	답란	문번	답란	문번	답란	문번	답란
1	① ② ③ ④	16	① ② ③ ④	31	① ② ③ ④	46	① ② ③ ④
2	① ② ③ ④	17	① ② ③ ④	32	① ② ③ ④	47	① ② ③ ④
3	① ② ③ ④	18	① ② ③ ④	33	① ② ③ ④	48	① ② ③ ④
4	① ② ③ ④	19	① ② ③ ④	34	① ② ③ ④	49	① ② ③ ④
5	① ② ③ ④	20	① ② ③ ④	35	① ② ③ ④	50	① ② ③ ④
6	① ② ③ ④	21	① ② ③ ④	36	① ② ③ ④		
7	① ② ③ ④	22	① ② ③ ④	37	① ② ③ ④		
8	① ② ③ ④	23	① ② ③ ④	38	① ② ③ ④		
9	① ② ③ ④	24	① ② ③ ④	39	① ② ③ ④		
10	① ② ③ ④	25	① ② ③ ④	40	① ② ③ ④		
11	① ② ③ ④	26	① ② ③ ④	41	① ② ③ ④		
12	① ② ③ ④	27	① ② ③ ④	42	① ② ③ ④		
13	① ② ③ ④	28	① ② ③ ④	43	① ② ③ ④		
14	① ② ③ ④	29	① ② ③ ④	44	① ② ③ ④		
15	① ② ③ ④	30	① ② ③ ④	45	① ② ③ ④		

교육공무직원 소양평가

4회 기출예상문제

성명표기란

감독관 확인란

직무능력검사

수험번호

수험생 유의사항

※ 답안은 반드시 컴퓨터용 수성사인펜으로 보기와 같이 바르게 표기해야 합니다.
〈보기〉 ① ② ③ ❹ ⑤
※ 성명표기란 위 칸에는 성명을 한글로 쓰고 아래 칸에는 성명을 정확하게 ● 표기하십시오. (단, 성과 이름은 붙여 씁니다.)
※ 수험번호 표기란 위 칸에는 아라비아 숫자로 쓰고 아래 칸에는 숫자와 일치하게 ● 표기하십시오.
※ 출생월일은 반드시 본인 주민등록번호의 생년을 제외한 월 두 자리, 일 두 자리를 표기하십시오. (예) 1994년 1월 12일 → 0112

문번	답란				문번	답란				문번	답란				문번	답란			
1	①	②	③	④	16	①	②	③	④	31	①	②	③	④	46	①	②	③	④
2	①	②	③	④	17	①	②	③	④	32	①	②	③	④	47	①	②	③	④
3	①	②	③	④	18	①	②	③	④	33	①	②	③	④	48	①	②	③	④
4	①	②	③	④	19	①	②	③	④	34	①	②	③	④	49	①	②	③	④
5	①	②	③	④	20	①	②	③	④	35	①	②	③	④	50	①	②	③	④
6	①	②	③	④	21	①	②	③	④	36	①	②	③	④					
7	①	②	③	④	22	①	②	③	④	37	①	②	③	④					
8	①	②	③	④	23	①	②	③	④	38	①	②	③	④					
9	①	②	③	④	24	①	②	③	④	39	①	②	③	④					
10	①	②	③	④	25	①	②	③	④	40	①	②	③	④					
11	①	②	③	④	26	①	②	③	④	41	①	②	③	④					
12	①	②	③	④	27	①	②	③	④	42	①	②	③	④					
13	①	②	③	④	28	①	②	③	④	43	①	②	③	④					
14	①	②	③	④	29	①	②	③	④	44	①	②	③	④					
15	①	②	③	④	30	①	②	③	④	45	①	②	③	④					

gosinet (주)고시넷

교육공무직원 소양평가

5회 기출예상문제

직무능력검사

감독관
확인란

수험번호

주민등록 앞자리 생년제외 월일

성명표기란

수험생 유의사항

※ 답안은 반드시 컴퓨터용 수성사인펜으로 보기와 같이 바르게 표기해야 합니다.
　〈보기〉① ② ③ ● ⑤
※ 성명표기란 위 칸에는 성명을 한글로 쓰고 아래 칸에는 성명을 정확하게 ● 표기하십시오.
　(단, 성과 이름은 붙여 씁니다)
※ 수험번호 표기란 위 칸에는 아라비아 숫자로 쓰고 아래 칸에는 숫자와 일치하게 ● 표기하십시오.
※ 출생월일은 반드시 본인 주민등록번호의 생년월일을 제외한 월 두 자리, 일 두 자리를 표기하십시오.
　오, (예) 1994년 1월 12일 → 0112

문번	답란	문번	답란	문번	답란	문번	답란
1	① ② ③ ④	16	① ② ③ ④	31	① ② ③ ④	46	① ② ③ ④
2	① ② ③ ④	17	① ② ③ ④	32	① ② ③ ④	47	① ② ③ ④
3	① ② ③ ④	18	① ② ③ ④	33	① ② ③ ④	48	① ② ③ ④
4	① ② ③ ④	19	① ② ③ ④	34	① ② ③ ④	49	① ② ③ ④
5	① ② ③ ④	20	① ② ③ ④	35	① ② ③ ④	50	① ② ③ ④
6	① ② ③ ④	21	① ② ③ ④	36	① ② ③ ④		
7	① ② ③ ④	22	① ② ③ ④	37	① ② ③ ④		
8	① ② ③ ④	23	① ② ③ ④	38	① ② ③ ④		
9	① ② ③ ④	24	① ② ③ ④	39	① ② ③ ④		
10	① ② ③ ④	25	① ② ③ ④	40	① ② ③ ④		
11	① ② ③ ④	26	① ② ③ ④	41	① ② ③ ④		
12	① ② ③ ④	27	① ② ③ ④	42	① ② ③ ④		
13	① ② ③ ④	28	① ② ③ ④	43	① ② ③ ④		
14	① ② ③ ④	29	① ② ③ ④	44	① ② ③ ④		
15	① ② ③ ④	30	① ② ③ ④	45	① ② ③ ④		

gosinet (주)고시넷

교육공무직원 소양평가

6회 기출예상문제

성명표기란

수험번호

수험생 유의사항

※ 답안은 반드시 컴퓨터용 수성사인펜으로 보기와 같이 바르게 표기해야 합니다.
〈보기〉① ② ③ ④ ⑤

※ 성명표기란 위 칸에는 성명을 한글로 쓰고 아래 칸에는 성명을 정확하게 ● 표기하십시오.
(단, 성과 이름은 붙여 씁니다)

※ 수험번호 표기란 위 칸에는 아라비아 숫자로 쓰고 아래 칸에는 숫자와 일치하게 ● 표기하십시오.

※ 출생월일은 반드시 본인 주민등록번호의 생년월일을 제외한 월 두 자리, 일 두 자리를 표기하십시오.
(예) 1994년 1월 12일 → 0112

직무능력검사

문번	답란	문번	답란	문번	답란	문번	답란
1	① ② ③ ④	16	① ② ③ ④	31	① ② ③ ④	46	① ② ③ ④
2	① ② ③ ④	17	① ② ③ ④	32	① ② ③ ④	47	① ② ③ ④
3	① ② ③ ④	18	① ② ③ ④	33	① ② ③ ④	48	① ② ③ ④
4	① ② ③ ④	19	① ② ③ ④	34	① ② ③ ④	49	① ② ③ ④
5	① ② ③ ④	20	① ② ③ ④	35	① ② ③ ④	50	① ② ③ ④
6	① ② ③ ④	21	① ② ③ ④	36	① ② ③ ④		
7	① ② ③ ④	22	① ② ③ ④	37	① ② ③ ④		
8	① ② ③ ④	23	① ② ③ ④	38	① ② ③ ④		
9	① ② ③ ④	24	① ② ③ ④	39	① ② ③ ④		
10	① ② ③ ④	25	① ② ③ ④	40	① ② ③ ④		
11	① ② ③ ④	26	① ② ③ ④	41	① ② ③ ④		
12	① ② ③ ④	27	① ② ③ ④	42	① ② ③ ④		
13	① ② ③ ④	28	① ② ③ ④	43	① ② ③ ④		
14	① ② ③ ④	29	① ② ③ ④	44	① ② ③ ④		
15	① ② ③ ④	30	① ② ③ ④	45	① ② ③ ④		

※(주민등록 앞자리 생년제외) 월일

잘라서 활용하세요.

교육공무직원 소양평가

7회 기출예상문제

직무능력검사

문번	답란				문번	답란				문번	답란				문번	답란			
1	①	②	③	④	16	①	②	③	④	31	①	②	③	④	46	①	②	③	④
2	①	②	③	④	17	①	②	③	④	32	①	②	③	④	47	①	②	③	④
3	①	②	③	④	18	①	②	③	④	33	①	②	③	④	48	①	②	③	④
4	①	②	③	④	19	①	②	③	④	34	①	②	③	④	49	①	②	③	④
5	①	②	③	④	20	①	②	③	④	35	①	②	③	④	50	①	②	③	④
6	①	②	③	④	21	①	②	③	④	36	①	②	③	④					
7	①	②	③	④	22	①	②	③	④	37	①	②	③	④					
8	①	②	③	④	23	①	②	③	④	38	①	②	③	④					
9	①	②	③	④	24	①	②	③	④	39	①	②	③	④					
10	①	②	③	④	25	①	②	③	④	40	①	②	③	④					
11	①	②	③	④	26	①	②	③	④	41	①	②	③	④					
12	①	②	③	④	27	①	②	③	④	42	①	②	③	④					
13	①	②	③	④	28	①	②	③	④	43	①	②	③	④					
14	①	②	③	④	29	①	②	③	④	44	①	②	③	④					
15	①	②	③	④	30	①	②	③	④	45	①	②	③	④					

감독관 확인란

성명표기란

수험번호: ⓪ ① ② ③ ④ ⑤ ⑥ ⑦ ⑧ ⑨

(주민등록 앞자리 생년제외) 월일: ⓪ ① ② ③ ④ ⑤ ⑥ ⑦ ⑧ ⑨

수험생 유의사항

※ 답안은 반드시 컴퓨터용 수성사인펜으로 보기와 같이 바르게 표기해야 합니다.
〈보기〉 ① ② ③ ❹ ⑤

※ 성명표기란 위 칸에는 성명을 한글로 쓰고 아래 칸에는 성명을 정확하게 ● 표기하십시오.
(단, 성과 이름은 붙여 씁니다)

※ 수험번호 표기란 위 칸에는 아라비아 숫자로 쓰고 아래 칸에는 숫자와 일치하게 ● 표기하십시오.

※ 출생월일은 반드시 본인 주민등록번호의 생년을 제외한 월 두 자리, 일 두 자리를 표기하십시오.
(예) 1994년 1월 12일 → 0112

교육공무직원 소양평가

8회 기출 예상문제

감독관
확인란

성명표기란

수험번호

수험생 유의사항

※ 답안은 반드시 컴퓨터용 수성사인펜으로 보기와 같이 바르게 표기해야 합니다.
(보기) ① ② ③ ❹ ⑤
※ 성명표기란 위 칸에는 성명을 한글로 쓰고 아래 칸에는 성명을 정확하게
(단, 성과 이름은 붙여 씁니다)
※ 수험번호 표기란 위 칸에는 아라비아 숫자로 쓰고 아래 칸에는 숫자와 일치하게
● 표기하십시오.
※ 출생월일은 반드시 본인 주민등록번호의 생년월일 제외한 월 두 자리, 일 두 자리를 표기하십시
오. (예) 1994년 1월 12일 → 0112

직무능력검사

문번	답란	문번	답란	문번	답란	문번	답란
1	① ② ③ ④	16	① ② ③ ④	31	① ② ③ ④	46	① ② ③ ④
2	① ② ③ ④	17	① ② ③ ④	32	① ② ③ ④	47	① ② ③ ④
3	① ② ③ ④	18	① ② ③ ④	33	① ② ③ ④	48	① ② ③ ④
4	① ② ③ ④	19	① ② ③ ④	34	① ② ③ ④	49	① ② ③ ④
5	① ② ③ ④	20	① ② ③ ④	35	① ② ③ ④	50	① ② ③ ④
6	① ② ③ ④	21	① ② ③ ④	36	① ② ③ ④		
7	① ② ③ ④	22	① ② ③ ④	37	① ② ③ ④		
8	① ② ③ ④	23	① ② ③ ④	38	① ② ③ ④		
9	① ② ③ ④	24	① ② ③ ④	39	① ② ③ ④		
10	① ② ③ ④	25	① ② ③ ④	40	① ② ③ ④		
11	① ② ③ ④	26	① ② ③ ④	41	① ② ③ ④		
12	① ② ③ ④	27	① ② ③ ④	42	① ② ③ ④		
13	① ② ③ ④	28	① ② ③ ④	43	① ② ③ ④		
14	① ② ③ ④	29	① ② ③ ④	44	① ② ③ ④		
15	① ② ③ ④	30	① ② ③ ④	45	① ② ③ ④		

잘라서 활용하세요

gosinet (주)고시넷

교육공무직원 소양평가

9회 기출예상문제

직무능력검사

감독관 확인란

성명표기란

수험번호

월일 (주민등록 앞자리 생년제외) 일일

문번	답란	문번	답란	문번	답란	문번	답란
1	① ② ③ ④	16	① ② ③ ④	31	① ② ③ ④	46	① ② ③ ④
2	① ② ③ ④	17	① ② ③ ④	32	① ② ③ ④	47	① ② ③ ④
3	① ② ③ ④	18	① ② ③ ④	33	① ② ③ ④	48	① ② ③ ④
4	① ② ③ ④	19	① ② ③ ④	34	① ② ③ ④	49	① ② ③ ④
5	① ② ③ ④	20	① ② ③ ④	35	① ② ③ ④	50	① ② ③ ④
6	① ② ③ ④	21	① ② ③ ④	36	① ② ③ ④		
7	① ② ③ ④	22	① ② ③ ④	37	① ② ③ ④		
8	① ② ③ ④	23	① ② ③ ④	38	① ② ③ ④		
9	① ② ③ ④	24	① ② ③ ④	39	① ② ③ ④		
10	① ② ③ ④	25	① ② ③ ④	40	① ② ③ ④		
11	① ② ③ ④	26	① ② ③ ④	41	① ② ③ ④		
12	① ② ③ ④	27	① ② ③ ④	42	① ② ③ ④		
13	① ② ③ ④	28	① ② ③ ④	43	① ② ③ ④		
14	① ② ③ ④	29	① ② ③ ④	44	① ② ③ ④		
15	① ② ③ ④	30	① ② ③ ④	45	① ② ③ ④		

수험생 유의사항

※ 답안은 반드시 컴퓨터용 수성사인펜으로 보기와 같이 바르게 표기해야 합니다.
〈보기〉 ① ② ③ ❹ ⑤

※ 성명표기란 위 칸에는 성명을 한글로 쓰고 아래 칸에는 성명을 정확하게 ● 표기하십시오.
(단, 성과 이름은 붙여 씁니다)

※ 수험번호 표기란 위 칸에는 아라비아 숫자로 쓰고 아래 칸에는 숫자와 일치하게 ● 표기하십시오

※ 출생월일은 반드시 본인 주민등록번호의 생년을 제외한 월 두 자리, 일 두 자리를 표기하십시오
오. (예) 1994년 1월 12일 → 0112

교육공무직원 소양평가

인성검사

성명표기란

수험번호

수험생 유의사항

※ 답안은 반드시 컴퓨터용 수성사인펜으로 보기의 같이 바르게 표기해야 합니다.
〈보기〉 ① ② ③ ❹ ⑤

※ 성명표기란 위 칸에는 성명을 한글로 쓰고 아래 칸에는 성명을 정확하게 표기하십시오.
(단, 성과 이름은 붙여 씁니다)

※ 수험번호 표기란 위 칸에는 아라비아 숫자로 쓰고 아래 칸에는 숫자와 일치하게 ● 표기하십시오.

※ 출생월일은 반드시 본인 주민등록번호의 생년을 제외한 월 두 자리, 일 두 자리를 표기하십시오.
오. (예) 1994년 1월 12일 → 0112

(주민등록 앞자리 생년제외) 월일

인성검사

문번	답란	문번	답란	문번	답란	문번	답란	문번	답란	문번	답란
1	① ②	36	① ②	71	① ②	106	① ②	141	① ②	176	① ②
2	① ②	37	① ②	72	① ②	107	① ②	142	① ②	177	① ②
3	① ②	38	① ②	73	① ②	108	① ②	143	① ②	178	① ②
4	① ②	39	① ②	74	① ②	109	① ②	144	① ②	179	① ②
5	① ②	40	① ②	75	① ②	110	① ②	145	① ②	180	① ②
6	① ②	41	① ②	76	① ②	111	① ②	146	① ②	181	① ②
7	① ②	42	① ②	77	① ②	112	① ②	147	① ②	182	① ②
8	① ②	43	① ②	78	① ②	113	① ②	148	① ②	183	① ②
9	① ②	44	① ②	79	① ②	114	① ②	149	① ②	184	① ②
10	① ②	45	① ②	80	① ②	115	① ②	150	① ②	185	① ②
11	① ②	46	① ②	81	① ②	116	① ②	151	① ②	186	① ② ③ ④ ⑤
12	① ②	47	① ②	82	① ②	117	① ②	152	① ②	187	① ② ③ ④ ⑤
13	① ②	48	① ②	83	① ②	118	① ②	153	① ②	188	① ② ③ ④ ⑤
14	① ②	49	① ②	84	① ②	119	① ②	154	① ②	189	① ② ③ ④ ⑤
15	① ②	50	① ②	85	① ②	120	① ②	155	① ②	190	① ② ③ ④ ⑤
16	① ②	51	① ②	86	① ②	121	① ②	156	① ②	191	① ② ③ ④ ⑤
17	① ②	52	① ②	87	① ②	122	① ②	157	① ②	192	① ② ③ ④ ⑤
18	① ②	53	① ②	88	① ②	123	① ②	158	① ②	193	① ② ③ ④ ⑤
19	① ②	54	① ②	89	① ②	124	① ②	159	① ②	194	① ② ③ ④ ⑤
20	① ②	55	① ②	90	① ②	125	① ②	160	① ②	195	① ② ③ ④ ⑤
21	① ②	56	① ②	91	① ②	126	① ②	161	① ②	196	① ② ③ ④ ⑤
22	① ②	57	① ②	92	① ②	127	① ②	162	① ②	197	① ② ③ ④ ⑤
23	① ②	58	① ②	93	① ②	128	① ②	163	① ②	198	① ② ③ ④ ⑤
24	① ②	59	① ②	94	① ②	129	① ②	164	① ②	199	① ② ③ ④ ⑤
25	① ②	60	① ②	95	① ②	130	① ②	165	① ②	200	① ② ③ ④ ⑤
26	① ②	61	① ②	96	① ②	131	① ②	166	① ②		
27	① ②	62	① ②	97	① ②	132	① ②	167	① ②		
28	① ②	63	① ②	98	① ②	133	① ②	168	① ②		
29	① ②	64	① ②	99	① ②	134	① ②	169	① ②		
30	① ②	65	① ②	100	① ②	135	① ②	170	① ②		
31	① ②	66	① ②	101	① ②	136	① ②	171	① ②		
32	① ②	67	① ②	102	① ②	137	① ②	172	① ②		
33	① ②	68	① ②	103	① ②	138	① ②	173	① ②		
34	① ②	69	① ②	104	① ②	139	① ②	174	① ②		
35	① ②	70	① ②	105	① ②	140	① ②	175	① ②		

gosinet (주)고시넷

gosinet (주)고시넷

교육공무직원 소양평가

인성검사

감독관 확인란

성명표기란

수험번호

월일 (주민등록 앞자리 생년제외)

수험생 유의사항

※ 답안은 반드시 컴퓨터용 수성사인펜으로 보기와 같이 바르게 표기해야 합니다.
〈보기〉 ① ② ③ ● ⑤

※ 성명표기란 위 칸에는 성명을 한글로 쓰고 아래 칸에는 성명을 정확하게 ● 표기하십시오.
(단, 성과 이름은 붙여 씁니다)

※ 수험번호 위 칸에는 아라비아 숫자로 쓰고 아래 칸에는 숫자와 일치하게 ● 표기하십시오

※ 출생월일은 반드시 본인 주민등록번호의 생년을 제외한 월 두 자리, 일 두 자리를 표기하십시오
오. (예) 1994년 1월 12일 → 0112

답안 표기 영역

문번	답란	문번	답란	문번	답란	문번	답란	문번	답란	문번	답란
1	① ②	36	① ②	71	① ②	106	① ②	141	① ②	176	① ②
2	① ②	37	① ②	72	① ②	107	① ②	142	① ②	177	① ② ③ ④
3	① ②	38	① ②	73	① ②	108	① ②	143	① ②	178	① ② ③ ④
4	① ②	39	① ②	74	① ②	109	① ②	144	① ②	179	① ② ③ ④
5	① ②	40	① ②	75	① ②	110	① ②	145	① ②	180	① ② ③ ④
6	① ②	41	① ②	76	① ②	111	① ②	146	① ②	181	① ② ③ ④
7	① ②	42	① ②	77	① ②	112	① ②	147	① ②	182	① ② ③ ④
8	① ②	43	① ②	78	① ②	113	① ②	148	① ②	183	① ② ③ ④
9	① ②	44	① ②	79	① ②	114	① ②	149	① ②	184	① ② ③ ④
10	① ②	45	① ②	80	① ②	115	① ②	150	① ②	185	① ② ③ ④
11	① ②	46	① ②	81	① ②	116	① ②	151	① ②	186	① ② ③ ④ ⑤
12	① ②	47	① ②	82	① ②	117	① ②	152	① ②	187	① ② ③ ④ ⑤
13	① ②	48	① ②	83	① ②	118	① ②	153	① ②	188	① ② ③ ④ ⑤
14	① ②	49	① ②	84	① ②	119	① ②	154	① ②	189	① ② ③ ④ ⑤
15	① ②	50	① ②	85	① ②	120	① ②	155	① ②	190	① ② ③ ④ ⑤
16	① ②	51	① ②	86	① ②	121	① ②	156	① ②	191	① ② ③ ④ ⑤
17	① ②	52	① ②	87	① ②	122	① ②	157	① ②	192	① ② ③ ④ ⑤
18	① ②	53	① ②	88	① ②	123	① ②	158	① ②	193	① ② ③ ④ ⑤
19	① ②	54	① ②	89	① ②	124	① ②	159	① ②	194	① ② ③ ④ ⑤
20	① ②	55	① ②	90	① ②	125	① ②	160	① ②	195	① ② ③ ④ ⑤
21	① ②	56	① ②	91	① ②	126	① ②	161	① ②	196	① ② ③ ④ ⑤
22	① ②	57	① ②	92	① ②	127	① ②	162	① ②	197	① ② ③ ④ ⑤
23	① ②	58	① ②	93	① ②	128	① ②	163	① ②	198	① ② ③ ④ ⑤
24	① ②	59	① ②	94	① ②	129	① ②	164	① ②	199	① ② ③ ④ ⑤
25	① ②	60	① ②	95	① ②	130	① ②	165	① ②	200	① ② ③ ④ ⑤
26	① ②	61	① ②	96	① ②	131	① ②	166	① ②		
27	① ②	62	① ②	97	① ②	132	① ②	167	① ②		
28	① ②	63	① ②	98	① ②	133	① ②	168	① ②		
29	① ②	64	① ②	99	① ②	134	① ②	169	① ②		
30	① ②	65	① ②	100	① ②	135	① ②	170	① ②		
31	① ②	66	① ②	101	① ②	136	① ②	171	① ②		
32	① ②	67	① ②	102	① ②	137	① ②	172	① ②		
33	① ②	68	① ②	103	① ②	138	① ②	173	① ②		
34	① ②	69	① ②	104	① ②	139	① ②	174	① ②		
35	① ②	70	① ②	105	① ②	140	① ②	175	① ②		

대기업·금융

저마다의 일생에는,

특히 그 일생이 동터 오르는 여명기에는

모든 것을 결정짓는 한 순간이 있다.

그 순간을 다시 찾아내는 것은 어렵다.

그것은 다른 수많은 순간들의 퇴적 속에

깊이 묻혀있다.

　- 장 그르니에, 섬 LES ILES

2025
고시넷

교육공무직원 직무능력검사

충청남도교육청
교육공무직원 소양평가
최신 기출유형 모의고사 9회

정답과 해설

gosi net
(주)고시넷

고시넷 교육공무직

소양평가 베스트셀러!!

전국 시·도교육청
교육공무직원 소양평가
통합기본서

필수이론 → 유형연습 → 기출예상문제의 체계적인 학습

경상남도교육청, 경상북도교육청, 부산광역시교육청,

울산광역시교육청, 충청남도교육청, 대전광역시교육청,

전라북도교육청 등 교육공무직원

필기시험 대비

교육공무직원 직무능력검사

2025
고시넷

충청남도교육청
교육공무직원 소양평가
최신 기출유형 모의고사 9회

정답과 해설

gosi_net_
(주)고시넷

파트1 충청남도 기출문제복원

▶ 문제 18쪽

01	②	02	①	03	③	04	③	05	③
06	②	07	③	08	②	09	④	10	②
11	①	12	①	13	②	14	④	15	③
16	②	17	④	18	②	19	④	20	①
21	②	22	④	23	③	24	②	25	①
26	④	27	②	28	④	29	①	30	②
31	②	32	③	33	③	34	③	35	④
36	②	37	④	38	①	39	④	40	②
41	④	42	④	43	④	44	④	45	④
46	④	47	③	48	①	49	①	50	①

01 언어논리력 맥락상 어휘의 의미 파악하기

| 정답 | ②

| 해설 | '헛디디다'는 '발을 잘못 디디다'를, '헛웃음'은 '어이가 없어서 피식 웃는 웃음'을 뜻한다. 이 둘은 맥락상 이유나 보람이 없다는 의미 또는 비능률, 비생산적인 상황과 관련하여 쓰인 단어가 아니다.

| 오답풀이 |

① 헛일 : '보람 없는 일'을 의미하므로, '헛-'은 '보람 없다'의 뜻을 덧붙인다.

③ 헛공부 : '보람 없이 한 공부'를 의미하므로, '헛-'은 '보람 없다'의 뜻을 덧붙인다.

④ • 헛똑똑이 : '겉과 달리 반드시 알아야 하는 것을 모르거나 판단을 제대로 하지 못하는 사람'을 의미하며, '헛-'은 맥락상 나이를 먹은 보람이 없다는 의미를 덧붙인다.

  • 헛꿈 : '실현할 수 없는 것을 이루고 싶어 꾀하거나 희망을 거는 생각'을 의미하므로, '헛-'은 '실현성이 없는', '보람 없는'의 뜻을 덧붙인다.

02 이해력 리더십 이해하기

| 정답 | ①

| 해설 | 변화관리능력은 주변의 상황을 올바르게 파악해 제어하거나 타협할 수 있는 부분을 정하고, 변화에 적응하며 새로운 역할과 기회를 준비하여 자신을 책임지는 능력이다.

| 오답풀이 |

② 인간관계능력은 조직의 목표 달성을 위해 임직원들에게 영향을 끼치며 적절히 이끌어 가고, 그들과의 긍정적 관계 형성을 통해 존경과 지지를 유발하는 능력이다.

③ 문제해결능력은 통찰력과 분석 능력을 발휘하여 문제를 분석하고, 문제해결을 위해 정보와 분석 결과를 바탕으로 적절한 결과를 도출하는 능력이다.

④ 조직기획 및 관리능력은 조직의 상황 예측과 우선순위 설정, 직원에 대한 역할 분담과 위임 등 조직 자체와 조직 내 직원들을 관리하는 능력이다.

03 공간지각능력 도형의 개수 구하기

| 정답 | ③

| 해설 | 밑면에 나타난 수는 각 칸의 블록의 수를 나타내며 이것은 곧 각 칸의 층수가 된다. 3층 이상인 칸은 모두 7칸이므로, 3층에 있는 블록의 수는 7개가 된다.

04 문제해결력 조건을 바탕으로 추론하기

| 정답 | ③

| 해설 | 3, 5 ~ 8번째 진술을 표로 정리하면 다음과 같다.

첫 번째 방	두 번째 방	세 번째 방	네 번째 방
	C	B	
	종로	잠실	송파

4번째 진술에서 B는 D의 옆방에 있다고 했으므로 B와 D는 세 번째 방, 네 번째 방 중 각각 한 곳에 살고 있음을 알 수 있다. 그런데 B는 세 번째 방에 살고 있지 않으므로 D가 세 번째 방, B는 네 번째 방에 살고 있다.

첫 번째 방	두 번째 방	세 번째 방	네 번째 방
A	C	D	B
	종로	잠실	송파

이에 따라 A는 종로, C는 왕십리에 집을 뒀음을 알 수 있다. 정리하면 다음과 같다.

www.gosinet.co.kr **gosi**net

충남기출복원

1회 기출예상
2회 기출예상
3회 기출예상
4회 기출예상
5회 기출예상
6회 기출예상
7회 기출예상
8회 기출예상
9회 기출예상

첫 번째 방	두 번째 방	세 번째 방	네 번째 방
A	C	D	B
종로	왕십리	잠실	송파

따라서 A는 종로, B는 송파, C는 왕십리, D는 잠실이다.

05 이해력 상황에 맞게 의사 표현하기

| 정답 | ③

| 해설 | 상대방의 요구를 거절해야 할 때는 먼저 요구를 거절하는 것에 대한 사과를 한 다음, 응해 줄 수 없는 이유를 설명한다. 요구를 들어주는 것이 불가능하다고 여겨질 때는 모호한 태도를 보이는 것보다 단호하게 거절하는 것이 좋다.

06 언어논리력 적절한 조언 고르기

| 정답 | ②

| 해설 | 고객에게 사과 후 긴급 배송을 하였다고 불만 처리 내용이 작성되어 있으나, 그에 따른 고객의 피드백에 대한 내용은 작성되어 있지 않다.

| 오답풀이 |
① '홈페이지 접수'라고 불만 접수 경로가 제시되어 있다.
③ 고객 이름이 '김△△'라는 것을 알 수 있으며, '제품 배송 지연 문의'를 통해 제품이 늦게 배송되는 것이 불만 내용임을 알 수 있다.
④ 고객 불만 처리 메모에 '2024년 8월 9일 완료'라고 제시되어 있으므로 해당 일자가 처리 일자임을 알 수 있다.

07 공간지각력 전개도 파악하기

| 정답 | ③

| 해설 | ③의 전개도가 다른 선택지와 같은 정육면체가 되기 위해서는 다음과 같은 형태이어야 한다.

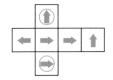

08 언어논리력 글을 읽고 추론하기

| 정답 | ②

| 해설 | ㄴ. (가)에 따르면 호미는 실용적인 한국의 전통 농기구로서 호미의 편리함과 튼튼함으로 인해 해외에서 큰 호응을 얻고 있다. 따라서 실용적인 상품은 경쟁력이 있다고 이해할 수 있다.
ㄹ. (나)는 옛날식으로 표현된 것도 후대에 와서 재음미, 재해석해야 그 생명력이 사라지지 않는다고 하였다. 따라서 사라져가는 무형문화재도 다시 살펴볼 필요가 있다고 이해할 수 있다.

| 오답풀이 |
ㄱ. 신토불이란 제 땅에서 산출된 것이라야 체질에 잘 맞는다는 뜻이다. (가)는 한국의 호미가 해외에서 인기를 얻고 있다는 내용이므로 적절한 추론이 아니다.
ㄷ. (가)의 내용에 따를 때 이는 적절한 추론이 아니다.

09 언어논리력 세부내용 이해하기

| 정답 | ④

| 해설 | 두 번째 문단에 천식환자가 기온이 낮을 때 야외운동을 하면 차갑고 건조한 공기가 기도에 들어와 천식이 더 심해질 수 있다고 제시되어 있다. 따라서 겨울보다 여름을 더 조심해야 한다는 설명은 적절하지 않다.

| 오답풀이 |
① 두 번째 문단에 저체온증이 나타날 때 가열기구로 몸을 직접 덥혀서는 안 되고 젖은 옷을 벗고 두꺼운 담요로 몸을 감싸야 한다고 제시되어 있으므로 적절하다.
② 마지막 문단에 살을 뺄 때에는 더운 날씨보다 추운 날씨가 유리하다고 제시되어 있으므로 적절하다.
③ 첫 번째 문단에 기온이 높을 때 열이 체내에서 충분히 빠져나가지 못하면 열사병에 걸릴 위험이 있다고 제시되어 있으므로 적절하다.

10 언어논리력 합성어 이해하기

| 정답 | ②

| 해설 | 합성어는 두 개 이상의 실질 형태소가 결합해 하나의 단어가 된 말이다. 형태소는 뜻을 가진 가장 작은 말의 단위이다.

- 담요 : 한자어인 '毯(담요 담)'과 고유어인 '요(친구를 의미)'가 결합한 합성어이다.
- 전날 : 한자어인 '前(앞 전)'과 고유어인 '날'이 결합한 합성어이다.

| 오답풀이 |

- 구토 : 모두 한자어인 '嘔(게울 구)'와 '吐(토할 토)'가 결합하였다.
- 천식 : 모두 한자어인 '喘(숨찰 천)'과 '息(쉴 식)'이 결합하였다.
- 기침 : 고유어로 구성되어 있다.

11 공간지각력 동일한 기호 찾기

| 정답 | ①

| 해설 | 모양이 같은 기호를 그림에 표시하면 다음과 같다.

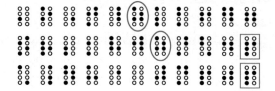

12 이해력 리더십 이해하기

| 정답 | ①

| 해설 | 제시된 사례에서 지식과 경험을 나누어 구성원들에게 도움을 주는 행동은 찾아볼 수 없다.

| 오답풀이 |

② 브레인스토밍 원칙을 제시함으로써 다양한 아이디어를 존중하도록 하였고 중립을 지키며 회의를 이끌었다.

③ 브레인스토밍이 끝난 뒤 A 상무가 최종 방안을 결정하였다.

④ 획기적인 방안이 필요한 상황에 맞게 다양한 아이디어를 창출할 수 있는 브레인스토밍 기법을 적용하였다.

13 공간지각력 일치하는 도형 찾기

| 정답 | ②

| 해설 | ②는 주어진 도형을 90°도 회전한 모양이다.

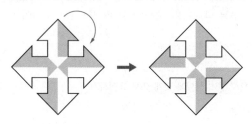

14 문제해결력 명제 판단하기

| 정답 | ④

| 해설 | 첫 번째 조건을 통해 한국에 사는 개 중 푸들이 있는 것을 알 수 있으므로 ④가 참이다.

| 오답풀이 |

① 두 번째 조건과 세 번째 조건을 통해 모든 백구가 한국 토종개인 것을 알 수 있다.

② 두 번째 조건의 역이므로 참이라고 할 수 없다.

③ 제시된 조건을 통해서는 알 수 없다.

15 문제해결력 조건을 바탕으로 추론하기

| 정답 | ③

| 해설 | 주어진 정보를 통해 알 수 있는 것부터 정리하면 다음과 같다.

구분	A 물류 창고	B 물류 창고	C 물류 창고
위치		서울 또는 부산	
관리자 나이	40대		
출근 시간			8시 또는 9시

관리자 나이를 기준으로 살펴보면, B 물류 창고와 C 물류 창고의 관리자 나이가 각각 30대와 50대, 또는 50대와 30대이므로 두 가지 경우로 나누어 추론하면 다음과 같다.

- B 물류 창고와 C 물류 창고의 관리자 나이가 각각 30대와 50대인 경우

www.gosinet.co.kr gosinet

충남기출복원

1회 기출예상
2회 기출예상
3회 기출예상
4회 기출예상
5회 기출예상
6회 기출예상
7회 기출예상
8회 기출예상
9회 기출예상

구분	A 물류 창고	B 물류 창고	C 물류 창고
위치		서울 또는 부산	부산
관리자 나이	40대	30대	50대
출근 시간	7시	8시	9시

이 경우 C 물류 창고의 관리자 나이와 출근 시간이 일곱 번째와 여덟 번째 정보에 의해 모순이 발생한다.

• B 물류 창고와 C 물류 창고의 관리자 나이가 각각 50대와 30대인 경우

구분	A 물류 창고	B 물류 창고	C 물류 창고
위치	부산	서울	광주
관리자 나이	40대	50대	30대
출근 시간	9시	7시	8시

따라서 A 물류 창고는 40대, B 물류 창고는 50대, C 물류 창고는 30대인 관리자가 담당한다.

16 언어논리력 작품 해석 관점 이해하기

|정답| ②

|해설| 작품 감상과 해석의 관점으로는 작품 자체를 해석하는 내재적 관점과 작품을 둘러싼 외적인 요소에 초점을 두어 해석하는 외재적 관점이 있다.

②는 제시된 작품의 표현과 미적인 가치에 초점을 두어 감상하고 있으므로 내재적 관점에서 작품을 감상하고 있는 것이다. 나머지는 모두 외재적 관점에서 작품을 감상하고 있다.

|오답풀이|

①, ③ 외재적 관점 중에서도 작품이 만들어진 시대를 고려해 감상하는 반영론적 관점의 감상이다.

④ 외재적 관점 중에서도 독자가 작품을 어떻게 받아들이는지를 중점으로 하는 효용론적 관점의 감상이다.

17 공간지각력 조각 배열하기

|정답| ④

|해설| 그림 조각을 4-2-1-3 순으로 나열하면 다음과 같다.

18 문제해결력 프로그램 선정하기

|정답| ②

|해설| 먼저, 목요일에 휴일인 D 프로그램은 제외된다. 나머지 프로그램 모두 10시에 운영을 시작하는데, A 프로그램의 경우 소요 시간이 1시간을 넘으므로 제외된다. 다음으로 B와 C 프로그램 모두 최대 수용인원과 인당 이용요금 기준을 충족하는데, 무언가를 체험할 수 있기를 바라므로 강연인 C 프로그램도 제외된다. 따라서 B 프로그램이 〈보기〉의 문의 내용에 적합하다.

19 언어논리력 글 수정하기

|정답| ④

|해설| '충족하다'가 서술어로 쓰일 때는 목적어를 필요로 하는데 목적어인 '공공언어 요건'이 있기에 '충족해야 한다'는 문장 성분 간 호응을 이루고 있으므로 옳은 표현이다.

|오답풀이|

③ '-로써'는 어떤 일의 수단이나 도구, 어떤 물건의 재료나 원료를 나타내는 격조사이다.

20 수리력 최소공배수 활용하기

|정답| ①

|해설| 버스 3대는 12, 15, 18의 최소공배수인 180분이 지날 때마다 동시에 출발한다. 즉 3시간마다 동시에 출발

하므로 오전 8시부터 오후 6시까지 10시간 동안 3대의 버스는 총 3회 동시 출발한다.

21 수리력 경우의 수 구하기

|정답| ②

|해설| 각 조에는 최소 3명이 배정되어야 하므로 8명을 [3명, 5명], [4명, 4명], [5명, 3명]으로 나눌 수 있다. B와 C가 함께 있는 조에 배정될 1명, 2명, 3명을 뽑는 경우의 수를 모두 더하면 $_6C_1 + _6C_2 + _6C_3 = \frac{6}{1} + \frac{6 \times 5}{2 \times 1} + \frac{6 \times 5 \times 4}{3 \times 2 \times 1} = 6 + 15 + 20 = 41$(가지)이다.

22 수리력 자료의 수치 분석하기

|정답| ④

|해설| ㉡ 지역 내 이사 건수가 가장 적은 지역은 15건인 C로, 이사 온 건수도 170건으로 C가 가장 적다.

㉢ A의 이사 온 건수 중 지역 내 이사 건수의 비중은 $\frac{34}{446} \times 100 = 7.62$(%)로 가장 작다.

㉣ 지역별 지역 내 이사를 제외하고 이사 온 건수와 이사 간 건수의 합은 다음과 같다.

- A : $446 + 185 - 34 \times 2 = 563$(건)
- B : $437 + 368 - 76 \times 2 = 653$(건)
- C : $170 + 175 - 15 \times 2 = 315$(건)
- D : $215 + 166 - 19 \times 2 = 343$(건)
- E : $408 + 512 - 94 \times 2 = 732$(건)
- F : $338 + 525 - 94 \times 2 = 675$(건)
- G : $593 + 676 - 180 \times 2 = 909$(건)

따라서 G가 가장 크다.

|오답풀이|

㉠ 이사 간 건수보다 이사 온 건수가 많은 지역은 A, B, D로 3곳이다.

23 수리력 자료의 수치 계산하기

|정답| ③

|해설| 그래프를 통해 2021년 투자금액 총액은 61.1천만 원인 것을 알 수 있다. 이를 표의 단위인 백만 원으로 변환하면 되는데, 천만과 백만은 0의 개수가 하나 차이 나므로 ⓐ에는 611이 들어가는 것이 적절하다.

24 수리력 자료의 수치 계산하기

|정답| ②

|해설| 그래프를 통해 2021년 그래픽 성능 부문 투자금액 10.8천만 원인 것을 알 수 있다. 이는 108백만 원이며, 2020년에 비해 13.6% 증가한 수치이므로 2020년 그래픽 성능 부문 투자금액을 x로 뒀을 때 다음과 같은 식을 세울 수 있다.

$x \times (1 + 0.136) = 108$

$x = 108 \div 1.136 = 108 \times \frac{1,000}{1,136} \fallingdotseq 95$

따라서 2020년 그래픽 성능 부문 투자금액은 95백만 원이다.

25 수리력 거듭제곱 활용하기

|정답| ①

|해설| 1시간 동안 Q세균은 10번 분열하므로 그때의 세균의 수는 $1 \times 2^{10} = 1024$마리이다. 또 42분 동안 7번 분열하므로 그때의 세균의 수는 $1 \times 2^7 = 128$(마리)이다. 따라서 1시간 후 세균의 수는 42분 후의 세균의 수보다 $1,024 - 128 = 896$(마리) 더 많다.

26 수리력 평균 활용하기

|정답| ④

|해설| 4월의 점수가 7점 이하인 직원의 수는 $3 + 2 + 8 + 7 + 5 + 4 + 9 + 4 = 42$(명)이다. 이들의 3월 점수 평균은 다음과 같다.

$$\frac{6 \times (3+7) + 7 \times (2+5) + 8 \times (8+4) + 9 \times 9 + 10 \times 4}{42}$$

$\fallingdotseq 7.76$(점)

4월의 점수가 8점인 직원의 수는 4+4+5+10+4=27(명)이다. 이들의 3월 점수 평균은 다음과 같다.

$$\frac{6\times4+7\times4+8\times5+9\times10+10\times4}{27}\fallingdotseq8.22(점)$$

따라서 점수 평균의 차이는 약 0.46점이다.

27 문제해결능력 지원대상 파악하기

| 정답 | ②

| 해설 | ㄴ. 고용기간 6개월 이상, 본인 청구에 따라 주 소정근로시간 35시간에서 34시간으로 단축, 결혼이민자인 외국인으로 지원요건을 모두 충족한다.

ㄷ. 고용기간 9개월, 본인 청구에 따라 주 소정근로시간 32시간에서 30시간으로 단축, 사업주의 친구로 지원요건을 모두 충족한다. 친구는 사업주의 직계 존·비속에 해당하지 않는다.

| 오답풀이 |

ㄱ. 단축한 주 소정근로시간이 10시간이므로 지원요건을 충족하지 않는다.

ㄹ. 고용기간이 6개월보다 미만인 2개월로 지원요건을 충족하지 않는다.

28 이해력 샌드위치 화법 이해하기

| 정답 | ④

| 해설 | 샌드위치 화법은 '칭찬의 말', '질책의 말', '격려의 말' 순서대로 질책을 가운데 두고 칭찬을 먼저 한 다음 끝에 격려의 말을 하는 것이다. 이러한 의사 표현법은 상대방을 배려하는 화법이다. ④의 경우 최선을 다하는 모습에 대한 칭찬으로 시작해 마감일을 놓친 것에 대해 아쉬움을 표현하고, 체크리스트나 일정 관리 애플리케이션을 활용하는 구체적인 조언을 주며, 격려로 마무리하고 있다.

| 오답풀이 |

① 칭찬의 말이 포함되어 있지 않다.

② 고맙다는 말이 칭찬일 수 있으나 칭찬으로서 명확하거나 구체적이지 않다. 따라서 상대방이 진정한 칭찬으로 느끼기 어려울 수 있다. 또한 질책이 지나치게 강하게 느껴질 수 있으며, 마지막 격려의 말은 단순한 기대만을 나타내는 내용으로 격려의 말로 부족하다.

③ 질책이 지나치게 강하게 느껴질 수 있으며, 격려의 말은 상대에게 더 노력하라는 요구로 끝나기 때문에 격려의 말로 부족하다.

29 공간지각력 블록의 보이는 면 세기

| 정답 | ①

| 해설 | 큰 정육면체 하나에서 색칠할 수 있는 겉면의 수는 6개이며, 여기에 작은 정육면체를 하나씩 뗄 때 마다 색칠할 수 있는 겉면의 수가 늘어난다. 이때, 모서리에 있는 작은 정육면체를 떼면 겉면의 수는 3개가 늘어나고, 모서리가 아닌 변에 있는 작은 정육면체를 떼면 겉면의 수가 4개 늘어난다.

(B)는 (A)에서 모서리에 있는 작은 정육면체 2개와 모서리가 아닌 변에 있는 작은 정육면체 1개를 제거했으므로, 3+3+4=10개의 겉면이 늘어난다. 따라서 도형 (B)에서 색칠할 수 있는 겉면의 수는 모두 6+10=16(개)이다.

30 언어논리력 속담의 의미 파악하기

| 정답 | ②

| 해설 | 제시된 글에서는 게임산업에서 중견기업의 중요성을 강조하며, 메이저기업의 성장만을 바라보거나 중소기업 위주의 정책 지원만 하다가 중견기업들이 몰락하게 되면 산업 전체가 약화된다는 점을 지적하고 있다. 따라서 중견기업을 사전에 제대로 지원하지 않으면 나중에 큰 문제가 발생할 수 있다는 의미에서 ②의 내용이 가장 적절하다.

31 언어논리력 글의 흐름에 맞게 문장 넣기

| 정답 | ②

| 해설 | 〈보기〉의 문장이 '그렇다면'으로 시작하므로 용돈을 아이들에게 주는 이점에 대한 설명 뒤에 해당 문장이 오는 것이 흐름상 매끄러우며, 〈보기〉 문장에 이어 '한 연구'의 내용을 근거로 질문에 대한 답을 제시하는 것이 적절하다. 따라서 〈보기〉의 문장은 ㉡에 들어가야 한다.

32 언어논리력 논증 구조 파악하기

|정답| ④

|해설| 앞의 내용들에서 사람들은 가장 귀중한 것을 가장 자연스럽게 힘들이지 않고 얻을 수 있기 때문에 별로 관심을 가지지 않고 있다고 나와 있다. 그렇기 때문에 이제는 그렇게 취급해서는 안된다는 (마)가 이 글의 결론이다.

33 문제해결력 사례 분석하기

|정답| ③

|해설| 제시된 사례에서 R&D 관련 리더십 전면 교체를 통해 S 자동차가 연구개발 역량 제고를 목표로 기업 내 핵심 인력 교체를 실행하였음을 알 수 있다. 또한 새롭게 구성된 R&D 임원부터 대표이사까지 모두 차량 연구개발 전문가로 구성되었다는 점을 통해 새로운 차량을 개발하는 신사업 전략 수립을 목표로 하는 것임을 추론할 수 있다. 한편 외부환경의 변화와 그에 대응하기 위한 전략에 대한 내용은 제시되어 있지 않다.

34 문제해결력 명제 판단하기

|정답| ④

|해설| 두 번째 전제에 의해 첫 번째 전제의 '모든 회사원'에는 '어떤 남자'가 포함되므로, 두 번째 전제와 첫 번째 전제를 연결하면 '어떤 남자는 휴가를 원한다'는 명제가 참이 된다.

35 문제해결력 조건에 맞게 휴가 일정 계획하기

|정답| ④

|해설| 남은 연차 날짜를 참고하여 1지망 휴가 날짜에 배정된 직원들은 다음과 같다.

휴가 날짜	(1) 9월 1 ~ 6일	(2) 9월 9 ~ 15일	(3) 9월 17 ~ 22일	(4) 9월 24 ~ 29일
필요 인원	2명	4명	1명	3명
직원	A, H	F	G	C, D, E

1지망에 배치되지 못한 직원 중 I 직원은 2지망으로 신청한 (2)번 날짜에 배치된다. B, J 직원은 2지망으로 신청한 날짜에 이미 필요 인원이 다 채워졌으므로 필요 인원을 채우지 못한 (2)번 날짜에 배치된다. 확정된 휴가 날짜를 정리하면 다음과 같다.

휴가 날짜	(1) 9월 1 ~ 6일	(2) 9월 9 ~ 15일	(3) 9월 17 ~ 22일	(4) 9월 24 ~ 29일
필요 인원	2명	4명	1명	3명
직원	A, H	B, F, I, J	G	C, D, E

따라서 I 직원의 휴가 날짜는 9월 9 ~ 15일이다.

36 이해력 세대 간 갈등 해결하기

|정답| ②

|해설| ⓑ 세대 간 갈등을 해결하기 위한 방안으로는 새로운 업무 환경을 갖춘 자율적인 프로젝트형 조직으로 운영한다. 팀장은 최종 의사결정을 하되, 공동의 목표와 해결방안을 신입사원들과 함께 검토한 뒤 결정한다.

ⓓ 젊은 세대가 기성세대에게 부족한 디지털 정보교육을 제공하고, 퇴직한 교육자들은 방과 후 아동들을 학습하는 등의 교류를 통해 세대 간의 통합을 도모하는 방법이 있다. 이를 통해 노인들의 시간제 일자리 창출 기능과 소외감 문제도 해소할 수 있다.

|오답풀이|

ⓐ 현실적인 방안이 아님과 동시에 세대 갈등에 대한 근본적 해결방안이라 할 수 없다.

ⓒ 세대갈등을 다룬 해결방안으론 너무 거시적이며 구체성이 떨어진다.

37 이해력 직장 내 갈등 상황 이해하기

|정답| ④

|해설| 제시된 글에서는 젊은 세대가 기성세대와의 갈등을 겪고 있는 다양한 요인들을 설명하고 있다. 그중에서도 가장 두드러지는 인식 변화는 디지털화와 혁신 기술의 확산에 따른 새로운 권력 구조의 형성이다. 젊은 세대는 SNS 등을 통해 연대감을 키우고 있으며, 이는 조직 사회에서 새로운 권력으로 작용하고 있다. 기성세대와의 디지털 격차는

갈등의 주요 원인으로 작용하고 있으며, 젊은 세대는 이를 통해 조직 내에서 자신들의 입지를 강화하고 있다. 따라서 제시된 글의 문제에서 젊은 세대의 인식 변화와 가장 관련이 깊은 것은 디지털화와 혁신 기술의 확산에 따른 새로운 권력 구조의 형성이라 보는 것이 적절하다.

38 언어논리력 글을 바탕으로 추론하기

| 정답 | ①

| 해설 | 강 사원의 말을 보면 인공지능 기술이 인구 감소의 문제를 해결할 수 있는 대안이 될 것이라고 하였다. 이에 관련된 내용을 이어서 언급해야 하므로 인공지능이 일자리에 대해 긍정적인 영향을 미칠 것이라는 내용인 ①이 적절하다.

39 공간지각력 투상도로 입체도형 찾기

| 정답 | ④

| 해설 | 해당 입체도형에서는 정면도, 측면도, 평면도에서 제시된 투상도의 모양을 추론할 수 없다.

| 오답풀이 |

① 해당 입체도형의 우측면도에 해당한다.

② 해당 입체도형의 평면도에 해당한다.

③ 해당 입체도형의 정면도에 해당한다.

40 공간지각력 입체도형 결합하기

| 정답 | ②

| 해설 | 세 입체도형이 결합된 형태의 블록 수는 총 4+3+3=10(개)이며, 첫 번째 입체도형과 두 번째 입체도형의 블록 수는 각각 3개이므로 세 번째 입체도형은 4개의 블록으로 이루어져 있음을 추론할 수 있다. 4개의 블록으로 구성된 ①과 ②의 입체도형 중 ②의 도형을 결합하면 최종적으로 결합된 입체도형의 모양을 완성할 수 있다.

41 문제해결력 조건을 바탕으로 추론하기

| 정답 | ②

| 해설 | 제시된 명제가 모두 참이므로 그 대우도 참이며, 명제와 대우를 정리하면 다음과 같다.

• 영업 → 신성장, ~ 신성장 → ~ 영업 … ㉠

• 승무 → 차량, ~ 차량 → ~ 승무 … ㉡

• ~ 기술 → 영업, ~ 영업 → 기술 … ㉢

• 차량 → ~ 신성장, 신성장 → ~ 차량 … ㉣

㉠과 ㉣에서 영업 → ~ 차량(차량 → ~ 영업④)임을 알 수 있으며 이와 ㉡을 합쳐 승무 → ~ 영업(영업 → ~ 승무③)임을 알 수 있다. 또한, 여기에 ㉢을 합쳐 승무 → 기술①)까지 도출할 수 있다. 따라서 정답은 ②이다.

42 수리력 자료의 수치 분석하기

| 정답 | ④

| 해설 | ㄴ. 각 교육청별 채용인원에서 신입직 인원이 차지하는 비율을 구하면 다음과 같다.

• A 교육청 : $\frac{45+40}{22+35+45+40} \times 100 ≒ 59.9(\%)$

• B 교육청 : $\frac{37+63}{65+84+37+63} \times 100 ≒ 40.2(\%)$

• C 교육청 : $\frac{116+184}{12+52+116+184} \times 100 ≒ 82.4(\%)$

• D 교육청 : $\frac{155+264}{43+37+155+264} \times 100 ≒ 84.0(\%)$

• E 교육청 : $\frac{86+47}{31+44+86+47} \times 100 ≒ 63.9(\%)$

따라서 50%를 초과하는 교육청은 A, C, D, E 기관으로 총 4개이다.

ㄷ. 5개의 교육청 전체 채용인원은 1,462명, D 교육청의 채용인원은 499명으로 5개의 교육청 전체 채용인원에서 D 교육청의 채용인원 비중은 $\frac{499}{1,462} \times 100 ≒ 34.1$ (%)이다.

| 오답풀이 |

ㄱ. 각 교육청 채용인원에서 전문상담사가 차지하는 비율을 구하면 다음과 같다.

- A 교육청 : $\dfrac{22+45}{22+35+45+40} \times 100 ≒ 47.2(\%)$

- B 교육청 : $\dfrac{65+37}{65+84+37+63} \times 100 ≒ 41.0(\%)$

- C 교육청 : $\dfrac{12+116}{12+52+116+184} \times 100 ≒ 35.2(\%)$

- D 교육청 : $\dfrac{43+155}{43+37+155+264} \times 100 ≒ 39.7(\%)$

- E 교육청 : $\dfrac{31+86}{31+44+86+47} \times 100 ≒ 56.3(\%)$

따라서 E 교육청이 가장 높다.

43 언어논리력   세부내용 이해하기

| 정답 | ④

| 해설 | ㄱ. 고양이 섬 때문에 생긴 '괭이부리말'이라는 이름만 남았다는 내용을 통해 '괭이부리말'이 고양이 섬에서 유래한 이름임을 추론할 수 있다.

ㄴ. 괭이부리말이 바닷가가 메워지면서 고양이 섬과 소나무 숲이 사라지고, 그 자리에 공장과 판잣집이 들어서기까지의 변화를 설명하고 있다.

ㄹ. 이농민들이 일자리를 찾아 도시로 올라오면서 빈민 지역에 자리를 잡고 종이와 판자로 집을 지어 사는 도시 빈민이 되는 과정을 설명하고 있다.

| 오답풀이 |

ㄷ. 산업화로 인해 괭이부리말이 빈민 지역이 되는 도시 생활공간의 형성 과정을 설명하고 있으나, 도시 생활공간의 변화에 대해서는 설명하고 있지 않다.

44 문제해결력   회식 장소 선정하기

| 정답 | ③

| 해설 | 각 장소별로 팀원들의 요구사항을 충족하는지 파악한다.

- 싱싱횟집 : 이용 가능 시간과 B 팀장의 요구사항이 가격 평점 기준에 따라 선정할 수 없다.

- 한우마을 : B 팀장의 요구사항인 가격 평점 기준에 따라 선정할 수 없다.

- 통통삼겹살 : A 이사의 요구사항인 분위기 평점 기준과 C 주임의 요구사항인 거리 기준, D 주임의 요구사항인 방문횟수 기준에 따라 선정할 수 없다. 또한, 룸 예약이 불가능하다.

- 원조닭갈비 : 모든 요구사항을 충족한다.

- 마늘족발 · 보쌈 : 인사팀 인원은 E 사원까지 포함하여 총 5명으로, 이용가능한 룸이 없어 선정할 수 없다.

따라서 원조닭갈비가 최종 선정된다.

45 문제해결력   자료의 내용 파악하기

| 정답 | ④

| 해설 | 1, 2, 3, 5, 6, 9, 10번에 해당할 경우 1+1+2+3+3+5+5=20(점)으로 보통 자기 효능감을 갖고 있다.

| 오답풀이 |

① 3, 5, 9번에 해당할 경우 2+3+5=10(점)으로 낮은 자기 효능감을 갖고 있다.

② 1, 4, 6, 8번에 해당할 경우 1+2+3+4=10(점)으로 낮은 자기 효능감을 갖고 있다.

③ 2, 7, 9, 10번에 해당할 경우 1+3+5+5=14(점)으로 보통 자기 효능감을 갖고 있다.

46 수리력   자료의 수치 계산하기

| 정답 | ④

| 해설 | (D)에 들어갈 값은 2015년의 외벌이→외벌이의 평균 출생아 수이므로 0.67명이다.

47 수리력   표의 수치 분석하기

| 정답 | ③

| 해설 | 가. 여러 개의 숫자를 보고 대소를 비교하는 것은 수치가 나열된 도표보다 시각화된 이미지로 보여주는 막대그래프가 훨씬 효과적이다.

다. 2014년 무자녀에서 2015년 유자녀로 변화한 부부 수의 비중을 보면 '맞벌이→외벌이'의 경우가 39.1%로 가장 큰 것을 알 수 있다.

| 오답풀이 |

나. '외벌이 → 맞벌이' 부부의 평균 출생아 수 증가율은 88.46(%)로 '맞벌이 → 맞벌이' 부부의 평균 출생아 수 증가율 206.25(%)보다 낮다.

라. 특정 조건의 부부에 있어 다산(多産)과 관련된 자료는 언급되어 있지 않다.

48 공간지각력 인접한 도형 개수 세기

| 정답 | ①

| 해설 | 다음과 같이 밑면에는 1개, 윗면에는 2개의 블록과 직접 접촉하고 있다.

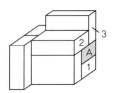

49 이해력 고객 불만에 적절하게 대응하기

| 정답 | ①

| 해설 | A 사례는 트집형, B 사례는 의심형, C 사례는 거만형, D 사례는 빨리빨리형 고객에 해당한다.

트집형 고객은 고객의 이야기에 맞장구치며 경청하고 설득해 나가는 방법이 효과적이다. 모든 일을 시원스럽게 처리하는 모습을 보여줘야 한다는 대응책은 빨리빨리형에 해당한다.

| 오답풀이 |

② 의심형 고객은 분명한 증거나 근거를 제시하고 고객 스스로가 확신을 가질 수 있도록 유도해야 한다.

③ 거만형 고객은 정중하게 대하는 것이 좋고, 스스로의 과시욕이 채워지도록 그냥 내버려 두는 것이 가장 좋은 방법이다.

④ 빨리빨리형 고객에게 애매한 화법을 사용하게 되면 고객의 신경을 더욱 날카롭게 만들 수 있다. 그러므로 만사를 시원스럽게 처리하는 모습을 보여야 응대하기가 쉬워진다.

50 공간지각력 도형의 회전체 파악하기

| 정답 | ①

| 해설 | 도형의 회전체는 해당 도형을 회전축을 중심으로 좌우로 대칭한 형태와 같다. 제시된 도형(a)을 회전하면 b와 같이 된다(단, 색칠된 곳은 빈 공간을 의미한다).

 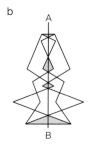

이때, 단면이 아닌 회전한 후의 겉모양을 파악해야 한다. 따라서 b의 색칠된 부분은 겉으로 보이지 않으므로 회전체의 모양은 ①과 같다.

📝 파트2 기출예상문제

1회   기출예상문제

▶ 문제 54쪽

01	②	02	①	03	①	04	③	05	②
06	③	07	①	08	④	09	②	10	①
11	①	12	①	13	③	14	④	15	①
16	③	17	②	18	①	19	③	20	②
21	④	22	①	23	②	24	③	25	②
26	④	27	④	28	②	29	③	30	②
31	③	32	③	33	②	34	④	35	④
36	④	37	③	38	②	39	①	40	④
41	④	42	①	43	②	44	④	45	①
46	④	47	③	48	①	49	③	50	③

01 언어논리력 다의어의 의미 파악하기

| 정답 | ②

| 해설 | 〈보기〉의 '사이'와 ②의 '사이'는 한때로부터 다른 때까지의 동안을 의미한다.

| 오답풀이 |

①, ③ 주로 '없다'와 함께 쓰여 어떤 일에 들이는 시간이나 여유 또는 겨를을 의미하는 '사이'로 쓰였다.

④ 서로 맺은 관계 또는 사귀는 정분을 의미하는 '사이'로 쓰였다.

02 이해력 경청을 방해하는 요인 이해하기

| 정답 | ①

| 해설 | L 씨는 P 씨에게 어제 자신이 겪은 황당한 일에 대해 말하고 있으나, P 씨는 L 씨의 일에 공감하기보다 대화의 주제를 벗어나 자기가 하고 싶은 이야기로 전환하고 있다.

03 공간지각력 일치하는 입체도형 찾기

| 정답 | ①

| 해설 | ①은 제시된 입체도형을 화살표 방향에서 바라본 모습이다.

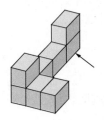

04 문제해결력 명제 판단하기

| 정답 | ③

| 해설 | '키가 큰 사람은 머리가 좋지 못하다'의 대우는 '머리가 좋은 사람은 키가 크지 않다'이므로 '컴퓨터를 잘하는 사람은 키가 크지 않다'를 성립시키기 위해서는 '컴퓨터를 잘하는 사람은 머리가 좋다'라는 명제가 필요하다.

05 이해력 갈등의 원인 분석하기

| 정답 | ②

| 해설 | 제시된 상황에서 M은 뒷담화의 동참 여부를 통해 자신과 공감대를 형성하고 있는지를 확인하고 있다. 그러나 P는 뒷담화를 좋아하지 않기 때문에 대화에 동참을 하지 않았고 M은 P의 이러한 모습만 보고 자신과 잘 맞지 않는다고 판단해 버렸다. 자신이 하는 뒷담화를 상대방이 불편해할 것이란 점을 인지하지 못하고 자신의 입장만을 고려한 것이 갈등의 원인이다.

06 언어논리력 글의 서술 방식 파악하기

| 정답 | ③

| 해설 | '어찌 큰 것만 죽음을 싫어하고 작은 것은 싫어하지 않겠는가?', '어찌 그대를 놀리려는 뜻이 있었겠는가?', '엄지손가락만 아프고 나머지 손가락은 안 아프겠는가?', '어찌 하나는 죽음을 싫어하고 하나는 좋아하겠는가?'와 같은 유사한 질문을 반복하여 자신의 의견을 강조하고 있다.

07 공간지각력 전개도 파악하기

|정답| ①

|해설| 면의 직각으로 꺾인 색깔 선은 면과

면을 향해야 하므로 ①은 나올 수 없는 모양이다.

08 문제해결력 조건을 바탕으로 추론하기

|정답| ④

|해설| 두 번째와 네 번째 조건에 따라 갑의 지필고사 성적은 C 또는 D가 된다. 또한, 두 번째 조건에 따라 두 가지의 경우로 나누어 생각한다.

• 갑의 지필고사 성적과 정의 출석률이 C일 경우

구분	갑	을	병	정
지필고사	C	A	B	D
출석률	D	B	A	C

수강한 과목의 수는 갑>병>정>을임을 알 수 있다.

• 갑의 지필고사 성적과 정의 출석률이 D일 경우

구분	갑	을	병	정
지필고사	D	A	B	C
출석률	C	B	A	D

이 경우 첫 번째 조건과 세 번째 조건이 서로 상충한다. 따라서 수강한 과목이 가장 많은 사람은 갑이고, 갑의 지필고사 성적과 출석률은 차례대로 C, D이다.

09 언어논리력 세부내용 이해하기

|정답| ②

|해설| 충동통제력을 설명하는 네 번째 문단에서 충동통제력은 단순한 인내력과 참을성과는 다르다고 명시하고 있다.

10 언어논리력 세부내용 이해하기

|정답| ①

|해설| ㄴ, ㄷ. 두 번째 문단에서 자기이해지능은 다른 모든 지능이 효율적으로 발휘될 수 있도록 돕는 지능임을 명시하고 있다.

|오답풀이|

ㄱ. 자기이해지능은 특정 분야나 직업에 관계된 것이 아니라 다른 지능이 효율적으로 발휘되도록 돕는 능력이라고 제시되어 있다.

ㄹ. 자기이해지능은 감정을 숨기는 것이 아니라 통제하는 능력이다.

11 언어논리력 사자성어 파악하기

|정답| ①

|해설| ⓒ의 우공이산(愚公移山)은 우공이 산을 옮긴다는 말로, 남이 보기엔 어리석은 일처럼 보이지만 한 가지 일을 끝까지 밀고 나가면 언젠가는 목적을 달성할 수 있다는 뜻이다.

|오답풀이|

㉠ 풍전등화(風前燈火) : 바람 앞의 등불이라는 뜻으로, 존망이 달린 매우 위급한 처지를 비유한 말이다.

㉡ 초미지급(焦眉之急) : 눈썹이 타게 될 만큼 위급한 상태란 뜻으로, 그대로 방치할 수 없는 매우 다급한 일이나 경우를 비유한 말이다.

㉣ 위기일발(危機一髮) : 머리털 하나로 천균(千鈞)이나 되는 물건을 끌어당긴다는 뜻으로, 당장에라도 끊어질 듯한 위험한 순간을 비유해 이르는 말이다.

㉤ 누란지세(累卵之勢) : 포개어 놓은 알의 형세라는 뜻으로, 몹시 위험한 형세를 비유적으로 이르는 말이다.

㉥ 백척간두(百尺竿頭) : 백 자나 되는 높은 장대 위에 올라섰다는 뜻으로, 위태로움이 극도에 달하는 것을 나타낸다.

12 공간지각력 접은 모양 찾기

|정답| ①

|해설| 제시된 점선에 따라 색종이를 접으면 다음과 같다.

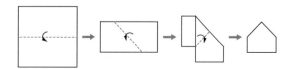

13 문제해결력 명제 판단하기

| 정답 | ③

| 해설 | 모든 회원은 6개월에 1번씩 교육을 받으므로 우수
회원도 6개월에 1번씩 교육을 받는다.

| 오답풀이 |

① 다이어리는 올해 가입한 신입회원에게 제공되는데 몇
명이 받았는지는 알 수 없다.

② 모든 회원은 각 한 장씩 행운권을 받으며, 우수회원만
추가로 받을 수 있다.

④ 올해 다이어리를 받은 회원은 신입회원이고 신입회원도
우수회원에 선발될 수 있으므로 행운권을 추가로 받을
수도 있다.

14 이해력 리더십 이해하기

| 정답 | ④

| 해설 | 수단과 방법을 가리지 않고 기업의 이익을 최대한
끌어올려려 한다는 내용은 리더의 역할로 제시되어 있지
않다. '명품 CEO의 조건'에서는 정직한 품성과 무너지지
않는 도덕성을 제시함을 통해 기업을 위해 수단과 방법을
가리지 않는 리더보다는 업무에서의 도덕성을 갖춘 리더상
을 제시하고 있다.

| 오답풀이 |

① 사회적 책임에 관한 내용에 해당한다.

② 학구열에 관한 내용에 해당한다.

③ 용병술에 관한 내용에 해당한다.

15 공간지각력 블록 개수 세기

| 정답 | ①

| 해설 | 1층에 8개, 2층에 6개, 3층에 2개의 블록이 있으므
로 블록의 개수는 모두 8+6+2=16(개)이다.

16 문제해결력 조건을 바탕으로 추론하기

| 정답 | ③

| 해설 | 모두 진실을 말하고 있으므로 E를 기준으로 순위를

계산하면, B는 E보다 순위가 낮고 A와 D는 E보다 순위가
높다. C는 3위이며 A와 D 중 누가 더 높은 순위에 있는지
는 알 수 없으므로, 이를 바탕으로 순위를 정리하면 다음과
같다.

1위	2위	3위	4위	5위
A 혹은 D	D 혹은 A	C	E	B

따라서 2위는 A 혹은 D, 4위는 E이므로 이와 일치하는 ③
이 적절하다.

17 언어논리력 적절한 조언 고르기

| 정답 | ②

| 해설 | 면접관이 던진 질문에는 정해진 정답이 없을 수도 있
으며, 이런 경우 사실이 아니더라도 납득할 수 있는 해답을
끌어내는 센스가 필요하다. 즉, 기발하면서도 재치 있는 답
변을 해서 분위기를 유쾌하게 이끌어 가는 것이 가장 좋다.

18 언어논리력 글의 주제 찾기

| 정답 | ①

| 해설 | 제시된 글에 따르면 아프리카 초원의 치타는 몸집이
작고 빠른 가젤 영양을 사냥하는 데 전문화하여, 만약 초원
의 생태조건이 변하거나 가젤 영양들의 몸집이 더 커지거
나 멸종해 버린다면 살아남기 힘들다. 또한 중국의 판다는
많은 양의 죽순을 먹을 수밖에 없어 기본적으로 대나무 숲
이 없으면 살아갈 수가 없다. 즉, 제시된 글은 전문화는 현
재 상태의 환경에서는 가장 효율적인 생존방식일 수 있으
나 환경에 큰 변화가 일어나면 유연하게 대응하지 못하고
위험에 빠질 공산이 크다는 것을 보여 주고 있다. 따라서
'생물의 세계에서도 전문화는 양면성을 갖는 상당히 위험한
전략이다'가 주제로 적절하다.

19 공간지각력 조각 배열하기

| 정답 | ③

| 해설 | 주어진 그림은 남대문의 모습을 4개의 조각으로 나
타낸 것이며, 지붕과 처마의 모양을 통해 순서를 유추할 수
있다.

20 문제해결력 논리적 오류 파악하기

|정답| ②

|해설| 제시된 문장과 ②에서는 흑백논리의 오류가 나타난다.

|오답풀이|

① 성급한 일반화의 오류이다.

③ 순환논증의 오류이다.

④ 원칙혼동의 오류이다.

21 수리력 방정식 활용하기

|정답| ④

|해설| 책 전체 페이지 수를 x장이라 하면 다음과 같은 식이 성립한다.

$$\left(x \times \frac{1}{3}\right) + \left(x \times \frac{1}{4}\right) + 100 + 200 = x$$

$$\frac{7}{12}x + 300 = x$$

$$7x + 3,600 = 12x$$

$$\therefore x = 720$$

따라서 책은 총 720장이다.

22 수리력 확률 계산하기

|정답| ①

|해설| 각각의 경우의 수를 구하면 다음과 같다.

• 두 개의 주사위를 던져 나올 수 있는 전체 경우의 수 : $6 \times 6 = 36$(가지)

• 빨간색 주사위의 눈의 수가 파란색 주사위의 눈의 수보다 큰 경우의 수(빨간색, 파란색) : (2, 1), (3, 1), (3, 2), (4, 1), (4, 2), (4, 3), (5, 1), (5, 2), (5, 3), (5, 4), (6, 1), (6, 2), (6, 3), (6, 4), (6, 5)로 총 15가지

• 그중 두 눈의 수의 곱이 짝수인 경우의 수 : 두 눈의 수가 모두 홀수인 경우를 제외한 나머지를 구하면 되므로 총 15가지 중 (3, 1), (5, 1), (5, 3)의 3가지를 뺀 12가지

따라서 빨간색 주사위의 눈의 수가 파란색 주사위의 눈의 수보다 크면서 두 눈의 수의 곱이 짝수일 확률은 $\frac{12}{36} = \frac{1}{3}$ 이다.

23 수리력 최소공배수 활용하기

|정답| ②

|해설| A 버스는 30분마다, B 버스는 60분마다, C 버스는 80분마다 출발한다. 따라서 7시에 동시에 출발한 후 처음으로 다시 동시에 출발하는 시간은 30, 60, 80의 최소공배수인 240분(4시간) 후로, 11시이다.

24 수리력 방정식 활용하기

|정답| ③

|해설| 전체 직원 수는 750명이고 충청도는 20%, 경상도는 18%이므로 계산을 통해 각 150명과 135명이라는 것을 알 수 있다. 전라도와 제주도는 105명이므로 서울과 경기도, 강원도의 합계는 750−150−135−105=360(명)이다.

서울·경기도 출신 직원의 수가 강원도 출신 직원의 수의 3배이므로 강원도 출신 직원의 수를 x명이라고 하면 다음과 같이 식을 세울 수 있다.

$$x + 3x = 360$$

$$\therefore x = 90$$

따라서 강원도 출신 직원의 수는 90명이다.

25 수리력 도표의 수치 분석하기

|정답| ②

|해설| 직업별 남성 대비 여성의 사망자 수는 다음과 같다.

• 관리자 : $\frac{235}{2,317} ≒ 0.1$(명)

• 전문가 및 관련 종사자 : $\frac{877}{3,440} ≒ 0.3$(명)

• 사무 종사자 : $\frac{797}{2,712} ≒ 0.3$(명)

• 서비스 및 판매 종사자 : $\frac{1,965}{5,555} ≒ 0.4$(명)

• 농업, 임업 및 어업 숙련 종사자 : $\frac{463}{2,873} ≒ 0.2$(명)

• 기능원 및 관련 기능 종사자 : $\frac{140}{2,344} ≒ 0.1$(명)

• 장치, 기계조작 및 조립 종사자 : $\frac{61}{1,961} ≒ 0.0$(명)

- 단순노무 종사자 : $\frac{624}{5,306} ≒ 0.1$(명)

- 무직, 가사, 학생 : $\frac{13,808}{20,191} ≒ 0.7$(명)

- 기타 : $\frac{559}{2,011} ≒ 0.3$(명)

따라서 무직, 가사, 학생 직업의 사망자 수가 남성 1인당 여성 0.7명으로 가장 많다.

26　수리력　도표의 수치 분석하기

| 정답 | ④

| 해설 | 남성보다 여성의 사망자가 가장 적은 직업은 장치, 기계조작 및 조립 종사자이다. 전체 2,022명 사망자 중 여성이 61명, 남성이 1,961명으로 해당 직업 전체 사망자의 $\frac{61}{2,022} × 100 ≒ 3$(%)이며, 남성 대비 사망자 수는 $\frac{61}{1,961} ≒ 0.03$(명)이다.

| 오답풀이 |

① 전체 사망자 중 여성이 차지하는 비율은 $\frac{19,529}{68,239} × 100 ≒ 28.6$(%)로 30% 이하이다.

② 무직, 가사, 학생을 제외한 여성 사망자 수가 가장 많은 직업은 서비스 및 판매 종사자로 1,965명이다. 여성 사망자 수가 가장 적은 직업은 여성 사망자 수가 61명인 장치, 기계조작 및 조립 종사자이다. 이 직업의 전체 사망자 수는 2,022명으로 서비스 및 판매 종사자의 여성 사망자 수 1,965명보다 많다.

③ 직업별 전체 사망자 중 무직, 가사, 학생이 33,999명으로 가장 많고 그다음으로 사망자가 많은 직업은 서비스 및 판매 종사자로 7,520명이다.

27　수리력　도표의 수치 분석하기

| 정답 | ④

| 해설 | 20X7년 아파트에 거주하는 가구의 비중은 $\frac{9,671}{19,674} × 100 ≒ 49.2$(%)로 50% 미만이다.

28　언어논리력　샌드위치 화법 이해하기

| 정답 | ④

| 해설 | 1단계 칭찬, 2단계 충고, 3단계 격려로 이어지는 샌드위치 화법에 해당한다. 즉 칭찬과 칭찬 사이에 질책의 말을 집어넣는 것으로, 칭찬의 말로 질책을 시작하면 상대는 자신이 직접 공격당하는 것이 아니라는 생각에 안심을 하게 되어 이 질책을 거부감 없이 받아들일 수 있다.

29　공간지각력　도형 회전하기

| 정답 | ③

| 해설 | 시계 방향으로 180° 회전한 모양은 다음과 같다.

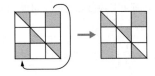

30　문제해결력　자료의 내용 파악하기

| 정답 | ②

| 해설 | 근로자가 자녀보육·퇴직준비·학업·간병 등 본인의 필요에 의해 근로시간 단축을 신청하고 사업주가 이를 허용하는 경우에 지원하는 것은 시간 선택제 전환에 따른 임금감소 보전금과 간접노무비를 지원하는 방식의 일환으로 고용안정장려금에 해당한다고 판단할 수 있다.

31　언어논리력　세부내용 이해하기

| 정답 | ③

| 해설 | 허공을 제외하면 비물질적인 것은 존재하지 않으며, 영혼은 아주 미세한 입자들로 구성되어 있기 때문에 몸의 나머지 구조들과 더 잘 조화를 이룰 수 있다고 하였다. 그러므로 영혼이 비물질적인 존재라고 추론하는 것은 적절하지 않다.

| 오답풀이 |

① 허공이 없다면 물체가 존재할 곳이 없고, 움직일 수 있는 공간도 없을 것이므로 물체의 운동을 위해 반드시 필요하다.

② 몸은 감각의 원인을 영혼에 제공한 후 자신도 감각 속성의 몫을 영혼으로부터 얻기 때문에 감각을 얻기 위해서는 영혼과 몸 모두가 필요하다.

④ 영혼이 담겨 있던 몸 전체가 분해되면 영혼의 입자들도 더 이상 이전과 같은 능력을 가지지 못하고 해체되며 감각 능력도 잃게 된다.

32 문제해결능력 문제해결을 위한 기본적 사고 이해하기

| 정답 | ③

| 해설 | 프랑스 정부가 겨울 저녁 시간 활용의 어려움에 대한 문제를 해결하고자 양초값에만 초점을 맞출 때 벤자민 프랭클린은 낮 시간을 더 많이 활용할 수 있는 서머타임제도를 제안하였다. 이는 사물과 세상을 새로운 관점에서 바라보는 발상의 전환을 통해 문제를 해결한 사례이다.

| 오답풀이 |

① 전략적 사고는 현재의 문제와 해결방안이 상위 시스템 또는 다른 문제와 어떻게 연결되어 있는지를 생각하는 것이다.

② 분석적 사고는 전체를 각각의 요소로 나누어 그 요소의 의미를 도출한 후 우선순위를 부여하여 구체적인 문제 해결방법을 실행하는 것이다.

④ 내 · 외부자원을 효과적으로 활용하는 것은 기술, 재료, 방법, 사람 등 필요한 내 · 외부 자원 확보 계획을 수립하여 효과적으로 활용하는 것이다.

33 문제해결력 당번 일정 선정하기

| 정답 | ②

| 해설 | 먼저 11월 1일부터 11월 5일까지는 김 부장이 당번을 맡는다. 11월 8일부터 11월 12일까지는 박 과장이 당번을 맡는다. 11월 15일부터 11월 19일까지는 이 과장이 당번을 맡아야 하는데, 휴가예정일이 두 주에 걸쳐 있으므로 다다음 당번인 김 부장과 순서를 바꿔 김 부장이 당번을 맡는다. 11월 22일부터 11월 26일까지는 최 대리가 당번을 맡고, 11월 29일부터 12월 3일까지는 김 부장과 순서를 바꾼 이 과장이 당번을 맡게 된다.

34 공간지각력 제시된 블록 합치기

| 정답 | ④

| 해설 | 먼저 두 블록의 개수를 합하고, 이것과 비교하여 선택지의 블록 개수 중 그 수가 다른 것을 찾아서 풀 수 있다. 이 방법으로 찾지 못할 경우에는 각 선택지에서 주어진 블록이 알맞게 들어간 형태를 찾아 소거하면 된다. ④는 동그라미 친 부분이 제거되어야 한다.

| 오답풀이 |

① 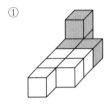   ②

③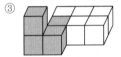

보충 플러스+

제시된 두 블록의 개수를 합하면 총 9개이다. 각 선택지를 확인해 보면 합쳐진 블록의 수가 ① · ② · ③은 9개이고, ④는 숨겨진 블록까지 하여 10개이므로 이것이 답이 됨을 알 수 있다(숨겨진 블록을 세지 않아 9개라 하더라도 두 블록의 조합상으로 나올 수 없는 형태이다).

35 언어논리력 필자의 견해 파악하기

| 정답 | ④

| 해설 | 제시된 글의 필자는 시장형 성격의 사람과 비생산적인 성격의 사람은 사랑에 대해 오해하고 있다고 본다. 교환하는 사랑과 고통을 감수하는 희생의 사랑을 사랑으로 보지 않는 것이다.

36 언어논리력 문맥에 어울리지 않는 문장 찾기

|정답| ④

|해설| 글의 전체적인 내용은 주택과 아동의 건강이 가지는 상관관계이다. ④는 이와 관련 없는 성인 남성의 질환에 대해 언급하고 있으므로 적절하지 않다.

37 이해력 팀워크 강화의 기본요소 이해하기

|정답| ③

|해설| 구성원들이 서로에 대한 신뢰보다 개인의 능력 발휘를 중요시하는 것은 팀워크의 저해 요인에 해당한다.

38 공간지각력 투상도로 입체도형 추론하기

|정답| ②

|해설| ②를 3차원 공간의 세 면에 비친 그림자는 다음과 같다.

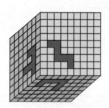

|오답풀이|

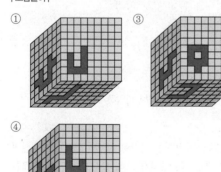

39 언어논리력 글의 흐름에 맞게 문단 배열하기

|정답| ①

|해설| (가)를 제외한 문단 모두 4차 산업혁명의 부정적 측면에 대하여 언급하고 있으므로 가장 먼저 (가)를 배치하고 그다음에 '하지만'으로 시작하는 (다)를 배치하는 것이 자연스럽다. 이때 (다)에서 노동 시장의 붕괴에 대해 언급하였으므로 노동 시장에 대한 구체적인 예시를 들고 있는 (나)를 세 번째 순서로 배치한다. 마지막으로 대응 전략을 논하는 (라)가 배치되어야 한다. 따라서 올바른 순서는 (가)-(다)-(나)-(라)이다.

40 문제해결력 명제 판단하기

|정답| ④

|해설| 각 〈조건〉에 기호를 붙여 정리하면 다음과 같다.
• a : 다이빙을 좋아한다.
• b : 서핑을 좋아한다.
• c : 요트를 좋아한다.
• d : 낚시를 좋아한다.
• e : 카누를 좋아한다.
기호에 따라 주어진 명제와 그 대우 명제를 정리하면 다음과 같다.
• a → b(~b → ~a)
• c → d(~d → ~c)
• ~b → ~d(d → b)
• ~e → ~b(b → e)
'a → b'와 'b → e' 두 명제의 삼단논법에 의해 'a → e'는 반드시 참이 된다. 따라서 다이빙을 좋아하는 사람은 카누도 좋아한다.

|오답풀이|

①, ③ 주어진 명제로는 알 수 없다.

② 'c → d'와 'd → b' 두 명제의 삼단논법에 의해 'c → b'는 반드시 참이 된다. 따라서 요트를 좋아하는 사람은 서핑도 좋아한다.

41 수리력 | 도표의 수치 분석하기

| 정답 | ④

| 해설 | 제시된 표를 보면 20X4년 경유 자동차는 연간 총주행거리의 50%를 차지하고 있으므로 55% 넘게 차지하고 있다는 설명은 적절하지 않다.

| 오답풀이 |

① 전기를 사용하는 자동차의 연간 총주행거리는 5,681 → 6,282 → 7,023 → 8,153 → 9,771로 매년 증가하고 있다.

② LPG를 사용하는 자동차의 연간 총주행거리는 45,340 → 44,266 → 39,655 → 37,938 → 36,063으로 매년 감소하고 있다.

③ 휘발유를 사용하는 자동차의 연간 총주행거리는 108,842 → 110,341 → 115,294 → 116,952 → 116,975로 매년 증가하고 있다.

42 언어논리력 | 이어질 내용 유추하기

| 정답 | ①

| 해설 | 첫 번째 문단을 보면 나라를 위해 헌신한 이들에게 적절한 보상과 지원제도를 마련하기 위해서는 적지 않은 국가 재정이 소요되므로 한정된 재정을 활용하여 그 효과를 극대화하기 위한 고민을 해야 한다고 나와 있다. 두 번째 문단을 보면 지원을 위한 재정이 국민들의 세금에 의해 마련되므로 결코 허투루 사용되어서는 안 된다는 내용이 나온다. 따라서 국민들이 세금을 납부하는 것이 의무사항이기는 하지만 나라는 이러한 예산을 신중하게 사용해야 한다는 내용이 이어져야 자연스럽다.

43 문제해결력 | 조건에 맞는 장소 선정하기

| 정답 | ②

| 해설 | 각 구분에 따른 점수를 산출하면 다음과 같다.

(단위 : 점)

구분	이동 거리	수용 가능 인원	대관료	평점	빔 프로젝터 사용가능 여부	총점
A	4	2	4	2	1	13
B	3	3	5	3	1	15
C	5	1	2	4	1	13
D	1	5	3	3	0	12
E	2	4	1	5	0	12

따라서 15점으로 가장 높은 점수를 받은 B를 대여하게 된다.

44 수리력 | 도표의 수치 계산하기

| 정답 | ④

| 해설 | 비율의 합계가 100이므로, (가)=100−(16.6+21.5+19.0+10.6+14.1)=18.2(%)이다.

45 수리력 | 도표를 기반으로 수치 계산하기

| 정답 | ①

| 해설 | C 영화관의 총매출액 1,940만 원 중 26.8%를 여학생이 차지하고 있으므로 여학생의 매출액은 1,940×0.268=519.92(만 원)이 된다. 이 중 여대생이 차지하는 비율은 68%이므로, 여대생의 매출액은 519.92×0.68=353.5456이다.

따라서 약 354만 원이다.

46 이해력 | 직장 내 전화 예절 이해하기

| 정답 | ④

| 해설 | 직장에서 전화통화를 할 때에는 빨리 말하는 것보다 상대방의 말을 끊지 않고 대답을 기다리며 차분하게 소통하는 것이 적절하다.

47 이해력 | 직업윤리 이해하기

| 정답 | ③

| 해설 | 근면은 '부지런히 일하며 힘씀'을 의미한다. K 씨는 일에 대한 능력은 뛰어나지만 근무 시간을 잘 지키지 않으므로 근면하다고 볼 수 없다.

48 이해력 고객의 유형에 따른 대처 방법 파악하기

| 정답 | ①

| 해설 | A 고객은 직원의 설명이나 제품의 품질에 대해 의심이 많고 확신이 있는 말이면 잘 믿지 않는다. 이러한 의심형 고객은 분명한 증거나 근거를 제시하여 스스로 확신을 갖도록 유도해야 하며, 때로는 책임자가 응대하도록 하는 것이 좋다.

| 오답풀이 |

② 트집형 고객에게 적절하다.

③ 거만형 고객에게 적절하다.

④ 빨리빨리형 고객에게 적절하다.

49 공간지각력 규칙 파악하여 도형 추론하기

| 정답 | ③

| 해설 | 도형 전체가 시계 방향으로 90°씩 회전하고 있으므로, '?'에는 첫 번째 도형에서 시계 방향으로 270° 회전한 도형이 와야 한다.

50 공간지각력 나타나 있지 않은 조각 찾기

| 정답 | ③

| 해설 | ③과 같은 모양의 조각은 나타나 있지 않다.

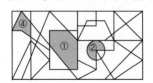

2회 기출예상문제

▶ 문제 82쪽

01	②	02	③	03	①	04	②	05	③
06	③	07	④	08	④	09	①	10	③
11	④	12	③	13	②	14	④	15	③
16	③	17	③	18	①	19	①	20	③
21	②	22	①	23	①	24	③	25	④
26	②	27	①	28	①	29	②	30	②
31	③	32	③	33	②	34	②	35	③
36	④	37	③	38	③	39	①	40	④
41	①	42	③	43	②	44	②	45	①
46	③	47	③	48	①	49	②	50	②

01 언어논리력 단어의 의미 파악하기

| 정답 | ②

| 해설 | ②의 '의사'는 '일정한 자격을 가지고 병을 고치는 것을 직업으로 하는 사람'을 의미하며, ①, ③, ④의 '의사'는 '무엇을 하고자 하는 생각'을 의미한다.

02 이해력 리더십 이해하기

| 정답 | ③

| 해설 | 변화에 효과적으로 대처하기 위해서는 일할 때와 쉬어야 할 때를 분명히 구분하고 적당한 휴식을 통해 쌓인 스트레스와 피로를 해소하고 관리할 수 있어야 한다. 쉬지 않고 일만 하는 경우 건강 문제와 함께 일의 능률과 효율성도 떨어지게 된다.

| 오답풀이 |

팀장은 변화의 상황에 효과적으로 대처하지 못한 것이 원인이 되어 퇴사를 하게 된 것이므로 이러한 상황에 효과적인 대처를 위한 방안은 다음과 같다.

1. 우리의 생각을 명확히 할 '5가지 행동의 선택'에 관한 질문을 활용하라.

　　－ 우리가 이 변화를 활용해야 할 이유는 무엇인가?

　　－ 이 변화는 언제 일어날 것인가?

　　－ 어떻게 이 변화를 다룰 것인가?

– 다른 사람에게 이 변화는 무엇을 의미하는가?

– 이 변화는 어떤 사람에게 영향을 미치는가?

2. 변화에 대처하는 속도를 높여라.

3. 신속히 의사결정을 하라.

4. 업무를 혁신하라.

5. 자기 자신을 책임져라.

6. 상황을 올바로 파악해 제어할 수 있고 타협할 수 있는 부분을 정해라(①).

7. 가치를 추구해라(②).

8. 고객 서비스 기법을 연마해라(④).

9. 빠른 변화 속에서 자신을 재충전할 시간과 장소를 마련해라.

10. 스트레스를 해소해라.

11. 의사소통을 통해 목표와 역할, 직원에 대한 기대를 명확히 해라.

12. 주변 환경의 변화에 주목해라.

---

03 공간지각력 **나타나 있지 않은 도형 찾기**

| 정답 | ①

| 해설 | ①은 한 쌍의 변이 평행인 사다리꼴이지만 아래의 그림과 같이 제시된 그림 속 사각형은 평행을 이루는 변이 없다. 따라서 나타날 수 없는 도형은 ①이다.

---

04 문제해결력 **명제 판단하기**

| 정답 | ②

| 해설 | 제시된 명제를 다음과 같이 정리한다.

• p : 영어를 잘한다.

• q : 수학을 잘한다.

• r : 과학을 잘한다.

• s : 윤서

기호에 따라 제시된 명제와 그 대우를 정리하면 다음과 같다.

• p → q(~q → ~p)

• p → r(~r → ~p)

• s → ~q(q → ~s)

따라서 s → ~q와 ~q → ~p의 삼단논법에 의해 s → ~p도 성립한다. 즉, '윤서는 영어를 잘하지 못한다'는 참이다.

| 오답풀이 |

①, ③, ④ 제시된 명제를 통해서는 알 수 없다.

---

05 언어논리력 **올바른 맞춤법 사용하기**

| 정답 | ③

| 해설 | '말간'의 어두음이 'ㅁ'으로 유성자음이고, 어간의 첫음절 모음이 'ㅏ'로 양성모음이므로 '샛말간'이 적절한 표현이다.

---

06 이해력 **근로윤리 이해하기**

| 정답 | ③

| 해설 | 김 대리는 업무상 작은 실수를 저질렀지만 솔직하게 밝히지 않고 누군가가 이를 알아차릴까 전전긍긍하고 있다. 따라서 잘못된 것이 있다면 정직하게 밝혀야 한다는 조언이 가장 적절하다.

---

07 공간지각력 **전개도 파악하기**

| 정답 | ④

| 해설 | 전개도를 접을 때 서로 만나게 되는 모서리를 표시하면 다음과 같다.

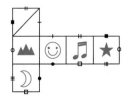

각 선택지의 3개의 면에 들어가는 도형 중 구분하기 쉬운 도형을 골라 그것을 중심으로 인접한 면의 모양과 방향을 파악할 수 있다.

④의 경우 오른쪽 면인 ★ 을 중심으로 살펴보면 인접한 왼쪽 면의 방향이 잘못되었음을 알 수 있다.

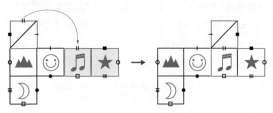

즉, ↗→이 되어야 한다. 왼쪽 면이 일 경우에는 이 되어야 한다.

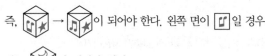

08 | 문제해결력 | 진위 추론하기

| 정답 | ④

| 해설 | A ~ E의 진술을 살펴보면 A와 B가 상반된 진술을 하고 있으므로 A와 B 중 거짓을 말하는 사람이 반드시 있게 된다. A와 B가 거짓을 말하는 경우를 나누어 살펴보면 각 층에서 내린 사람은 다음과 같다.

• A가 거짓을 말한 경우

5층	A
4층	E
3층	B
2층	D
1층	C

• B가 거짓을 말한 경우

5층	A
4층	E
3층	C
2층	D
1층	B

따라서 어떠한 경우에도 D는 2층에서 내린 것을 알 수 있으므로 ④가 항상 참이다.

09 | 언어논리력 | 세부내용 이해하기

| 정답 | ①

| 해설 | 포스트모더니즘은 모더니즘에 대한 반발로 등장했다. 사실주의와 자연주의에 대한 반발로 등장한 것은 모더니즘이다.

| 오답풀이 |

② 이전 시대의 양식 또는 이미지를 차용하여 만든 차용 미술은 포스트모더니즘 양식에 속한다.

③ 모더니즘 예술가들은 점, 선, 면 또는 색만을 이용하여 작품을 그리기도 했다.

④ 모더니즘은 기존 미술의 전통적인 의무감에서 벗어나 현실을 모방하지 않는 새로운 형태의 미술로 나아가는 아방가르드를 추구하였다.

10 | 언어논리력 | 세부내용 이해하기

| 정답 | ③

| 해설 | 포스트모더니즘의 가장 큰 특징은 다원성과 상대성이다.

| 오답풀이 |

① 포스트모던이 미국 건축 비평가가 처음으로 사용한 용어라는 언급은 되어 있지만, 건축 분야에서 처음으로 등장한 양식인가에 대해서는 제시되어 있지 않다.

② 모더니즘은 인간 이성에 대한 불신을 바탕으로 생겨난 양식이다.

④ 점, 선, 면 또는 색만을 이용하여 작품을 그린 것은 모더니즘 양식의 특징이다.

11 | 언어논리력 | 글의 중심내용 찾기

| 정답 | ④

| 해설 | 택시 운전사 레시에 밀부 씨는 지위고하를 막론하고 모든 사회구성원이 동등한 가치를 지닌 사람이라는 점을 자신의 일에 적용하고 있다. 따라서 모든 사회구성원이 사회를 유지하는 데 동등한 중요성을 갖는다는 점이 그의 사례를 통해 드러나는 가치라고 할 수 있다.

12 공간지각력 규칙 파악하여 도형 추론하기

| 정답 | ③

| 해설 | 두 개의 별이 각각 반시계 방향으로 세 칸씩 이동하고 있다.

13 공간지각력 동일한 도형 찾기

| 정답 | ②

| 해설 | ②는 제시된 도형을 180° 회전한 모양이다.

| 오답풀이 |

나머지 도형은 동그라미 친 부분이 다르다.

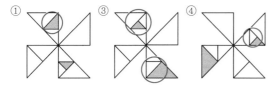

14 이해력 전화 예절 이해하기

| 정답 | ④

| 해설 | 전화를 달라는 메시지를 받았다면 가능한 한 빨리 답해야 하며, 언제나 전화 내용을 받아 적을 준비가 되어 있어야 하고 통화를 할 때는 천천히 명확하게 그리고 예의를 갖추어 말해야 한다.

또한, 전화를 걸 때는 정상적인 업무가 이루어지고 있는 근무 시간에 걸어야 하고, 받을 때는 전화벨이 3 ~ 4번 울리기 전에 받아서 받는 사람이 누구인지를 즉시 말해야 한다.

15 문제해결력 조건을 바탕으로 추론하기

| 정답 | ③

| 해설 | 1라운드 진행 방식에 따라 전년도 순위가 3, 4위인 정 구단 또는 갑 구단이 지명 1, 2순위가 되고, 병 구단은 지명 3순위, 을 구단은 지명 4순위가 된다. 1라운드 진행 결과는 다음과 같다.

구분	갑	을	병	정
1라운드	B	D	C	A

2라운드는 전년도 순위와 지명하는 순서가 동일하기 때문에 지명은 을 구단, 병 구단, 정 구단, 갑 구단의 순서로 진행된다. 2라운드 진행 결과는 다음과 같다.

구분	갑	을	병	정
2라운드	G	E	F	H

따라서 병 구단은 2라운드에서 F 선수를 지명하게 된다.

16 문제해결력 진위 추론하기

| 정답 | ③

| 해설 | E 사원을 기준으로 살펴보면 D 대리와 F 사원은 서로 같은 지역을 담당해야 하고 A 부장과 B 과장은 서로 다른 지역을 담당해야 하므로, E 사원은 A 부장 또는 B 과장과 같은 지역을 담당해야 한다. 또한 E 사원은 중남미 지역을 담당할 수 없으므로 미주 지역 또는 아시아 지역을 담당해야 하는데 C 대리가 아시아 지역을 담당해야 한다고 하였으므로 E 사원은 미주 지역을, D 대리와 F 사원은 중남미 지역을 담당하게 된다. 그리고 A 부장과 B 과장은 각각 미주 지역 또는 아시아 지역을 나눠서 담당하게 된다. 이를 정리하면 다음과 같다.

중남미 지역	미주 지역	아시아 지역
D 대리	A 부장 or B 과장	C 대리
F 사원	E 사원	A 부장 or B 과장

따라서 A 부장과 E 사원은 같은 지역을 담당할 수도, 아닐 수도 있으므로 ③은 항상 참이라고 볼 수 없다.

17 언어논리력 올바른 어휘 사용하기

| 정답 | ③

| 해설 | 개발도상국을 '개도국'으로 표기하는 것은 부적절한 표현이 아니며, 공식 문서에서도 통용되고 있는 표현이다.

| 오답풀이 |

① 문맥상 '감축'이 아닌 '배출'이 알맞은 단어이다.

② '노력을 펼치다'라는 의미로 '전개하다'가 적절한 단어이다.

④ '체택'은 잘못된 표기이며, '채택'이 올바른 표기이다.

충남기출복원
1회 기출예상
2회 기출예상
3회 기출예상
4회 기출예상
5회 기출예상
6회 기출예상
7회 기출예상
8회 기출예상
9회 기출예상

18 언어논리력 글의 중심내용 찾기

| 정답 | ①

| 해설 | 괴테의 일화와 마지막 문장의 "일정한 주제의식이나 문제의식을 가지고 독서를 할 때, 보다 창조적이고 주체적인 독서 행위가 성립된다."를 통해 제시된 글이 목적이나 문제의식을 가지고 하는 독서의 효율성에 관한 내용임을 알 수 있다.

19 공간지각력 조각 배열하기

| 정답 | ①

| 해설 | 그림의 조각을 (가)-(다)-(나)-(라) 순으로 배열하면 다음과 같은 그림이 완성된다.

20 수리력 도표의 수치 분석하기

| 정답 | ③

| 해설 | 1990년 이후로 14세 이하 인구가 각각 1,063천 명, 1,932천 명, 1,228천 명 감소하였으므로 옳은 설명이다.

| 오답풀이 |

① 2010년 인구는 $7,979+36,209+5,366=49,554$(천 명)이고 30년 전인 1980년 인구는 $12,951+23,717+1,456=38,124$(천 명)이다. 따라서 2010년 인구는 30년 전에 비해 증가하였다.

② 〈자료 1〉과 비교해 보면 (A)가 0~14세, (B)가 65세 이상 인구 비율을 나타냄을 알 수 있다.

④ 2010년 65세 이상 인구수는 5,366천 명이고 1990년 14세 이하 인구수는 10,974천 명이므로 $\frac{1}{2}$ 이하이다.

21 수리력 도표를 바탕으로 수치 계산하기

| 정답 | ②

| 해설 | $\dfrac{7,016}{6,751+37,620+7,016} \times 100 ≒ 13.7$(%)를 차지하고 있다.

22 수리력 비율을 활용하여 금액 계산하기

| 정답 | ①

| 해설 | A가 가진 돈을 x 원이라 하고, A와 B가 가진 돈을 비례식으로 나타내면 다음과 같다.

$5:4=x:2,000$

$4x=10,000$

$\therefore x=2,500$

따라서 A는 2,500원을 가지고 있다.

23 수리력 가격 계산하여 비교하기

| 정답 | ①

| 해설 | • A 업체에서 살 경우 : 46대를 사면 4대를 무료로 받아 50대가 되고, 46대의 가격이 4,600,000원이므로 200,000원을 할인받는다.

$(100,000 \times 46)-(50,000 \times 4)=4,400,000$(원)

• B 업체에서 살 경우 : 45대를 사면 5대를 무료로 받아 50대가 된다.

$100,000 \times 45=4,500,000$(원)

따라서 A 업체에서 사는 것이 100,000원 더 저렴하다.

24 수리력 방정식 활용하기

| 정답 | ③

| 해설 | 세트 가격은 각 메뉴의 가격을 합한 금액에서 10%를 할인한 값이라고 하였으므로 스파게티의 원래 가격을 x 원으로 놓으면 다음과 같은 식이 성립한다.

$(8,800+16,000+x) \times 0.9=32,400$

$\therefore x=32,400 \div 0.9-16,000-8,800=11,200$

따라서 스파게티의 원래 가격은 11,200원이다.

25 수리력 방정식 활용하기

| 정답 | ④

| 해설 | 인터넷 사용시간을 x분이라 하면 다음과 같은 식이 성립한다.

$$10,000 + 10 \times x = 5,000 + 20 \times x$$

$$20x - 10x = 10,000 - 5,000$$

$$\therefore x = 500$$

따라서 한 달에 500분을 사용해야 두 통신사의 요금이 같아진다.

26 수리력 도표의 수치 분석하기

| 정답 | ②

| 해설 | 20X9년 C 영역에서 4 ~ 5등급을 받은 학생의 비율은 39.9%이므로 1 ~ 3등급을 받은 학생의 비율은 60.1%이다.

| 오답풀이 |

① 20X8년 대비 20X9년에 4 ~ 5등급 비율이 가장 크게 변한 영역은 10.1%p 변화한 A 영역이다.

③ 20X8년 D 영역에서 4 ~ 5등급을 받은 학생의 비율은 43.1%, B 영역에서 4 ~ 5등급을 받은 학생의 비율은 47.2%이므로 D 영역에서의 비율이 더 적다.

27 이해력 바람직한 의사소통 방법 이해하기

| 정답 | ①

| 해설 | ㄱ. 상대방의 잘못을 지적할 때는 칭찬 – 질책 – 격려의 순으로 샌드위치 화법을 사용하는 것이 좋다. 제시된 사례는 이에 적절하다.

ㄹ. 충고는 정말 필요한 경우에만 하는 것이 좋으며 예화와 같은 비유법으로 깨우치게 하면 보다 효과적이다. 제시된 사례에서는 비유법을 활용하여 상대에게 적절한 충고를 하고 있다.

ㅁ. 설득할 때는 일방적으로 강요하지 않고 먼저 양보하는 태도를 보여 이익을 공유하겠다는 의지를 보여야 효과적이다. 제시된 사례에서는 대안을 제시하며 서로의 이익을 고려하는 태도를 보이고 있어 적절하다.

| 오답풀이 |

ㄴ. 상대방에게 요구할 때는 먼저 상대의 사정을 파악하여 상대를 우선시하는 태도를 보이고 상대가 자신의 요구에 응하기 쉽도록 구체적인 부탁을 해야 한다. 그러나 제시된 사례는 상대의 사정을 고려하지도, 구체적으로으로 부탁하지도 않았다.

ㄷ. 상대방의 요구를 거절할 때는 먼저 사과를 하고 요구를 거절하는 이유를 설명하며 단호하게 거절의사를 밝혀야 한다. 그러나 제시된 사례에서는 거절하는 이유를 설명하지 않으면서 모호한 태도로 대답하고 있다.

28 문제해결력 명제 판단하기

| 정답 | ①

| 해설 | A의 대우는 '운동을 싫어하는 사람은 게으르다'이며, B와 A의 대우를 삼단논법으로 정리하면 '긍정적이지 않은 사람은 게으르다'라는 명제가 참임을 알 수 있다.

29 문제해결력 자료의 내용 파악하기

| 정답 | ②

| 해설 | 우대용 교통카드의 장애인 대상자는 장애인복지법 제2조에 정한 장애인(지체, 청각, 언어, 정신지체 장애 등으로 신분확인 가능한 증명서를 발급받은 사람)과 장애등급 1 ~ 3급의 동승보호자 1인이다. 따라서 숙모는 장애등급 1급의 동승보호자에 해당되므로 적용대상자이다.

30 공간지각력 접은 모양 찾기

| 정답 | ②

| 해설 | 제시된 점선에 따라 색종이를 접으면 다음과 같다.

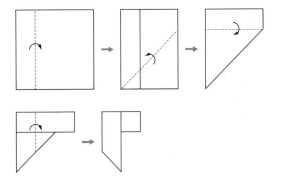

31 공간지각력 주사위 눈의 수 파악하기

| 정답 | ③

| 해설 | 마주보는 면의 눈의 수를 합한 값이 항상 7이므로 보이지 않는 면의 눈의 수도 알 수 있다.

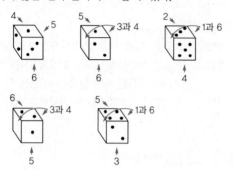

마주보는 면의 눈의 수를 보면 맨 오른쪽 주사위의 왼쪽 면에는 1또는 6이 온다는 것을 알 수 있다. 또한 맨 왼쪽 주사위를 오른쪽으로 한번, 아래쪽으로 한번 굴리면 맨 오른쪽 주사위와 눈의 위치가 같아지므로 맨 오른쪽 주사위의 왼쪽 면에는 6이 온다는 것을 알 수 있다.

따라서 서로 접하고 있는 면의 눈의 수를 합한 값은 32이다.

32 언어논리력 글의 흐름에 맞게 문장 넣기

| 정답 | ③

| 해설 | (C)의 앞부분을 보면 "전통의 문제에서는 '무엇'을 어떻게 계승해야 하는가가 핵심적인 논제"라고 하면서 전통의 계승에 관한 것을 언급하였고, 뒷부분에 "그러므로 건축의 전통을 논의할 때는 새로운 사회조건에서 역사적으로 전해온 요소들을 어떻게 수용하느냐가 중요하다."라고 하였으므로 (C)에는 〈보기〉의 문장이 삽입될 수 있다.

33 언어논리력 알맞은 사자성어 찾기

| 정답 | ②

| 해설 | 다기망양(多岐亡羊)은 갈림길이 많아 잃어버린 양을 찾지 못한다는 뜻으로, 계획이나 방침이 너무나 많아 도리어 어찌할 바를 모른다는 말이다.

| 오답풀이 |

① 곡학아세(曲學阿世) : 바른길에서 벗어난 학문으로 세상 사람에게 아첨함을 의미한다.

③ 입신양명(立身揚名) : 출세하여 이름을 세상에 떨침을 의미한다.

④ 읍참마속(泣斬馬謖) : 큰 목적을 위하여 자기가 아끼는 사람을 버림을 이르는 말이다.

34 이해력 조직 내 행동 해석하기

| 정답 | ②

| 해설 | 고선영 씨는 협의되지 않은 발령 통보라는 사안에 대하여 별도의 문제를 제기하지 않고 조직의 결정에 순응하고 있다.

35 이해력 직업윤리의 덕목 이해하기

| 정답 | ③

| 해설 | 전문성은 어떤 영역에서 보통 사람이 흔히 할 수 있는 수준 이상의 수행 능력을 의미한다. 제시된 글은 이러한 전문성에 관하여 설명하고 있다.

36 문제해결력 직무교육 시간 선정하기

| 정답 | ④

| 해설 | 전 구성원의 일정이 비어 있는 15 : 00 ~ 16 : 00가 적절하다.

37 문제해결력 명제 판단하기

| 정답 | ①

| 해설 | 각 명제를 'p : 떡볶이를 좋아한다', 'q : 화통하다', 'r : 닭강정을 좋아한다'라고 할 때 사실을 정리하면 다음과 같다.

• p→q
• q→~r
• p→~r

A. 'p→ ~r'이 참이므로 이 명제의 대우 명제인 'r → ~p'도 참임을 알 수 있다.

B. '~r→q'는 'q→~r' 명제의 역에 해당하므로 참·거
   짓을 알 수 없다.
따라서 A만 항상 옳다.

38 공간지각력 제시된 도형 합치기

| 정답 | ③

| 해설 | ③은 동그라미 친 부분이 잘못되었으며, 다음과 같
이 수정되어야 한다.

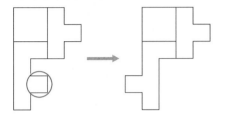

39 문제해결력 조건에 맞게 리그 구성하기

| 정답 | ①

| 해설 | 소건을 보면 E와 F는 다른 리그이고, C와 A 또는
C와 B는 같은 리그이다. 따라서 ACE−BDF, ACF−BDE,
BCE−ADF, BCF−ADE의 네 가지 경우로 리그를 나눌
수 있다.

40 언어논리력 글의 견해 파악하기

| 정답 | ④

| 해설 | 제시된 글은 지원금 액수가 증가하였음에도 불구하
고 출산율이 오르지 않았다는 것을 강조한다. 따라서 단순
한 지원금 증액보다는 출산을 유도하기 위한 근본적인 대
책이 필요하다는 문제제기를 엿볼 수 있다.

41 이해력 팀워크 촉진방법 이해하기

| 정답 | ①

| 해설 | 팀원들이 팀워크 생성을 위해 갖추어야할 요소로는
공동의 목표의식과 팀원 상호 간의 신뢰와 존중, 서로 협력
하며 각자의 역할과 책임을 다하는 태도, 솔직한 대화로

서로를 이해하는 태도 등이 있다. 팀원 A ~ D 모두 팀워크
를 향상시키는 방안을 행동 원칙으로 제시했으므로 전원의
의견을 행동 원칙으로 삼는 것이 적절하다.

42 이해력 고객 유형에 따른 대처 방법 파악하기

| 정답 | ②

| 해설 | 트집형 고객에 대해서는 반박을 하기보다는 이야기
를 경청하고 추켜세우며, "저도 그렇게 생각하고 있습니다
만..."과 같이 고객의 지적이 옳다는 의사를 표시하며 설득
한다. 잠자코 고객의 의견을 들어주고 사과를 하는 응대가
바람직하다. ②의 분명한 증거나 근거를 제시하여 확신을
갖도록 유도하는 방법은 의심형 고객에 해당된다.

43 수리력 자료의 수치 분석하기

| 정답 | ②

| 해설 | C 시의 6 ~ 9월 순이동인구가 모두 음수이므로 전
출인구가 더 많음을 알 수 있다.

| 오답풀이 |

①, ③ '순이동인구＝전입인구−전출인구'이므로 순이동인
   구의 값으로는 전입인구를 비교할 수 없다.

④ 6월부터 9월까지 매월 전입인구가 전출인구보다 많은
   시는 H 시 한 곳뿐이다.

44 공간지각력 두 면만 보이는 블록 찾기

| 정답 | ②

| 해설 | 두 면만 보이는 블록을 색칠하면 다음과 같다.

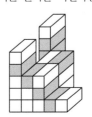

45 언어논리력 글의 주제 찾기

|정답| ①

|해설| 인류가 가지고 있었던 탐욕이라는 본능이 저장을 통하여 비로소 발현되기 시작하였고, 이를 통해 약탈과 경쟁이 시작된 것이라는 내용을 담고 있다. 따라서 글의 내용을 포괄하는 핵심적인 주제는 저장의 시작을 통하여 인류의 탐욕 추구가 본격적으로 시작되었다는 것이다.

46 문제해결력 논리적 오류 파악하기

|정답| ③

|해설| 제시된 문장에는 논리적 오류가 나타나 있지 않다.

|오답풀이|

① 의도하지 않은 결과에 대해 의도가 있다고 판단하는 의도 확대의 오류를 범하고 있다.

② 전건을 부정하여 후건 부정을 결론으로 도출하는 전건 부정의 오류를 범하고 있다.

④ 어떤 대상의 기원이 갖는 특성을 그 대상도 그대로 지니고 있다고 여기는 발생학적 오류를 범하고 있다.

47 수리력 그래프의 수치 분석하기

|정답| ③

|해설| 2022년 자동차 생산량은 4,114천 대, 자동차 수출량은 2,530천 대이다. 따라서 2022년 자동차 생산량은 수출량의 $\frac{4,114}{2,530} ≒ 1.63$(배)로, 1.7배 미만이다.

48 수리력 그래프의 수치 분석하기

|정답| ①

|해설| 2017 ~ 2022년의 전년 대비 생산, 내수, 수출의 증감 추세는 다음과 같다.

구분	생산	내수	수출
2017년	−	−	+
2018년	−	−	−
2019년	+	+	−
2020년	+	+	−
2021년	−	+	−
2022년	−	−	−

따라서 생산, 내수, 수출의 증감 추세가 같은 해는 2개(2018년, 2022년)이다.

49 공간지각력 인접한 도형 찾기

|정답| ②

|해설| 색칠된 블록의 윗면에 1개, 밑면에 2개가 직접 접촉되어 있다. 따라서 총 3개이다.

50 언어논리력 글의 흐름에 맞게 문장 배열하기

|정답| ②

|해설| 선택지를 살펴보면 맨 처음에 (가) 또는 (바)로 시작되는 것을 알 수 있다. 이때 (가)의 과학에서 요구되는 가장 첫 단계의 예시가 (바)에서 제시되고 있기 때문에 (가) − (바)의 순서임을 알 수 있다. (다)는 (가)의 첫 단계를 견디면 얻을 수 있는 만물에 대한 이해를 이야기하고 있기 때문에 (가)의 뒤에 오게 된다. 전체 내용을 살펴보면, (바)의 예시가 (나), (마)로 이어진다는 것을 알 수 있다. '그럼에도'로 시작하는 (나)는 그 앞에도 의아한 태도를 취한 사실이 드러나므로 질문을 하는 부분인 (마)가 그 앞에 온다. 따라서 (바) − (마) − (나)의 순서가 된다. 또한 (라)는 '즉, 스스로 자신을 속이는 과정이 필요하다'라며 결론을 짓고 있으므로 마지막에 배치되어야 한다. 따라서 글의 순서는 (가) − (다) − (바) − (마) − (나) − (라)가 적절하다.

3회 기출예상문제

▶ 문제 108쪽

01	④	02	①	03	③	04	④	05	③
06	②	07	①	08	①	09	①	10	④
11	①	12	②	13	③	14	③	15	②
16	④	17	③	18	①	19	④	20	①
21	④	22	③	23	①	24	③	25	④
26	②	27	①	28	③	29	②	30	④
31	②	32	④	33	②	34	①	35	③
36	④	37	②	38	③	39	①	40	①
41	③	42	④	43	①	44	③	45	①
46	③	47	④	48	②	49	④	50	④

01 언어논리력 문맥에 맞는 어휘 고르기

| 정답 | ④

| 해설 | '강조(強調)'는 '어떤 부분을 특별히 강하게 주장하거나 두드러지게 함'이라는 의미이다.

| 오답풀이 |

① 강세(強勢) : 강한 세력이나 기세

② 모색(摸索) : 일이나 사건 따위를 해결할 수 있는 방법이나 실마리를 더듬어 찾음.

③ 약조(弱調) : 여린 음조

02 이해력 리더의 특징 파악하기

| 정답 | ①

| 해설 | 관리자는 '어떻게 할까?'를 중요하게 여기며 상황에 수동적인 반응을 보이면서 현재 상태를 유지하면서 최대한 위험을 회피하려는 특성을 보인다.

| 오답풀이 |

리더는 '무엇을 할까'(②)를 중요하게 여기며 새로운 상황을 창조하며 혁신 지향적인 태도를 보이면서 계산된 위험행동(ⓒ)을 취하는 특성을 보인다. 또한 조직을 중요시하는 관리자와는 달리 리더는 사람의 마음을 중시(ⓛ)하고 동기를 부여하는 데 관심을 둔다.

03 공간지각력 규칙 파악하여 도형 유추하기

| 정답 | ③

| 해설 | ○ → □ → △ 순서대로 도형이 전개되고 있고 크기가 작은 ○는 시계 방향으로 회전하면서 두 번은 도형의 안쪽에 위치하고, 두 번은 바깥쪽에 위치한다. 또한, 네 번을 주기로 작은 동그라미의 색깔이 변한다.

04 문제해결력 명제 판단하기

| 정답 | ④

| 해설 | 각 명제를 'p : 사과를 좋아한다', 'q : 귤을 좋아한다', 'r : 딸기를 좋아한다', 's : 바나나를 좋아한다'라고 할 때 〈보기〉를 정리하면 다음과 같다.

• p→q   • ~r→~q   • s→r

'~r→~q'가 참이므로 이 명제의 대우 명제인 'q→r'도 참이다. 따라서 'p→q'와의 삼단논법에 의해 'p→r'도 참이 돼 사과를 좋아하는 사람은 딸기를 좋아함을 알 수 있다.

| 오답풀이 |

① 'p→q' 명제의 역에 해당하므로 참인지는 알 수 없다.

②, ③ 주어진 명제로는 알 수 없다.

05 이해력 갈등 해결 방안 파악하기

| 정답 | ③

| 해설 | 세대 간의 인식 차이를 짚어 주는 대화 소재는 오히려 공감과 합의를 유도하는 데 방해가 되는 요인이다.

반대 의견을 제시할 때는 의견을 제시할 시간과 장소를 미리 고려하여 직원이 많은 장소나 바쁜 업무를 처리하는 시간 등은 피하는 것이 좋다. 상사에게 비판적 어조나 강한 어투로 말하면 긍정적인 반응을 얻기 어려우므로 "이렇게 하면 어떻습니까?" 등으로 제안하는 방식이 유용할 수 있다. 또한 "아, 그래서 그렇게 생각하셨군요.", "전 미처 그 생각은 못 했습니다." 등 긍정적인 말을 먼저 꺼내면 부드럽게 대화를 이어 갈 수 있다. 그러나 의견을 나누었다 할지라도 최종 결정은 상사의 몫인 경우가 많으므로 팀장의 의견이 다소 불합리하게 여겨지더라도 결정된 사항에 대해서는 존중하는 태도가 필요하다.

06 언어논리력 적절한 조언 고르기

|정답| ②

|해설| 김지훈 사원이 작성한 회의록에는 회의 장소 항목이 있기는 하지만 구체적인 내용이 빠져 있다.

|오답풀이|

① 참석자는 박소연 과장, 김지훈 사원, 정민혁 대리라고 제시되어 있다.

③ '주요 내용' 항목을 통해 알 수 있다.

④ '회의 제목'을 통해 알 수 있다.

07 공간지각력 전개도를 접어 주사위 만들기

|정답| ①

|해설| 전개도를 접었을 때 서로 맞닿는 모서리를 같은 도형으로 표시하면 다음과 같다.

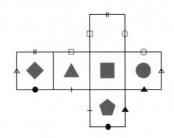

따라서 화살표 방향에서 바라본 면은 ①이다.

08 문제해결력 조건을 바탕으로 추론하기

|정답| ①

|해설| D의 활동 분야 중 하나는 개그맨인데, 개그맨인 사람은 가수 또는 MC가 아니라고 했으므로 D의 다른 활동 분야는 탤런트이다. 또한 가수는 총 3명이라 했으므로 D를 제외한 A, B, C는 모두 가수이다. MC인 사람은 한 명인데 B와 C는 활동 분야가 동일하므로 MC는 A가 된다. 그리고 탤런트 역시 총 3명이라 했으므로 B와 C의 다른 활동 분야는 탤런트가 된다. 이를 정리하면 다음과 같다.

A	B	C	D
가수, MC	가수, 탤런트	가수, 탤런트	개그맨, 탤런트

따라서 B의 활동 분야는 가수, 탤런트이다.

09 언어논리력 글의 흐름에 맞게 문단 배열하기

|정답| ①

|해설| 먼저 글의 중심내용과 관련된 '악어의 법칙'에 대해 설명하고 있는 (가)가 오고, 이를 일상생활에 대입해 포기할 줄 아는 것이 '악어의 법칙'의 요점임을 다시 설명한 (라)가 이어진다. 그러나 '악어의 법칙'과는 달리 포기는 곧 끝이라는 생각에 포기를 두려워하는 사람이 많이 있음을 언급한 (다)가 다음에 오고, 포기는 무조건 끝이 아닌 더 많은 것을 얻기 위한 길이기도 함을 얘기하는 (나)가 마지막에 온다. 따라서 (가)-(라)-(다)-(나) 순이 적절하다.

10 언어논리력 세부내용 이해하기

|정답| ④

|해설| 제시된 글은 무작정 포기를 많이 하는 사람이 현명한 것이 아니라 어쩔 수 없는 결정적인 순간에 과감하게 포기할 줄 아는 사람이 지혜롭다는 점을 설명하고 있다.

11 언어논리력 글의 중심내용 찾기

|정답| ①

|해설| 제시된 글의 전체적인 내용을 살펴보면 문학 작품은 언어에 큰 영향을 미치는데, 이러한 문학 작품은 작가에 의해 산출되므로 언어에 대한 작가의 책임이 막중함을 강조하고 있다.

12 공간지각력 삼각형 개수 구하기

|정답| ②

|해설| 만들 수 있는 삼각형과 그 개수는 다음과 같다.

- 작은 삼각형(△) : 24개

- 작은 삼각형 4개로 만들어진 중간 삼각형 : 과

 모양 각각 6개로 총 12개

• 작은 삼각형 9개로 만들어진 큰 삼각형 :

과 모양 각각 2개로 총 4개

역삼각형 형태의 중간 삼각형과 큰 삼각형(,

)을 누락하지 않도록 한다. 따라서 만들 수

있는 삼각형은 모두 24+12+4=40(개)이다.

13 문제해결력 명제 판단하기

|정답| ③

|해설| 각 명제를 'p : 쇼핑을 좋아한다', 'q : 구두가 많다', 'r : 신용카드가 많다'라고 할 때 전제를 정리하면 다음과 같다.

• p → r   • q → p   • ~q → ~r

A. '~q → ~r'이 참이므로 이 명제의 대우 명제인 'r → q' 또한 참이다. 'p → r'과의 삼단논법에 의해 'p → q'가 항상 참임을 알 수 있다.

B. 'p → r'이 참이므로 이 명제의 대우 명제인 '~r → ~p' 도 참이며, 'q → p'가 참이므로 이 명제의 대우 명제인 '~p → ~q'도 참이 된다. 두 명제의 삼단논법에 의해 '~r → ~q'가 항상 참임을 알 수 있다.

따라서 A, B 모두 항상 옳은 설명이다.

14 이해력 직장 내 예절 이해하기

|정답| ③

|해설| 정부 고관의 직급명은 그 사람이 퇴직한 경우라도 항상 사용한다.

15 공간지각력 보이지 않는 블록의 개수 세기

|정답| ②

|해설| 가장 뒷줄에 위치한 블록의 개수는 12개, 뒤에서 두 번째 줄에 위치한 블록의 개수는 9개, 가장 앞줄에 위치한 블록의 개수는 8개이므로, 전체 블록은 총 29개이다. 이 전체의 블록 개수에서 한 면이라도 보이는 블록의 개수를 표시하면 다음과 같다.

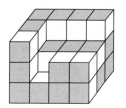

따라서 한 면도 보이지 않는 블록은 29−19=10(개)이다.

16 문제해결력 진위를 판단하여 앉은 자리 추론하기

|정답| ④

|해설| 우선 예원이와 경희의 위치를 서로 모순되게 말한 철수와 영희 중 한 명이 거짓말을 하고 있으므로 두 가지 경우로 나누어 본다.

• 철수가 거짓말을 한다고 가정할 경우 : '철수-영희, 예원-경희'가 되므로 영희가 맨 왼쪽에 앉아 있다는 예원이의 발언도 거짓이 되어 1명만 거짓말을 했다는 조건에 어긋난다. 따라서 철수는 사실을 말했다.

• 영희가 거짓말을 한다고 가정할 경우 : '정호-철수, 경희-예원' 순이 되고 이때 나머지 4명의 발언 내용에 모순이 생기지 않는다. 이를 바탕으로 다시 5명의 위치를 보면 '영희-정호-철수-경희-예원'의 순서가 된다.

따라서 정호의 왼쪽에는 영희가 앉음을 알 수 있다.

17 언어논리력 세부내용 이해하기

|정답| ③

|해설| 마지막 문장에서 다른 나라 사람들이 골뱅이를 보면 우리가 @를 골뱅이라고 부르는 이유를 받아들일 것이라고 했을 뿐, 현재 동의한다고 할 수 없다.

18 언어논리력 글의 주제 찾기

| 정답 | ①

| 해설 | 제시된 글은 이동통신에 사용되는 주파수 대역의 전자파가 성인보다 어린이들에게 더 많이 흡수되며, 이러한 전자파가 어린이들에게 안 좋은 영향을 미칠 수 있다는 내용을 담고 있다. 따라서 '휴대폰 전자파는 성인보다 어린이들에게 더 해로울 수 있다'라고 요약할 수 있다.

| 오답풀이 |

② 휴대폰의 전자파가 어린이에게 좋지 않은 영향을 미친다고 하였지만, 어린이에게 휴대폰을 사용하게 해서는 안 된다는 당위적인 표현이 나타나 있지는 않다.

19 문제해결력 조건을 바탕으로 추론하기

| 정답 | ④

| 해설 | 영화 B가 2관에서 상영되고 영화 A와 C가 상영되는 관이 이웃해야 하므로 영화 D의 상영관은 1관이 된다. 남은 3관과 4관 중 4관에서는 영화 C를 상영하지 않으므로 영화 C는 3관에서, 남은 영화 A는 4관에서 상영된다. 이를 정리하면 다음과 같다.

1관	2관	3관	4관
영화 D	영화 B	영화 C	영화 A

20 공간지각력 조각 배열하기

| 정답 | ①

| 해설 | 제시된 그림 조각을 (나) - (다) - (가) - (라) 순으로 배열하면 다음과 같다.

21 수리력 방정식 활용하기

| 정답 | ④

| 해설 | 맞힌 문제를 x개, 틀린 문제를 $(20-x)$개라고 하면 다음과 같은 식을 세울 수 있다.

$5x - 5(20 - x) = 60$

$10x - 100 = 60$

$\therefore x = 16$

따라서 맞힌 문제는 16개이다.

22 수리력 총인원 수 구하기

| 정답 | ③

| 해설 | 남성의 70%가 14명이므로 A 팀에 속한 전체 남성의 수(x)는 다음과 같이 구할 수 있다.

$x \times \dfrac{70}{100} = 14$

$\therefore x = 20$

따라서 남성이 20명이므로 A 팀의 총인원은 12+20=32(명)이다.

23 수리력 도표의 수치 분석하기

| 정답 | ①

| 해설 | 20X3년 매출액은 전년 대비 $\dfrac{3,145 - 1,626}{1,626} = 93$(%) 증가하였다.

| 오답풀이 |

② 20X4년 영업이익은 전년 대비 525-(-364)=889(억 원) 줄어들었다.

③ 20X4년 매출액은 20X0년 매출액의 $\dfrac{5,654}{495} = 11.4$(배)로 11배 이상이다.

④ 20X0년에는 적자였으나 20X1년에 25억 원의 영업이익을 내며 흑자로 전환했고, 이후 3년간 흑자를 유지하다가 20X4년에 다시 적자로 돌아섰다.

24 수리력 도표를 바탕으로 수치 계산하기

| 정답 | ③

| 해설 | H사의 20X4년 매출액은 전년 대비 $\dfrac{5,654 - 3,145}{3,145}$ $\times 100 \fallingdotseq 80(\%)$ 증가하였다.

25 수리력 직원 수 구하기

| 정답 | ④

| 해설 | • 해외여행을 간 직원 : 15명

• 친척 집에 간 직원 : 16명

• 해외여행과 친척 집을 모두 간 직원 : 7명

따라서 해외여행과 친척 집 가운데 어느 한 곳 이상을 간 직원은 15+16-7=24(명)이므로 해외여행과 친척 집 모두 가지 않은 직원은 35-24=11(명)이다.

26 수리력 그래프 해석하기

| 정답 | ②

| 해설 | 불법체류 외국인의 수가 20X4년에 최고치를 기록한 것은 사실이지만, 처음으로 등록 외국인 수보다 많아진 것은 20X3년이다.

| 오답풀이 |

• A : 등록 외국인 수는 꾸준히 증가하고 있지만 변수가 발생하면 감소할 수도 있다.

• C : 20X5년도에 불법체류 외국인의 수가 급격히 감소하면서 등록 외국인의 수가 급격히 늘어났으므로 서로 관련이 있을 것이라 예상할 수 있다.

• D : 20X6년 이후 큰 증가 없이 유지되고 있으므로 옳다.

27 수리력 도표의 수치 분석하기

| 정답 | ①

| 해설 | Y 기업의 제품 중 20X0년 대비 20X6년 판매액 증가율이 가장 높은 제품은 G 제품으로, 14배 이상 증가하였다.

| 오답풀이 |

② 20X0년 대비 20X4년에 판매액이 감소한 제품은 E 제품 한 종류이다.

③ X 기업의 경우 판매액 총합이 매년 100억 원 미만이었던 반면, Y 기업의 판매액 총합은 매년 100억 원 이상이었다.

④ D 제품의 판매액이 전년 대비 감소한 해는 20X3년으로, E 제품의 판매액도 감소하였다.

28 이해력 상황에 맞게 의사 표현하기

| 정답 | ③

| 해설 | 설득할 때는 강요가 아닌 양보의 태도가 필요하며, 본인의 이익만이 아닌 상대방의 이익 또한 고려했을 때 효과적으로 설득할 수 있다. 그러나 제시된 예시에서는 본인의 이익만을 고려하며 상대에게 선택의 여지를 주지 않고 강요하고 있다.

| 오답풀이 |

① 사과를 한 후 거절할 수밖에 없는 이유를 명확하게 설명하고 있으므로 적절하다.

② 상대의 사정을 고려하면서도 정중하고도 구체적으로 요구 사항을 전달하며 부탁하고 있다.

④ 구체적으로 본인이 중요하게 여기는 것을 언급하면서도 지나친 아부로 느껴지지 않게 상대를 적절히 칭찬하고 있다.

29 공간지각력 동일한 입체도형 찾기

| 정답 | ②

| 해설 | ②는 제시된 도형을 화살표 방향에서 바라본 모습이다.

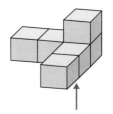

종합기초보편 | 1회 기출예상 | 2회 기출예상 | 3회 기출예상 | 4회 기출예상 | 5회 기출예상 | 6회 기출예상 | 7회 기출예상 | 8회 기출예상 | 9회 기출예상

| 오답풀이 |

다른 입체도형은 점선 표시된 블록이 추가되거나 동그라미 친 블록이 제거되어야 한다.

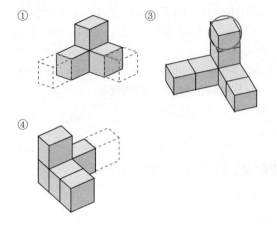

30 언어논리력 글의 흐름에 맞게 문장 넣기

| 정답 | ④

| 해설 | 〈보기〉의 문장은 글쓴이가 바라는 세상의 모습을 드러내고 있다. 또한 '그리고'로 시작하고 있으므로 앞 문장 역시 글쓴이가 바라는 세상의 모습을 얘기하고 있을 것임을 유추할 수 있다. ㉣의 앞 문장에서 그러한 바람이 나타나 있으며, ㉣의 뒤 문장은 '그런 세상'으로 시작하고 있으므로 〈보기〉의 문장이 들어가기에 적절한 곳은 ㉣이다.

31 언어논리력 올바르게 띄어쓰기

| 정답 | ②

| 해설 | '들릴 만큼'의 '만큼'은 앞의 내용에 상당한 수량이나 정도임을 나타내는 의존명사로 앞말과 띄어 써야 한다.
| 오답풀이 |

① 앞말인 '너'가 체언이므로 조사로 쓰여 앞말과 붙여 써야 한다.

32 문제해결력 문제해결 실패 요인 파악하기

| 정답 | ④

| 해설 | 최 대리는 별도의 자료 조사나 리서치 없이 매체나

언론 뉴스로 자주 접하여 알고 있는, 쉽게 떠오르는 단순한 정보에 의지해 신제품의 주 고객을 설정하였다. 그 결과 제품 판매 부진을 겪고 있다.
| 오답풀이 |

① 상황이 무엇인지 분석하기 전에 개인적인 편견이나 경험, 습관으로 증거와 논리에도 불구하고 새로운 아이디어와 가능성을 무시하는 경우이다.

33 문제해결력 근무 일정 선정하기

| 정답 | ②

| 해설 | 하루에 3명이 출근한다는 조건에 따라 e, f가 동시에 출근하기 위해서는 e, f가 출근하는 날에는 한사람만 출근해야 한다. e, f를 제외한 직원들의 근무 스케줄은 다음과 같다.

	a	b	c	d
월요일	○	×	×	×
화요일	○	×	×	×
수요일	○	○	×	×
목요일	○	○	×	×
금요일	×	○	×	×
토요일	×	○	○	○
일요일	×	×	○	○
야근	주중 야근	주중 야근		

따라서 e, f는 b가 여행을 간 월요일과 화요일, a가 출근하지 않는 금요일에 동시에 출근한다.

34 공간지각력 제시된 블록 합치기

| 정답 | ①

| 해설 | ① 이외의 선택지는 다음과 같이 결합할 수 있다.

② 　③ 　④

35 언어논리력 세부내용 이해하기

|정답| ③

|해설| 첫 번째 문단을 보면 관객은 영화가 현실의 복잡성을 똑같이 모방하기를 원하지 않고, 영화 역시 그러기 위해 애쓰지 않는다고 하였다. 즉, 사실적이라는 평가를 받는 영화란 영화적 관습에 의해 관객들이 영화 속 내용을 현실처럼 보는 데에 동의했기 때문이지 현실을 그대로 모방해서가 아님을 알 수 있다.

36 언어논리력 글의 논지 반박하기

|정답| ④

|해설| 제시된 글의 논지는 기후 변화의 이유는 인간이 발생시키는 온실가스 때문이 아니라 태양의 활동 때문이라는 것이다. 따라서 온실가스 배출을 낮추기 위한 인간의 노력은 사실상 도움이 되지 않는 낭비라는 주장이다. 이러한 논지를 반박하기 위한 근거로는 대기오염을 줄이기 위한 인간의 노력이 지구 온난화를 막는 데 효과가 있었다는 내용이 적절하다.

37 이해력 직업의식 이해하기

|정답| ②

|해설| 다음의 직업의식들은 부정적인 의미를 가진다.
• 지위지향 : 지위(position)를 목표로 뜻이 쏠리어 향함.
• 연고주의 : 혈연, 지연, 학연 등의 개인적인 관계를 중시하는 태도
• 남성우월 : 남성의 권리나 지위 등을 여성보다 우위에 둠.
• 연공서열 : 근속 연수나 나이가 늘어감에 따라 지위가 올라가는 일 또는 체계
• 권위주의 : 어떤 일에 있어 권위를 내세우거나 권위에 순종하는 태도

38 이해력 근면한 태도 이해하기

|정답| ③

|해설| 근면은 적극적이고 자발적인 태도로 충실하게 일하는 것을 의미한다. 따라서 ㉠에는 '근무시간에 개인적인 볼

일을 보지 않고, 주어진 업무에 집중하는 것'이 들어가야 한다.

|오답풀이|

①, ② 고객서비스에 대한 태도이며, 근면과는 거리가 멀다.

39 이해력 고객의 유형에 따른 대처 방법 파악하기

|정답| ①

|해설| 제시된 글의 고객은 거만형 고객에 해당한다. 이러한 유형의 고객에게는 정중하게 대하는 것이 좋으며 자신의 과시욕이 채워지도록 뽐내든 말든 내버려 두는 것이 좋다. 단순한 면이 있으므로 일단 호감을 얻게 되면 여러 면으로 득이 되는 경우가 많다.

|오답풀이|

② 의심이 많은 의심형 고객을 응대할 때 유용한 방법이다.

③ 사소한 것에 불만을 표하는 트집형 고객을 응대할 때 유용한 방법이다.

④ 애매한 화법을 사용하지 않고 시원스러운 일 처리를 보여주는 방법은 빨리빨리형 고객을 대할 때 좋은 응대 방법이다.

40 공간지각력 투상도와 일치하는 입체도형 찾기

|정답| ①

|해설| 정면도 → 평면도 → 우측면도 순으로 확인할 때 블록 개수와 위치가 모두 일치하는 입체도형은 ①이다.

|오답풀이|

② 평면도가 일치하지 않는다.

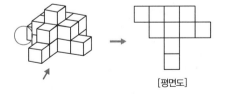

[평면도]

③ 정면도가 일치하지 않는다.

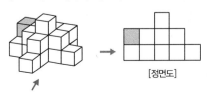

[정면도]

④ 우측면도가 일치하지 않는다.

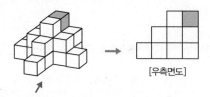

[우측면도]

41 문제해결력 명제 판단하기

| 정답 | ③

| 해설 | 각 명제를 다음과 같이 정리한다.
- p : 케이크가 설탕이다
- q : 박하사탕은 소금이다

제시된 명제 'p → ~q'가 참이므로 이 명제의 대우 명제인 'q → ~p' 역시 참이 된다. 즉, '박하사탕이 소금이면 케이크는 설탕이 아니다'가 성립된다.

42 문제해결력 명제 판단하기

| 정답 | ④

| 해설 | 주어진 명제와 각각의 대우 명제를 정리하면 다음과 같다.

장갑 ○ → 운동화 ×		운동화 ○ → 장갑 ×
양말 ○ → 운동화 ○	대우	운동화 × → 양말 ×
운동화 ○ → 모자 ○	⇔	모자 × → 운동화 ×
장갑 × → 목도리 ×		목도리 ○ → 장갑 ○

(가) 첫 번째 명제에서 장갑을 낀 사람은 운동화를 신지 않고, 두 번째 명제의 대우에서 운동화를 신지 않은 사람은 양말을 신지 않는다고 하였으므로 '장갑을 낀 사람은 양말을 신지 않는다'는 참이다.

(다) 두 번째 명제에서 양말을 신은 사람은 운동화를 신고, 첫 번째 명제의 대우에서 운동화를 신은 사람은 장갑을 끼지 않으며, 네 번째 명제에서 장갑을 끼지 않은 사람은 목도리를 하지 않는다고 하였으므로, '양말을 신은 사람은 목도리를 하지 않는다'는 참이다.

따라서 (가), (다) 모두 항상 옳다.

| 오답풀이 |

(나) 다섯 번째 명제에서 수민이는 목도리를 하고 있고,

네 번째 명제의 대우에서 목도리를 한 사람은 장갑을 끼며, 첫 번째 명제에서 장갑을 낀 사람은 운동화를 신지 않는다고 하였으므로 '수민이는 운동화를 신고 있다'는 거짓이다.

43 언어논리력 속담의 의미 파악하기

| 정답 | ①

| 해설 | • 개구리 올챙이 적 생각 못 한다 : 형편이나 사정이 전에 비하여 나아진 사람이 지난날의 미천하거나 어렵던 때의 일을 생각지 아니하고 처음부터 잘난 듯이 뽐냄을 비유적으로 이르는 말이다.
- 소 잃고 외양간 고친다 : 소를 도둑맞은 다음에서야 빈 외양간의 허물어진 데를 고치느라 수선을 떤다는 뜻으로, 일이 이미 잘못된 뒤에는 손을 써도 소용이 없음을 비꼬는 말이다.
- 등잔 밑이 어둡다 : 대상에서 가까이 있는 사람이 도리어 대상에 대하여 잘 알기 어려움을 이르는 말이다.

따라서 세 속담과 공통적으로 관련이 있는 단어는 슬기롭지 못하고 둔하다는 뜻인 '어리석음'이다.

44 문제해결력 조건을 바탕으로 추론하기

| 정답 | ③

| 해설 | 〈대화〉에서 김 사원은 비전공자들에게 적합한 모델로 총 300만 원 이하, 즉 한 대에 100만 원 이하의 피아노를 구매하고자 한다. 따라서 플라스틱 건반인 ZL-810, SS-110 중 가격이 100만 원 이하인 SS-110이 가장 적합하다.

45 공간지각력 펼친 모양 찾기

| 정답 | ①

| 해설 | 접었던 선을 축으로 하여 역순으로 펼치면 다음과 같다.

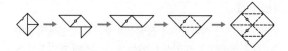

46 공간지각력 동일한 그림 찾기

|정답| ③

|해설| ③은 제시된 그림을 180° 회전한 모양이다.

|오답풀이|

나머지 그림은 동그라미 친 부분이 다르다.

47 문제해결력 자료의 내용 파악하기

|정답| ④

|해설| 전국 확진자 수 300명 초과 상황이 1주 이상 지속된다면 2단계로 격상되고 스포츠 관람은 전체 관중의 10%로 입장을 제한하게 된다.

48 수리력 도표의 수치 분석하기

|정답| ②

|해설| 개방형 총 직위 중 충원 직위 수가 차지하는 비율은 2009년 50%, 2010년 약 88%, 2011년 약 85%, 2012년 약 87%, 2013년 약 88%, 2014년 94%, 2015년 약 87%이다. 따라서 2014년의 비율이 가장 높다.

|오답풀이|

① 미충원 직위 수는 개방형 총 직위 수에서 충원 직위 수를 제외하면 된다. 2010년 이후 미충원 직위 수는 2010년 16명, 2011년 21명, 2012년 18명, 2013년 18명, 2014년 10명, 2015년 22명이므로 매년 감소했다는 것은 옳지 않다.

③ 2013년 내부 임용의 비율은 $\frac{75}{136} \times 100 ≒ 55.1(\%)$, 2014년 내부 임용의 비율은 $\frac{79}{146} \times 100 ≒ 54.1(\%)$, 2015년 내부 임용의 비율은 $\frac{81}{143} \times 100 ≒ 56.6(\%)$로 60%가 채 되지 않는다.

④ A 부처의 내부 임용 비율은 약 58.2%, B 부처의 내부 임용 비율은 약 84.1%이므로, 약 25.9% 더 높다.

49 수리력 도표를 바탕으로 수치 계산하기

|정답| ④

|해설| 연도별 충원 직위 수 대비 외부 임용 비율은 2009년 16.9%, 2010년 16.5%, 2011년 19.5%, 2012년 29.8%, 2013년 44.9%, 2014년 45.9%, 2015년 43.4%이다. 따라서 2014 > 2013 > 2015 > 2012 > 2011 > 2009 > 2010년 순이므로, 충원 직위 수 대비 외부 임용 비율이 세 번째로 높았던 해는 2015년이다.

50 수리력 도표의 수치 분석하기

|정답| ④

|해설| 20X3부터 20X4년 사이 면적이 늘어난 국립공원은 지리산, 계룡산, 속리산 국립공원으로 총 3개이다.

|오답풀이|

① 20X1년 덕유산 국립공원의 면적은 231.650km² 로 계룡산 국립공원의 면적인 64.683km² 의 약 3.6배이므로 3배(194.049km²) 이상이다.

② 면적이 넓은 국립공원 순으로 나열하면, 한려해상 > 지리산 > 소백산 > 월악산 > 속리산 > 덕유산 > 내장산 > 북한산 > 가야산 > 계룡산으로 20X1 ~ 20X8년까지 동일하다. 한려해상 국립공원의 면적이 20X3년, 20X4년에 조금 줄었으나 계속 1위를 유지하고 있다.

③ 국립공원을 면적 순으로 볼 때 6 ~ 10위는 각각 덕유산, 내장산, 북한산, 가야산, 계룡산 국립공원으로 각 연도별로 다섯 국립공원의 면적을 모두 합해도 한려해상 국립공원의 면적보다 작다.

• 20X1 ~ 20X2년 : [6 ~ 10위] 231.650+81.715+79.916+77.074+64.683=535.038<[한려해상] 545.627

• 20X3년 : [6 ~ 10위] 231.649+81.452+79.789+77.063+64.602=534.555<[한려해상] 544.958

• 20X4 ~ 20X8년 : [6 ~ 10위] 229.430+80.708+76.922+76.256+65.335=528.651<[한려해상] 535.676

충남기술보직원 / 1회 기출예상 / 2회 기출예상 / 3회 기출예상 / 4회 기출예상 / 5회 기출예상 / 6회 기출예상 / 7회 기출예상 / 8회 기출예상 / 9회 기출예상

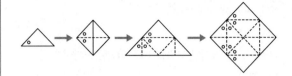

4회 기출예상문제

▶ 문제 134쪽

01	④	02	④	03	③	04	①	05	①
06	①	07	④	08	②	09	③	10	④
11	③	12	②	13	③	14	④	15	②
16	④	17	①	18	②	19	③	20	④
21	③	22	④	23	④	24	②	25	①
26	②	27	③	28	①	29	④	30	③
31	④	32	③	33	②	34	④	35	③
36	②	37	④	38	③	39	①	40	①
41	③	42	③	43	②	44	②	45	④
46	②	47	②	48	③	49	②	50	④

01 [언어논리력] 다의어의 의미 파악하기

| 정답 | ④

| 해설 | '눈 깜짝할 새'는 매우 짧은 순간을 의미하는 관용구인데, 여기서 '눈'이 어떤 특정 시간이나 때를 비유하지는 않는다.

02 [이해력] 경청을 방해하는 요인 이해하기

| 정답 | ④

| 해설 | 서 대리는 팀장의 당부에 평소 가지고 있던 고정관념을 대입시켜 섣부르게 짐작하기의 실수를 범한 경우이다. 느슨한 시간관념을 가지고 늦게까지 잔업을 하는 것을 지양하라는 팀장의 당부를 마무리가 되지 않아도 늦지 않도록 퇴근하라는 지시로 잘못 판단한 것이다.

03 [공간지각력] 펼친 그림 찾기

| 정답 | ③

| 해설 | 접었던 선을 축으로 하여 역순으로 펼치면 다음과 같다.

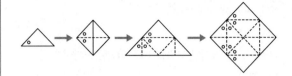

04 [문제해결력] 명제 판단하기

| 정답 | ①

| 해설 | 각 명제를 'p : 껌을 좋아한다', 'q : 사탕을 좋아한다', 'r : 초콜릿을 좋아한다', 's : 감자칩을 좋아한다'라고 할 때 〈보기〉를 정리하면 다음과 같다.

- $p \rightarrow q$　　　 • $\sim r \rightarrow \sim q$　　　 • $s \rightarrow q$

'$\sim r \rightarrow \sim q$'가 참이므로 이 명제의 대우인 '$q \rightarrow r$'도 참이다. 따라서 삼단논법에 의해 '$s \rightarrow q \rightarrow r$'이 성립하므로 '감자칩을 좋아하는 아이는 초콜릿도 좋아한다'가 참임을 알 수 있다.

| 오답풀이 |

②, ③ 제시된 명제로는 알 수 없다.

④ 삼단논법에 의해 '$p \rightarrow q \rightarrow r$'이 성립하므로 껌을 좋아하는 아이는 초콜릿도 좋아함을 알 수 있다.

05 [이해력] 바람직한 의사소통 방법 이해하기

| 정답 | ①

| 해설 | 차 과장은 상대방의 의사에 피드백을 해주며, 질문을 통해 상대방의 이야기에 귀를 기울였음을 알게 해주었다.

| 오답풀이 |

② 피드백을 통한 상호작용이 부족하다.

③ 의사를 받아들이는 사람을 고려하여 쉽고 단순한 언어를 사용하여야 한다.

④ 감정을 억제하지 못하였다.

06 [언어논리력] 글의 전제 추론하기

| 정답 | ①

| 해설 | 제시된 글은 불꽃의 색을 분리시키는 분광 분석법에 대해 설명하고 있다. 첫 번째 문장을 보면 물질의 불꽃색은

구별이 가능한 것을 알 수 있다. 또한, 불꽃의 색을 분리하는 분광 분석법을 통해 새로운 금속 원소를 발견하였다고 하였으므로, 물질은 고유한 불꽃색을 가지고 있고 그 불꽃색을 통해 물질을 구별할 수 있다는 것을 전제로 하고 있음을 알 수 있다.

07 공간지각력 제시된 도형 합치기

| 정답 | ④

| 해설 | ④는 세 조각을 조합해 만들 수 없다.

| 오답풀이 |

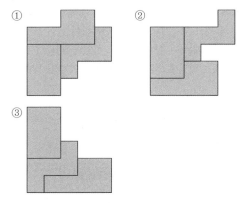

08 문제해결력 명제 판단하기

| 정답 | ②

| 해설 | '둥근 모양의 사탕은 딸기 맛이 난다'가 참이므로 대우인 '딸기 맛이 아니면 둥근 모양의 사탕이 아니다'도 참이다. 세 번째 명제에서 '소연이가 산 사탕은 딸기 맛이 아님'을 알 수 있으므로 '소연이가 산 사탕은 둥근 모양이 아님' 역시 참이다. 이때 첫 번째 명제에서 '모든 사탕은 색이 빨갛거나 모양이 둥글다'고 하였으므로 '소연이가 산 사탕은 색이 빨갛다'가 참임을 알 수 있다.

09 언어논리력 적절한 조언 고르기

| 정답 | ③

| 해설 | 제휴사인 S 클럽의 할인 혜택 종료일은 '20XX. 9. 30.'이라고 이미 명시되어 있다.

| 오답풀이 |

① 관람 시작 시간과 종료 시간을 명확하게 명시하여야 한다.

② 특별 전시 무료 관람 서비스에 대한 구체적인 내용이 제시되어 있지 않으므로 추가한다.

④ 위약금이 발생한다는 내용은 안내되어 있으나, 그 구체적인 금액은 제시되어 있지 않다.

10 문제해결력 조건을 바탕으로 순서 추론하기

| 정답 | ④

| 해설 | 제시된 조건에 따르면 F가 4등인 D보다 먼저 들어오고(F−D), G가 F보다 먼저 들어왔다(G−F−D). 또한 A가 F보다 먼저 들어왔으나 1등은 아니므로 G−A−F−D 순으로 들어왔음을 알 수 있다. 따라서 첫 번째로 결승점에 들어온 직원은 G이다.

11 언어논리력 세부내용 이해하기

| 정답 | ③

| 해설 | 매슬로의 욕구단계는 아래 단계의 기본적인 하위 욕구들이 채워져야 자아 성취와 같은 고차원적인 상위 욕구에 관심이 생긴다는 입장이다. 반면 진화생물학적 관점은 인간의 본질적 욕구를 채우는 데 도움이 되기 때문에 자아 성취를 한다는 입장이다. 따라서 두 관점에서 인간의 본질에 대한 해석은 각기 다르다.

12 언어논리력 문맥에 맞는 사자성어 고르기

| 정답 | ②

| 해설 | ㉠의 앞뒤 문맥을 고려할 때 쾌락을 뒷전에 두고 행복을 논하는 것은 이치에 맞지 않다는 문장이 완성되어야 한다. 따라서 '말이 조금도 사리에 맞지 아니하다'는 뜻의 '어불성설(語不成說)'이 들어가야 한다.

| 오답풀이 |

① 중언부언(重言復言) : 이미 한 말을 쓸데없이 반복하는 경우를 이르는 말.

www.gosinet.co.kr gosinet

종합기초특별

1회 기출예상

2회 기출예상

3회 기출예상

4회 기출예상

5회 기출예상

6회 기출예상

7회 기출예상

8회 기출예상

9회 기출예상

③ 교언영색(巧言令色) : 아첨하는 말과 알랑거리는 태도를 이르는 말.

④ 유구무언(有口無言) : 변명할 말이 없거나 변명을 못함을 이르는 말.

13 공간지각력 나타나 있지 않은 조각 찾기

| 정답 | ③

| 해설 |

14 이해력 바람직하지 않은 행동 파악하기

| 정답 | ④

| 해설 | 문제가 확인된 사안에 대하여 책임여부를 검토하는 업무는 외부감사 담당자가 할 일이 아니다.

15 공간지각력 동일한 그림 찾기

| 정답 | ②

| 해설 | 제시된 그림과 동일한 것은 ②이다.

| 오답풀이 |

나머지 그림은 동그라미 친 부분이 다르다.

16 문제해결력 진위 추론하기

| 정답 | ④

| 해설 | A ~ E가 범인인 경우로 나누어 성립되는 경우를 찾는다. 먼저 A가 범인인 경우, A의 말은 거짓이므로 B도

범인이 되어 성립하지 않는다. B가 범인인 경우, 범인이 아닌 A의 말이 거짓이 되어 성립하지 않는다. C가 범인인 경우, 범인이 아닌 E의 말이 거짓이 되어 성립하지 않는다. D가 범인인 경우 A, B, C, E의 말이 모두 참이 되므로 성립된다. 따라서 거짓을 말한 범인은 D이다.

17 언어논리력 글쓴이의 논지 파악하기

| 정답 | ①

| 해설 | 제시된 글에서는 글을 쓸 때 좀 더 멋있게 표현하고 싶은 생각에 이것저것 다 아는 체할 경우 결국 글의 핵심에서 벗어나게 되고 형용사나 부사가 난무하여 글이 느끼해진다며, 글의 성패는 여기서 갈린다고 하였다. 따라서 필자는 글을 쓸 때는 멋있게 쓰려는 욕심을 버려야 함을 말하고 있다.

18 언어논리력 글의 흐름에 맞게 문장 배열하기

| 정답 | ④

| 해설 | 우선 (나)에는 '이에 따라'라는 지시어가 나오므로 (나)는 '자신의 아이덴티티를 형성한다'라는 글이 포함되는 (라) 뒤에 오게 된다. 또한, (라)의 '그 문화적 풍토'가 (마)의 '각각의 형태를 갖고 있다'와 연결되기 때문에 (마)-(라)-(나)가 된다. (가)와 (바)는 '가치의 상대성이 만드는 함정'에 대해 논하고 있는데, (가)는 '그런데'라는 역접 관계의 접속어로 시작하므로 (바) 뒤에 (가)가 올 수 없어 (가)-(바)가 되어야 한다. 마지막으로 '따라서'에 이어 결론을 제시하는 (다)가 온다.

따라서 (마)-(라)-(나)-(가)-(바)-(다) 순이 적절하다.

19 공간지각력 조각 배열하기

| 정답 | ③

| 해설 | 그림의 조각을 (라)-(다)-(나)-(가) 순으로 배열하면 다음과 같은 그림이 완성된다.

④ 2023년 남자의 진학률은 $\dfrac{19,415}{285,443} \times 100 ≒ 6.8(\%)$, 여자의 진학률은 $\dfrac{17,423}{295,252} \times 100 ≒ 5.9(\%)$로 남자의 진학률이 더 높다.

20 문제해결력 명제 판단하기

| 정답 | ④

| 해설 | 각 명제를 'A : 상여금 선택', 'B : 진급 선택', 'C : 유급 휴가 선택', 'D : 연봉 인상 선택'이라고 할 때 제시된 세 번째 조건은 'B→~A'가 되고 네 번째 조건은 '~C→A', 마지막 조건은 'C→~D'가 된다.

세 번째 조건 'B→~A'와 네 번째 조건의 대우 '~A→C'를 통해 'B→C'를 추론할 수 있고, 이를 마지막 조건 'C →~D'에 대입하면 'B→~D'가 참임을 알 수 있다. 따라서 'B→~D'의 대우인 'D→~B'도 참이므로 ④는 적절한 내용이다.

| 오답풀이 |

①, ③ 제시된 명제로는 알 수 없다.

② 삼단논법에 의해 'B→~D'가 참임을 알 수 있다. 따라서 진급을 선택한 사람은 연봉 인상을 선택하지 않는다.

21 수리력 도표의 수치 분석하기

| 정답 | ③

| 해설 | 2023년 고등교육기관을 졸업한 취업자 349,584명 중 프리랜서의 수는 20,280명이므로 프리랜서의 비율은 $\dfrac{20,280}{349,584} \times 100 ≒ 5.8(\%)$이다.

| 오답풀이 |

① 남자와 여자의 취업률 차이는 2018년에 6.2%p, 2019년에 4.9%p, 2020년에 5%p, 2021년에 3.8%p, 2022년에 2.9%p, 2023년에 2.6%p로, 2020년에는 2019년에 비해 취업률 차이가 커졌다.

② 제시된 자료에는 취업률만 나와 있으므로 2018 ∼ 2022년의 취업자 수는 비교할 수 없다.

22 수리력 도표의 수치 분석하기

| 정답 | ④

| 해설 | 2023년 고등교육기관을 졸업한 취업자 중 해외취업자(B), 개인창작활동종사자(D), 1인 창업·사업자(E)의 비율을 각각 구하면 다음과 같다.

• 해외취업자 : $\dfrac{2,333}{349,584} \times 100 ≒ 0.67(\%)$

• 개인창작활동종사자 : $\dfrac{3,125}{349,584} \times 100 ≒ 0.89(\%)$

• 1인 창업·사업자 : $\dfrac{4,791}{349,584} \times 100 ≒ 1.37(\%)$

| 오답풀이 |

① 2023년 고등교육기관 졸업자 580,695명 중 취업대상자 수는 516,620명이다. 따라서 고등교육기관 졸업자 중 취업대상자의 비율은 $\dfrac{516,620}{580,695} \times 100 ≒ 89.0(\%)$이다.

23 수리력 확률 계산하기

| 정답 | ①

| 해설 | 육면체 주사위의 눈은 1, 2, 3, 4, 5, 6인데 이 중 2의 배수는 2, 4, 6이므로 2의 배수가 나올 확률은 $\dfrac{3}{6} = \dfrac{1}{2}$이다.

24 수리력 방정식 활용하기

| 정답 | ②

| 해설 | 신발은 30% 할인된 가격인 $30,000 \times 0.7 = 21,000$(원)에 구입하였으므로 옷은 $125,000 - 21,000 = 104,000$(원)에 구입하였다.

104,000원은 정가에 20% 할인된 가격이므로 정가는 다음과 같이 구할 수 있다.

$0.8x = 104,000$ ∴ $x = 130,000$

따라서 할인 전 신발과 옷의 총합 금액은 30,000+130,000=160,000(원)이다.

25 수리력 그래프 해석하기

| 정답 | ①

| 해설 | ㄱ. 중형 자동차를 보유하고 있는 직원은 350×0.34=119(명)이므로 100명 이상이다.

| 오답풀이 |

ㄴ. 소형 자동차를 보유하고 있는 직원은 350×0.5=175(명)이므로 총운용비용은 175×30=5,250(만 원)이다. 따라서 5천만 원 이상이다.

ㄷ. 집단별로 총운용비용을 구하면 다음과 같다.
- 소형 : 350×0.5×30=5,250(만 원)
- 중형 : 350×0.34×45=5,355(만 원)
- 대형 : 350×0.16×55=3,080(만 원)

따라서 보유하고 있는 차량의 크기가 큰 집단일수록 총운용비용 또한 많아지는 것은 아니다.

26 수리력 연립방정식 활용하기

| 정답 | ②

| 해설 | 영어 점수를 x점, 수학 점수를 y점, 국어 점수를 z점이라 하면 식은 다음과 같다.

$$\begin{cases} x+y=82 \cdots\cdots ㉠ \\ x+z=74 \cdots\cdots ㉡ \end{cases}$$

㉠-㉡을 하면 $y-z=8$이다.

따라서 수학과 국어의 점수 차는 8점이다.

27 수리력 도표의 수치 분석하기

| 정답 | ③

| 해설 | 북한은 2023년에 석탄 생산량이 감소하였으며, 남한은 증가한 해와 감소한 해가 모두 섞여 있다.

| 오답풀이 |

① 매년 생산량 차이가 10배가 넘는다.

② 2021년부터 생산량이 지속적으로 감소하고 있다.

④ 북한은 석탄 생산량이 철광석 생산량의 4 ~ 5배 정도이다.

28 이해력 직업윤리 이해하기

| 정답 | ①

| 해설 | 천직의식은 자신의 일이 자신의 능력과 적성에 꼭 맞는다 여기고 그 일에 열성을 가지고 성실히 임하는 태도를 의미한다.

29 문제해결력 자료의 내용 파악하기

| 정답 | ④

| 해설 | 단체 승차권은 20인 이상의 한 단체가 1매를 구매하는 것이므로 15인의 단체는 단체 승차권을 구매할 수 없다.

| 오답풀이 |

① 보호자 동반에 대한 규정은 알 수 없다.

② 매주 월요일은 프로그램을 운영하지 않지만 그 이유가 임진왜란 역사관 휴관 때문인지는 알 수 없다.

③ 1회 탐방 소요시간은 알 수 없다.

30 공간지각력 도형 회전하기

| 정답 | ③

| 해설 | 제시된 도형을 시계 방향으로 270°, 즉 반시계 방향으로 90° 회전한 모양은 ③이다.

31 언어논리력 글의 흐름에 맞게 문장 넣기

| 정답 | ④

| 해설 | 〈보기〉의 '일어난 일에 대한 묘사는 본 사람이 무엇을 중요하게 판단하고, 무엇에 흥미를 가졌느냐에 따라 크게 다르다'는 내용의 예시가 (라) 뒤에 있으므로 (라)에 들어가는 것이 적절하다.

32 언어논리력 글의 주제 찾기

| 정답 | ②

| 해설 | 제시된 글은 언어 현실과 어문 규범과의 괴리를 줄이기 위한 방법으로 어문 규범을 없애고 언중의 자율에 맡기자는 주장과 어문 규범의 큰 틀만 유지하고 세부적인 것은 사전에 맡기자는 주장이 사회에 등장하고 있음을 설명하고 있다. 이를 통해 언어 현실과 어문 규범의 괴리를 해소하기 위한 방법을 모색하는 노력이 나타나고 있다는 글의 주제를 도출해 낼 수 있다.

33 이해력 정직의 가치 이해하기

| 정답 | ②

| 해설 | A 씨는 연봉을 많이 받고자 하는 마음으로 자기소개서와 이력서를 허위로 기재하는 바람직하지 못한 일을 하였고, 그로 인해 해고라는 더 큰 손해를 입게 되었다.

34 이해력 갈등의 원인 파악하기

| 정답 | ④

| 해설 | 김 대리는 업무 지시를 내리는 데 있어 상황을 이해하려 하지 않고 자신이 상사라는 지위를 내세우며 고압적인 태도로 일관하고 있다.

35 문제해결력 논리적 오류 파악하기

| 정답 | ③

| 해설 | 제시된 문장과 ③은 전체의 속성을 하위에 해당하는 부분도 동일하게 가진다고 추론하는 분할의 오류를 범하고 있다.

| 오답풀이 |

① 단순히 시간상으로 선후 관계에 있는 것을 인과 관계가 있는 것으로 추리하는 잘못된 인과 관계의 오류에 해당한다.

② 어떤 주장에 대해 타당한 근거를 제시하지 않고, 군중심리나 열광하는 대중들에게 호소하거나 여러 사람들이 동의한다는 점을 내세워 자신의 주장에 대해 동의를 얻어내는 대중에 호소하는 오류에 해당한다.

④ 어떤 상황을 두 가지의 양강 구도로 나누어 보려고 하는 흑백논리의 오류에 해당한다.

36 문제해결력 휴가 일정 선정하기

| 정답 | ②

| 해설 | 휴가 신청 가능 기간인 1월 5일부터 28일까지 중 주말을 포함하여 5일을 신청해야 하므로 19일부터 23일까지 휴가를 신청하면 비서실장과의 휴가 일정과 사장님의 업무 일정, 총무팀 휴가 일정과 겹치지 않는 휴가 일정이 된다.

| 오답풀이 |

① 13일 ~ 15일에 비서실장 휴가 일정과 겹치게 된다.

③ 24일 ~ 27일에 총무팀 휴가와 일정이 겹치게 된다.

④ 휴가 신청 가능 기간인 1월 28일을 초과하고, 30일에 사장님 업무 일정과 겹치게 된다.

37 공간지각력 규칙 파악하여 도형 유추하기

| 정답 | ④

| 해설 | 직각이등변삼각형의 직각 부분이 반시계 방향으로 이동하고 있다. 또한 색의 변화를 보면 번갈아가며 색반전이 일어나고 있다.

따라서 '?'에 들어갈 직각이등변삼각형의 직각 부분은 왼쪽 위이며 색은 흰색이다.

38 수리력 자료의 수치 분석하기

| 정답 | ④

| 해설 | 20X8년의 기타종사자 수는 1년 전보다 12천 명 더 증가하였다.

| 오답풀이 |

① 네 개 유형의 종사상지위 중 상용근로자 수가 월등히 많다.

② 173천 명이 증가하여 가장 많은 증가를 보이고 있다.

③ 상용근로자의 경우 종사자 수는 가장 많이 증가했으나 구성비는 오히려 0.2%p 감소하였다.

39 이해력 방문객 응대 예절 이해하기

|정답| ①

|해설| 손님이 상사를 찾아왔을 때는 사전 약속이 되어 있는지를 먼저 파악하고 난 뒤 상사에게 지시를 받아 안내해야 한다.

40 공간지각력 일치하는 입체도형 찾기

|정답| ①

|해설| 정면도 → 평면도 → 우측면도 순으로 확인해 보면 블록 개수와 위치가 모두 일치하는 입체도형은 ①이다.

|오답풀이|

② 평면도가 일치하지 않는다.

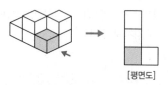

[평면도]

③ 정면도와 우측면도가 일치하지 않는다.

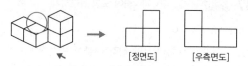

[정면도]   [우측면도]

④ 정면도와 평면도가 일치하지 않는다.

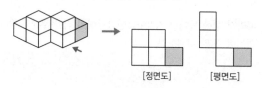

[정면도]   [평면도]

41 언어논리력 글의 중심내용 찾기

|정답| ③

|해설| 제시된 글의 목적은 인간이 다른 생물종보다 우수하다는 점을 강조하거나 그렇게 진화된 원인을 밝히고자 함이 아니다. 위험사회에서 어떻게 하면 지혜로운 삶의 방식을 찾을 수 있을지를 고민하며, 결국 다양한 사회 구성원들끼리 공유하는 삶, 토론하는 삶이 이루어져야 한다는 점을 강조하는 것이다. 따라서 ③이 글의 중심 내용으로 가장 적절하다.

42 문제해결력 조건을 바탕으로 휴가지 선정하기

|정답| ②

|해설| 〈의사결정 기준〉에 따라 총점수를 구하면 다음과 같다.

구분	베트남 다낭	태국 푸켓	제주도	미국령 괌
맛	5	3	4	2
1인 교통비	9.6	9.7	9.8	9.2
분위기	2	5	1	4
거리	4	2	5	1
방문횟수	3	2	1	4
가산점	1+2	1+5	2	3
총점	26.6	27.7	22.8	23.2

따라서 최종으로 선택되는 휴가지는 태국 푸켓이다.

43 이해력 고객 유형에 따른 대처 방법 파악하기

|정답| ②

|해설| 충분한 설명에도 불만을 거두지 않으며 자신만 손해보고 있다고 생각하는 고객이므로 실제 사례를 보여주고 모두에게 동일하게 전기요금이 적용되고 있다는 것을 확인시켜 준다면, 고객에게 믿음을 줄 수 있을 것이다

44 문제해결력 자료의 내용 파악하기

|정답| ②

|해설| '자전거 휴대 승차 이용 안내'에는 접이식 자전거는 365일 언제든 휴대 승차가 가능하다고 제시되어 있지만, '자전거 휴대 승차 이용 수칙'에는 맨 앞뒤 칸으로 휴대 승차 위치를 제한하고 있다. 따라서 접이식 자전거 또한 어느 칸에나 휴대 승차가 가능한 것은 아님을 알 수 있다.

45 공간지각력 블록 개수 세기

|정답| ④

|해설| 1층에 8개, 2층에 6개, 3층에 2개로 블록은 총 16개이다.

46 공간지각력 두 면만 칠해지는 블록 찾기

| 정답 | ②

| 해설 | 2개의 면이 칠해지는 블록은 다음 색칠된 면으로 5개이다.

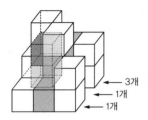

47 언어논리력 글의 구조 파악하기

| 정답 | ②

| 해설 | • 주지 : 이야기를 이해하고 기억하는 데에는 글의 구조가 큰 영향을 미친다.
• 부연 : 그러한 글의 구조에는 상위 구조와 하위 구조가 있는데, 상위 구조에 속한 요소들이 더 잘 기억된다.
• 예시 : 왜 상위 구조가 더 잘 기억되는지를 심청전을 예로 들어 설명하고 있다.
따라서 제시된 글은 주지 – 부연 – 예시로 구성돼 있다.

48 수리력 표의 수치 분석하기

| 정답 | ②

| 해설 | 목욕하기가 중증 장애인 54.5%, 경증 장애인 89.8%로 전체 동작 중 가장 낮은 완전자립도를 나타내고 있다.

| 오답풀이 |

① 전체 장애인에 대한 해당 동작의 비율을 의미하는 것이므로 소계인 7.2%이다.
③ 중증 장애인의 완전자립도가 가장 높은 동작은 86.7%인 대변 조절하기이며, 체위 변경하기와 소변 조절하기는 모두 86.2%이다.
④ 경증 장애인은 세수나 양치질 동작에서 각각 부분도움이 필요한 사람이 1.7%, 1.5%인데, 식사하는 동작에서 부분도움이 필요한 사람은 2.2%로 더 높다.

49 수리력 표의 수치 분석하기

| 정답 | ②

| 해설 | 중증 장애인은 완전자립, 부분도움, 완전도움 정도에서 각각 54.5%, 7.0%, 4.1%를 나타내는 목욕하기, 대변 조절하기, 체위 변경하기 동작에서 보호자나 간병인의 도움이 필요한 사람의 비율이 가장 낮다.

50 언어논리력 세부내용 이해하기

| 정답 | ④

| 해설 | 니트족들이 노동으로 도피하는 이유는 소비행동의 원리를 노동에 대입하여 자신의 노력에 비해 성과가 나오지 않아서임을 알 수 있다.

| 오답풀이 |

① 제공한 노동에 대해 임금이 적거나 충분한 사회적 위신을 획득할 수 없으면 '이건 좀 이상해'라고 말하며 노동하지 않는다고 하였으므로 적절하다.
② 니트들은 등가교환을 원칙으로 하며 등가교환이 안 될 때는 노동하지 않는다고 하였고, 소비 행동의 원리를 노동에 대입하며 이는 합리적인 것이라고 하였으므로 적절하다.
③ 노동에서 등가교환의 법칙으로 행동하는 니트들은 어렸을 때부터 학업에서도 등가교환의 법칙을 적용하였을 것으로 추론할 수 있으므로 적절하다.

5회 기출예상문제

▶ 문제 162쪽

01	④	02	④	03	②	04	②	05	④
06	③	07	①	08	②	09	①	10	③
11	③	12	③	13	④	14	②	15	②
16	③	17	④	18	③	19	③	20	④
21	①	22	④	23	④	24	③	25	①
26	③	27	②	28	②	29	②	30	③
31	③	32	③	33	①	34	②	35	①
36	③	37	①	38	④	39	③	40	③
41	②	42	①	43	②	44	④	45	③
46	③	47	③	48	④	49	②	50	②

01 언어논리력 빈칸에 알맞은 단어 넣기

|정답| ④

|해설| ⓑ 지속(持續) : 어떤 상태가 오래 계속됨. 또는 어떤 상태를 오래 계속함.

ⓓ 주장(主張) : 자기의 의견이나 주의를 굳게 내세움. 또는 그런 의견이나 주의

ⓔ 발견(發見) : 미처 찾아내지 못하였거나 아직 알려지지 아니한 사물이나 현상, 사실 등을 찾아냄.

ⓖ 관측(觀測) : 육안이나 기계로 자연 현상 특히 천체나 기상의 상태, 추이, 변화 등을 관찰하여 측정하는 일

따라서 빈칸에 들어갈 말을 순서대로 나열하면 ㉠ 관측, ㉡ 발견, ㉢ 주장, ㉣ 지속이다.

02 공간지각력 나타나 있지 않은 조각 찾기

|정답| ④

|해설| ④와 같은 모양의 조각은 나타나 있지 않다.

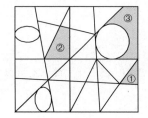

03 이해력 직업윤리 덕목 이해하기

|정답| ②

|해설| H 씨는 제시된 인터뷰의 마지막 답변에서 자신의 일이 사회의 발전에 좋은 영향을 미치고 중요한 일이라고 생각했다고 하였다. 이는 자신이 하는 일이 사회나 기업, 타인을 위해 중요한 역할을 하고 있다고 믿으며 자신의 활동을 수행하는 태도인 직분의식과 관련된다.

보충 플러스+

일반적인 직업윤리
• 소명의식 : 자신이 맡은 일은 하늘에 의해 맡겨진 일이라고 생각하는 태도
• 천직의식 : 자신의 일이 자신의 능력과 적성에 꼭 맞는다 여기고 그 일에 열성을 가지고 성실히 임하는 태도
• 직분의식 : 자신이 하고 있는 일이 사회나 기업을 위해 중요한 역할을 하고 있다고 믿고 자신의 활동을 수행하는 태도
• 책임의식 : 직업에 대한 사회적 역할과 책무를 충실히 수행하고 책임을 다하는 태도
• 전문가의식 : 자신의 일이 누구나 할 수 있는 것이 아니라 해당 분야의 지식과 교육을 밑바탕으로 성실히 수행해야만 가능한 것이라 믿고 수행하는 태도
• 봉사의식 : 직업 활동을 통해 다른 사람과 공동체에 대하여 봉사하는 정신을 갖추고 실천하는 태도

04 문제해결력 명제 판단하기

|정답| ②

|해설| 각 명제를 'p : 달리기를 잘한다', 'q : 수영을 잘한다', 'r : 항상 운동화를 신는다'라고 할 때 〈보기〉를 정리하면 다음과 같다.
• ~p→~q
• p→r

이때 윤재는 항상 구두를 신으므로 '~r'로 표현할 수 있다. 'p→r'이 참이므로 이 명제의 대우인 '~r→~p'도 참이 되며 '~p→~q'와의 삼단논법에 의해 '~r→~q'도 참이다. 따라서 '윤재는 수영을 못한다'는 항상 참이다.

|오답풀이|

① 'p→r'이 참이므로 이 명제의 대우인 '~r→~p'도 참이 되므로 옳지 않은 설명이다.

③ '~p → ~q'가 참이므로 이 명제의 대우인 'q → p'도 참이 된다. 이 명제와 'p → r'의 삼단논법에 의해 'q → r'이 참이 되므로 옳지 않은 설명이다.

④ 주어진 명제로는 알 수 없다.

05 이해력 올바른 조언 방법 이해하기

|정답| ④

|해설| 상대의 입장을 충분히 이해하지 못한 조언은 상대의 공감을 얻지 못하고 불필요한 이야기처럼 들릴 수 있다. 따라서 자신의 입장이 아닌 상대의 입장에서 상대의 이야기를 충분히 귀담아듣고 조언해 주어야 한다.

06 언어논리력 이메일 작성방법 파악하기

|정답| ③

|해설| 처음에는 감기 이야기만 계속하다가 정작 중요한 업무 관련 내용은 거의 마지막 부분에 가서 짧게 언급하고 있다. 업무 메일에서는 메일을 작성하는 목적을 먼저 밝히고 그 뒤에 기타 내용을 쓰는 것이 효과적이며, 메일 본문에는 가급적 목적에 해당하는 내용만 적는 것이 좋다.

|오답풀이|

① 업무 메일에서는 제목만 보아도 메일의 전체 내용과 목적을 파악할 수 있어야 한다. 제시된 메일의 경우 내용과 목적이 제목에 잘 드러나 있으므로 바르게 작성되었다 할 수 있다. 또한 제목 앞에 카테고리를 표시하는 것도 좋은 방법이다. 제시된 메일처럼 괄호 '[]'를 이용하면 깔끔하게 제목을 작성할 수 있다.

② 마지막으로 메일을 보내기 전에 오타는 없는지, 줄 간격은 맞는지 반드시 확인하여야 한다. 제시된 메일에는 맞춤법 오류를 찾을 수 없다.

④ 숨은 참조는 메일을 받는 사람에게 참조된 사람을 숨길 때 사용할 수 있어 외부로 메일을 발송할 때 내부 상사를 숨은 참조하여 내용을 공유하기 좋다. 그러나 제시된 메일이 외부로 보내는 것인지 파악할 수 없다.

07 공간지각력 사각형의 개수 구하기

|정답| ①

|해설| 각 도형별로 만들 수 있는 개수는 다음과 같다. 이때, 도형은 회전할 수 없음에 유의한다.

• ▭ : 7개

• ▭ : 4개

• ▯ : 5개

• ▦ : 3개

이처럼 ①의 도형을 가장 많이 만들 수 있다.

08 문제해결력 조건을 바탕으로 발표 순서 추론하기

|정답| ②

|해설| 첫 번째 발표자를 미정, 철수, 영희인 경우로 나누어 생각해 보면 다음과 같다.

• 첫 번째 발표자가 미정일 경우 : 미정이는 사실만을 말하므로 두 번째로 발표하는 사람은 영희가 된다. 따라서 세 번째로 발표하는 사람은 철수인데, 이때 ㉢이 사실이 되므로 철수는 항상 거짓말을 해야 한다는 조건과 상충한다.

• 첫 번째 발표자가 철수일 경우 : 철수는 항상 거짓말을 하므로 두 번째로 발표하는 사람은 미정이 된다. 이때 ㉡이 거짓이 되므로 미정이는 항상 사실만을 말해야 한다는 조건과 상충한다.

• 첫 번째 발표자가 영희일 경우 : 만일 두 번째로 발표하는 사람이 미정이고 세 번째로 발표하는 사람이 철수일 경우, ㉢이 참이 되어 철수는 항상 거짓말을 한다는 조건과 상충하므로 적절하지 않다. 두 번째로 발표하는 사람이 철수고 세 번째로 발표하는 사람이 미정일 경우, 모든 조건에 부합한다.

따라서 발표는 영희, 철수, 미정의 순서로 진행한다.

09 언어논리력 단어의 관계 이해하기

|정답| ①

|해설| '개성'은 다른 사람이나 사물과 구별되는 고유의 특성이라는 뜻으로, 다른 것에 비하여 특별히 눈에 뜨이는 점이라는 뜻의 '특징'과 유의어 관계이다.

|오답풀이|

② 포함 관계, ③ 행위와 도구의 관계, ④ 반의어 관계이다.

10 언어논리력 세부내용 이해하기

|정답| ③

|해설| 마지막 문단에서 히치콕은 '맥거핀' 기법을 하나의 극적 장치로 종종 활용하였다고 했는데, 이 '맥거핀' 기법에 대해 특정 소품을 활용하여 확실한 단서로 보이게 한 다음 일순간 허망한 것으로 만들어 관객을 당혹스럽게 하는 것이라고 설명한다.

|오답풀이|

① 작가주의 비평은 감독을 단순한 연출자가 아닌 '작가'로 간주하고 작품과 감독을 동일시하는 관점을 말한다.

② 작가주의적 비평은 할리우드 영화의 특징에 대한 반발로 주창되었지만, 작가주의적 비평으로 할리우드 영화를 재발견한 사례가 존재하므로 무시해 버렸다는 설명은 적절하지 않다.

④ 알프레드 히치콕은 할리우드 감독이지만 작가주의 비평가들에 의해 복권된 대표적인 감독이므로 작가주의 비평과 관련이 없다는 설명은 적절하지 않다.

11 언어논리력 글의 전제 추론하기

|정답| ③

|해설| 글쓴이가 내린 결론은 '화성의 궤도가 타원'이라는 것이다. 글쓴이의 원래 가정은 '화성의 궤도가 완전한 원이다'라는 것이었는데 티코의 자료와 오차가 발생하자 글쓴이 스스로 세운 최초의 '완전한 원' 가정을 '타원'으로 수정하여 이와 같은 결론을 얻었다. 이러한 추론 과정에서 글쓴이는 티코의 자료를 불신하기보다 자기 스스로 세운 가정을 수정하는 방향으로 문제를 해결했다. 즉, 글쓴이의 가정보다 티코의 자료가 더 신뢰할 만하다는 것이 전제되어 있다.

|오답풀이|

① 글쓴이의 최초 가정과 일치하지 않는다.

② 근거가 없을뿐더러 결론에 도달하기까지 직접적으로 필요한 전제는 아니다.

④ 백조자리 베타별이 화성의 위치를 가늠하는 하나의 기준인 것은 사실이나, 그보다 더 결론에 도달하기 위한 결정적인 전제는 티코의 자료 기준과의 오차에 대한 것이다.

12 공간지각력 주사위 눈의 개수 추론하기

|정답| ③

|해설| A는 다음과 같이 3과 마주 보므로 A에 들어갈 눈의 개수는 4개이다.

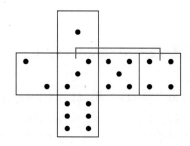

13 문제해결력 명제 판단하기

|정답| ④

|해설| 'p : 회사에서 승진', 'q : 워커홀릭'이라 할 때, 'p → q'가 참이면 '~q → ~p'도 참이다. 따라서 (나)의 '~p → q'와 (다)의 '~q → p'는 반드시 참이라고 할 수 없다.

14 이해력 조직 문화 이해하기

|정답| ②

|해설| ㉠ (가) 팀은 일상에서 벗어나는 행동을 함으로써 새로운 관점에서 생각해 보고 유연하고 창조적인 사고와 행동을 하고 있다.

㉢ (나) 팀은 강점과 약점을 서로 공유하도록 하여 각각 리더로서 능력을 발휘할 기회를 제공하고 있다.

| 오답풀이 |

ㄴ (나) 팀은 규약이나 절차 등을 명확하게 규정하기보다는 유연한 조직구조를 가지고 팀원 모두 동참하고 있다.

ㄷ (가) 팀은 결과에 초점을 맞춘 것이 아니라 새로운 관점에서 생각하고 문제해결방안을 제시하도록 하고 있다.

ㄹ (가) 팀은 리더가 목표를 제시하는 것이 아니라 팀원이 자발적으로 문제해결과정에 참여하고 있다.

15 공간지각력 동일한 도형 찾기

| 정답 | ②

| 해설 | 제시된 도형과 색, 선이 모두 동일한 것은 ②이다.

| 오답풀이 |

나머지 선택지는 동그라미 친 부분이 다르다.

①   ③   ④

16 언어논리력 글의 흐름에 맞게 문장 배열하기

| 정답 | ③

| 해설 | 먼저 제정 러시아 표트르 1세의 네바강 하구 탈환이라는 중심 소재를 제시하는 (라)가 온다. 이어 그 장소에 도시를 건설했다는 설명을 하는 (나)와 그 도시에 대해 부연해 설명하는 (가)가 이어진다. 이어 (마)에서 '이렇게 시작된 이 도시'로 앞의 내용을 이어가고 마지막으로 (다)에서 상트페테르부르크의 현재에 관해 설명한다. 따라서 (라)－(나)－(가)－(마)－(다) 순이 적절하다.

17 언어논리력 글쓴이의 견해 파악하기

| 정답 | ④

| 해설 | 두 번째 문단에서 정치세계라고 요구되는 리더십이 모두 같은 것도 아니며, 그 나라의 상황에 따라 필요한 리더십이 달라진다고 하였으므로 ④는 글쓴이의 견해로 적절하지 않다.

18 공간지각력 조각 배열하기

| 정답 | ③

| 해설 | 그림 조각을 (다)－(나)－(가)－(라) 순으로 배열하면 다음과 같다.

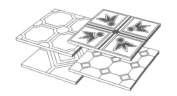

19 이해력 직업윤리 이해하기

| 정답 | ③

| 해설 | 직업윤리에서 자신이 하는 일이 사회나 기업을 위해 중요한 역할을 하고 있다고 믿고 자신의 활동을 수행하는 태도는 직업에 대한 직분의식과 관련된다.

20 문제해결력 조건을 바탕으로 추론하기

| 정답 | ④

| 해설 | 먼저 세 번째, 네 번째 조건에 따라 은주와 지유는 커피를 받았으므로 예지와 지수가 받은 음료는 둘 다 홍차임을 알 수 있다. 두 번째 조건에 따라 지수는 자신이 주문한 음료를 받았으므로 홍차를 주문하였고, 첫 번째 조건에 따라 예지는 주문한 음료를 받지 못했으므로 커피를 주문하였다. 따라서 지유는 커피를 주문했음을 알 수 있다. 이를 정리하면 다음과 같다.

구분	예지	지수	은주	지유
주문한 음료	커피	홍차	홍차	커피
받은 음료	홍차	홍차	커피	커피

21 수리력 도표의 수치 분석하기

| 정답 | ①

| 해설 | 전체 취업자 중 임금근로자의 비율은 매년 비임금근로자 비율의 2.5배 이상이다.

- 2015년 : 비임금근로자의 비율=25.3%, 임금근로자의 비율=74.7%이므로 2.9배 이상이다.
- 2016년 : 비임금근로자의 비율=24.6%, 임금근로자의 비율=75.4%이므로 3배 이상이다.
- 2017년 : 비임금근로자의 비율=23.6%, 임금근로자의 비율=76.4%이므로 3.2배 이상이다.
- 2018년 : 비임금근로자의 비율=22.8%, 임금근로자의 비율=77.2%이므로 3.3배 이상이다.
- 2019년 : 비임금근로자의 비율=22.8%, 임금근로자의 비율=77.2%이므로 3.3배 이상이다.

| 오답풀이 |

② 2018년과 2019년의 경우 임시근로자와 일용근로자의 비율이 32.6%, 31.5%로 33% 미만이다.

③ 2019년에는 $\frac{8.4}{22.8} \times 100 = 36.84(\%)$로 38%가 되지 않는다.

④ 자영업주의 비율은 점차 낮아지다가 2019년에 다시 증가하였다.

22 수리력 도표를 바탕으로 수치 계산하기

| 정답 | ④

| 해설 | 2019년 취업자 중 여성의 비율은 40%로 여성 취업자 수는 $26,725,000 \times 0.4 = 10,690,000$(명)이다. 이 중 일용근로자는 5%로, $10,690,000 \times 0.05 = 534,500$(명)이다.

23 수리력 방정식 활용하기

| 정답 | ④

| 해설 | 연봉이 37,500,000원이므로 월 세전 수령액은 $37,500,000 \div 12 = 3,125,000$(원)이다. 세액 공제가 320,000원이므로 실수령액은 $3,125,000 - 320,000 = 2,805,000$(원)이다. 매달 실수령액의 10%가 적금액이므로 월 적금액은 $2,805,000 \times 0.1 = 280,500$(원)이다.

24 수리력 그래프 해석하기

| 정답 | ③

| 해설 | 마지막 18회에서 가장 높은 시청률을 보였다.

| 오답풀이 |

① 수도권 시청률 그래프보다 전국 시청률 그래프가 전반적으로 위에 있어 전국의 시청률이 더 높다.

② 전국 시청률은 7회와 11회에서, 수도권 시청률은 5, 7, 11회에서 시청률이 하락하였음을 알 수 있다.

④ 이 프로그램의 6회 전국 시청률은 9.754%로 10%를 넘지 못하였다.

25 수리력 방정식 활용하기

| 정답 | ①

| 해설 | 시장에서 쓴 비용은 2만 원에서 4,500원을 뺀 15,500원임을 알 수 있다. 무의 가격을 x원, 배추의 가격을 y원이라 하면 다음과 같은 식이 성립한다.

$$\begin{cases} 5x + 8y = 15,500 \cdots\cdots \ㄱ \\ x = y + 500 \cdots\cdots \ㄴ \end{cases}$$

ㄴ을 ㄱ에 대입하여 풀면 다음과 같다.

$$5(y + 500) + 8y = 15,500$$
$$13y = 13,000$$
$$\therefore x = 1,500, \ y = 1,000$$

따라서 무는 1,500원, 배추는 1,000원이다.

26 수리력 방정식 활용하기

| 정답 | ③

| 해설 | E의 점수를 x점으로 놓고 식을 세우면 다음과 같다.

$$\frac{(65 \times 2) + (75 \times 2) + x}{5} = 72$$
$$130 + 150 + x = 360$$
$$\therefore x = 80$$

따라서 E의 점수는 80점이다.

27 수리력 도표의 수치 분석하기

|정답| ②

|해설| 사교육비 총액은 20X5년부터 점점 감소하는 추세인데 20X9년에 유일하게 증가하였다. 그러므로 20X9년에 전년 대비 최고 증가폭을 보였음을 알 수 있다.

|오답풀이|

① 20X6 ~ 20X8년에는 중학교가 가장 크고 20X9년에는 고등학교가 가장 크다.

③ 20X8년 대비 20X9년에 중학교 학생 수가 줄어들었으므로 사교육비 감소를 비용의 순수 경감 효과라고 볼 수 없다.

④ 20X9년에는 중학교를 제외하고 사교육비가 증가하였다. 그러므로 시간의 흐름에 따라 계속해서 사교육비가 감소했다고 볼 수 없다.

28 이해력 거절의 3S 원칙 이해하기

|정답| ②

|해설| Sorry는 유감 표명을 하는 단계로 거절을 하되 왜 거절할 수밖에 없는지 사실에 기반해 유감을 표현해야 한다. '요즘 많이 바쁘다', '몸이 안 좋다'와 같은 모호한 표현이 아니라 구체적으로 사실을 설명하며 요청을 들어줄 수 없어 미안하다는 말을 꼭 덧붙인다. 따라서 ②가 적절하다.

|오답풀이|

① Sympathy(상황 공감) 단계에 해당한다.

③ Suggestion(대안 제시) 단계에 해당한다.

29 공간지각력 단면도 유추하기

|정답| ②

|해설| 입체도형의 형태에 유의하면서 자르는 방향에 따라 나타나는 단면의 모양을 생각한다.

30 문제해결력 동일한 문제해결 태도 찾기

|정답| ③

|해설| 제시된 글의 문제점은 '두 집단이 다른 상황에 처해 있고 완벽히 같은 대우를 받을 수 없다'는 것이다. 화자는 이에 대해 '모두 좋은 상황에 놓일 수 있도록 계속해서 고민하고 행동을 취하고, 또 행동을 수정할 뿐이다'라며 차별을 줄이기 위해 끊임없이 노력해야 한다는 태도를 드러내고 있다.

③은 남성과 여성이 모두 인정할 수 있는 정책은 드물지만, 어느 성별도 차별하지 않도록 노력해야 한다고 하였으므로 제시된 글과 같이 차별을 줄이기 위해 노력한다는 태도를 드러내고 있다. 따라서 제시된 글과 ③이 같은 성격의 문제의식을 지닌다고 볼 수 있다.

|오답풀이|

① 특정 상황에서 문제점을 찾아 대처하려는 태도가 아니므로 제시된 글과 같은 성격의 문제해결 태도라고 보기 어렵다.

② 제시된 글은 상황이 좋지 못한 집단에게 더 나은 대우를 해 주는 것이 절대적으로 옳지는 못하다고 하였으므로 같은 성격의 문제해결 태도라고 볼 수 없다.

④ 지역적으로 서로 다른 자원을 보유하고 있다는 문제점은 유사하지만 서로 다른 점을 고려해야 한다는 수준에서 그칠 뿐 차별이나 노력에 대한 언급은 하지 않고 있다.

31 언어논리력 글의 흐름에 맞게 문장 배열하기

|정답| ③

|해설| 제시된 (가) ~ (라)는 인터넷에서 쓰이는, 이른바 통신언어가 한글을 파괴할 수 있다는 내용으로 요약할 수 있다. 따라서 설문조사 결과를 통하여 화두를 제시하는 (다)가 가장 먼저 등장하는 것이 적절하며, 화두를 제시한 후 짧은 말과 기호가 등장하게 된 간단한 원인을 언급한 (가)가 뒤이어 연결되는 것이 자연스럽다. 또한 (가)와 같은 현상이 나타나게 된 구체적이고 직접적인 이유를 언급한 (라)가 이어지고, 통신언어의 사용으로 한글이 파괴되고 있다는 문제를 제기하는 (나)가 마지막으로 등장하는 것이 전체적인 문맥의 흐름에 가장 부합하는 순서이다.

32 언어논리력 올바른 띄어쓰기 사용하기

|정답| ③

|해설| '한눈'은 한꺼번에 또는 일시에 보는 시야를 말하는 명사로 붙여 쓴다.

33 문제해결력 논리적 오류 파악하기

| 정답 | ①

| 해설 | 제시된 글에서는 '전쟁을 무서워하는 국민은 매국노'라는 표현을 통해 글을 읽고 일어날 수 있는 반론의 여지를 봉쇄하고 있으므로 '원천봉쇄의 오류'에 해당한다.

| 오답풀이 |

② 어떤 상황이나 대상을 반드시 2개의 선택지로 나누어 보는 논리적 오류이다.

③ 발화자의 '말' 자체가 아니라 그 말을 하는 '발화자'에 대한 트집을 잡아 그의 주장을 비판하는 논리적 오류이다.

④ 특수하고 부족한 양의 사례를 근거로 섣불리 일반화하고 판단하는 논리적 오류이다.

34 문제해결력 조건을 바탕으로 일정 선정하기

| 정답 | ②

| 해설 | 〈A의 일정〉에 따라 불가능한 선택지를 소거하면 답을 찾을 수 있다.

두 번째 일정에 따르면 화, 목, 토요일은 오후 7시~9시에 독일어 수업을 들으므로 영화를 볼 수 없어 ③, ④는 제외된다. 네 번째 일정에 따르면 일요일은 오후 5시 이후에 집에서 휴식을 취하므로 ②도 제외된다. 따라서 A가 선택할 수 있는 영화 시작 시각은 수요일 오후 8시 40분이다.

35 공간지각력 입체도형 결합하기

| 정답 | ①

| 해설 | ② 이외의 선택지는 다음과 같이 결합할 수 있다.

①   ③   ④

36 언어논리력 세부내용 이해하기

| 정답 | ③

| 해설 | 제시된 글은 무조건적인 자유는 오히려 타인의 자유를 해치기 때문에 제한되는 경우가 많으나 사람들이 타인의 자유를 해치지만 않는다면 최대한의 자유를 보장해야 한다고 주장하고 있다.

37 언어논리력 글의 흐름에 맞는 접속어 고르기

| 정답 | ①

| 해설 | 빈칸 앞부분에서 나이가 들면 노화로 인해 뇌가 점점 늙어간다고 하였으며, 뒷부분에서 뇌 기능 감퇴는 사실 20대부터 시작된다고 하였다. 즉, 화제를 앞의 내용과 관련시키면서 다른 방향으로 이끌어 나가고자 하므로 빈칸에는 '그런데'가 들어가는 것이 적절하다.

38 이해력 직장 내 바람직한 행동 파악하기

| 정답 | ④

| 해설 | 회사의 인수합병 여부는 현재로서는 알 수가 없다. 따라서 황 대리는 불확실한 정보에 대해 고민하기보다는 현재의 직업생활을 그대로 유지하는 것이 가장 바람직할 것이다.

39 이해력 직장 내 예절 이해하기

| 정답 | ③

| 해설 | 같은 직책이라도 더 높은 직위를 가지고 있는 경우 상위 직위로 부르는 것이 예의다.

40 공간지각력 투상도로 입체도형 찾기

| 정답 | ③

| 해설 | 첫 번째 그림은 정면에서 본 투상도, 두 번째 그림은 위에서 내려다본 투상도, 세 번째 그림은 우측면에서 본 투상도이다.

| 오답풀이 |

① 정면과 우측면의 모양이 일치하지 않는다.

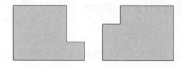

② 위에서 내려다본 모양과 우측면이 일치하지 않는다.

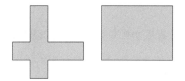

④ 정면의 모양이 일치하지 않는다.

41 문제해결력 조건을 바탕으로 추론하기

| 정답 | ②

| 해설 | 첫 번째 조건을 고려하면 부장과 차장 중 한 명은 반드시 출장을 가야 하지만 둘이 함께 갈 수는 없다. 또한 두 번째 조건에 의해 대리와 사원 중 한 명은 반드시 가야 하는데 사원이 갈 수 없으므로 대리는 반드시 가야 한다. 세 번째 조건의 대우에 의해 대리가 가면 과장도 함께 가야 하고, 마지막 조건의 대우에 따라 인턴이 가는 경우는 차장도 함께 가야 하므로 모든 조건을 만족할 수 있는 팀은 '차장, 과장, 대리, 인턴'이다.

42 수리력 도표의 수치 분석하기

| 정답 | ①

| 해설 | 세외수입을 제외한 20X7년 회계연도 총세입은 265.4조 원이며, 20X6년 대비 22.8조 원 증가하였다.

43 문제해결력 조건을 바탕으로 대상자 선정하기

| 정답 | ②

| 해설 | 병은 직전 해외 파견근무 종료 시점이 20X2년 11월로 20X4년 10월 기준으로 2년이 경과되지 않아 선발되지 않는다. 지원자 중 업무능력 우수자인 정은 반드시 선발되어야 하며, 동일 부서에 근무하는 2명 이상의 팀장을 선발할 수 없으므로 같은 영업부 팀장인 무는 선발되지 않는다.

그리고 총무부 직원을 1명 이상 선발해야 하므로 선발 조건에 미달하는 병은 제외하고, 총무부 과장 갑을 선발할 경우 같은 부서에 근무하는 직원인 총무부의 기를 함께 선발해야 한다. 기획팀 과장 을과 사원 경은 업무능력이 미흡이므로 선발되지 않는다. 따라서 갑, 정, 기가 선발된다.

44 공간지각력 블록의 보이는 면 세기

| 정답 | ④

| 해설 | 그림에서 두 면만 보이는 블록을 색칠하면 다음과 같다.

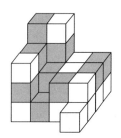

따라서 모두 9개이다.

45 공간지각력 블록과 접촉하는 블록 세기

| 정답 | ③

| 해설 | 색칠된 블록에 직접 접촉하고 있는 블록은 그림을 바라보는 정면을 기준으로 색칠된 블록의 오른쪽, 왼쪽, 뒤, 아래로 총 4개이다.

46 이해력 고객 불만에 적절하게 응대하기

| 정답 | ③

| 해설 | 제시된 상황의 고객은 명백히 본인이 잘못했으나, 거리가 짧아서 일부러 누락시켰으리라 생각하며 계속해서 언성을 높이고 있다. 따라서 담당자로서 정중한 태도로 응대하는 것이 가장 중요하며 고객의 말에 맞장구치면서도 분명한 증거를 제시하여 스스로 화를 누그러뜨릴 수 있게 유도하는 것도 필요하다. 단, 고객이 틀렸다는 것을 증명해 비난하려는 의도로 느껴져 고객의 화를 돋울 수 있으므로 주의해야 한다.

| 오답풀이 |

①, ② 갈등 상황에서 입장 차이를 좁혀 나가려는 노력 없이 문제를 회피하거나 타인(경찰)에게 맡겨 버리는 것은 바람직하지 않은 대응 방안이다.

47 수리력 그래프를 바탕으로 수치 계산하기

| 정답 | ③

| 해설 | 그래프의 막대 길이를 살펴보면 소득격차가 가장 큰 해는 2020년임을 알 수 있다. 2020년의 농가 소득은 그 해 도시, 농촌 전체 소득의 $\frac{3,210}{4,800+3,210}\times100 ≒ 40.1(\%)$ 이다.

48 수리력 그래프를 바탕으로 수치 계산하기

| 정답 | ④

| 해설 |
- 2010년 대비 2020년의 도시근로자 소득 증가분 : $4,800-2,865=1,935$(만 원)
- 2010년 대비 2020년의 농가 소득 증가분 : $3,210-2,307=903$(만 원)

49 언어논리력 관련 있는 사자성어 고르기

| 정답 | ②

| 해설 | A 시는 사업운영으로 일자리 창출과 함께 산림자원도 증대시키는 결과를 얻었다. 이러한 내용과 가장 관련 있는 사자성어는 일거양득(一擧兩得)으로 한 가지 일로 두 가지 이득을 얻는다는 의미를 가진다.

| 오답풀이 |

① 지록위마(指鹿爲馬) : 윗사람을 농락하여 권세를 휘두름을 이르는 말
③ 유비무환(有備無患) : 미리 준비가 되어 있으면 걱정할 것이 없음.
④ 건곤일척(乾坤一擲) : 운명과 흥망·승패를 걸고 단판 승부를 겨루는 것

50 문제해결력 자료의 내용 파악하기

| 정답 | ②

| 해설 | 유의사항 안내 세 번째 항목에 따르면 식물은 채집할 수 없다.

| 오답풀이 |

① 단체 요금으로 할인되는 금액은 모두 1,000원으로 같다.
③ 운영 종료 시각이 18시 30분(오후 6시 30분)이므로 한 시간 전인 오후 5시 30분까지 입장이 가능하다.
④ 경로 우대자는 신분증, 복지 카드, 의료 보험증 등을 제시하도록 명시되어 있다.

6회 기출예상문제

▶ 문제 186쪽

01	②	02	④	03	④	04	③	05	③
06	④	07	②	08	①	09	③	10	①
11	④	12	②	13	①	14	④	15	③
16	①	17	④	18	②	19	③	20	①
21	①	22	③	23	①	24	④	25	②
26	④	27	③	28	②	29	③	30	④
31	④	32	④	33	②	34	③	35	②
36	②	37	③	38	①	39	④	40	③
41	④	42	②	43	④	44	①	45	④
46	①	47	③	48	②	49	④	50	①

01 언어논리력 문맥에 맞는 단어 사용하기

| 정답 | ②

| 해설 | '힐책하다'는 '잘못된 점을 따져 나무라다'라는 의미를 지니므로 '수포로 돌아가다'와 의미상 차이가 있다.

| 오답풀이 |

① '깨어지다'의 준말로, 일 따위가 틀어져 성사가 되지 않음을 의미한다.
③ 잘못하여 일을 그릇되게 함을 의미한다.
④ 바라던 일이 어긋나 낭패됨을 의미한다.

02 이해력 올바른 경청 태도 이해하기

| 정답 | ④

| 해설 | 〈사례〉에서 제시된 박 대리의 태도는 회의에 집중하지 못하고 지루해하며 딴청을 피우는 모습이다. 이러한 박 대리에게 상대방의 말에 집중하여 귀 기울이고, 적절한 반응을 보이는 것 등은 모두 적절한 조언이라고 할 수 있다. 하지만 제시된 사례에서는 상대방의 이야기에 동의하는 모습은 보이지 않으므로 ④는 상황에 맞는 적절한 조언이라고 볼 수 없다.

03 공간지각력 전개도를 접어 주사위 만들기

| 정답 | ④

| 해설 | 주사위의 앞면에 해당하는 곳을 전개도에서 찾은 후 앞면을 중심으로 뒷면을 찾으면 쉽게 해결할 수 있다. 뒷면 방향에서 바라본 모습을 찾는 것임에 유의한다.

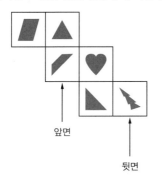

앞면

뒷면

04 문제해결력 명제 판단하기

| 정답 | ③

| 해설 | 각 명제를 'a : 법학을 공부한다', 'b : 행정학 수업을 듣는다', 'c : 경제학 수업을 듣는다', 'd : 역사를 공부한다', 'e : 철학을 공부한다'라고 할 때 〈보기〉를 정리하면 다음과 같다.

• a → b   • c → ~d

• a → e   • ~c → ~b

'c → ~d'가 참이므로 이 명제의 대우인 'd → ~c'도 참이다. 또한 'a → b'가 참이므로 이 명제의 대우인 '~b → ~

a'도 참이다. 따라서 이 명제들과 '~c → ~b'와의 삼단논법에 의해 'd → ~a'도 참임을 알 수 있다. 따라서 '역사를 공부하는 사람은 법학을 공부하지 않는다'는 옳다.

| 오답풀이 |

①, ② 제시된 명제로는 알 수 없다.

④ '~c → ~b'가 참이므로 이 명제의 대우인 'b → c'도 참이다. 따라서 'a → b'와의 삼단논법에 의해 'a → c'가 참임을 알 수 있다.

05 이해력 효과적 의사소통 이해하기

| 정답 | ③

| 해설 | 상대방의 이야기가 진행될 때에는 상대방의 눈을 부드럽게 바라보면서 공감적 반응을 보여 주며 자신이 주의 깊게 경청하고 있음을 표현하는 것이 좋다.

06 언어논리력 적절하지 않은 지시 사항 고르기

| 정답 | ④

| 해설 | 주 2회 정시 퇴근의 날은 가족과 같이 있을 수 있는 시간을 갖게 하는 것으로 가족친화 제도와 관련이 있다.

07 공간지각력 블록 개수 세기

| 정답 | ②

| 해설 | 가장 뒷줄에 위치한 블록의 개수는 19개, 뒤에서 두 번째 줄에 위치한 블록의 개수는 9개, 가장 앞줄에 위치한 블록의 개수는 4개이므로 총 32개이다.

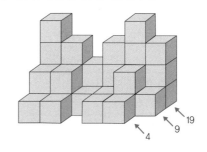

총남기출복원 1회 기출예상 2회 기출예상 3회 기출예상 4회 기출예상 5회 기출예상 6회 기출예상 7회 기출예상 8회 기출예상 9회 기출예상

08 문제해결력 조건을 바탕으로 추론하기

| 정답 | ①

| 해설 | C의 진술에 따라 C는 독일어, 일본어, 중국어를 구사할 수 있으며, A와 D의 진술에 따라 A, D는 스페인어를 구사할 수 있다. 다음으로 B의 진술에 따라 B는 일본어, 중국어를 구사할 수 있다. 마지막으로 E의 진술에 따라 E는 B와 C 중 C만 구사할 수 있는 언어를 구사할 수 있다고 하였으므로 독일어만 구사할 수 있음을 알 수 있다. 이를 정리하면 다음과 같다.

구분	A	B	C	D	E
구사 가능한 언어	스페인어	일본어, 중국어	독일어, 일본어, 중국어	스페인어	독일어

09 언어논리력 글의 주제 찾기

| 정답 | ③

| 해설 | 제시된 글의 마지막 문장을 통해 전체 주제를 파악할 수 있다. 즉, 책의 문화는 읽는 일과 직접적으로 연결되며 그것이 생각하는 사회를 만드는 가장 쉽고 빠른 방법이라는 것이다. 따라서 사회에 책 읽는 문화를 퍼뜨리자는 메시지가 이 글의 주제이다.

10 언어논리력 문맥에 맞는 어휘 고르기

| 정답 | ①

| 해설 | 빈칸이 있는 문장과 뒤 문장을 연계해서 살펴보면, 책을 읽는 문화를 통해 생각하는 사회를 만들자는 것이 핵심이다. 따라서 읽는 일이 퍼지도록 힘쓰고 북돋아 주어야 한다는 의미가 되어야 하므로 빈칸에는 '장려'가 들어가는 것이 적절하다.

11 문제해결력 명제 판단하기

| 정답 | ④

| 해설 | 명제가 참이면 그 명제의 대우도 참이므로, '운동을 좋아하면 → 인내심이 있고 몸도 건강하다'의 대우인 '인내심이 없거나 몸이 건강하지 않으면 → 운동을 좋아하지 않는다'가 성립한다.

12 언어논리력 글을 바탕으로 추론하기

| 정답 | ②

| 해설 | 활의 사거리와 관통력을 결정하는 것은 복원력으로, 복원력은 물리학적 에너지 전환 과정, 즉 위치 에너지가 운동 에너지로 전환되는 힘이라 볼 수 있다.

| 오답풀이 |

① 고려시대 때 한 가지 재료만으로 활을 제작했는지는 알 수 없다.

③ 활대가 많이 휘면 휠수록 복원력이 커지는 것은 맞지만 그로 인해 가격이 비싸지는지에 대해서는 제시된 글을 통해 추론할 수 없다.

④ 각궁은 다양한 재료의 조합으로 만들어져 탄력이 좋아서 시위를 풀었을 때 활이 반대 방향으로 굽는 특징을 가진다.

13 이해력 직업관 이해하기

| 정답 | ①

| 해설 | 제시된 글에서 설명하는 직업관은 직업을 수단으로 보는 도구적 직업관에 해당된다.

| 오답풀이 |

② 목적적 직업관 : 직업을 자아실현의 장으로 보거나 취미 활동의 연장으로 보는 직업관

③ 생업적 직업관 : 직업을 개인의 경제적 독립을 위한 가장 기본적이고 일차적인 수단으로 보는 직업관

④ 신분적 직업관 : 소속 사회의 신분과 계층, 인종 등에 따라 직업이 정해져 있으며, 낮은 계층이 하는 일은 천하게 생각하고 높은 계층이 하는 일은 귀하고 가치 있는 것이라고 생각하는 직업관

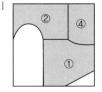

14 공간지각력 나타나 있지 않은 조각 찾기

|정답| ③

|해설|

15 공간지각력 동일한 도형 찾기

|정답| ③

|해설| 제시된 도형과 동일한 것은 ③이다.

|오답풀이|

나머지 도형은 동그라미 친 부분이 다르다.

16 언어논리력 문맥에 맞게 문장 배열하기

|정답| ①

|해설| 우선 감기를 예방하는 방법이라는 중심 소재를 제시하는 (나)가 와야 한다. 그리고 그 방법에 대한 구체적인 예시를 설명하는 (가)가 오고, '또한'이라는 접속사로 시작하며 또 다른 예시에 대해 설명하는 (라)가 온다. 마지막으로 어린이라는 특정 나이대에 중점을 두고 주의를 요하는 (다)가 이어진다. 따라서 글의 순서는 (나)-(가)-(라)-(다)가 적절하다.

17 언어논리력 글의 중심내용 찾기

|정답| ④

|해설| 첫 번째 문단을 보면 현재 하나의 사건이나 이슈에 대해 수많은 뉴스 생산 주체들이 다르게 보도하고 있다는 것을 알 수 있다. 이후 두 번째 문단을 보면 미디어 환경 및 뉴스 산업 구조로 인해 뉴스 생산 환경이 급속하게 변화

했으며 기자, 블로거, 시민기자, 팟캐스터 등 다양한 사람들이 뉴스 생산에 기여한다고 이야기하고 있다. 마지막 문장에서는 '뉴스를 바르게 이해하기 위해서는 뉴스 생산자의 역할과 임무에 대한 이해가 선행되어야 한다'라고 말하고 있다. 이를 모두 종합하면 올바른 뉴스를 소비하기 위해서는 뉴스 생산자의 역할과 임무에 대해 소비자가 능동적으로 판단하고 이해해야 한다는 것을 알 수 있다.

18 문제해결력 진위 추론하기

|정답| ②

|해설| 각각의 진술이 거짓인 경우를 추론해 본다.

1) 철수가 거짓일 경우 : 철수는 B 또는 C 팀에 들어간 것이 되는데 이때 영희와 세영이가 각각 B 팀과 C 팀에 들어가 있으므로 모순이 된다.

2) 승한이가 거짓일 경우 : 승한과 세영이가 C 팀이 되는데 C 팀은 1명을 충원했다고 하였으므로 모순이 된다.

3) 영희가 거짓일 경우 : 영희는 A 또는 C 팀에 들어간다. 나머지 참인 진술을 종합하면 철수는 A 팀, 세영이가 C 팀이므로 영희는 2명을 충원한 A 팀에 들어간 것이 되고, 승한이는 B 팀이 된다.

4) 세영이가 거짓일 경우 : C 팀에 들어간 사람이 한 명도 없게 되므로 모순이 된다.

따라서 거짓을 말한 사람은 영희이며, 이때 A 팀에 들어간 사람은 철수와 영희이다.

19 문제해결력 논리적 오류 파악하기

|정답| ③

|해설| 제시된 글에서 범하고 있는 논리적 오류는 순환논법의 오류이다. 이는 전제의 진리와 본론의 진리가 서로 의존하며 같은 하나의 이론이 그대로 되풀이되는 허위의 논증 방법으로, 선택지 ③이 이와 같은 오류를 범하고 있다.

|오답풀이|

① 무지에 호소하는 오류로, 단순히 어떤 명제가 거짓이라는 것이 증명되지 않았다는 것을 근거로 그 명제가 참이라고 주장하거나, 반대로 그 명제가 참이라는 것이 증명되지 않았기 때문에 그 명제는 거짓이라고 주장하는 오류이다.

② 성급한 일반화의 오류로, 특수하고 부족한 양의 사례를 근거로 섣불리 일반화하고 판단하는 오류이다.

④ 흑백논리의 오류로, 어떤 상황을 두 가지의 양강 구도로 나누어 보려고 하는 오류이다.

20 공간지각력 **조각 배열하기**

| 정답 | ①

| 해설 | 그림의 조각을 (가)-(다)-(라)-(나)의 순으로 배열하면 다음과 같은 그림이 완성된다.

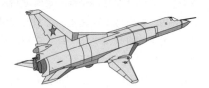

21 수리력 **그래프 해석하기**

| 정답 | ①

| 해설 | 월 1 ～ 3회와 월 4 ～ 6회의 그래프는 동일하게 해당 기간 동안 지속적인 증가 추이를 보이고 있음을 알 수 있다.

22 수리력 **그래프 해석하기**

| 정답 | ③

| 해설 | 월 1 ～ 3회, 월 7 ～ 9회, 월 10 ～ 12회의 3개 항목이 응답자 수가 증가하였다.

| 오답풀이 |

①, ② 월 1 ～ 3회의 항목은 전체 기간 동안 매년 응답자 수가 증가하였으므로, 5개 빈도 항목 모두 응답수가 전년보다 감소한 시기는 없다.

④ 2017년보다 2022년에 응답자 수가 더 많은 빈도 항목은 월 1 ～ 3회, 월 4 ～ 6회의 2개 항목이다.

23 수리력 **도표의 수치 분석하기**

| 정답 | ①

| 해설 | 제시된 자료는 업무 편의상 교역 국가수 10개 미만인 기업과 20개 이상인 기업으로 구분한 것이며, 전체 기업 수와 비교해도 그 외의 교역 국가수를 가진 기업이 있음을 알 수 있다. 따라서 이 두 가지 기준으로만 구분된다고 볼 수는 없다.

| 오답풀이 |

② 전체 기업 수에서 차지하는 비중으로 확인할 수 있다.

③ 중소기업이 두 가지 기준에서 모두 대기업, 중견기업보다 월등히 많음을 알 수 있다.

④ 비율의 합이 100을 나타내는 지표가 어느 것인지를 확인하여 알 수 있다. 따라서 괄호 안의 비율은 20개국 이상 교역 국가수를 가진 기업 내에서의 비율임을 알 수 있다.

24 수리력 **비례식 활용하기**

| 정답 | ④

| 해설 | 총 10개의 사탕이 있으므로 형이 가지게 되는 사탕의 개수를 x개, 남동생이 가지게 되는 사탕의 개수를 $(10-x)$개라고 정한 뒤 식을 세우면 다음과 같다.

$3 : 2 = (10-x) : x$

$5x = 20$

$\therefore x = 4$

따라서 형이 가지게 되는 사탕은 4개이다.

25 수리력 **부등식 활용하기**

| 정답 | ②

| 해설 | 어른을 x명이라 하면 어린이는 $(8-x)$명이므로 다음과 같은 식이 성립한다.

$12,900x + 8,200(8-x) \leq 90,000$

$12,900x + 65,600 - 8,200x \leq 90,000$

$4,700x \leq 24,400$

$\therefore x \leq 5.19\cdots$

따라서 어른은 최대 5명이다.

충남기술학원

1회 기출예상

2회 기출예상

3회 기출예상

4회 기출예상

5회 기출예상

6회 기출예상

7회 기출예상

8회 기출예상

9회 기출예상

26 수리력 경우의 수 구하기

| 정답 | ④

| 해설 | 주사위 눈으로 만들 수 있는 5의 배수는 5와 10이므로 두 경우로 나누어 모든 경우의 수를 구한다.

- 합이 5가 되는 경우(1번째, 2번째) :
  (1, 4), (2, 3), (3, 2), (4, 1)
- 합이 10이 되는 경우(1번째, 2번째) :
  (4, 6), (5, 5), (6, 4)

따라서 주사위를 두 번 던져 나온 눈의 합이 5의 배수가 되는 경우는 모두 7가지이다.

27 수리력 구매할 물품의 수 구하기

| 정답 | ③

| 해설 | 필요한 물품의 개수는 핫팩 500개, 기념볼펜 125개, 배지 250개이다. 구매 가격을 계산하면 기념볼펜은 $125 \times 800 = 100,000$(원)이고 배지는 $250 \times 600 = 150,000$(원)이므로, 핫팩의 구매 가격은 $490,000 - (100,000 + 150,000) = 240,000$(원)이다. 이때 필요한 핫팩 상자 수는 $500 \div 16 = 31.25 \le 32$(개)이므로 핫팩 한 상자당 가격은 $240,000 \div 32 = 7,500$(원)이다.

28 이해력 샌드위치 화법 이해하기

| 정답 | ②

| 해설 | 제시된 글의 의사표현법은 질책을 할 때 보다 효과적으로 말할 수 있는 샌드위치 화법이다. B는 칭찬-질책-격려의 구조를 명확히 따르며 말하고 있다.

| 오답풀이 |

① 마지막에 부정적인 평가로 말이 끝나므로 샌드위치 화법에 따른 것이 아니다.

③ 공감 후 상대의 고민에 대한 의견 제시만을 하고 있다.

④ 칭찬-질책의 구조를 따르다가 마지막에 지시의 내용으로 말을 끝맺는다.

29 수리력 그래프의 수치 분석하기

| 정답 | ③

| 해설 | ㉠ 자료를 통하여 학년이 높아질수록 장학금을 받는 학생들의 1인당 평균 교내 특별활동 수가 증가한 사실은 알 수 있지만, 장학금을 받는 학생 수에 대한 정보는 알 수 없다.

㉡ 장학금을 받지 못하는 4학년생이 참가한 1인당 평균 교내 특별활동 수는 약 0.5개이고, 장학금을 받는 4학년생이 참가한 1인당 평균 교내 특별활동 수는 2.5개 이상이므로 5배 이상이다.

㉣ 자료는 각각 장학금을 받는 학생과 받지 못하는 학생의 1인당 평균 교내 특별활동 수를 비교하고 있으므로 각 학년 전체의 1인당 평균 교내 특별활동 수는 알 수 없다.

| 오답풀이 |

㉢ 그래프를 통해 쉽게 확인할 수 있다.

30 공간지각력 제시된 도형 합치기

| 정답 | ④

| 해설 | ④는 다음과 같이 수정되어야 한다.

31 언어논리력 글에 알맞은 제목 넣기

| 정답 | ④

| 해설 | 디즈니는 고객에게 최상의 만족감을 제공하기 위해 고객의 '경험'을 최우선 가치로 여긴다고 하였고 병원에서도 환자들은 질병이 치료된 방식이 아니라 한 인간으로서 자신이 돌보아진 방식을 가지고 판단한다고 하였다. 이를 위해 사람에 대한 배려가 중요하다는 것을 알 수 있다.

32 언어논리력 글의 서술 방식 파악하기

| 정답 | ④

| 해설 | 제시된 글에서는 '불균등한 분배 → 계층 간 격차 확대 → 다음 세대로 전승'으로 불평등 구조가 재생산되고 있다고 말한다. 또 이 재생산 구조는 한국 특유의 배타적 가족주의와 만나 자기 가족의 안락과 번영을 위해 다른 가족의 경제적 빈곤을 악화시키는 현상을 확대한다고 하였다. 즉, 사회현상의 연속적인 흐름에 따라 설명하고 있다.

33 문제해결력 문제해결방법 파악하기

| 정답 | ②

| 해설 | 글에서 볼 수 있는 △△기관의 문제상황은 환경이 열악한 휴게실이 있는 것은 사실이나 쾌적한 환경의 휴게실이 충분히 있다는 사실은 보도되지 않아 기관의 이미지가 실추될 수 있다는 것이다. 이를 바로잡기 위해서는 해당 문제에 대응한 휴게실 관련 설명 자료를 작성하여 배포하는 것이 가장 적절하다.

| 오답풀이 |

① △△기관의 문제상황은 경쟁사와 관련된 것이 아니므로 경쟁사를 비판하는 것은 문제의 근본적 해결책이 아니며 기관의 이미지를 훼손할 수도 있다.

③ 열악한 직원 휴게실로 보도된 것이 문제인데 사회공헌 활동은 이와 관련이 없으므로 도움이 될 수 없다.

④ 기관의 장점을 알리는 홍보자료를 보도하기보다 이번 사건을 통해 발생한 이미지 실추와 관련된 정정 자료를 보도하는 것이 문제상황의 근본적인 해결방안이다.

34 문제해결력 조건을 바탕으로 출국일 선정하기

| 정답 | ③

| 해설 | 달력을 따져 보아야 하는 유형의 문제는 아래와 같이 달력을 그려서 살펴보면 정답을 구할 수 있다.

일	월	화	수	목	금	토
	1	2	3	4	5	6
7	8	9	10	11	12	13
14	15	16	17	18	19	20
21	22	23	24	25	26	27
28	29	30	31			

이번달은 1일이 월요일이며 정 대리가 출장을 가는 기간은 이번달 안에 속해 있어야 한다.

3박 4일 일정 중 출발과 도착일 모두 휴일이 아니어야 한다면 월 ~ 목요일, 화 ~ 금요일, 금 ~ 월요일 세 가지의 경우의 수가 생긴다.

현지에서 복귀하는 비행편이 화요일과 목요일이므로 월 ~ 목요일의 일정을 선택해야 한다.

회의가 셋째 주 화요일이라면 16일이며 그 이후 가능한 월 ~ 목요일은 두 번이 있으나, 마지막 주의 경우 도착일이 다음 달로 넘어가게 되므로 조건에 부합되지 않는다.

따라서 출장 출발일로 적절한 날은 22일이며 일정은 22 ~ 25일이 된다.

35 언어논리력 글의 흐름에 맞게 빈칸 채우기

| 정답 | ②

| 해설 | 제시된 내용은 평균값만을 가지고서는 정확한 결론을 낼 수 없다는 것을 설명하고 있다. 따라서 자료의 변수를 포함하여 다양한 요소를 고려해야 한다고 주장함을 추론할 수 있다.

36 이해력 정직의 의미 이해하기

| 정답 | ②

| 해설 | 정직은 신뢰를 형성하고 유지하는 데 필요한 가장 기본적이고 필수적인 규범이다. 부정직한 관행도 존재하기 때문에 관행을 무조건적으로 따르는 것은 정직의 예시로 적절하지 않다.

37 이해력 직장 내 명함 교환 예절 이해하기

| 정답 | ④

| 해설 | 명함을 주고받을 때 유의할 점은 다음과 같다.

• 명함은 새것을 사용하여야 한다.

• 명함은 반드시 명함 지갑에서 꺼내고 상대방에게 받은 명함도 명함 지갑에 넣어야 한다.

• 상대방에게 명함을 받으면 받은 즉시 호주머니에 넣어지 않고 명함에 대해 한두 마디의 대화를 건네는 것이 좋다.

• 명함은 하위에 있는 사람이 먼저 꺼내고, 상위자에 대해서는 왼손으로 가볍게 받치는 것이 예의이다.

• 쌍방이 명함을 동시에 꺼낼 경우, 왼손으로 서로 교환하고 오른손으로 옮긴다.

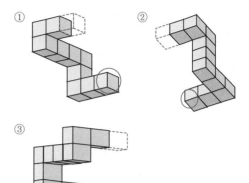

38 문제해결력 명제 판단하기

|정답| ①

|해설| 제시된 명제를 정리하면 다음과 같다.

• 2호선 → 5호선

• 9호선 → 7호선

'8호선을 이용하면 5호선을 이용한다'가 성립하기 위해서는 '2호선을 이용하면 5호선을 이용한다'와 삼단논법으로 이어질 수 있어야 한다. 따라서 '8호선을 이용하면 2호선을 이용한다'가 참이라면 '8호선 → 2호선 → 5호선'이 성립한다.

39 공간지각력 일치하는 입체도형 찾기

|정답| ④

|해설| ④는 제시된 입체도형을 다음과 같은 화살표 방향에서 바라본 모습이다.

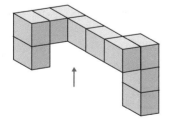

|오답풀이|

다른 입체도형은 점선 표시된 블록이 추가되고 동그라미 친 블록이 제거되어야 한다.

40 언어논리력 세부내용 이해하기

|정답| ③

|해설| 첫 번째 문단에서는 글쓴이가 경주를 떠나 불국사로 향하고 있음을 알 수 있다. 두 번째 문단에서는 경주에서 불국사역까지 기차로 이동한 글쓴이가 자동차로 갈아타고 불국사까지 이동한 경로를 보여주며, 세 번째 문단에서는 토함산 등산길을, 네 번째 문단에서는 석굴암을 묘사하고 있다.

41 문제해결력 조건을 바탕으로 대상자 선정하기

|정답| ④

|해설| 우선 과락점수가 75점이므로 외국어 성적이 70점인 C는 승진대상에서 제외된다. 승진자는 승진탈락자보다 평균 점수가 높거나 같다고 하였으므로 대상자의 평균 점수를 구하여 상위 두 명을 선정한다.

• A : $\dfrac{90+80+80}{3} ≒ 83.3$

• B : $\dfrac{85+80+90}{3} = 85$

• D : $\dfrac{80+90+80}{3} ≒ 83.3$

• E : $\dfrac{75+80+95}{3} ≒ 83.3$

• F : $\dfrac{95+85+80}{3} ≒ 86.7$

따라서 이 중 평균 점수가 가장 높은 F와 B가 승진 대상이 된다. 개인 성과점수가 90점 이상인 사람 중 최소 한 명은 무조건 승진해야 한다는 조건 역시 F의 개인 성과점수가 90점이므로 충족된다.

42 공간지각력 일치하는 기호의 개수 구하기

| 정답 | ②

| 해설 | 모양이 같은 기호를 그림에 표시하면 다음과 같다.

♧ ☆ ◑ Σ *f* ▦ £ ♡ ■ ▦ £ ¥ ◈ ♥ ◺ ℃ ☎ ♣
♤ ◐ ▩ △ ⊠ ✿ ◁ ♀ ▨ △ ♫ ▤ ♪ ◉ ⇒ Ⅷ ⊕ ¢
♂ ✪ *f* ▱ ✳ ▲ Ω Ω ⊙ ⌐ ● ◪ Ⓚ ⌐ ⊃ ⊕ ⇔ !? @

따라서 같은 모양의 기호는 총 3쌍이다.

43 문제해결력 자료의 내용 파악하기

| 정답 | ④

| 해설 | ④의 경우, 육아휴직 개시일 이후 사업주로부터 지급받은 금품의 월평균 금액과 육아휴직 급여액을 합한 금액이 이전 사업주로부터 받던 통상임금인 175만 원을 초과할 수 없고 초과 부분이 있으면 육아 휴직비에서 감액하게 된다.

44 수리력 도표의 수치 분석하기

| 정답 | ①

| 해설 | (A) ~ (D)에 들어갈 수치를 계산하면 다음과 같다.

- (A) : $736,868-42,400-126,615-141,856-305,776$
  $=120,221$
- (B) : $823,141-111,642-114,338-156,275-86,150=$
  $354,736$
- (C) : $433,657-141,856-156,275=135,526$
- (D) : $2,439,458-736,868-823,141=879,449$

따라서 C 국에 대한 수입량은 20X9년에는 감소하였다.

| 오답풀이 |

② D 국과 E 국의 국가별 수입량 합계는 다음과 같다.

- D 국 : $120,221+86,150+64,734=271,105$(만 리터)
- E 국 : $305,776+354,736+305,221=965,733$(만 리터)

따라서 국가별 수입량 합계가 가장 적은 국가는 D 국이다.

④ 20X8년 총수입량은 823,141만 리터로 E 국의 3개년 합계 965,733만 리터보다 적다.

45 수리력 도표를 바탕으로 수치 계산하기

| 정답 | ④

| 해설 | (A) 120,221, (B) 354,736, (C) 135,526, (D) 879,449 이므로 (D)에서 (A), (B), (C)를 뺀 값은 $879,449-120,221-354,736-135,526=268,966$이다.

46 이해력 고객의 유형에 따른 대처 방법 파악하기

| 정답 | ①

| 해설 | 독촉하는 고객에게는 애매한 화법을 자제하고 시원스럽게 처리하는 모습을 보이는 것이 바람직한 응대 방법이다.

| 오답풀이 |

② 트집 잡는 고객을 응대하는 방식에 해당한다.

③ 거만한 고객을 응대하는 방식에 해당한다.

④ 의심이 많은 고객을 응대하는 방식에 해당한다.

47 언어논리력 내용에 맞는 속담 찾기

| 정답 | ④

| 해설 | 단보는 백성을 해치지 않기 위해 오랑캐에게 땅을 내주었으므로, 돈이나 물질보다 사람의 생명이 가장 소중함을 뜻하는 속담인 ④가 가장 적절하다.

| 오답풀이 |

① 개인뿐 아니라 나라조차도 남의 가난한 살림을 돕는 데는 끝이 없다는 뜻이다.

② 말 못 하는 사람이 가뜩이나 말이 안 통하는 오랑캐와 만났다는 뜻으로, 말을 하지 않는 경우를 이른다.

③ 사또가 길을 떠날 때 일을 돕는 비장은 그 준비를 갖추느라 바쁘다는 뜻으로, 윗사람 때문에 고된 일을 하게 됨을 이른다.

48 수리력 도표의 수치 분석하기

| 정답 | ②

| 해설 | 연령계층별로 인원수를 알 수 없기 때문에 20 ~ 39세 전체 청년의 자가 거주 비중은 알 수 없다.

| 오답풀이 |

① 20 ~ 24세 청년 중 62.7%가 보증부월세, 15.4%가 순수월세로, 약 78.1%가 월세 형태로 거주하고 있으며 자가 비율은 5.1%이다.

③ 연령계층이 높아질수록 자가 거주 비율은 5.1→13.6 →31.9→45.0으로 높아지고 있으나 월세 비중은 78.1 →54.2→31.6→25.2로 작아지고 있다.

④ 25 ~ 29세 청년의 자가 거주 비중은 13.6%로 5.1%인 20 ~ 24세보다 높다. 25 ~ 29세 청년 중 임차 형태로 거주하는 비중은 24.7+47.7+6.5=78.9(%)이며, 월세로 거주하는 비중은 47.7+6.5=54.2(%)이다.

49 공간지각력 크고 작은 사각형의 개수 구하기

| 정답 | ④

| 해설 | 사각형 1개로 만들 수 있는 사각형은 9개, 사각형 2개로 만들 수 있는 사각형은 10개, 사각형 3개로 만들 수 있는 사각형은 4개, 사각형 4개로 만들 수 있는 사각형은 2개이다. 따라서 그림에서 찾을 수 있는 크고 작은 사각형은 모두 25개이다.

50 공간지각력 투상도로 입체도형 추론하기

| 정답 | ①

| 해설 | 정면도 → 평면도 → 우측면도 순으로 블록 개수를 각각 확인해 보면 블록 개수와 모양이 모두 일치하는 입체도형은 ①이다.

| 오답풀이 |

다른 입체도형은 동그라미 친 부분이 추가되고 색칠된 블록이 제거되어야 한다.

② 정면도와 우측면도가 일치하지 않는다.

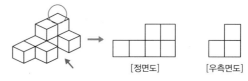

③ 정면도와 평면도가 일치하지 않는다.

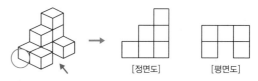

④ 평면도가 일치하지 않는다.

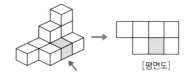

7회 기출예상문제

▶ 문제 210쪽

01	④	02	④	03	②	04	③	05	②
06	④	07	③	08	④	09	④	10	③
11	④	12	②	13	②	14	②	15	③
16	②	17	②	18	①	19	②	20	②
21	③	22	②	23	③	24	②	25	②
26	①	27	①	28	②	29	①	30	②
31	③	32	②	33	①	34	③	35	①
36	④	37	②	38	②	39	④	40	④
41	②	42	④	43	③	44	③	45	④
46	③	47	④	48	③	49	③	50	④

01 언어논리력 다의어의 의미 파악하기

| 정답 | ④

| 해설 | 〈보기〉의 문장과 ④에 쓰인 '맞다'는 '어떤 대상의 맛, 온도, 습도 따위가 적당하다'의 의미를 갖는다.

| 오답풀이 |

① '어떤 대상의 내용, 정체 따위가 무엇임이 틀림이 없다'의 의미로 쓰였다.

② '어떤 행동, 의견, 상황 따위가 다른 것과 서로 어긋나지 아니하고 같거나 어울리다'의 의미로 쓰였다.

③ '모습, 분위기, 취향 따위가 다른 것에 잘 어울리다'의 의미로 쓰였다.

02 이해력 팀워크가 와해된 이유 찾기

| 정답 | ④

| 해설 | 〈상황〉의 대화를 보면 김 사원이 '우리가 모르는 일정이 많아진 것 같아요.', '팀장님이 아무 말씀도 없이 자리를 자주 비우시니'라고 언급한다. 팀장이 무엇을 하는지 팀원들에게 알리지 않아 혼란을 겪는 것에서 문제가 시작되고 있으므로 '소통 부족'이 팀워크 와해의 가장 큰 이유로 볼 수 있다. 또한 독단적으로 결정하는 행동도 소통의 부족이 문제이므로 팀워크 와해 이유가 가장 유사한 것은 ④이다.

03 공간지각력 제시된 블록 합치기

| 정답 | ②

| 해설 | ②는 다음과 같이 결합되었다.

| 오답풀이 |

다른 입체도형은 점선으로 표시된 블록이 추가되고 동그라미 친 블록이 제거되어야 한다.

① 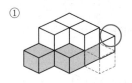 ③

④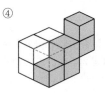

04 문제해결력 조건을 바탕으로 추론하기

| 정답 | ③

| 해설 | 두 번째 조건에서 파란색 코트를 입는 A가 B의 아래층에 살고, 세 번째 조건에서 C가 보라색 코트를 입는 사람의 아래층에 산다고 했으므로, A, C는 1층, B, D는 2층에 산다는 것을 알 수 있다. 또한 다섯 번째 조건에서 노란색 코트를 입는 일본인이 1층에 산다고 했으므로 이 사람은 C가 되고, 네 번째 조건의 초록색 코트를 입는 중국인이 B가 되며, 그 옆에 사는 D가 영국인이 된다. 그러므로 파란색 코트를 입는 A가 한국인이 되고, 이 내용을 표로 정리하면 다음과 같다.

2층	B - 초록, 중국	D - 보라, 영국
1층	A - 파랑, 한국	C - 노랑, 일본

따라서 한국인과 같은 층에 사는 사람은 C이다.

05 이해력 상황에 맞게 의사 표현하기

| 정답 | ②

| 해설 | 잘못한 점을 지적할 때는 잘못된 점을 사실에 근거하여 정확하고 확실하게 지적하는 것이 좋으며 서로의 관계를 고려해 말하는 것이 좋다. 하지만 잘못한 점을 지적할 때는 그 당시에 잘못한 것에 집중하여 지적해야 하며 다른 부분까지 한꺼번에 지적하는 것은 적절하지 못한 의사표현 방법이다.

06 공간지각력 전개도 완성하기

| 정답 | ④

| 해설 | 전개도를 접었을 때 서로 인접하게 되는 면을 살펴본다.

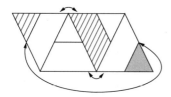

| 오답풀이 |

넓은 면을 기준으로 볼 때 ①의 경우 왼쪽에 ◺ 이 와야 하고, ②는 ◿, ③은 ◺ 이 와야 한다.

07 언어논리력 적절한 조언 고르기

| 정답 | ③

| 해설 | 두 번째 문단을 통해 주변 지역 도시화, 유입수량 부족이 덕진연못 수질 악화의 원인임을 알 수 있다.

| 오답풀이 |

① 첫 번째 문단에서 덕진연못이 국가중점관리 저수지가 국내 처음으로 지정되었음을 알 수 있으나, 그 이유는 제시되어 있지 않다.

② 덕진연못 수질개선을 위해 구체적으로 어떠한 사업을 진행할지는 제시되어 있지 않다.

④ 마지막 문단에 대책을 수립해 환경부에 제출해야 하는 기한은 제시되어 있으나, 사업 기간이 제시되어 있지는 않다.

08 문제해결력 명제 판단하기

| 정답 | ④

| 해설 | 각 명제를 'p : 요리를 잘한다', 'q : 청소를 잘한다', 'r : 키가 크다'라고 할 때 〈보기〉를 정리하면 다음과 같다.

• $p \rightarrow q$ • $q \rightarrow r$

이때 나는 요리를 잘하므로 마지막 명제는 p로 표현할 수 있으며, '$p \rightarrow q$'와 '$q \rightarrow r$' 두 명제의 삼단논법에 의해 '$p \rightarrow r$'도 참임을 알 수 있다. 따라서 ④는 항상 옳다.

| 오답풀이 |

①, ② 제시된 명제로는 알 수 없다.

③ '$q \rightarrow r$'이 참이므로 이 명제의 대우인 '$\sim r \rightarrow \sim q$'도 참이 된다. 따라서 옳지 않은 설명이다.

09 언어논리력 글의 제목 넣기

| 정답 | ④

| 해설 | 제시된 글은 우리나라가 물 부족 국가가 아니라 물 스트레스 국가임을 알리고, 세계 물의 날을 맞아 물 절약을 위해 개인이 실천할 수 있는 작은 노력에 대해 소개하고 있다. 따라서 윗글의 제목으로 '물 스트레스 국가인 한국에서 우리가 할 수 있는 것은?'이 가장 적절하다.

10 언어논리력 글 수정하기

| 정답 | ③

| 해설 | 물 부족이 현실이 된다는 것은 사용 할 수 있는 자원에 비해 물 수요가 많을 때를 말한다. 따라서 '공급이'로 수정하라는 지시는 적절하지 않다.

11 언어논리력 글을 바탕으로 추론하기

|정답| ④

|해설| 제시된 글은 디카페인 커피에 대한 소개와 커피 원두에서 카페인을 추출하는 방법을 설명하고 있다. 커피 원두를 물에 담가 두는 시간에 따라 커피의 맛과 향이 달라진다는 내용은 제시되어 있지 않다. 또한 세 번째 문단에 따르면 커피 원두를 물에 닿게 하는 것은 카페인을 제거하기 위함일 뿐이므로 ④는 적절하지 않은 진술이다.

|오답풀이|

① 첫 번째 문단을 보면 디카페인 커피는 카페인에 민감한 사람도 흔히 즐길 수 있다고 나와 있다.

② 세 번째 문단을 보면 물을 이용하는 방법이 다른 방법에 비해 상대적으로 안전하고 열에 의한 원두의 손상이 적다고 나와 있다.

③ 세 번째 문단을 보면 커피 원두에서 여러 성분을 분리해 내는 것은 물이고, 활성탄소는 물에서 추출된 용액으로부터 카페인만을 분리하는 데 사용된다.

12 공간지각력 펼친 그림 찾기

|정답| ②

|해설| 접었던 선을 축으로 하여 역순으로 펼치면 다음과 같다.

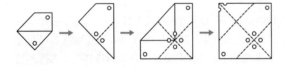

13 공간지각력 동일한 도형 찾기

|정답| ②

|해설| 제시된 도형과 같은 것은 ②이다.

|오답풀이|

나머지 도형은 동그라미 친 부분이 다르다.

①   ③

④

14 문제해결력 조건을 바탕으로 추론하기

|정답| ②

|해설| 4명이 타는 차는 B가 운전을 하고 3명이 타는 차는 B와 같은 차를 타지 않는 C와 D 중 한 명이 운전한다. A와 G는 같은 차를 타고 가야 하는데, C와 D가 있는 차에는 이미 2명이 있으므로 탈 수가 없다. 그러므로 B가 운전하는 차를 타고 가는 사람은 A, E(혹은 F), G이다.

15 언어논리력 글의 흐름에 맞게 문단 배열하기

|정답| ③

|해설| 우선 Z세대의 특징을 설명하며 글의 중심 소재인 '하이퍼텍스트'를 언급하는 (나)가 온다. 이어 '하이퍼텍스트'에 대해 정의하며 구체적으로 설명하는 (가)가 온다. 다음으로 하이퍼텍스트와 일반적인 문서의 차이를 제시하는 (라)가 오며, 마지막으로 하이퍼텍스트가 등장함에 따라 생길 변화에 관해 설명하는 (다)가 온다. 따라서 글의 순서는 (나)-(가)-(라)-(다)가 적절하다.

16 언어논리력 글쓴이의 주장 비판하기

|정답| ②

|해설| 첫 번째 문단과 두 번째 문단에서는 기술의 양면성에 관해 언급하고 있고, 세 번째 문단에서는 사회 구조를 바람직하게 하려면 비판적이고 균형 있는 철학과 사상이 필요하다고 주장하고 있다. 따라서 글쓴이가 말하고자 하는 바는 세 번째 문단에 나타나 있다. 논지를 반박하는 내용을 골라야 하므로 주제 문단인 세 번째 문단과 반대되는 내용을 고르면 된다. 그러므로 기술의 양면성을 철학과 사상이 아닌 또 다른 새로운 기술로 보완해야 한다는 ②가 반박하는 내용으로 적절하다.

www.gosinet.co.kr gosi net

충남기술특위

1회 기출예상

2회 기출예상

3회 기출예상

4회 기출예상

5회 기출예상

6회 기출예상

7회 기출예상

8회 기출예상

9회 기출예상

| 오답풀이 |

① 첫 번째 문단의 마지막 문장 내용을 반박할 수 있지만, 이는 글쓴이가 궁극적으로 말하고자 하는 바가 아니므로 적절하지 않다.

③ 글쓴이는 통제할 수 없는 기술이 존재한다고 보았다. 이는 인간이 강제적으로 기술의 순기능만을 발전시킬 수 없다는 사실을 암묵적으로 전제하고 있는 것이다. 따라서 글쓴이의 입장과 반대되는 내용은 맞지만, ①과 마찬가지로 글쓴이의 주장에 대한 반박이 아니다.

17 문제해결력 명제 판단하기

| 정답 | ③

| 해설 | 각 명제를 'p : A 회사에 다닌다', 'q : 일본어에 능통하다', 's : B 대학교를 졸업했다', 'r : C 학원에 다닌다'라고 할 때 제시된 보기를 정리하면 다음과 같다.

• p → ~q   • s → q   • ~r → s

이때 'B 대학교를 졸업한 사람은 C 학원에 다니지 않았다'는 세 번째 명제의 역에 해당하므로 이에 대한 참·거짓의 여부는 확실히 알 수 없다.

| 오답풀이 |

① 세 번째 명제의 대우(~s → r)에 해당하므로 참이다.

② 두 번째 명제의 대우(~q → ~s)와 세 번째 명제의 대우(~s → r)의 삼단논법을 통해 '~q → r'이 참임을 알 수 있다.

④ 첫 번째 명제와 두 번째 명제의 대우(~q → ~s)의 삼단논법을 통해 'p → ~s'도 참임을 알 수 있다.

18 공간지각력 조각 배열하기

| 정답 | ①

| 해설 | (나) – (가) – (라) – (다) 순서대로 배열하면 다음과 같은 그림이 완성된다.

19 언어논리력 대화의 주제 파악하기

| 정답 | ②

| 해설 | A, C, D는 모두 '아이들이 읽기에 좋은 책은 어떤 책인가' 혹은 '아이들에게 좋은 책은 어떤 책인가'에 대해 이야기하고 있다. A는 재미가 있고 독자가 공감할 수 있는 책이 좋은 책이라고 생각하며, 아이들에게는 자신들과 관련이 있는 이야기가 그렇다고 말한다. C는 많은 사람들이 읽는 책이 좋은 책이라고 말한다. D는 아이들의 수준에 맞는 책이 좋은 책이라고 말한다. 반면, B는 재미가 없더라도 좋은 책을 읽는 것이 중요하다며 주제와 다른 이야기를 하고 있다.

20 수리력 도표의 수치 분석하기

| 정답 | ②

| 해설 | 대설은 2021년에 가장 많은 발생빈도를 보였으나, 한파 발생일 수는 2019년에 가장 많았다. 따라서 대설 발생건수가 많은 해일수록 한파 발생일수도 많다고 말할 수 없다.

| 오답풀이 |

① 태풍에 의한 피해액은 1,456,878백만 원이며, 호우에 의한 피해액은 903,481백만 원이다.

③ 2022년은 세 가지 재해의 발생건수가 50+264+143=457건으로 비교 시기 중 가장 적다.

④ 2023년에 폭염과 한파는 171+81=252일로 비교 시기 중 가장 많다.

21 수리력 도표의 수치 분석하기

| 정답 | ③

| 해설 | 제시된 각 보기의 평균 피해액은 다음과 같다.

① 2018년의 대설 피해 : 47,976÷208=약 231백만 원

② 2020년의 호우 피해 : 158,129÷447=약 354백만 원

③ 2021년의 태풍 피해 : 5,291÷40=약 132백만 원

④ 2022년의 태풍 피해 : 13,404÷50=약 268백만 원

22 수리력 인원수 구하기

| 정답 | ②

| 해설 | 돼지고기 1인분의 가격은 15,000(원)÷600(g)×50(g)=1,250(원)이다.

고깃값 총 187,500원에서 1인분 가격을 나누면 187,500÷1,250=150(명)이 회식했음을 알 수 있다.

23 수리력 확률 계산하기

| 정답 | ③

| 해설 | 적어도 한 명이 합격한다는 것은 전체 확률인 1에서 모두 불합격할 확률을 뺀 것과 같다. 정수가 합격할 확률은 $\frac{1}{4}$이므로 불합격할 확률은 $\frac{3}{4}$이고, 현민이 불합격할 확률은 $\frac{4}{5}$, 지혜가 불합격할 확률은 $\frac{1}{2}$이다. 따라서

$1-\left(\frac{3}{4}\times\frac{4}{5}\times\frac{1}{2}\right)=\frac{7}{10}=0.7$이다.

24 수리력 자료의 수치 분석하기

| 정답 | ③

| 해설 | ㉡ 학교 시설과 주변 환경 모두 매우 만족과 보통이라고 답한 비율이 90%에 가깝기 때문에 매우 불만족스럽다고 판단하기는 어렵다.

㉣ 보통이라고 답한 비율도 낮지 않기 때문에 매우 우호적이라고 판단하기는 어렵다.

25 수리력 도표의 수치 분석하기

| 정답 | ②

| 해설 | ㉠ 대도시와 대도시 이외 지역에서 사교육을 받지 않거나 30만 원 미만까지만 사교육비로 지출하는 비율을 비교하면 대도시는 61.9%, 대도시 이외 지역은 69.2%로 대도시 이외 지역이 더 높다. 대도시 지역에서 30만 원 이상의 사교육비를 지출하는 비율은 19.7+18.4=38.1(%)로 $\frac{1}{3}$ 이상을 차지한다.

㉢ 학교 성적이 상위 10% 이내인 학생이 사교육비로 10만 원 이상을 지출하는 비율은 28.0+22.3+21.5=71.8(%)이고 성적 11 ～ 30%인 학생이 동일한 비용을 지출하는 비율은 28.5+23.4+18.2=70.1(%)이다. 따라서 상위 10% 이내인 학생들의 경우가 더 높다.

| 오답풀이 |

㉡ 초·중·고등학교로 올라갈수록, 부모님의 평균 연령대가 올라갈수록, 사교육을 받지 않는 비율이 높아진다. 또한 사교육을 받지 않는 경우를 제외하면 초등학교와 부모님의 평균 연령대 모두 10 ～ 30만 원 미만의 지출이 가장 많으나 중학교는 30 ～ 50만 원 미만이, 고등학교는 50만 원 이상이 가장 많다.

㉣ 학교 성적이 하위권으로 내려갈수록 사교육을 받지 않는 비율이 높아지며, 사교육을 받지 않는 경우를 제외한 경우에만 모든 학교 성적 범위에서 지출 비용 10 ～ 30만 원 미만이 차지하는 비율이 가장 높아진다.

26 이해력 상황에 맞게 고객 응대하기

| 정답 | ①

| 해설 | 상대를 설득할 때는 먼저 상대의 만족감을 인정하고 감사의 뜻을 표한 후, 업그레이드의 장점을 설명하며 상호 이익을 강조하는 것이 효과적이다. ①의 경우 고객의 만족감에 감사하며, 프리미엄 서비스의 장점과 현재 진행 중인 프로모션을 안내하여 업그레이드를 제안하고 있다. 이는 고객을 배려하고 이익을 공유하려는 의지를 보여주는 적절한 표현이다.

| 오답풀이 |

② 상대를 설득하기 위해 경쟁사의 제품을 폄하하고 있다. 이는 고객이 느끼기에 부정적인 감정을 불러일으킬 수 있으며, A사에 대한 신뢰를 떨어뜨릴 수 있다. 또한, 설득보다는 경쟁사를 비판하는 데 집중되어 있어 효과적이지 않다.

③ 자사 프리미엄 서비스에 대한 장점을 설명하고는 있으나, 상대에게 감사를 표하거나 상대의 입장을 배려해 주는 느낌이 보다 떨어지는 표현법이다.

④ 고객의 만족감에 감사를 표하지만, 프리미엄 서비스의 장점이나 혜택을 구체적으로 설명하지 않고 있다. 따라서 고객이 업그레이드해야 할 이유를 충분히 전달하지 못하고 있으며, 설득력이 부족하다.

27 이해력 고객 불만에 적절하게 응대하기

|정답| ①

|해설| 잘못을 범한 회사 측에서 피해를 본 고객 측에 사과할 때는 업체 측의 과오로 손해를 끼친 점을 정확하게 짚어 사과해야 한다.

28 언어논리력 세부내용 이해하기

|정답| ③

|해설| 제시된 글에 따르면 △△시 상징물 테마 열차는 '하늘 위에서 △△시를 내려보다'라는 구성으로 제작하였으며, △△시의 바다 테마 열차는 '우연히 만난 도시철도, △△시 바다를 여행하는 기분'이라는 콘셉트로 조성하였음을 알 수 있다.

29 공간지각력 도형 회전하기

|정답| ①

|해설| 반시계 방향으로 90° 회전한 모양은 다음과 같다.

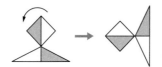

30 언어논리력 관련있는 사자성어 고르기

|정답| ②

|해설| 제시된 글의 내용과 관계있는 사자성어는 '새옹지마(塞翁之馬)'로 인생은 변화가 많아서 길흉화복을 예측하기가 어려움을 의미한다.

|오답풀이|

① 유비무환(有備無患) : 미리 준비가 되어 있으면 걱정할 것이 없음을 의미한다.

③ 전화위복(轉禍爲福) : 재앙과 근심, 걱정이 오히려 복으로 바뀜을 의미한다.

④ 자업자득(自業自得) : 자기가 저지른 일의 결과를 자기가 받음을 의미한다

31 언어논리력 글의 작성 목적 찾기

|정답| ③

|해설| 0 ～ 5세 아동 대상의 무상보육 재원을 마련하기 위하여 ○○시의 지방채 발행 정책을 수립함을 알리고, 필요한 이유와 앞으로의 촉구 사항을 밝히고 있다. 따라서 제시된 글은 새로운 정책을 알리고 이에 대한 이유와 방향성을 밝힘으로써 시민들을 설득해 동의를 구하기 위해 쓰인 글이다.

32 언어논리력 글의 서술 방식 파악하기

|정답| ②

|해설| 제시된 글은 이분법적 사고와 부분만을 보고 전체를 판단하는 것의 위험성을 예시를 통해 설명하고 있다. 특히 세 번째 문단에서는 '으스댔다', '우겼다', '푸념했다', '넋두리했다', '뇌까렸다', '잡아뗐다', '말해서 빈축을 사고 있다' 등의 예시를 열거해 주관적 서술로 감정적 심리 반응을 유발하는 것이 극단적인 이분법적 사고로 이어질 수 있음을 강조하고 있다.

33 언어논리력 문맥에 맞는 어휘 고르기

|정답| ①

|해설| 빈칸에 들어갈 단어는 차례대로 '초래', '병행', '지속'이며 '치료나 종교 또는 그 밖의 이유로 일정 기간 동안 음식을 먹지 못하게 금해짐'을 뜻하는 '금식'은 들어가지 않는다.

|오답풀이|

② 지속 : 어떤 상태가 오래 계속됨. 또는 어떤 상태를 오래 계속함.

③ 병행 : 둘 이상의 일을 한꺼번에 행함.

④ 초래 : 어떤 결과를 가져오게 함.

34　이해력　갈등 해결 방안 파악하기

| 정답 | ③

| 해설 | 업무를 신 사원에게 전적으로 맡겼지만, 결재를 올리기 전 최종 검토를 안 한 김 과장의 잘못도 있으므로 신 사원과 함께 잘못을 인정하는 것이 바람직하다.

35　문제해결력　조건을 바탕으로 당직자 선정하기

| 정답 | ①

| 해설 | 우선 확실하게 알 수 있는 정보만 정리해 보면 다음 표와 같다.

	1일째	2일째	3일째	4일째
소속 부서	ㄱ		인사부	
당직자		ㄴ		정 부장

〈조건〉 중에서 김 대리는 기획부보다 이른 날짜에 당직을 서야 하므로 기획부는 첫날 당직 담당이 될 수 없다. 또한 영업부는 첫날 당직근무를 할 수 없다고 하므로 ㄱ은 총무부가 된다. 그리고 박 과장은 영업부 소속인데 마지막 날에 근무하는 것은 정 부장이므로 박 과장은 ㄴ에 위치해야만 한다. 마지막으로 이 사원은 첫날에 근무할 수 없다고 하므로 최종적인 일정표는 다음과 같다.

	1일째	2일째	3일째	4일째
소속 부서	총무부	영업부	인사부	기획부
당직자	김 대리	박 과장	이 사원	정 부장

따라서 연휴 첫날에 근무하는 사람은 총무부의 김 대리이다.

36　공간지각력　제시된 도형 합치기

| 정답 | ④

| 해설 | 먼저 제시된 도형을 다음과 같이 구분한다.

④는 다음과 같이 b가 2번 사용되었다.

| 오답풀이 |

①
②

③

37　문제해결력　조건을 바탕으로 추론하기

| 정답 | ④

| 해설 | 먼저 네 번째 조건을 보면 E는 C와 성별이 같고, 세 번째 조건에 따라 D는 여자인데, 여자는 둘뿐이므로 C와 E는 남자임을 알 수 있다. 또한 E는 영국인 또는 프랑스인이라고 하였는데, 마지막 조건에 따라 프랑스인은 여자이므로 E는 영국인이 된다. 다섯 번째 조건과 마지막 조건을 살펴보면 F는 이탈리아인이 아니고, 남자이므로 프랑스인도 아니다. 그리고 두 번째 조건에 따라 A는 미국인이므로 F는 중국인 또는 일본인이며, C도 중국인 또는 일본인이므로 D는 이탈리아인임을 알 수 있다. 이를 표로 정리해 보면 다음과 같다.

구분	국적	성별
A	미국	남
B	프랑스	여
C	중국 or 일본	남
D	이탈리아	여
E	영국	남
F	중국 or 일본	남

따라서 B는 프랑스인이다.

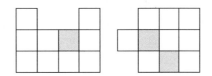

38 이해력 집단윤리와 개인윤리의 관계 이해하기

|정답| ②

|해설| 사회 집단의 도덕성은 개인의 도덕성보다 현저히 떨어진다는 것이 A의 주장이므로, 개인과 집단의 양심에는 차이가 있을 수 있다는 을의 주장이 가장 유사하다.

39 수리력 도표의 수치 분석하기

|정답| ④

|해설| 부서별로 인원수가 다르므로, 전체 평균 계산 시 가중치를 고려하여야 한다.

• 전 부서원의 정신적 스트레스 지수 평균점수 :

$$\frac{1\times1.83+2\times1.79+1\times1.79}{4}=1.80(점)$$

• 전 부서원의 신체적 스트레스 지수 평균점수 :

$$\frac{1\times1.95+2\times1.89+1\times2.05}{4}=1.945(점)$$

따라서 두 평균점수의 차이는 0.145이므로 0.16 미만이다.

40 공간지각력 투상도로 입체도형 찾기

|정답| ④

|해설| 제시된 그림은 왼쪽부터 각각 ④의 우측면도, 정면도, 평면도이다.

|오답풀이|

① 정면도가 일치하지 않는다.

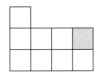

② 우측면도와 정면도가 일치하지 않는다.

 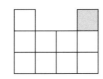

③ 정면도와 평면도가 일치하지 않는다.

41 이해력 올바른 인사 예절 이해하기

|정답| ②

|해설| 평상시 어른께 인사할 때, 출퇴근할 때, 감사의 표현을 할 때에는 고개를 살짝 숙여서 인사하는 것이 적절하다.

|오답풀이|

③ 90도로 숙여서 인사하는 것은 평상시 사용되는 인사방법으로 부적절하다.

42 언어논리력 세부내용 이해하기

|정답| ④

|해설| 제시된 글에 의하면 경험론자들은 정신에 타고난 관념 또는 선험적 지식이 있다는 것을 부정하고 모든 지식은 감각적 경험과 학습을 통해 형성된다고 보았으므로 생물학적 진화보다는 학습을 중요시하였음을 알 수 있다.

|오답풀이|

① 학습과 생물학적 진화 간의 우월성을 비교하는 내용은 나타나 있지 않다.

② 진화된 대부분의 동물들에게 학습 능력이 존재한다고 하였다.

③ 인간 사회의 변화는 생물학적 진화보다는 거의 전적으로 문화적 진화에 의한 것이라고 하였다.

43 문제해결력 조건을 바탕으로 장소 선정하기

|정답| ③

|해설| 먼저, 박 팀장의 요구를 고려할 때, 모든 후보지가 회사에서 300km 내에 위치하며, 정 차장의 요구에 따라

선호도가 낮은 '가'는 제외된다. 다음으로 백 과장의 요구에 따를 때, 워크숍을 60명만 사용하므로 최소 수용인원이 70명인 '라'도 제외된다. 또한, 윤 대리의 요구에 따라 경영상태가 B인 '나'도 제외된다. 마지막으로 나머지 '다'가 서 주임의 요구에 적합하므로 송 사원이 정할 워크숍 장소는 '다'이다.

원은 네 귀퉁이를 시계 방향으로 이동하며 색반전 되고 있다.

이를 합성하면 ④가 된다. →

---

44 문제해결력 | 자료의 내용 파악하기

|정답| ③

|해설| 구기자의 유통이력신고 의무는 2010년 8월 1일부터 발생하는데, 식품 수입자 C는 구기자를 수입해 2012년 2월 건강 음료 제조 공장에 판매하였으므로, 유통이력신고 의무가 있다.

|오답풀이|

① 선글라스의 유통이력신고 의무는 2010년 2월 1일부터 발생하는데, 안경테 도매상 A는 수입한 선글라스를 2009년 10월 안경 전문점에 판매하였으므로, 유통이력신고 의무가 없다.

② 당귀의 유통이력신고 의무는 2010년 8월 1일부터 발생하는데, 한약재 전문 수입자 B는 당귀를 수입하여 2010년 5월 동네 한약방에 판매하였으므로, 유통이력신고 의무가 없다.

④ 냉동 옥돔의 유통이력신고 의무는 2013년 2월 1일부터 발생하는데, 도매상 E는 수입자로부터 냉동 옥돔을 구입하여 2012년 8월 음식점에 양도하였으므로, 유통이력신고 의무가 없다.

---

45 공간지각력 | 규칙 파악하여 도형 유추하기

|정답| ④

|해설| 사각형은 45°씩 회전하며 네 귀퉁이를 시계 방향으로 이동하고 있다.

오각형은 반시계 방향으로 90°씩 회전하며 네 귀퉁이를 반시계 방향으로 이동하고, 번갈아가며 색반전 되고 있다.

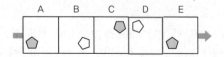

---

46 이해력 | 직업인의 기본자세 이해하기

|정답| ③

|해설| 직분의식은 자신이 하고 있는 일이 사회나 기업을 위해 중요한 역할이라고 믿으며 업무를 수행하는 태도로, 직장인이 갖춰야 할 기본자세 중 하나이다.

|오답풀이|

① 준법이란 법률이나 규칙을 지키는 것으로, 준법의식은 민주 시민으로서 지켜야 하는 기본 의무이며 생활 태도이다.

② 소명의식은 자신이 맡은 일이 하늘에 의해 내려진 것이라 생각하는 태도이다.

④ 천직의식은 자신이 현재 하고 있는 일이 본인의 타고난 능력 혹은 적성과 일치한다고 여기는 태도이다.

---

47 수리력 | 방정식 활용하기

|정답| ④

|해설| 작년 바둑동호회 남성 회원 수를 x명이라 하면 작년 바둑동호회 여성 회원 수는 $(60-x)$명이다. 따라서 다음과 같은 식이 성립한다.

$1.05x + 0.9(60-x) = 60$

$0.15x = 6$

$\therefore x = 40$

올해의 남성 회원 수는 작년에 비해 5% 증가했으므로 $40 \times 1.05 = 42$(명)이다.

48 수리력 도표의 수치 분석하기

|정답| ③

|해설| 필수시간의 합은 2008년부터 각각 544, 564, 573, 613분으로 점차 증가했으며 근로시간은 206, 187, 183, 180분으로 점차 감소했다.

|오답풀이|

① 2023년 여가활동은 2008년에 비해 약 19% 증가하였다.

② 근로시간은 지속적으로 감소하였으나 가정관리와 학습시간은 감소하다가 증가하였다.

④ 5년 전 대비 식사시간의 증가율은 2013년에서 가장 크다.

49 수리력 도표의 수치 분석하기

|정답| ③

|해설| 제시된 자료를 통해서 사람의 수는 파악할 수 없다.

|오답풀이|

① 2023년 게임 행위자의 평균 시간 64분은 2021년 전체 인구 평균 게임시간 10분의 6.4배이다.

② 2008년부터 2023년까지 여가시간 행위자 인구의 평균 시간은 305분 → 356분 → 323분 → 325분으로 증가, 감소, 증가의 추이를 보이고 있으며, 전체 인구의 평균 시간 역시 222분 → 282분 → 258분 → 269분으로 증가, 감소, 증가의 추이를 보이고 있다.

50 공간지각력 블록 개수 세기

|정답| ④

|해설| 블록의 개수는 총 14개이다.

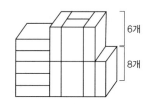

8회 기출예상문제

▶ 문제 238쪽

01	①	02	③	03	②	04	②	05	④
06	②	07	①	08	④	09	④	10	①
11	①	12	①	13	①	14	④	15	②
16	②	17	④	18	④	19	④	20	③
21	②	22	④	23	③	24	④	25	④
26	④	27	①	28	②	29	③	30	①
31	②	32	③	33	④	34	④	35	④
36	②	37	①	38	①	39	④	40	④
41	④	42	③	43	④	44	②	45	①
46	②	47	③	48	③	49	③	50	④

01 언어논리력 다의어의 의미 파악하기

|정답| ①

|해설| 〈보기〉의 문장과 ①의 '어쩌다가'는 '뜻밖에 우연히'라는 뜻으로 사용되었다.

|오답풀이|

②, ④ '이따금 또는 가끔가다가'라는 뜻으로 사용되었다.

③ '어찌하다가'의 준말로 사용되었다.

02 이해력 리더십 이해하기

|정답| ③

|해설| 빌&멀린다 게이츠는 자신들의 취약성을 드러내어 직원들과 하나가 된다고 하였다. 따라서 조직에 완벽한 모델이 되는 것은 밀레니얼 세대가 원하는 진정한 리더가 아니다.

|오답풀이|

①, ④ 네 번째 문단에서 파악할 수 있다.

② 두 번째 문단에서 파악할 수 있다.

03 공간지각력 전개도 파악하기

|정답| ②

|해설| 전개도를 접었을 때 서로 만나게 되는 모서리를

표시하면 다음과 같다.

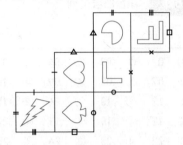

따라서 주사위 윗면의 모습은 [⇦] 이다.

04 문제해결력 명제 판단하기

| 정답 | ②

| 해설 | 각 명제를 'p : 에어로빅 강좌를 신청한다', 'q : 요리 강좌를 신청한다', 's : 영화감상 강좌를 신청한다', 'r : 우쿨렐레 강좌를 신청한다'라고 할 때 〈조건〉을 정리하면 다음과 같다.

- $\sim p \rightarrow \sim q$
- $\sim s \rightarrow \sim p$
- 일부 $r \rightarrow q$

'$\sim p \rightarrow \sim q$'가 참이라면 대우인 '$q \rightarrow p$'도 참이다. 또한 '$\sim s \rightarrow \sim p$'가 참이라면 대우인 '$p \rightarrow s$'도 참이다. 따라서 삼단논법을 통해 '일부 $r \rightarrow s$'도 참이 되어 우쿨렐레 강좌 신청자 중 일부는 영화감상 강좌를 신청했음을 알 수 있다.

| 오답풀이 |

① 첫 번째 명제의 이에 해당하므로 반드시 참이라고 볼 수 없다.

③, ④ 제시된 명제로는 알 수 없다.

05 이해력 바람직한 의사소통 방법 조언하기

| 정답 | ④

| 해설 | B 사원은 A 대리가 지시한 업무 내용을 제대로 이해하지 못해 업무 수행에 어려움을 겪고 있다. 이러한 경우 A 대리는 B 사원에게 업무의 방향만을 제시하는 것이 아니라 업무에 대한 명확한 지시를 내려 B 사원이 업무에 대한 이해도를 높일 수 있도록 해야 한다.

06 언어논리력 결론 도출하기

| 정답 | ②

| 해설 | (가)는 저소득층 가정에 보급한 정보 통신기기가 아이들의 성적 향상에 별다른 영향을 미치지 못하거나, 오히려 부정적인 영향을 미친다는 것을 설명하고 있다. (나)는 정보 통신기기의 활용에 대한 부모들의 관리와 통제가 학업성적에 영향을 준다는 것을 설명하고 있다. 따라서 아이들의 학업성적에는 정보 통신기기의 보급보다 기기 활용에 대한 관리와 통제가 더 중요하다는 것을 결론으로 도출할 수 있다.

07 언어논리력 적절한 조언 고르기

| 정답 | ①

| 해설 | 한국 디자인의 발전과정을 알리고 한국 디자인의 가치에 대한 국민들의 인식을 고취시키기 위해 전시회를 진행하고자 한다고 하였으므로 이미 기획목적이 기획서에 제시되어 있다고 볼 수 있다.

08 공간지각력 크고 작은 사각형의 개수 구하기

| 정답 | ④

| 해설 | 하나의 사각형을 이루는 도형 개수에 따라 사각형의 개수를 정리하면 다음과 같다.

한 사각형을 이루는 도형의 개수(개)	개수(개)
1	16
2	12
3	12
4	1
5	4
6	3
7	2
9	2
16	1

따라서 도형에서 찾을 수 있는 크고 작은 사각형의 전체 개수는 16+12+12+1+4+3+2+2+1=53(개)이다.

09 언어논리력 세부내용 이해하기

|정답| ④

|해설| 구멍가게는 손님들에게 무관심한 편의점과는 달리 단순히 물건을 사고파는 장소가 아닌 주민들의 교류를 이끄는 허브 역할을 하며, 주인은 손님들을 예외 없이 '맞이'한다고 나와 있다.

|오답풀이|

① '편의점은 인간관계의 번거로움을 꺼리는 도시인들에게 잘 어울리는 상업공간'이라고 나와 있다.

② 편의점 천장에 붙어 있는 CCTV는 도난 방지 용도만이 아니며, 고객의 연령대와 성별 등을 모니터링하려는 목적도 있다고 하였다.

③ 편의점 본사는 일부 지점에서 입력한 구매자들에 대한 정보와 CCTV로 녹화된 자료를 주기적으로 받아 이를 토대로 영업 전략을 세우는 데 활용한다고 나와 있다.

10 언어논리력 글의 흐름에 맞는 접속어 고르기

|정답| ①

|해설| ㉠ 앞 문장을 보면 구멍가게의 주인은 손님을 예외 없이 맞이하고 있다는 내용이, 뒤 문장을 보면 손님은 무엇을 살지 확실히 정하고 들어가야 한다는 내용이 나와 있다. 앞 문장이 뒤 문장의 원인이 되고 있으므로 '따라서' 또는 '그러므로'가 들어가야 한다.

㉡ 빈칸의 앞부분에는 손님을 맞이하는 구멍가게에 대해 설명하고, 뒷부분에는 손님에게 무관심한 편의점에 대해 설명하고 있다. 앞뒤 내용이 상반되므로 '그러나', '그런데', '하지만'이 들어가야 한다.

㉢ 앞 문장을 보면 편의점의 점원은 손님에게 '무관심'한 배려를 건넨다는 내용이, 뒤 문장을 보면 손님은 특별히 살 물건이 없어도 부담 없이 매장을 둘러볼 수 있다는 내용이 나와 있다. 앞 문장이 뒤 문장의 원인이 되고 있으므로 '그래서', 또는 '그러므로'가 들어가야 한다.

㉣ 빈칸의 앞 문단을 보면 손님에 대해 무관심한 배려를 건네는 편의점의 특징에 대해 설명하고 있고, 뒤 문단을 보면 '역설적으로' 고객의 정보를 상세하게 입수하고 있는 편의점에 대해 설명하고 있다. 앞뒤 내용이 상반되므로 '그런데', '하지만'이 들어가야 한다.

따라서 ㉠ ~ ㉣에 들어갈 접속어로 ①이 가장 적절하다.

11 언어논리력 글의 중심내용 찾기

|정답| ①

|해설| 제시된 글은 언론사들이 정치적 지향을 강하게 드러낼수록 자신의 정치적 성향과 동일하다고 생각하는 구독자들이 더 많은 후원금을 내고 이를 통해 수입을 얻어 언론사를 이끌어갈 수 있다고 하면서, 대안언론이 정치성을 드러내는 이유에 대해 설명하고 있다.

12 공간지각력 나타나 있지 않은 조각 찾기

|정답| ①

|해설|

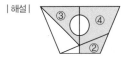

13 문제해결력 명제 판단하기

|정답| ①

|해설| 각 명제를 'a : 빨간색을 좋아한다', 'b : 사소한 일에 얽매인다', 'c : 분홍색을 좋아한다', 'd : 애정과 동정심이 많다', 'e : 파란색을 좋아한다', 'f : 내성적이다', 'g : 박애주의자이다'라고 할 때 제시된 명제를 정리하면 다음과 같다.

- a → ~b   - c → d
- ~f → ~e   - f → b
- d → g

(가) '~f → ~e'가 참이라면 대우인 'e → f'도 참이 된다. 또한 'a → ~b'가 참이라면 대우인 'b → ~a'도 참이 된다. 따라서 삼단논법을 이용해 'e → ~a'가 참임을 알 수 있다.

(나) 제시된 명제로는 '분홍색을 좋아하지 않는 사람'에 대한 정보를 확인할 수 없다.

따라서 (가)만 항상 옳은 설명이다.

14 이해력 팀워크 강화의 기본요소 파악하기

| 정답 | ②

| 해설 | 훌륭한 팀워크를 유지하기 위한 기본요소로는 다음과 같은 것들이 있다.

• 팀원 간에 공동의 목표의식과 강한 도전의식을 갖는다.
  → 무
• 팀원 간에 상호 신뢰하고 존중한다. → 갑
• 서로 협력하면서 각자의 역할과 책임을 다한다.
• 솔직한 대화로 서로를 이해한다. → 병
• 강한 자신감으로 상대방의 사기를 드높인다.

따라서 을과 같이 자신에게만 집중하는 태도가 과하면 오히려 팀워크에 저해가 된다는 점을 알 수 있다.

15 공간지각력 도형의 회전체 찾기

| 정답 | ②

| 해설 | 제시된 입체도형을 z축을 중심으로 반시계 방향으로 90° 회전시킨 것이다.

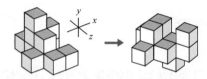

| 오답풀이 |

다른 입체도형은 점선 부분이 추가되거나 화살표가 가리키는(색칠된) 블록이 제거되어야 한다.

①

x축 앞쪽 방향(↱)
으로 90° 회전

③
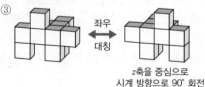
좌우
대칭
z축을 중심으로
시계 방향으로 90° 회전

④

x축 뒤쪽 방향(↱)
90° 회전

16 문제해결력 조건을 바탕으로 추론하기

| 정답 | ②

| 해설 | 먼저 다섯 번째 조건에 따라 희은과 찬빈은 시사토론 강의를 수강한다. 여섯 번째 조건에 따라 예림은 두 개의 강의를 수강하고 있는데, 마지막 조건에서 예림은 영어회화를 듣지 않는다고 하였으므로 예림은 시사토론과 수영을 수강한다. 네 번째 조건에 따라 은희와 유민은 두 개의 같은 강의를 수강하는데, 시사토론의 경우 남은 자리가 하나이므로 은희와 유미는 영어회화와 수영을 수강한다. 여섯 번째와 일곱 번째 조건에 따라 영준은 시사토론과 영어회화를 수강하고, 해진은 자리가 남은 영어회화를 수강한다. 이를 표로 정리하면 다음과 같다.

구분	영어회화(4명)	시사토론(4명)	수영(3명)
희은	×	○	×
찬빈	×	○	×
은희	○	×	○
영준	○	○	×
유민	○	×	○
해진	○	×	×
예림	×	○	○

17 언어논리력 글의 흐름에 맞게 문장 배열하기

| 정답 | ④

| 해설 | 먼저 제시된 문장에서 중심소재로 등장한 미세플라스틱이 방출하는 독성 화학물질을 상세하게 설명하고 있는 (나)가 오고, 미세플라스틱의 위험성과 관련한 실험 결과로 (나)의 내용을 뒷받침하는 (마)가 이어져야 한다. 또한 '더불어'로 미세플라스틱의 유해한 영향을 말하며 (마)의 내용과 이어지는 (가)가 오고, 이러한 상황은 필연적인 것임을

말하는 (라)가 그다음에 위치한다. 마지막으로 '이처럼'으로 글의 내용을 정리하는 (다)가 오는 것이 적절하다. 따라서 (나)-(마)-(가)-(라)-(다) 순으로 배열해야 한다.

---

18 공간지각력 조각 배열하기

| 정답 | ④

| 해설 | 그림의 조각을 (라)-(다)-(나)-(가) 순서대로 배열하면 다음과 같은 그림이 완성된다.

---

19 문제해결력 논리적 오류 파악하기

| 정답 | ④

| 해설 | 제시된 내용은 한 사건이 다른 사건보다 먼저 발생하여 전자가 후자의 원인이라고 잘못 추론하는 잘못된 인과관계의 오류를 보인다. 이와 같은 오류를 보이는 것은 ④이다.

| 오답풀이 |

① 의도하지 않은 결과에 대해 어떤 의도가 있다고 판단하여 생기는 의도 확대의 오류이다.

② 어떤 대상의 기원이 갖는 특성을 그 대상도 그대로 지니고 있다고 추리하여 발생하는 발생학적 오류이다.

③ 상대방의 인품, 행적을 토대로 트집 잡아 상대의 주장이 틀렸다고 비판하는 인신공격의 오류이다.

---

20 수리력 자료의 수치 계산하기

| 정답 | ③

| 해설 | A 유원지의 총매출액 중 소인 남자의 비율은 $100 - (19.2 + 23.5 + 17.8 + 21.4 + 12.3) = 5.8(\%)$이다.

---

21 수리력 자료를 바탕으로 수치 계산하기

| 정답 | ②

| 해설 | D 유원지의 총매출액 중 여학생이 차지하는 비율은 34.4%이다. 이 중 37%가 고등학생이므로 D 유원지의 총매출액 중 여자 고등학생이 차지하는 비율은 $100 \times \dfrac{34.4}{100} \times \dfrac{37}{100} = 12.7(\%)$이다.

---

22 수리력 자료를 바탕으로 수치 계산하기

| 정답 | ④

| 해설 | C 유원지와 D 유원지의 소인 남자 매출액을 각각 구하면 다음과 같다.

• C 유원지 : $3,284 \times 0.207 = 679.788$(만 원)

• D 유원지 : $1,819 \times 0.072 = 130.968$(만 원)

따라서 C 유원지의 소인 남자 총매출액은 D 유원지의 소인 남자 총매출액의 $\dfrac{679.788}{130.968} = 5.2$(배)이다.

---

23 수리력 부등식 활용하기

| 정답 | ③

| 해설 | 네 과목의 평균이 89.5점이라고 하였으므로 네 과목의 총점수는 $89.5 \times 4 = 358$(점)이다. 다섯 과목의 평균 점수가 90점 이상이 되기 위해서는 총점수가 $90 \times 5 = 450$(점) 이상이어야 하므로 영어 점수를 x점이라 하면 다음과 같은 식이 성립한다.

$358 + x \geq 450$

$\therefore x \geq 92$

따라서 받아야 할 최소 점수는 92점이다.

---

24 수리력 최대공약수 활용하기

| 정답 | ④

| 해설 | 가로 42cm, 세로 60cm의 벽에 가장 적은 수의 정사각형 타일로 남는 부분 없이 붙이려면 가로, 세로 길이의 최대공약수에 해당하는 크기의 타일을 사용하면 된다.

$$
\begin{array}{r}
2\,)\ \underline{\ 42\quad 60\ } \\
\times\ 3\,)\ \underline{\ 21\quad 30\ } \\
\underset{6}{=}\quad 7\quad 10
\end{array}
$$

42와 60의 최대공약수는 2×3=6이므로 정사각형 타일의 한 변의 길이는 6cm이고, 벽의 가로에는 42÷6=7(개), 세로에는 60÷6=10(개) 붙일 수 있다. 따라서 필요한 타일의 최소 개수는 7×10=70(개)이다.

25 수리력 도표의 수치 분석하기

|정답| ④

|해설| 대상분포를 고려하여 예체능, 취미, 교양 과목의 전국 월평균 사교육비를 구하면 (65,000×0.178)+(39,000×0.256)+(44,000×0.415)+(35,000×0.151)=45,099(원)이다.

|오답풀이|

① 서울특별시의 일반교과 월평균 사교육비는 읍면지역의 266,000÷156,000≒1.7(배)이다.

② 광역시의 전체 사교육비 중 취업 관련 사교육비가 차지하는 비율은 $\dfrac{19,000}{186,000+39,000+19,000}\times100 ≒ 7.8$ (%)이다.

③ 대상분포를 고려하지 않고 전국의 일반교과 월평균 사교육비를 구하면

$$
\dfrac{266,000+186,000+201,000+156,000}{4} = 202,250(원)이\ 된다.
$$

26 언어논리력 세부내용 이해하기

|정답| ④

|해설| 마지막 문단의 "전문가들은 비타민 제품을 고를 때 자신에게 필요한 성분인지, 함량이 충분한지, 활성형 비타민이 맞는지 등을 충분히 살펴본 다음 선택하라고 권고한다."를 통해 시중에 있는 다양한 비타민 제품은 사람마다 다른 효과를 낼 수 있음을 알 수 있다.

|오답풀이|

① 과로로 인한 피로가 6개월 이상 지속되면 만성피로로

진단될 수 있다고 제시되어 있다. 따라서 피로가 1년 이상 지속된 철수는 만성피로로 진단될 수 있다.

② 만성피로를 내버려두면 면역력이 떨어져 감염병에도 취약해질 수 있다고 했으므로 피로는 독감과 같은 전염병에 걸리기 쉽게 만든다는 것을 알 수 있다.

③ 비타민 B군으로 대표되는 활성비타민은 스트레스 완화, 면역력 강화, 뇌신경 기능 유지, 피부와 모발 건강 등에도 도움을 준다고 언급되었다.

27 공간지각력 동일한 도형 찾기

|정답| ①

|해설| 제시된 도형과 같은 것은 ①이다.

|오답풀이|

나머지 도형은 동그라미 친 부분이 다르다.

② ③ ④

28 언어논리력 글의 서술 방식 파악하기

|정답| ②

|해설| (가)와 (나)는 각각 티리언퍼플의 색깔과 아피아 가도를 예로 들며 설명하고 있다.

29 언어논리력 글의 흐름에 맞게 문장 넣기

|정답| ③

|해설| 제시된 글의 흐름상 공업에 의한 대량 생산과 소비는 사람들로 하여금 물질적 부를 즐기게 하고 또 사회의 가치 평가 기준을 생산과 부에 두게 하였으며, 그 결과 문화 경시의 현실, 인간 소외의 사회가 나타나게 되었다고 기술하고 있다. 제시된 문장을 보면 바로 앞에 물질 만능주의에 대한 이야기가 나왔음을 알 수 있다. 또한 (다) 직후에 물질 만능주의로 인한 결과를 서술하고 있으므로 제시된 문장은 (다)에 들어가야 한다.

30 문제해결력 진위를 판단하여 순위 추론하기

| 정답 | ①

| 해설 | W와 Z의 주장이 모순되므로 둘 중 한 사람이 거짓을 말하고 있다.

- Z가 거짓말을 한 경우(W가 4등) : V는 2등이며, X와 연이어 들어왔으므로 X는 1등 혹은 3등이 된다. X가 1등일 경우 Y가 3등, X가 3등일 경우 Y가 1등이나 꼴등이 되는데 이 경우 Z가 1등도 5등도 아니라는 Y의 주장도 거짓이 되므로 적절하지 않다.

- W가 거짓말을 한 경우(W가 5등) : V, Z에 의해 2등과 5등은 각각 V와 W가 되며 W와 Y의 순위 차이가 가장 크다고 했으므로 Y는 1등이 된다. V와 연이어 있는 X는 3등, 1등도 5등도 아닌 Z는 4등이 된다. 이를 정리하면 다음과 같다.

1등	2등	3등	4등	5등
Y	V	X	Z	W

31 문제해결력 갈등 해결 방안 파악하기

| 정답 | ②

| 해설 | 배차가 10분 간격이지만 정체로 인해 늦어지고, 늦은 시간만큼 승객이 많아져서 타고 내리는 시간도 늘어나면서 만족도가 낮아지는 악순환이 반복되고 있다. 이에 대해 마지막 단락에서는 버스 운행 규정을 바꾸어 적용하자고 언급하고 있으므로 원인은 '유연하지 못한 버스 운행 규정'이 된다.

32 문제해결력 조건을 바탕으로 추론하기

| 정답 | ③

| 해설 | 2, 7, 10, 11번에 해당할 경우의 점수는 1+3+4+5=13(점)으로 중증도 우울 수준이다.

| 오답풀이 |

① 1, 4, 11번에 해당할 경우의 점수는 1+2+5=8(점)으로 가벼운 우울 수준이다.

② 2, 5, 6, 9번에 해당할 경우의 점수는 1+2+3+4=10(점)으로 중증도 우울 수준이다.

④ 1, 2, 5, 6, 9, 10, 12번에 해당할 경우의 점수는 1+1+2+3+4+4+5=20(점)으로 매우 심한 우울 수준이다.

33 공간지각력 제시된 블록 합치기

| 정답 | ④

| 해설 | ④는 다음과 같이 수정되어야 한다.

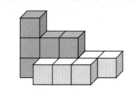

| 오답풀이 |

①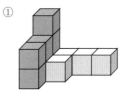

②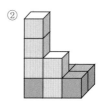

③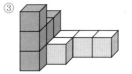

34 공간지각력 일치하는 기호의 개수 구하기

| 정답 | ④

| 해설 | 다음와 같이 첫 번째 줄에는 4개, 두 번째 줄에는 2개, 세 번째 줄에는 5개, 네 번째 줄에는 2개, 다섯 번째 줄에는 4개, 여섯 번째 줄에는 1개로 총 18개가 있다.

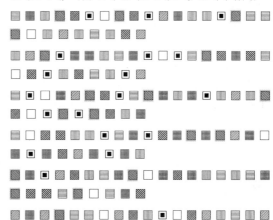

35 언어논리력 글의 흐름에 맞게 문장 넣기

| 정답 | ④

| 해설 | 제시된 글의 전체적인 흐름을 보면 많은 사람들이 생물체는 세월이 지날수록 진화를 거쳐 더 훌륭한 존재로 발전된다고 여기며, 이에 따라 '진화'에는 발전과 개선의 성질이 내포되어 있으리라 생각하고 있음을 알 수 있다. 따라서 빈칸에는 단순한 진화의 결과일 뿐 그런 성질은 갖고 있지 않다는 내용인 ④가 가장 적절하다.

36 이해력 팀워크 저해 요소 알기

| 정답 | ②

| 해설 | 모두가 같이 준비해야 하는 워크숍에서 오 박사는 다른 팀원들과 협력하는 태도를 전혀 보이지 않고 있다. 따라서 오 박사에게 부족한 대인관계능력은 협력하며 각자의 역할에 대해 책임을 다하는 태도이다.

37 이해력 경청의 방해요인 파악하기

| 정답 | ①

| 해설 | 을 사원은 요즘 팀원들 사이에서 도는 자신의 안 좋은 소문으로 인해 상의하고자 갑 팀장을 찾아갔으나, 갑 팀장은 을 사원의 말을 듣고 받아들이기보다 도중에 끊으며 자신이 생각하는 을 사원의 단점을 찾아 이를 확인하고 있다. 이는 경청의 방해요인 중 짐작하기에 해당한다.

| 오답풀이 |

② 슬쩍 넘어가기는 문제를 회피하거나 농담으로 넘기려 하는 것을 말한다.

③ 언쟁하기는 단지 반대하고 논쟁하기 위해서만 상대방의 말에 귀를 기울이는 것을 말한다.

④ 다른 생각하기는 대화 도중에 상대방에게 관심을 기울이지 않고 다른 생각을 하는 것을 말한다.

38 언어논리력 관련 있는 사자성어 고르기

| 정답 | ①

| 해설 | 말라리아의 주요 증세가 고열이라는 점을 이용하여

병으로 병을 치료하였다. 따라서 '열은 열로써 다스린다'는 의미의 '이열치열(以熱治熱)'이 가장 적합하다

| 오답풀이 |

② 입술이 없으면 이가 시리다는 뜻으로, 가까운 사이에 있는 하나가 망하면 다른 하나도 그 영향을 받아 온전하기 어려움을 비유적으로 이르는 말이다.

③ 여름의 벌레는 얼음을 안 믿는다는 뜻으로, 견식이 좁음을 비유해 이르는 말이다.

④ 나무에 올라 물고기를 구한다는 뜻으로, 불가능한 일을 무리해서 굳이 하려 함을 비유적으로 이르는 말이다.

39 수리력 그래프 해석하기

| 정답 | ③

| 해설 | 수도권이 지방보다 더 많은 재건축 인가 호수를 보인 해는 20X5년과 20X8년이며, 수도권이 지방보다 더 많은 재건축 준공 호수를 보인 해는 20X8년뿐이다.

| 오답풀이 |

① 수도권의 5년 평균 재건축 인가 호수는
$$\frac{9.7+2.0+2.9+8.7+10.9}{5}=6.84(천 호)로,$$
$$\frac{1.1+3.4+0.7+10.2+5.9}{5}=4.26(천 호)인 평균 준$$
공 호수보다 많다.

② 20X9년 지방의 재건축 인가 호수가 전년 대비 가장 큰 변동 폭을 나타내고 있다.

④ 지방의 재건축 준공 호수의 증감 추이는 증가, 감소, 증가, 증가로 이와 동일한 항목은 없다.

40 수리력 연립방정식 활용하기

| 정답 | ④

| 해설 | 구매할 초콜릿의 개수를 x개, 사탕의 개수를 y개로 놓으면 다음과 같은 식이 성립한다.
$$\begin{cases}1,300x+700y=15,000\\x+y=12\end{cases}$$

두 식을 연립하여 풀면 $x=11$(개), $y=1$(개)이다.
따라서 구매할 수 있는 초콜릿의 개수는 11개이다.

41 공간지각력 블록 개수 세기

|정답| ④

|해설| 1층에 7개, 2층에 4개, 3층에 1개로 블록은 총 12개
이다.

42 공간지각력 세 면이 보이는 블록 찾기

|정답| ③

|해설| 세 면이 보이는 블록은 다음 색칠된 면으로 4개
이다.

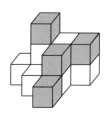

43 문제해결력 자료의 내용 파악하기

|정답| ④

|해설| 제12조의 7을 보면 법원의 판결 또는 다른 법률에
따라 자격이 상실되거나 정지된 자는 채용이 될 수 없지만
은수는 2년간 변호사 자격 정지 판결을 받은 후 3년이 지났
으므로 채용될 수 있다.

|문제해결력|

① 금고 이상의 형을 받고 그 집행이 종료되거나 집행을 받
지 아니하기로 확정된 후 5년이 경과되지 않았다.

② 「형법」 제303조 또는 「성폭력범죄의 처벌 등에 관한 특
례법」 제10조에 규정된 죄를 범한 사람으로서 300만 원
이상의 벌금형을 선고받고 2년이 지나지 않았다.

③ 금고 이상의 형의 선고유예를 받은 경우이고 그 선고유
예기간 중에 있다.

44 문제해결력 조건을 바탕으로 세미나 장소 선정하기

|정답| ②

|해설| 각 평가 기준에 따른 점수를 계산하면 다음과 같다.

(단위 : 점)

구분	갑 센터	을 구민회관	병 교통회관	정 지역상공회의소	무 빌딩
이동시간	4	3	5	1	2
수용가능인원	2	3	1	5	4
대관료	4	5	2	3	1
교통편	2	4	4	4	5
빔 프로젝터	2	2	2	2	0
합계	14	17	14	15	12

따라서 총점이 가장 높은 을 구민회관 2층이 채택된다.

45 수리력 도표의 수치 분석하기

|정답| ①

|해설| 인천의 남자고용률은 71.6%로 69.1%인 서울보다
높으나 인천의 여자고용률은 47.4%로 서울의 49.2%보다
낮다.

|오답풀이|

② 6대 광역시 중 여성의 고용률이 가장 낮은 도시는 44.2%
의 울산이다.

③ 그래프를 보면 6대 광역시 모두 여성의 고용률이 50%
미만인 것을 확인할 수 있다.

④ 남녀 간 경제활동참가율 그래프 사이의 간격이 가장 넓
은 것을 찾으면 된다. 직접 계산해보면,

• 부산광역시 : $67.7-45.6=22.1$

• 대구광역시 : $70.2-49.3=20.9$

• 인천광역시 : $75.4-49.9=25.5$

• 광주광역시 : $68.9-49.8=19.1$

• 대전광역시 : $71.5-47.2=24.3$

• 울산광역시 : $75.0-45.7=29.3$

따라서 남녀 간의 경제활동참가율 차이가 가장 큰 도시
는 울산이다.

충남기출복원 | 1회 기출예상 | 2회 기출예상 | 3회 기출예상 | 4회 기출예상 | 5회 기출예상 | 6회 기출예상 | 7회 기출예상 | 8회 기출예상 | 9회 기출예상

46 수리력 도표의 수치 분석하기

| 정답 | ②

| 해설 | 여성 경제활동참가율이 전국보다 높고 서울보다 낮은 수치는 49.4 ~ 51.2의 값이고 여기에 해당하는 도시는 인천, 광주이다.

47 문제해결력 조건을 바탕으로 추론하기

| 정답 | ③

| 해설 | 가영이의 키는 170cm이고 라영이의 키는 155cm로, 가영이는 라영이보다 키가 크다. 그런데 라영이의 키가 마영이보다 크다고 했으므로 가영>라영>마영이 성립되어 ③은 바른 추론임을 알 수 있다.

48 이해력 직장 내 명함 교환 예절 이해하기

| 정답 | ③

| 해설 | 명함은 만나는 자리가 끝나기 전까지 눈에 보이는 곳에 두는 것이 예의이며 받자마자 수첩이나 주머니에 넣는 것은 실례이다.

49 이해력 고객 불만에 적절하게 대응하기

| 정답 | ③

| 해설 | 지문에 제시된 고객 불만 사항의 핵심은 사전 공지 없이 발생한 반품 배송 비용이다. 따라서 반품 배송 비용이 발생할 수 있다는 사실을 사이트를 통해 공지하거나, 또는 반품을 원하는 고객에게 개별적으로 이야기함으로써 이러한 불만을 해결할 수 있다.

50 언어논리력 세부내용 이해하기

| 정답 | ④

| 해설 | ⓒ 돼지와 돗자리를 귀하게 여기는 바누아트의 관습에 따라 전통 은행의 독특한 금융 업무가 존재함을 통해 유추할 수 있다.

ⓔ 전통 은행은 실물 자산을 화폐로 교환해 줌으로써 물물교환의 거래 비용을 감소시켜 주는 역할을 하고 있다.

ⓗ 인플레이션의 발생은 화폐가치의 하락을 의미한다. 따라서 돼지와 돗자리를 고정된 금액과 교환한다면 인플레이션 발생 시 이전보다 물가는 오른 상태에서 동일한 금액을 받는 것이기에 돼지와 돗자리의 실질적 가치가 하락하게 된다.

| 오답풀이 |

ⓐ 현대 화폐를 통한 경제 활동도 이루어지고 있으므로 모든 경제 문제의 해결이 전통과 관습을 통해 이루어지지는 않는다.

ⓒ 제시된 글을 통해서는 전통 은행이 돼지와 돗자리를 현대 화폐와 교환해 주고 보관 증서를 발급해 준다는 것만 확인할 수 있다. 일반적인 은행과 같이 송금 업무를 수행하는지는 알 수 없다.

ⓜ 돼지와 돗자리가 가치 있는 실물 자산으로 화폐와 교환되는 물품이긴 하지만 사회적 약자에게 생계 보조비로 지급되는지는 제시된 글을 통해 알 수 없다.

충남기출복원
1회 기출예상
2회 기출예상
3회 기출예상
4회 기출예상
5회 기출예상
6회 기출예상
7회 기출예상
8회 기출예상
9회 기출예상

9회 기출예상문제

▶ 문제 266쪽

01	④	02	②	03	③	04	②	05	③
06	①	07	③	08	③	09	②	10	④
11	①	12	①	13	①	14	③	15	④
16	①	17	④	18	③	19	②	20	④
21	④	22	①	23	①	24	④	25	②
26	③	27	④	28	②	29	③	30	④
31	①	32	③	33	③	34	①	35	④
36	④	37	③	38	③	39	④	40	①
41	④	42	①	43	④	44	③	45	④
46	②	47	②	48	③	49	④	50	④

01 언어논리력 유의어 파악하기

|정답| ④

|해설| 제시된 문장의 '맡기다'는 어떤 일에 대한 책임을 지고 담당하게 하다는 뜻이다. '주선하다'는 일이 잘되도록 여러 가지 방법으로 힘쓴다는 뜻으로, '맡기다'의 의미와 뜻에서 다소 차이가 있다.

|오답풀이|

① 일임하다 : 모두 다 맡기다.

② 내맡기다 : 아주 맡겨 버리다.

③ 기탁하다 : 어떤 일을 부탁하여 맡겨 두다.

02 이해력 상황에 맞게 의사 표현하기

|정답| ②

|해설| 제시된 각 상황에 맞는 의사 표현 방법은 다음과 같다.

가. 설득해야 할 때

일방적으로 강요하거나 상대방에게만 손해를 감수하게 하는 '밀어붙이기식' 대화는 금물이다. 먼저 양보해서 이익을 공유하겠다는 의지를 보여주어야만 상대방도 받아들이게 된다. 따라서 자신이 변해야 상대방도 변한다는 사실부터 받아들여야 한다.

나. 상대방에게 부탁해야 할 때

먼저 상대의 사정을 듣는다. "괜찮습니까" 하고 상대의 사정을 우선시하는 태도를 보여준다. 그런 다음, 응하기 쉽게 구체적으로 부탁한다. 기간, 비용, 순서 등을 명확하게 제시하면 상대방이 한결 받아들이기 쉽다. 거절을 당해도 싫은 내색을 하지 말아야 한다.

다. 상대방의 잘못을 지적할 때

상대방이 알 수 있도록 확실하게 지적한다. 모호한 표현은 설득력을 약화시킨다. 상대방의 잘못을 지적할 때는 먼저 상대방과의 관계를 고려한다. 힘이나 입장의 차이가 클수록 저항이 적다. 또한 지금 당장 꾸짖고 있는 내용에만 한정해야지, 이것저것 함께 꾸짖으면 효과가 없다. 아울러 뒤처리를 잊지 말아야 한다. 특히 명심할 것은 불필요한 한마디를 덧붙여서는 안 된다는 것이다. 상대방이 늦었을 경우에 '늦었다'는 사실을 지적하는 것은 괜찮지만, "당신은 왜 항상 늦는 거요?"라고 추궁하듯이 묻는 것은 금물이다.

라. 충고해야 할 때

사람들은 자신의 존재와 능력을 인정해 주고 칭찬해 주는 사람에게 마음을 열게 되어 있다. 자신에게 부정적이거나 거부반응을 보이는 사람에게는 결코 타협적이거나 우호적일 수 없다는 사실을 잊어서는 안 된다. 충고는 마지막 방법이다. 하지만 그래도 충고해야 할 상황이면, 예를 들거나 비유법으로 깨우쳐주는 것이 바람직하다.

03 공간지각력 전개도 파악하기

|정답| ③

|해설| 전개도를 접었을 때 서로 만나는 변을 표시하면 다음과 같다.

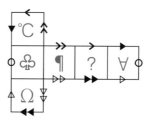

따라서 ③은 다음과 같이 바뀌어야 한다.

04 문제해결력 명제 판단하기

| 정답 | ②

| 해설 | 각 명제를 'P : A 거래처에 발주', 'Q : B 거래처에 발주', 'R : C 거래처에 발주', 'S : D 거래처에 발주'라고 할 때 제시된 명제를 정리하면 다음과 같다.

• P → ~Q • ~R → S • S → Q

'S → Q'가 참이라면 대우인 '~Q → ~S'도 참이다. 또한 '~R → S'가 참이라면 대우인 '~S → R'도 참이다. 따라서 삼단논법을 통해 '~Q → R'도 참이 되어 B 거래처에서 발주하지 않았다면 C, 거래처에서 발주했음이 참이므로 ②는 거짓이다.

| 오답풀이 |

① 'S → Q'가 참이라면 대우인 '~Q → ~S'도 참이다. 또한 '~R → S'가 참이라면 대우인 '~S → R'도 참이다. 따라서 'P → ~Q'가 참이므로 삼단논법을 통해 'P → R'은 참임을 알 수 있다.

③ 'P → ~Q'가 참이라면 대우인 'Q → ~P'도 참이다. 따라서 '~R → Q'가 참이므로 삼단논법을 통해 '~R → ~P'는 참임을 알 수 있다.

④ 'P → ~Q'가 참이라면 대우인 'Q → ~P'도 참이다. 따라서 삼단논법에 의해 'S → ~P'가 참임을 알 수 있다.

05 언어논리력 적절한 조언 고르기

| 정답 | ③

| 해설 | 기획서는 보기 쉽고 이해하기 쉬우며 기획의도를 명확히 드러내도록 작성해야 한다. 한자를 많이 사용하는 것은 기획서를 이해하기 어렵게 만드는 불필요한 일이 될 수 있다.

| 오답풀이 |

② 그래프나 표와 같은 시각 자료는 기획서의 내용을 구체적으로 드러내어 기획서를 보는 사람의 이해를 도울 수 있으므로 적절하게 활용하는 것이 바람직하다.

06 공간지각력 블록의 투상도 파악하기

| 정답 | ①

| 해설 | 제시된 모양을 위에서 바라보면 ①과 같은 모양이 나온다.

07 문제해결력 조건을 바탕으로 추론하기

| 정답 | ③

| 해설 | 홍보팀은 3층 복사기를 사용하며 총무팀은 홍보팀의 바로 아래층에 있다고 했으므로 홍보팀과 총무팀은 각각 3층과 2층에 있다. 또한 3층의 홍보팀이 마케팅팀의 아래쪽에 있고 4층에는 회계팀만 있으며, 마케팅팀과 기획관리팀이 같은 복사기를 사용하므로 두 팀 다 5층에 있다. 즉 2층 총무팀, 3층 홍보팀, 4층 회계팀, 5층 마케팅팀과 기획관리팀이 있다.

따라서 회계팀만 타 층의 복사기를 사용하므로 총무팀은 2층 복사기를 사용한다.

08 이해력 리더십 이해하기

| 정답 | ③

| 해설 | 팀장이 언급한 리더십 방법은 코칭이다. 관리의 도구로 활용되는 전통적 접근법에서는 리더가 지식이나 정보를 하달하며 의사결정의 권한을 가지고 있는 것이 당연하게 받아들여지나, 코칭은 이러한 전통적 접근법과는 거리가 멀다.

| 오답풀이 |

팀장이 들려준 이야기의 핵심 내용은 리더의 동기부여 방법 중 코칭에 관한 설명이다. 코칭이 조직에 주는 혜택으로 ①, ②, ④와 같은 것들이 있다.

09 언어논리력 글의 중심내용 찾기

| 정답 | ②

| 해설 | 제시된 글에서는 상품과 경제 법칙은 그것을 만든 인간의 손을 떠나는 순간 자립성을 띠게 되며, 인간이 오히려 이러한 상품과 경제 법칙에 지배받기 시작하면서 인간 소외 현상이 나타난다고 하였다.

10 　언어논리력 　단어 관계 파악하기

| 정답 | ④

| 해설 | 화폐를 얻기 위해 상품을 내놓고, 건강을 얻기 위해 운동을 한다.

11 　언어논리력 　세부내용 이해하기

| 정답 | ①

| 해설 | '휴리스틱 접근법은 가장 이상적인 방법을 구하는 것이 아니라'를 통해 휴리스틱 접근법을 사용하면 이상적인 방법이 아닌 가장 현실적으로 만족할 만한 해답을 찾을 수 있다는 것을 알 수 있다.

| 오답풀이 |

② '그러나 기업은 정보의 부족과 시간제약으로 인하여 완벽한 의사결정을 할 수 없는 것이 현실이다'를 통해 알 수 있다.

③ '기업이 어떤 사안에 대한 의사를 결정하기 위해서는 다양한 변수를 고려하여야 한다'와 '이것을 위해 필요한 것이 바로 휴리스틱 접근법이다'를 통해 알 수 있다.

④ '즉, 일정한 규칙과 지침을 갖고 판단과 의사결정이 이뤄지며 전체 상황·가정·전제조건 등을 모두 고려한다'를 통해 알 수 있다.

12 　문제해결력 　명제 판단하기

| 정답 | ①

| 해설 | 제시된 명제를 정리하면 다음과 같다.

- 고양이 → 호랑이
- 개 → ~호랑이
- 치타 → 고양이

세 번째 명제와 첫 번째 명제의 삼단논법에 의해 '치타→ 고양이 → 호랑이'가 성립하므로 대우인 '~호랑이 → ~고양이 → ~치타'도 성립한다. 따라서 호랑이를 키우지 않는다면 치타를 좋아하지 않음을 알 수 있다.

| 오답풀이 |

② 두 번째 명제의 대우인 '호랑이 → ~개'가 성립하므로 호랑이를 키우면 개를 좋아하지 않는다.

③ 제시된 명제를 통해서는 알 수 없다.

④ 두 번째 명제와 첫 번째 명제의 대우의 삼단논법에 의해 '개 → ~호랑이 → ~고양이'가 성립하므로 개를 좋아하는 사람은 고양이를 좋아하지 않는다.

13 　이해력 　올바른 경청 방법 파악하기

| 정답 | ①

| 해설 | A 대리는 상대방의 의견을 진전시키는 방향의 질문을 하고 있으므로 집중해서 경청한 결과라고 볼 수 있다.

| 오답풀이 |

② B 사원 : 엉뚱한 대답을 함으로써 미리 대답할 말을 준비한 경우이다.

③ C 사원 : 올바른 경청을 방해하는 요인 중 하나인 비위 맞추기에 해당하는 경우이다.

④ D 차장 : 상대방을 비판하기 위해 상대방의 말을 듣지 않는 경우이다.

14 　공간지각력 　동일한 그림 찾기

| 정답 | ③

| 해설 | 제시된 그림과 같은 것은 ③이다.

| 오답풀이 |

나머지 그림은 동그라미 친 부분이 다르다.

① ②

④

15 문제해결력 진위 추론하기

| 정답 | ④

| 해설 | A, B, C가 각각 회계팀에서 일하는 경우로 나누어 생각하면 다음과 같다.

• A가 회계팀 직원일 경우 : A의 말은 항상 진실이어야 하는데, 이 경우 A와 C 모두 회계팀에서 일하는 것이 되므로 진술에 상충한다.

• B가 회계팀 직원일 경우 : B의 말은 항상 진실이어야 하므로 C는 영업팀에서 일하는 것이 된다. 이때 총무팀에서 일하게 되는 A의 말도 거짓이므로 진술에 부합한다.

• C가 회계팀에서 일하는 경우 : C의 말은 항상 진실이어야 하는데, 이 경우 C의 발언은 거짓이 되므로 진술에 상충한다.

따라서 A는 총무팀, B는 회계팀, C는 영업팀에서 일한다.

16 언어논리력 글의 흐름에 맞게 문장 배열하기

| 정답 | ①

| 해설 | 모든 선택지가 (라)로 시작하기 때문에 (라)와 이어지는 문장을 찾아야 한다. (라)에서는 농촌 고령화의 심각성을 언급하고 있으므로, 뒤에 그 원인을 설명하는 (가)가 오는 것이 자연스럽다. 다음으로 (가)의 상황에서 고령층이 하는 일을 설명하는 (나)로 이어지고, 이러한 노력에도 불구하고 고령화 문제 해결의 어려움을 이야기하고 있는 (다)가 올 수 있다. 따라서 (라)-(가)-(나)-(다) 순이 적절하다.

17 언어논리력 올바른 맞춤법 사용하기

| 정답 | ④

| 해설 | ㉢의 '들렀다'는 기본형 '들르다'에 '-었-'이 결합된 것으로 올바른 표현이다. ㉣의 '대가'는 '노력이나 희생을 통하여 얻게 되는 결과'를 나타내는 말로 올바른 표현이다.

| 오답풀이 |

㉠ 오랫만에 → 오랜만에

㉡ 쉴려고 → 쉬려고

18 공간지각력 제시된 도형 합치기

| 정답 | ③

| 해설 | ③의 그림은 세 조각을 조합해 만들 수 없다.

| 오답풀이 |

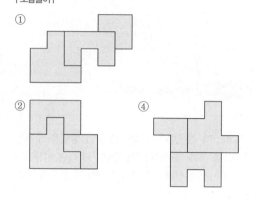

19 공간지각력 조각 배열하기

| 정답 | ②

| 해설 | 그림의 조각을 (가)-(다)-(나)-(라) 순으로 배열하면 다음과 같은 그림이 완성된다.

20 문제해결력 진위 추론하기

| 정답 | ④

| 해설 | A, B, E는 서로 상반된 진술을 하고 있으므로 셋 중 두 명은 거짓을 말하고 있다. 따라서 C와 D는 반드시 진실을 말하고 있는데, D의 말이 진실이므로 같은 내용을 말하는 A의 말도 진실이 된다. 따라서 거짓을 말하는 사람은 B와 E이다.

21 수리력 도표의 수치 분석하기

| 정답 | ④

| 해설 | 표에서 전체 학급당 학생 수가 우리나라 평균 학급당 학생 수와 같다고 볼 수 있다. 이때 울산의 중학교의 학급당 학생 수는 27.1명으로 우리나라 평균인 27.4명보다 적다.

22 수리력 도표를 바탕으로 수치 계산하기

| 정답 | ①

| 해설 | 시도별 학급 수는 동일하므로, 8개 지역의 각 학교급별 학급당 평균 학생 수는 다음과 같다.

- 초등학교 : $(23.4+22.0+22.6+23.0+22.4+21.7+22.8+21.6) \div 8 ≒ 22.4$(명)
- 중학교 : $(26.6+26.9+26.4+28.7+27.8+28.6+27.1+22.5) \div 8 ≒ 26.8$(명)
- 고등학교 : $(29.7+27.4+30.2+28.4+33.0+30.8+30.6+23.3) \div 8 ≒ 29.2$(명)

23 수리력 연립방정식 활용하기

| 정답 | ①

| 해설 | 가위, 메모지, 형광펜 한 개의 가격을 각각 x원, y원, z원이라 하면 다음 식이 성립한다.

$$\begin{cases} 3x+5y+2z=25,000 & \cdots\cdots ㉠ \\ 5x+y+3z=23,000 & \cdots\cdots ㉡ \\ 6x+2y+z=27,000 & \cdots\cdots ㉢ \end{cases}$$

㉡×2−㉢을 하면,

$4x+5z=19,000 \qquad \cdots\cdots ㉣$

㉡×5−㉠을 하면,

$22x+13z=90,000 \qquad \cdots\cdots ㉤$

㉣×11−㉤×2를 하면,

$29z=29,000$

$\therefore z=1,000$

따라서 형광펜의 가격은 1,000원이다.

24 수리력 평균 활용하기

| 정답 | ④

| 해설 | 각 구간의 중간값을 활용하여 평균을 구하면 된다. 빈칸에 들어갈 인원수를 x명이라 하면 다음과 같이 평균을 구하는 방정식이 성립한다.

$$\frac{(1.5 \times 9)+(5 \times 13)+(9 \times x)+(14.5 \times 14)+(18.5 \times 11)}{9+13+x+14+11=10}=10$$

식을 정리하면 $\frac{485+9x}{47+x}=10$이 된다.

이것은 다시 $485+9x=470+10x$가 되므로 $x=15$가 됨을 알 수 있다.

25 수리력 확률 계산하기

| 정답 | ②

| 해설 | (승호가 꺼낸 숫자, 정민이 꺼낸 숫자, 선우가 꺼낸 숫자)로 나열할 때 선우가 가장 큰 숫자를 꺼낸 경우는 (1, 2, 3), (1, 2, 4), (1, 2, 6), (5, 2, 6)의 4가지이다. 경우의 수는 총 $3 \times 3 \times 3=27$(가지)이므로 확률은 $\frac{4}{27}$이 된다.

26 수리력 도표를 바탕으로 수치 계산하기

| 정답 | ③

| 해설 | 자료를 바탕으로 각 국가의 면적$\left(\dfrac{인구}{인구밀도}\right)$을 구하면 다음과 같다.

- 홍콩 : $\dfrac{7,173,000}{6,516} ≒ 1,101(km^2)$
- 싱가포르 : $\dfrac{5,399,200}{7,669} ≒ 704(km^2)$
- 대만 : $\dfrac{23,551,000}{650} ≒ 36,232(km^2)$
- 레바논 : $\dfrac{4,140,269}{414} ≒ 10,001(km^2)$

ㄴ 국토의 면적은 대만이 약 36,232km²으로 가장 넓다.

ⓔ 홍콩의 면적은 약 1,101km², 싱가포르의 면적은 약 704km²로 홍콩이 약 397km² 더 넓다.

| 오답풀이 |

ⓐ 레바논의 면적은 약 10,001km²로 13,000km² 미만이다.

ⓒ 자료에 제시된 국가 중 싱가포르가 가장 작으나, 그 면적은 약 704km²로 700km²를 초과한다.

27 이해력 갈등 해결 방안 파악하기

| 정답 | ④

| 해설 | 신입사원들의 업무 능력과 실무 능력 향상을 위해 진행하는 업무로, 신입사원 평가에 반영되기 때문에 선배 및 지인의 도움을 받지 않고 신입사원 본인들의 역량을 기반으로 끝까지 최선을 다해 완성해야 하며, 결과물에 대한 긍정적 혹은 부정적 피드백을 적극 수용해 반영하는 것 또한 필요하다.

28 언어논리력 세부내용 이해하기

| 정답 | ②

| 해설 | 욜로 라이프는 현재의 삶이 행복해야 미래의 삶도 행복하다는 개념이 반영된 현상이지만 미래를 위한 투자에까지 중점을 둔다는 것은 아니다. 욜로족은 한 번뿐인 삶을 보다 즐겁고 아름답게 만들고자 현재의 여가와 건강, 자기계발 등에 투자하는 소비 경향을 보인다.

29 공간지각력 도형 회전하기

| 정답 | ③

| 해설 | 제시된 도형을 시계 방향 혹은 반시계 방향으로 180° 회전한 모양은 ③이다.

30 언어논리력 글의 흐름에 맞게 문장 넣기

| 정답 | ④

| 해설 | 제시된 글의 앞부분에는 언어가 사고 능력을 결정한다는 언어결정론자들의 주장과 그 근거가, 뒷부분에는

그에 대한 반박과 그 근거가 제시되고 있다. 〈보기〉의 문장은 언어가 사고 능력을 결정하지 않는다는 근거로, 글의 흐름상 언어결정론자들의 주장을 반박하고 있는 부분인 (나) 이후의 위치에 놓여야 한다. 즉, (다)나 (라)에 들어가야 하는데, (다) 뒤의 문장은 그 앞의 문장을 부연 설명하는 문장이므로 다른 내용을 담은 문장이 중간에 끼어들 수 없다. 따라서 〈보기〉의 문장은 언어가 사고 능력을 결정하지 않는다는 두 번째 근거로 제시될 수 있도록 (라)에 삽입하는 것이 적절하다.

31 언어논리력 이어질 내용 추론하기

| 정답 | ①

| 해설 | 제시된 글에서는 현대에 이르러 전례 없이 빨라진 언어의 소멸에 대해 화두를 제시하며 언어의 소멸 단계를 자세히 서술하고 있다. 또한 글의 서두에서 많은 학자들이 언어의 보존에 많은 힘을 쏟아야 한다고 주장하고 있음을 언급하였다. 따라서 글의 뒷부분에는 언어의 멸종을 막아야 하는 이유에 대한 내용이 이어지는 것이 가장 적절하다.

32 언어논리력 문맥에 맞는 어휘 고르기

| 정답 | ③

| 해설 | 세계화는 세계 여러 나라가 정치, 경제, 사회, 문화, 과학 등 다양한 분야에서 서로 많은 영향을 주고받으면서 교류가 많아지는 현상을 말하며, 이러한 세계화로 인해 새로운 행동 양식을 받아들이게 됨에 따라 본래 있던 언어의 소멸이 이루어지고 있다고 하였다. 따라서 ㉠에는 성질이 다른 것을 뜻하는 '이질적인'이 적절하다.

33 이해력 적극적 경청 방법 이해하기

| 정답 | ③

| 해설 | 적극적 경청의 방법은 비판, 충고하려는 태도를 가지지 말고 상대방이 말하고 있는 의미 전체를 이해하는 것이다. 또한 단어 이외의 표현에 대해서도 생각을 하고

상대방의 발언에 반응하며 감정을 흥분시키지 말아야
한다.

따라서 ③이 가장 적절하다.

34 [이해력] 고객 불만에 적절하게 응대하기

| 정답 | ①

| 해설 | ⊙ 경청의 단계에서는 고객의 불만 사항을 끝까지
듣고 선입관 없이 문제를 파악해야 한다. 고객의 항의에 공
감을 표시하는 것은 ⓒ 감사와 공감 표시 단계에서 필요한
자세이다.

| 오답풀이 |

② 고객이 일부러 시간을 내어 해결의 기회를 준 것에 대
해 감사를 표하고 고객의 불만 사항에 공감을 표시해야
한다.

③ 문제를 해결하는 데 필요한 질문만을 하여 정보를 얻고,
최선의 해결 방법을 찾기 어려울 경우 고객에게 어떻게
하면 만족을 드릴 수 있는지를 물어볼 수 있다.

④ 고객 불만 처리 8단계 프로세스 중 마지막 단계에 해당
하는 피드백 단계를 통해 똑같은 고객 불만 사례가 반복
되어 발생하지 않도록 한다.

35 [언어논리력] 글의 흐름에 맞는 접속어 고르기

| 정답 | ④

| 해설 | 빈칸의 앞 문장과 뒤 문장을 살펴보면 앞 문장에서
는 ○○ 제작사의 변호사 A의 주장을, 뒤 문장에서는 △○
제작사의 변호사 B의 주장을 말하고 있다. 각 변호사의 주
장은 서로 상반되는 내용을 담고 있으므로 뒤의 내용이 앞
의 내용과 상반됨을 나타내는 '반면'이 들어가야 한다.

36 [문제해결력] 명제 판단하기

| 정답 | ④

| 해설 | 제시된 명제를 정리하면 다음과 같다.

• 땅콩 → ~아몬드

• 밤 → 아몬드

• ~호두 → 잣

첫 번째 명제와 두 번째 명제의 대우의 삼단논법을 통해 '땅
콩 → ~아몬드 → ~밤'이 성립하므로 땅콩을 먹으면 밤을
먹지 않음을 알 수 있다.

| 오답풀이 |

①, ③ 제시된 명제를 통해서는 알 수 없다.

② 두 번째 명제의 대우인 '~아몬드 → ~밤'이 참이므로
아몬드를 먹지 않는 사람은 밤을 먹지 않는다.

37 [이해력] 상황에 맞는 행동 파악하기

| 정답 | ③

| 해설 | 박○○ 씨가 들은 것은 송 실장이 해당 용역 업체
사장과 친근하게 대화하는 내용뿐이므로, 아직 그들 간의
관계를 짐작하는 것은 섣부른 행동이다. 따라서 둘 사이의
관계를 확실하게 파악한 다음 행동하는 것이 적절하다.

38 [이해력] 직장 내 인사 예절 이해하기

| 정답 | ③

| 해설 | 사람을 소개할 때에는 성과 이름을 모두 함께 말하
면서 소개하는 것이 바람직하며, 직함이 있는 경우 직함도
함께 소개해야 한다. 이때 과거 정부 고관을 지낸 사람의
직급명은 퇴직한 경우라도 사용하는 것이 좋다.

39 [수리력] 도표의 수치 분석하기

| 정답 | ④

| 해설 | 이메일을 선택한 20대가 아이핀, 공인인증서를 모
두 선택했다면 이 외에 아이핀을 선택할 수 있는 20대의 비
율은 36.0−24.1=11.9(%)이다. 따라서 신용카드를 선택
한 20대 모두(16.9%)가 아이핀을 동시에 선택할 수 없다.

| 오답풀이 |

① 30대와 40대의 순위는 1위 공인인증서, 2위 휴대폰 문자인증, 3위 아이핀 인증이다.

② 전체 응답자 퍼센트를 더하면 252.9%이다. 따라서 선호 인증수단 세 개를 선택한 응답자 수는 최소 52.9%이므로 40% 이상이다.

③ 20대와 50대의 선호도 차이가 가장 큰 인증수단은 공인인증서이다.

구분 인증수단	연령대		선호도 차이
	20대	50대	
휴대폰 문자인증	73.7	71.9	73.7-71.9=1.8
공인인증서	67.4	79.4	79.4-67.4=12
아이핀(I-PIN)	36.0	25.7	36.0-25.7=10.3
이메일	24.1	21.1	24.1-21.1=3
전화인증	25.6	21.2	25.6-21.2=4.4
신용카드	16.9	26.0	26.0-16.9=9.1
바이오 인증	9.4	9.4	0

40 [수리력] 방정식 활용하기

| 정답 | ①

| 해설 | 채린이의 현재 나이를 x세라 하면 삼촌의 나이는 $(x+18)$세이다. 4년 후 삼촌의 나이가 채린이 나이의 2배가 되므로 다음 식이 성립한다.

$x+18+4=2(x+4)$

$x+22=2x+8$

$\therefore x=14$

따라서 채린이는 현재 14세이다.

41 [언어논리력] 세부내용 이해하기

| 정답 | ④

| 해설 | 퍼품은 향이 12시간 정도 지속된다고 하였으므로 향이 아침부터 밤까지 지속되게 하려면 퍼품을 구입하면 된다.

| 오답풀이 |

① 향수의 원액 농도와 가격의 관계에 대해서는 지문을 통

해서 알 수 없다.

② 라스트 노트가 6시간 지속되는 향수가 가장 좋은 향수라고 나와 있다.

③ 마지막 문장을 보면 '귀 뒤나 손목, 팔꿈치 안쪽 등 맥박이 뛰는 부분'에 향수를 뿌리면 향력이 더 좋아진다고 하였으므로 맥박이 뛰는 목에 향수를 뿌리면 향이 오래간다.

42 [공간지각력] 제시된 블록 합치기

| 정답 | ④

| 해설 | ④는 다음과 같이 수정되어야 한다.

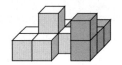

| 오답풀이 |

① 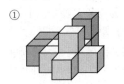   ②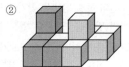

③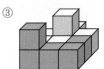

43 [문제해결력] 조건을 바탕으로 숙소 선정하기

| 정답 | ④

| 해설 | 각 숙소의 총점을 계산하면 다음과 같다.

구분	방문자 리뷰	요금 순위	접근성	위생	시설	총점
베네치아 리조트	2.5	4	4.5	0	2.5	13.5
아르떼 호텔	3.5	2	2.5	5	4	17
하야루비	3	5	5	3	3	19
씨원리조트	4.5	3	3	3	3.5	17
마리나 앤 리조트	4.5	1	3.5	5	5	19

각 숙소의 평가 점수에 직급별 영향력의 가중치를 반영하여 총점을 계산하면 다음과 같다.

구분	방문자 리뷰	요금 순위	접근성	위생	시설	총점
베네치아 리조트	2.25	4	1.35	0	3.5	11.1
아르떼 호텔	3.15	2	0.75	5	5.6	16.5
하야루비	2.7	5	1.5	3	4.2	16.4
씨원리조트	4.05	3	0.9	3	4.9	15.85
마리나 앤 리조트	4.05	1	1.05	5	7	18.1

따라서 야유회 숙소는 총점이 18.1인 마리나 앤 리조트가 선택된다.

| 오답풀이 |

① 베네치아 리조트의 총점이 13.5점으로 가장 낮다.

② 총점이 가장 낮은 숙소인 베네치아 리조트는 위생에서 가장 낮은 점수를 받았다.

③ 방문자 리뷰의 영향력은 0.3+0.6=0.9, 시설의 영향력은 0.6+0.8=1.4, 접근성의 영향력은 0.3, 요금의 영향력은 1로 시설의 영향력이 가장 크다.

44 문제해결력 자료의 내용 파악하기

| 정답 | ③

| 해설 | 결혼이민자는 4 ~ 5단계를, 유학생은 6단계를 면제받을 수 있다. 따라서 사전평가에서 90점 이상을 받게 되면 사회통합프로그램 과정을 이수할 필요가 없으므로 유학생 기준을 선호할 것이다.

| 오답풀이 |

① 해당 내용은 제시된 글에 언급되어 있지 않다.

② 사회통합프로그램 신청자에 대한 사전평가에서는 한국어 능력을 측정하며, 한국 사회의 이해 과목은 포함되어 있지 않다.

④ 사회통합프로그램은 대한민국 국적취득에 있어서의 편의를 제공하기 위한 제도로, 대한민국 국적취득을 위해 반드시 사회통합프로그램을 이수해야 한다고는 볼 수 없다.

45 수리력 도표를 바탕으로 수치 계산하기

| 정답 | ④

| 해설 | 토요일에 방문한 30세 미만 고객은 2+14=16(%)이므로 1,500×0.16=240(명)이고, 일요일에 방문한 30세 미만 고객은 19+50=69(%)이므로 2,000×0.69=1,380(명)이다. 따라서 1,380-240=1,140(명)이다.

46 수리력 도표를 바탕으로 수치 계산하기

| 정답 | ②

| 해설 | 금요일에 방문 비율이 가장 낮은 연령대는 10대로 2,500×0.08=200(명)이고, 토요일에 방문 비율이 세 번째로 낮은 연령대는 30대로 1,500×0.21=315(명)이고, 일요일에 방문 비율이 가장 낮은 연령대는 50세 이상으로 2,000×0.01=20(명)이다. 따라서 이를 모두 합하면 200+315+20=535(명)이다.

47 언어논리력 속담 의미 파악하기

| 정답 | ②

| 해설 | ②는 열 사람이 한 술씩 밥을 덜면 쉽게 밥 한 그릇을 만들 수 있다는 뜻으로, 여럿이 힘을 모으면 큰 힘이 됨을 비유적으로 이르는 말이다.

| 오답풀이 |

① 헤프게 쓰지 않고 아끼는 사람이 재산을 모으게 됨을 비유적으로 이르는 말이다.

③ 일을 열심히 하여서 돈은 많이 벌되 생활은 아껴서 검소하게 살라는 말이다.

④ 뭐든지 아무리 많아도 쓰면 줄어들기 마련이니 지금 풍부하다고 하여 함부로 헤프게 쓰지 말고 아끼라는 말이다.

48 공간지각력 블록 개수 세기

| 정답 | ③

| 해설 | 1층에 위치한 블록의 개수는 13개, 2층에 위치한 블록의 개수는 10개, 3층에 위치한 블록의 개수는 8개이므로 총 31개이다.

총남기출복원 1회 기출예상 2회 기출예상 3회 기출예상 4회 기출예상 5회 기출예상 6회 기출예상 7회 기출예상 8회 기출예상 9회 기출예상

49 공간지각력 두 면만 보이는 블록 찾기

|정답| ④

|해설| 두 면만 보이는 블록을 색칠하면 다음과 같다.

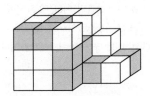

따라서 총 8개이다.

50 공간지각력 크고 작은 사각형의 개수 구하기

|정답| ④

|해설| 사각형 1개로 만들 수 있는 사각형은 8개, 사각형 2개로 만들 수 있는 사각형은 5개, 사각형 3개로 만들 수 있는 사각형은 6개, 사각형 4개로 만들 수 있는 사각형은 3개, 사각형 6개로 만들 수 있는 사각형은 2개, 사각형 8개로 만들 수 있는 사각형은 1개이다. 따라서 그림에서 찾을 수 있는 크고 작은 사각형은 모두 25개이다.

공기업_NCS